新媒体
文案一册通

龙飞　等编著

電子工業出版社
Publishing House of Electronics Industry
北京·BEIJING

内容简介

本书是一本讲解如何在新媒体平台上写作文案的自学教程，可以帮助读者更好地了解、学习新媒体文案写作。

本书从新媒体文案的基本知识、市场调研、数据分析、常用工具、标题、图片及内容布局等方面，帮助读者打造新媒体文案，一本书轻松玩转新媒体文案写作。

本书从多个平台实战中提炼出了12大新媒体文案专题内容，总计有220多个实用技巧，内容涉及写作要求、产品调查、数据分析、标题撰写、内容布局、图片设置、排版设置、推广营销、电商平台、微商平台、微博平台、微信平台、QQ平台和百度平台等，以约400张图片、120多个图解对新媒体文案进行重点展示。

本书结构清晰，适合新媒体行业从业者，特别是新媒体文案、软文写作者，以及新媒体运营者等阅读学习。

图书在版编目（CIP）数据

新媒体文案一册通 / 龙飞等编著. -- 北京 : 电子工业出版社, 2019.9

ISBN 978-7-121-35528-8

Ⅰ. ①新… Ⅱ. ①龙… Ⅲ. ①传播媒介－文书－写作 Ⅳ. ①G206.2

中国版本图书馆CIP数据核字(2018)第259618号

责任编辑：田　蕾　　特约编辑：刘红涛

印　　刷：三河市双峰印刷装订有限公司

装　　订：三河市双峰印刷装订有限公司

出版发行：电子工业出版社

北京市海淀区万寿路173信箱　　邮编：100036

开　　本：720×1000　1/16　印张：17.5　字数：452 千字

版　　次：2019年9月第1版

印　　次：2019年9月第1次印刷

定　　价：69.90元

凡所购买电子工业出版社图书有缺损问题，请向购买书店调换。若书店售缺，请与本社发行部联系，联系及邮购电话：（010）88254888，88258888。

质量投诉请发邮件至 zlts@phei.com.cn，盗版侵权举报请发邮件至dbqq@phei.com.cn。

本书咨询联系方式：（010）88254161～88254167转1897。

前言

进入新媒体时代，有关内容创业的理论和实践备受人们关注，目前也正吸引着越来越多的人加入新媒体的创业行列中。其中，新媒体文案作为新媒体运营和内容创业的重要支撑，是众多新媒体人亟待了解并力求提升相关能力的一个方面。那么，新媒体文案究竟是什么呢？

所谓“新媒体文案”，是指在新媒体传播形态下的文案。这里的新媒体，是相对于电视、广播、报纸等传统媒体而言的新的媒体形态，同时，它也是一个比较宽泛的概念，是基于移动互联网，从而面向客户提供信息和娱乐的一种传播形态。

新媒体文案作为其中起着传播、营销等作用的内容媒介，相较于传统媒体文案而言，具有成本低、渠道形式多样化、互动性强、更广泛和快捷的二次传播等优势，已成为我们进行品牌推广、产品宣传和增粉引流的一种重要渠道和方法。

在撰写了优质的、为用户所需的新媒体文案的基础上，运营者不仅可以通过众多新媒体平台进行品牌推广和产品宣传，还可以策划与品牌相关的、优质的、有高度传播性的线上活动。另外，在新媒体平台的强大算法支撑下，向用户精准推送信息，提高自身产品和品牌的知名度，吸引众多用户关注，实现增粉引流，从而充分利用粉丝经济，达到相应目的，也是新媒体文案的重要意义所在。

总的来说，新媒体文案通过自身优势，能为企业和品牌宣传、产品销售、自媒体吸粉引流带来良好的效果。

《新媒体文案一册通》一书由资深新媒体文案及新媒体运营总监共同编写，系统地讲解如何科学合理、正确有效地进行新媒体内容的编辑和撰写，从“学以致用”的角度出发，通过大量的案例解析，讲解新媒体文案的基本知识、市场调研、数据分析、常用工具、标题、图片以及内容布局等。

本书分为 12 章，共有 220 多个实战技巧，涉及热门新媒体文案的多个方面，涵盖多个行业与多种类型。

【写作准备】：分为基本知识、市场调研、数据分析和常用工具等 4 大方面，讲述了新媒体文案的基本概念、价值表现、写作要求、内容构成、认识创作、市场调研、明确对象、分析数据、微信后台、新榜平台、排版工具和图文工具等内容。

【文案撰写】：分为标题、内容布局、图片设置、排版设置等 4 大方面，讲述了新媒体文案的标题要素、用户心理、常见标题类型、内容形式、开头和结尾、布局方式、表现技巧、图片素材、封面选择、图片处理、栏目设置和文字版式等内容。

【推广营销】：分为推广营销技巧、商业平台营销、社交平台营销、资讯平台营销等 4 大方面，讲述了新媒体文案的营销方式、优化搜索、推广方式、电商文案、微商文案、微信文案、微博文案、QQ 文案、百度文案和 APP 文案等内容。

本书从市场调研、数据分析、标题、正文、图片、排版和营销等多方面入手，着重介绍新媒体文案的写作方法，重点学习这些新媒体文案的写作技巧与方法。具有以下 3 大特点：

（1）内容知识面广。本书从写作准备、文案撰写和推广营销这 3 个大方面详细地描述了新媒体文案需要掌握的写作方法和技巧，以新媒体文案为核心，以推广营销为根本出发点进行了 12 章专题内容的详解，帮助读者彻底掌握新媒体文案的写作技巧。

（2）讲解浅显易懂。本书语言简洁明了，没有艰深晦涩的理论，只有理论 + 经验技巧 + 典型实战案例的结合，更加通俗易懂。

（3）实际且更实用。本书案例贴近生活，内容实用接地气，案例经典且更具说服力，并侧重于从实践中提炼、总结相关经验，实用性强，即使是初学者也能轻松掌握并运用到新媒体的营销与运营中。

参与本书编写的人员有柏松（笔名：龙飞）、谭贤、杨端阳、刘嫔，在此表示感谢。由于作者知识水平有限，书中难免有错误和疏漏之处，恳请广大读者批评、指正，联系微信：157075539。

目　录

读 者 服 务

读者在阅读本书的过程中如果遇到问题，可以关注“有艺”公众号，通过公众号与我们取得联系。此外，通过关注“有艺”公众号，您还可以获取更多的新书资讯、书单推荐、优惠活动等相关信息。

扫一扫关注“有艺”

投稿、团购合作：请发邮件至 art@phei.com.cn。

第1章 初步认识：写新媒体文案需要了解什么

学前提示

随着社会的不断发展，文案的应用越来越广泛，从事文案写作的人也在不断增多，那么写新媒体文案都需要了解什么呢？本章将从文案的基本概念、价值表现、写作要求、内容构成和认识创作等方面来帮助大家了解新媒体文案。

要点展示

- 基本概念——要分清狭义、广义
- 价值表现——成为企业竞争的利器
- 写作要求——4大方面提升感染力
- 内容构成——助力读者了解文案编写
- 认识创作——常见要求+共同协作

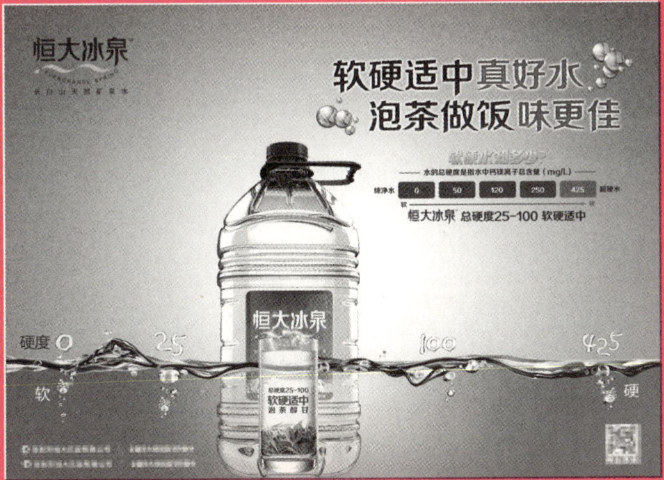

恒大冰泉
软硬适中真好水
泡茶做饭味更佳
恒大冰泉 总硬度25-100 软硬适中
硬度 0
25
100
425
软
硬
恒大冰泉
软硬适中

喜欢就
表白
不爱就
拉黑
随你喜欢！

小时候，
我们偷用妈妈的化妆品
化了个大花脸
长大后，
妈妈却只用
我闲置下的化妆品

1.1 基本概念——要分清狭义、广义

文案，最初是指用于放书的桌子，后来泛指在桌子上写字的人。现在所说的文案就是指用文字来表现创意，也指在公司里从事文字工作的人和相关职位。

在实际的写作应用中，文案在内容上是“广告文案”的简称，由英文 copy writer 翻译而来。文案有广义和狭义的区别，如图 1-1 所示。

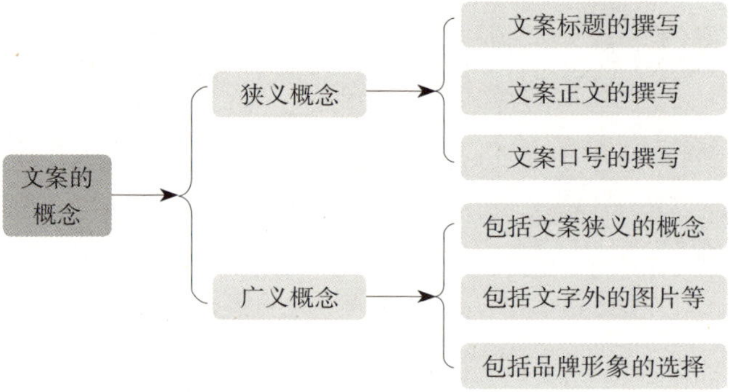

图 1-1　文案的概念

随着互联网和移动互联网的不断发展，利用新媒体平台进行推广变得越来越普遍。基于此，本书中的文案特指新媒体文案。新媒体文案是植根在微信公众号和各种自媒体平台等新兴媒体上，用文字来体现广告创意和内容的文字表达。新媒体文案的分类如图 1-2 所示。

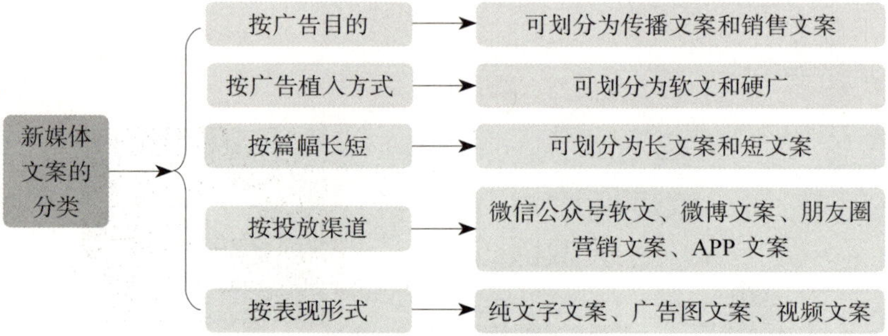

图 1-2　新媒体文案的分类

1.2 价值表现——成为企业竞争的利器

在现代商业竞争中，精彩的文案往往能够让一个企业在众多同类型的公司中脱颖而出。文案是企业竞争的利器，更是企业的核心和灵魂所在。

如图 1-3 所示，以恒大冰泉为例，其创作的文案就着重突出了它的水质相较于其他品牌的矿泉水口感更好，在无形之中表现出了其产品的优质性与适用性。

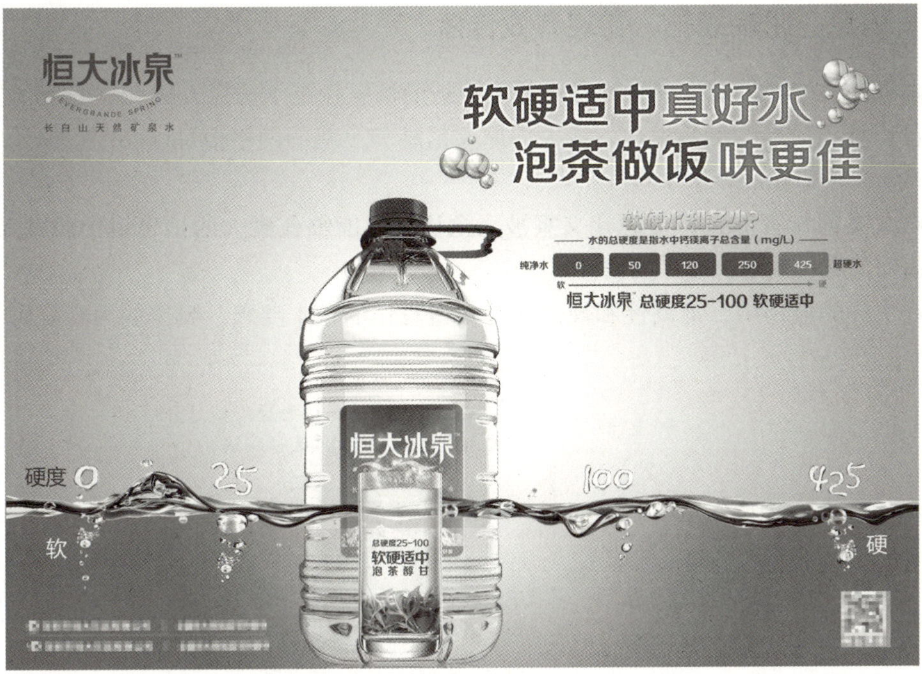

图 1-3　恒大冰泉的广告文案

对企业而言，一个优质的文案可以促进品牌推广、提高人气和影响力，进而提升企业声誉，获得更多的用户。文案的作用是十分广泛的，尤其是在广告业蓬勃发展的商业社会中。

1.3　写作要求——4 大方面提升感染力

文案是商业宣传中较为重要的一个环节，从其作用来看，优秀的文案具备强烈的感染力，能够给商家带来数倍的收益和价值。在信息繁杂的网络时代，并不是所有的文案都能够获得成功，尤其是对缺乏技巧的文案而言，获得成功并不是轻而易举的事情。

从文案写作的角度出发，具体文案内容的文字感染力主要来源于 4 个方面，如图 1-4 所示。

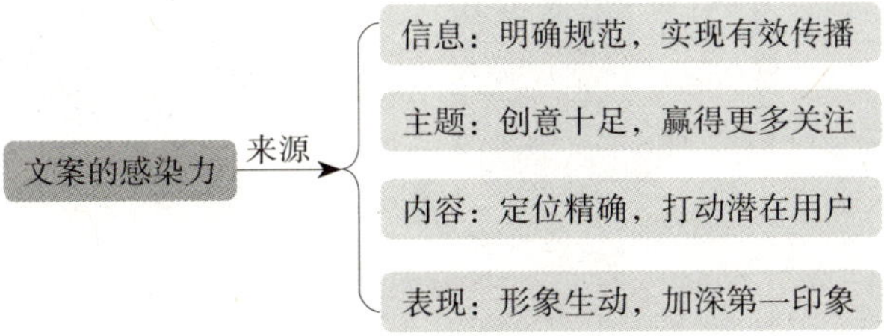

图 1-4　文案的感染力来源

1.3.1 信息：明确规范，实现有效传播

随着互联网技术的发展，网络中每天更新的信息量是十分惊人的。“信息爆炸”的说法就来源于信息的增长速度，庞大的原始信息和更新的网络信息以新闻、娱乐和广告信息作为传播媒介作用于每一个人。

对文案创作者而言，要想让文案被大众认可，能够在庞大的信息量中脱颖而出，首先需要的就是准确性和规范性。

在实际的应用中，准确性和规范性是文案写作的基本要求，具体的内容分析如图 1-5 所示。

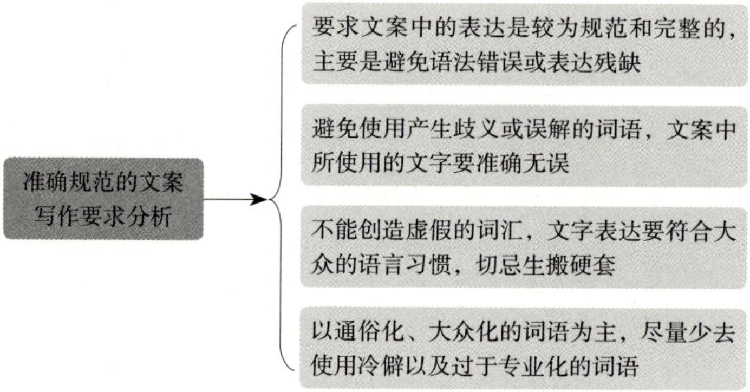
准确规范的文案写作要求分析
要求文案中的表达是较为规范和完整的，主要是避免语法错误或表达残缺
避免使用产生歧义或误解的词语，文案中所使用的文字要准确无误
不能创造虚假的词汇，文字表达要符合大众的语言习惯，切忌生搬硬套
以通俗化、大众化的词语为主，尽量少去使用冷僻以及过于专业化的词语

图 1-5　准确、规范的文案写作要求分析

准确和规范的信息能够促进新媒体文案的有效传播，节省产品的相关资金投入和人力资源投入等，从而创造更好的效益。

1.3.2 主题：创意十足，赢得更多关注

创意对任何行业的新媒体文案来说都十分重要，尤其是在网络信息极其发达的现代社会，自主创新的内容往往能够让人眼前一亮，进而获得更多的关注。如图 1-6 所示为将颜色和行动联系起来的新媒体文案。

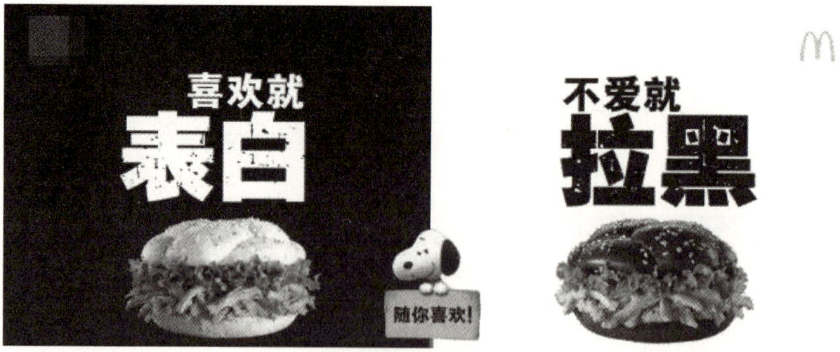
喜欢就
表白
随你喜欢！
不爱就
拉黑

图 1-6　将颜色和行动联系起来

这个文案将白色的汉堡跟表白联系在一起，将黑色的汉堡跟拉黑相关联，可谓创意十足。在突出产品主题的情况下，可以更好地让受众从视觉上接受广告。

创意是为文案主题而服务的，所以文案中的创意必须与主题有直接关系，创意不能生搬硬套，牵强附会。在常见的优秀案例中，文字和图片的双重创意往往比单一的创意更能够打动人心。双重创意文案如图 1-7 所示。

图 1-7　双重创意文案

图片的创意在于将人物和背景进行双重曝光处理，同时结合广告文字的内容创意，共同突出广告想要表达的内容，打造出震撼人心的效果。

对创作中的文案而言，要想突出文案特点，就要在保持创新的前提下通过多种方式更好地打造文案本身。如图 1-8 所示为文案要求的诸多方面。

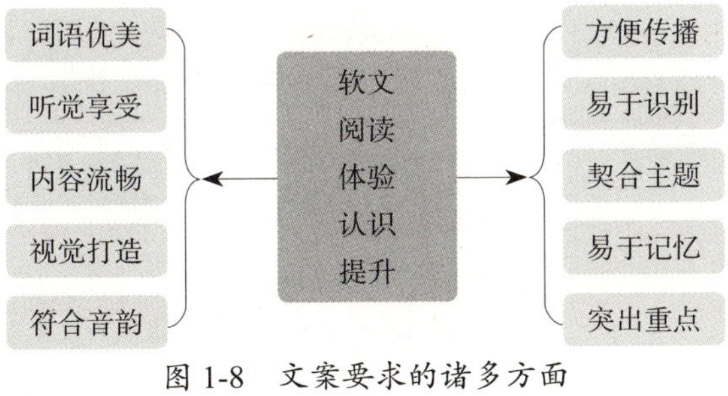

图 1-8　文案要求的诸多方面

1.3.3　内容：定位精确，打动潜在用户

精准定位同样属于文案的基本要求之一，每一个成功的广告文案都具备这一特点。如图 1-9 所示为李宁运动鞋的推广文案。

享受每次挑战
选秀失败算什么。坐板凳算什么。挑战算什么。
一切皆有可能
Damon Jones

图 1-9　李宁运动鞋的推广文案

在文案的内容上，李宁运动鞋的这则广告文案主要体现产品能让人们享受挑战的作用。精准的内容定位不仅能够让产品更好地被受众群体所接受，还能让潜在的用户也被相关的信息所打动。对写手而言，要想做到精准的内容定位，可以从 4 个方面入手，如图 1-10 所示。

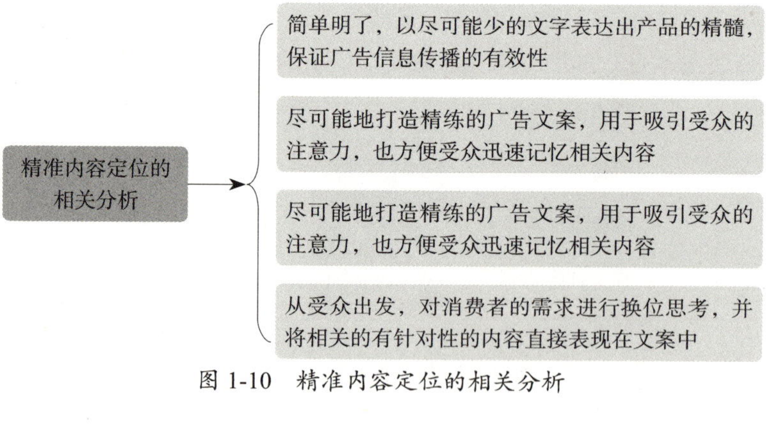
精准内容定位的相关分析
简单明了，以尽可能少的文字表达出产品的精髓，保证广告信息传播的有效性
尽可能地打造精练的广告文案，用于吸引受众的注意力，也方便受众迅速记忆相关内容
尽可能地打造精练的广告文案，用于吸引受众的注意力，也方便受众迅速记忆相关内容
从受众出发，对消费者的需求进行换位思考，并将相关的有针对性的内容直接表现在文案中

图 1-10　精准内容定位的相关分析

1.3.4 表现：形象生动，加深第一印象

形象生动、非常有画面感的文案会加深读者的第一印象，让读者看一眼就能记住。如图 1-11 所示为某品牌母亲节的借势文案。

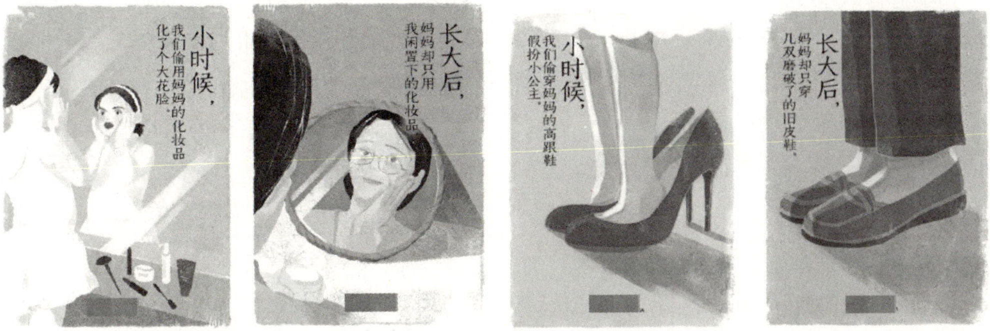
小时候，
我们偷用妈妈的化妆品
化了个大花脸。
长大后，
妈妈却只用
我闲置下的化妆品
小时候，
我们偷穿妈妈的高跟鞋
假扮小公主，
长大后，
妈妈却只穿
几双磨破了的旧皮鞋。

图 1-11　形象生动的文案

对文案写手而言，每一个优秀的文案在最初都只是一张白纸，需要创作者不断地添加内容，才能够最终成型。

创作者要想更有效地完成任务，就需要对相关的工作内容有一个完整认识。文案形象生动所起作用的相关分析如图 1-12 所示。

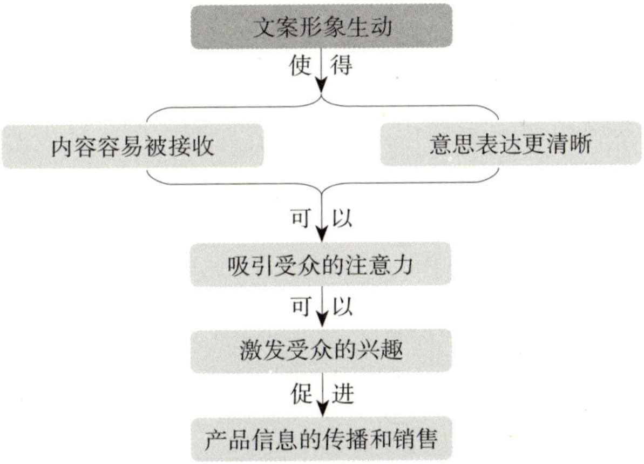
文案形象生动
使得
内容容易被接收
意思表达更清晰
可以
吸引受众的注意力
可以
激发受众的兴趣
促进
产品信息的传播和销售

图 1-12　文案形象生动所起作用的相关分析

1.4　内容构成——助力读者了解文案编写

在编写文案的过程中，在了解了文案的基本要求后，接下来介绍文案的内容和构成，帮助读者进一步详解文案的编写。

1.4.1 内容：文字、图片服务于同一主题

随着各行业企业对文案的不断重视，文案逐渐渗透到多个行业，尤其是在新媒体领域中发挥着越来越大的作用，成为宣传方式的主角。在编写的文案中，一般包含文字和图片，二者的形式虽然不同，但还是服务于同一个主题的。

可能有人会问：“视频、音频内容呢？”其实，在新媒体文案中，即使是视频、音频内容的推送，也是包含文字式的标题和图片式的封面的。因此，在撰写文案内容时，在安排文字和图片时，必须让二者紧密结合，使其服务于同一主题。

如图 1-13 所示为某房地产公司的文案，简洁的文字搭配精美的图片来突出公司的推广用意。

中國印象
心 超乎于形
有时会感到整个世界都消失了

图 1-13　某房地产公司的文案

在实际的应用中，除了房地产公司的这种表现推广用意的内容属于文案，还有很多其他方面与文案有着不可分割的关系，如产品相关内容、企业相关内容等。如图 1-14 所示为与智派公寓产品相关内容的宣传文案。

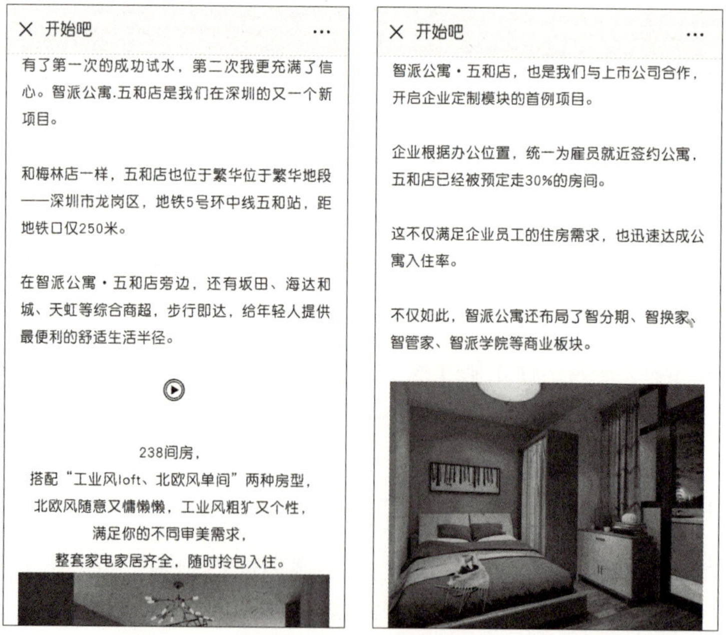
× 开始吧 …
有了第一次的成功试水，第二次我更充满了信心。智派公寓.五和店是我们在深圳的又一个新项目。
和梅林店一样，五和店也位于繁华位于繁华地段——深圳市龙岗区，地铁5号环中线五和站，距地铁口仅250米。
在智派公寓・五和店旁边，还有坂田、海达和城、天虹等综合商超，步行即达，给年轻人提供最便利的舒适生活半径。
238间房，
搭配“工业风loft、北欧风单间”两种房型，
北欧风随意又慵懒懒，工业风粗犷又个性，
满足你的不同审美需求，
整套家电家居齐全，随时拎包入住。
× 开始吧 …
智派公寓・五和店，也是我们与上市公司合作，开启企业定制模块的首例项目。
企业根据办公位置，统一为雇员就近签约公寓，五和店已经被预定走30%的房间。
这不仅满足企业员工的住房需求，也迅速达成公寓入住率。
不仅如此，智派公寓还布局了智分期、智换家、智管家、智派学院等商业板块。

图 1-14　与智派公寓产品相关内容的宣传文案

1.4.2 构成：一篇完整的文案不能缺少什么

新媒体平台根据行业需求的不同，创造了种类繁杂的文案类型，比如创意文案、品牌文案等。一个完整的文案是推广内容的文字化表现，主要由两部分构成。下面针对新媒体文案的两个组成部分进行简单分析，主要对各组成部分在文案中所起的作用进行认识，从而更加深入地了解文案本身。

1．新媒体文案的标题

标题是新媒体文案的主题，在内容上往往也是推广的诉求重点，针对标题的相关分析如图 1-15 所示。

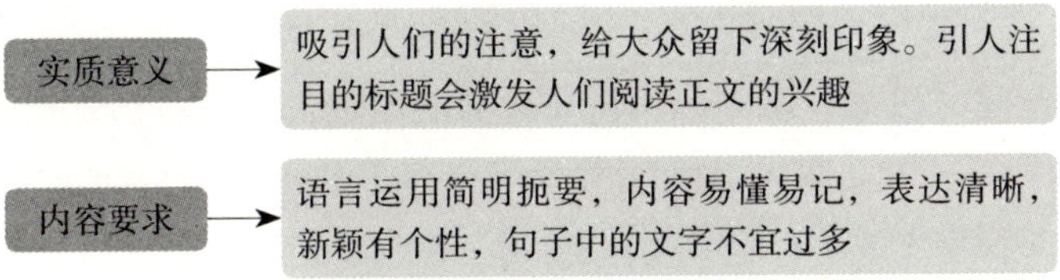
实质意义
吸引人们的注意，给大众留下深刻印象。引人注目的标题会激发人们阅读正文的兴趣
内容要求
语言运用简明扼要，内容易懂易记，表达清晰，新颖有个性，句子中的文字不宜过多

图 1-15 标题的相关分析

2．新媒体文案的正文

对任何行业而言，要想打败竞争对手，获得受众市场，不能没有品牌宣传和推广，而新媒体文案的正文就是宣传推广中最为直接有效的部分，具体分析如图 1-16 所示。

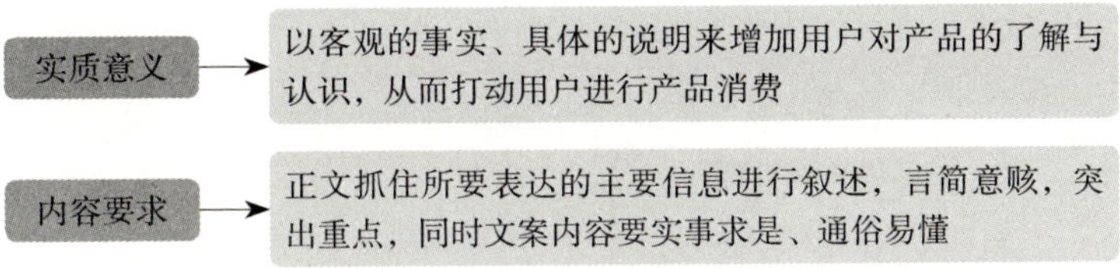
实质意义
以客观的事实、具体的说明来增加用户对产品的了解与认识，从而打动用户进行产品消费
内容要求
正文抓住所要表达的主要信息进行叙述，言简意赅，突出重点，同时文案内容要实事求是、通俗易懂

图 1-16 正文的相关分析

常规的文案是包括标题和正文内容的，但也有很多短文案只有一两句话。如图 1-17 所示为光明牛奶的短文案。

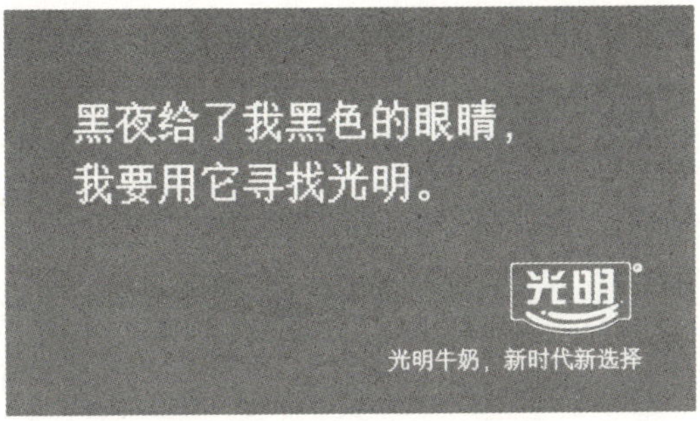
黑夜给了我黑色的眼睛，
我要用它寻找光明。
光明
光明牛奶，新时代新选择

图 1-17 光明牛奶的短文案

1.5 认识创作——常见要求＋共同协作

对品牌推广而言，对内对外的宣传都是极为重要的。专业的新媒体文案的创作者对品牌推广的作用和影响是十分明显的。

新媒体文案编辑人员在类型上主要分为 3 种，分别是公司的雇员、自由撰稿人士和内容创业者。不管是哪一类编辑人员，都需要具备相关的能力，才能更好地创作新媒体文案。除了必备的工作素养，新媒体文案编辑人员还应该有很强的沟通和协调能力，因为还需要与设计师和运营人员沟通，相互协作完成工作。

1.5.1 要求：4 种能力，必备的工作素养

文案涉及的领域有很多，不同的职位所需要的文案人员的能力不尽相同，如图 1-18 所示为某公司招聘新媒体文案人员的相关要求内容，从该图中可知，文案人员有专业、经验和文字能力的要求。

1、负责网站相关栏目/频道的信息搜集、编辑、审校等工作；

2、完成信息内容的策划和日常更新与维护；

3、编写网站宣传资料及相关产品资料；

4、收集、研究和处理网络读者的意见和反馈信息；

5、配合责任编辑组织策划推广活动，并参与执行；

6、协助完成频道管理与栏目的发展规划，促进网站知名度的提高；

7、加强与内部相关部门和组织外部的沟通与协作。

任职资格：

1、编辑、出版、新闻、中文等相关专业大专或以上学历；

2、有媒体编辑领域从业经验者优先；

3、熟练操作常用的网页制作软件和网络搜索工具，了解网站开发、运行及维护的相关知识；

4、良好的文字功底，较强的网站专题策划和信息采编能力；

图 1-18　某公司招聘新媒体文案人员的相关要求内容

在职位招聘中，常见的对文案人员的要求主要集中于 4 个方面，相关的信息分析如图 1-19 所示。

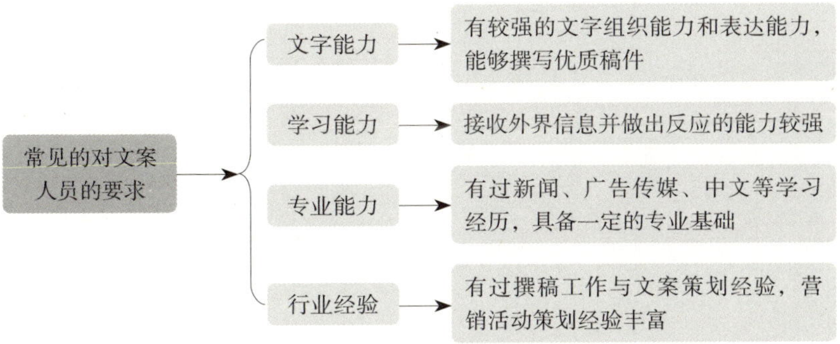
常见的对文案人员的要求
文字能力
有较强的文字组织能力和表达能力，能够撰写优质稿件
学习能力
接收外界信息并做出反应的能力较强
专业能力
有过新闻、广告传媒、中文等学习经历，具备一定的专业基础
行业经验
有过撰稿工作与文案策划经验，营销活动策划经验丰富

图 1-19　常见的对文案人员的要求

1.5.2 协作：充分沟通，落实项目成果

新媒体文案的工作内容并不是独立存在的，在新媒体文案的创作中，设计师和文案编辑人员以及运营人员是需要充分沟通、相互配合的。

作为新媒体文案的编辑人员，要和运营者充分沟通，明确文案的写作目的，以及该阶段运营需要达到的效果；设计师要了解文案内容，才能使创意的视觉效果得到最大限度的发挥；运营人员要让文案编辑人员和设计师的工作成果能够传播得更加快速，扩大宣传影响力。

为了让项目成果得到落实，三者在沟通时就要注意 4 个方面的内容，如图 1-20 所示。

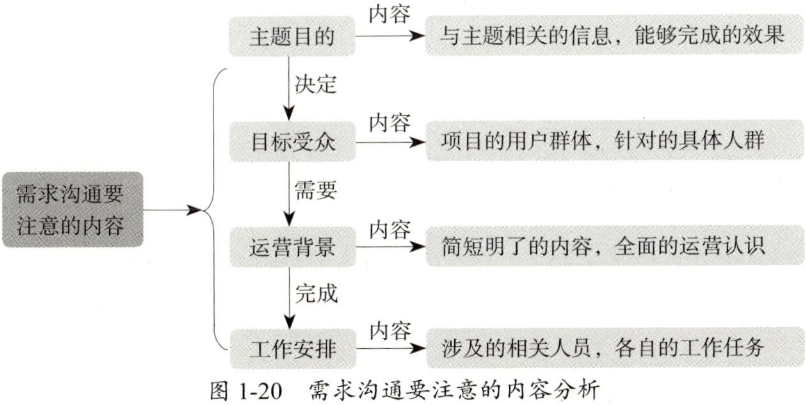
需求沟通要注意的内容
主题目的
内容
与主题相关的信息，能够完成的效果
决定
目标受众
内容
项目的用户群体，针对的具体人群
需要
运营背景
内容
简短明了的内容，全面的运营认识
完成
工作安排
内容
涉及的相关人员，各自的工作任务

图 1-20　需求沟通要注意的内容分析

第 2 章 调研定位：学会入门技巧，把握写作方向

学前提示

想要写好新媒体文案，就一定要学会市场调研和定位的方法和技巧。只有准确地了解产品、内容、用户和平台，才能更好地把握写作方向。

本章主要讲述了市场调研和定位的方法，读者学完之后会让自己的思路更加开阔。

要点展示

- 市场调研：掌握写作发言权
- 明确对象：依据现实做好定位

小米手机
红米6，全新一代国民手机
加量不加价！全新升级的红米6，作为首款12nm制程工艺的千元机、拥有后置1200万AI双摄、5.45英寸小巧全面屏，售价仅799元起；红米6A，后置1300万高清相机，全新12nm制程2.0GHz处理器、“小杨柳腰”纤薄好手感。6月18日0点开售，点击图片立即预约。
红米6
AI双摄 小屏高性能
¥799
8:16

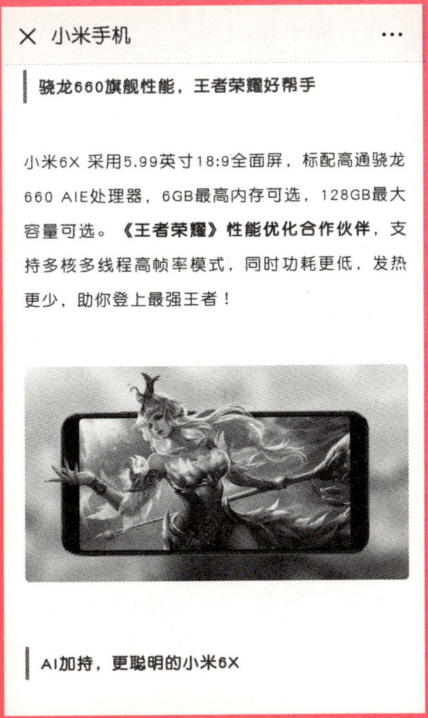

小米手机
骁龙660旗舰性能，王者荣耀好帮手
小米6X 采用5.99英寸18:9全面屏，标配高通骁龙660 AIE处理器，6GB最高内存可选，128GB最大容量可选。《王者荣耀》性能优化合作伙伴，支持多核多线程高帧率模式，同时功耗更低，发热更少，助你登上最强王者！
AI加持，更聪明的小米6X

2.1 市场调研：掌握写作发言权

常言道："没有调查就没有发言权。"调研的重要性不言而喻。如果想要实现妙笔生花，让文案一字千金，那么调研是必不可少的，这是保证文案编辑方向正确和内容精准的前提。只有经过调研，才能预测微信或其他 APP 和自媒体等新媒体平台推送的文案是否能准确地传达到有需要的用户群中，并最终达到预期的目的。

在进行调研之前，文案创作者首先需要了解市场调研的含义、作用和方法。

2.1.1 市场调研：适应市场的发展变化

市场之所以有调研的必要，是有其客观原因的，即市场总是处于瞬息变化的状态之下，如图 2-1 所示。

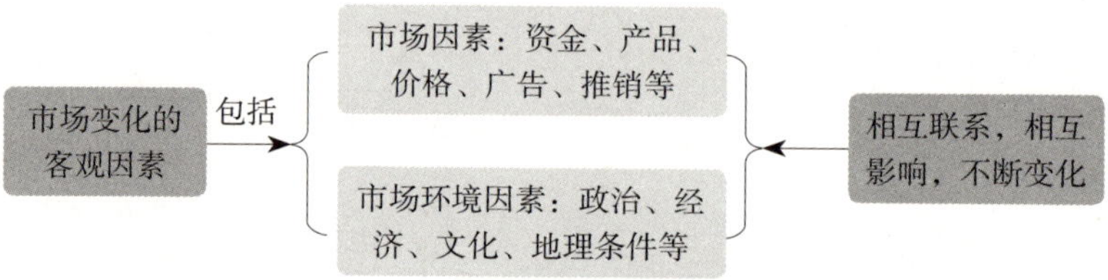
市场变化的客观因素
包括
市场因素：资金、产品、价格、广告、推销等
市场环境因素：政治、经济、文化、地理条件等
相互联系，相互影响，不断变化

图 2-1 市场变化的因素分析

正是因为市场的这一客观情况，对它的调研是任何处于市场这一环境中的活动所必需的。在智能手机应用普遍的社会环境下，与企业产品或品牌有着紧密联系的微信，以及其他 APP 和自媒体等新媒体平台文案的内容构建和效果实现，也必须适应市场的变化，并进行积极且广泛的市场调研，只有这样才能实现最佳效果，如图 2-2 所示。

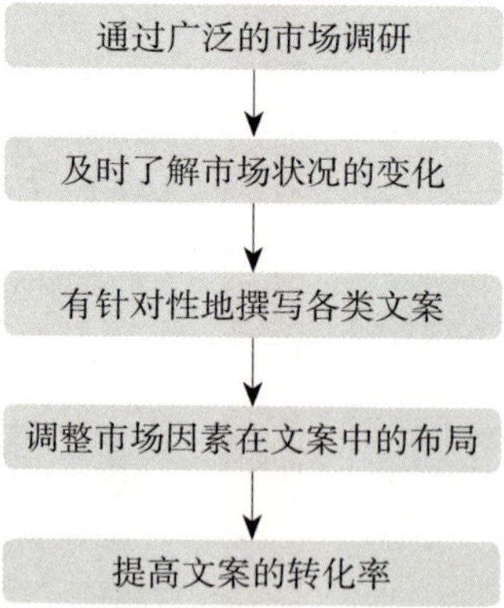
通过广泛的市场调研
及时了解市场状况的变化
有针对性地撰写各类文案
调整市场因素在文案中的布局
提高文案的转化率

图 2-2 实现最佳效果的文案撰写分析

综上所述，所谓"市场调研"，即为了达到营销目的而进行的对营销信息的分析、甄别工作。关于市场调研的含义，具体分析如图 2-3 所示。

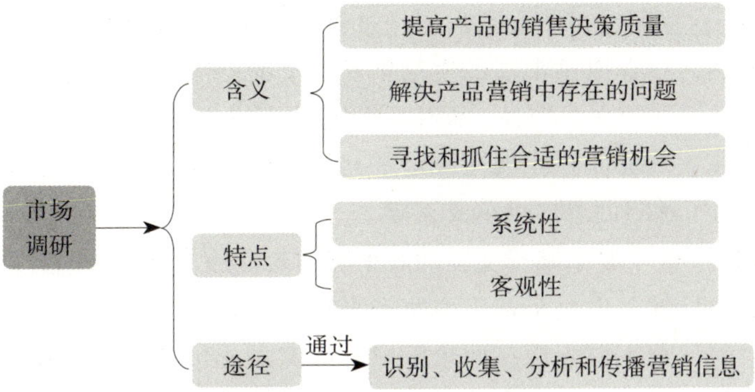

图 2-3　市场调研的含义分析

2.1.2 重要作用：助力企业品牌推广

市场调研作为市场预测和经营决策过程中重要的组成部分，一直有着举足轻重的地位，它是运营者进行营销策划和运作过程的基础，对企业产品和品牌的推广有着非常重要的作用。

市场调研所具有的重要作用可从广义和狭义两个方面进行分析，如图 2-4 所示。

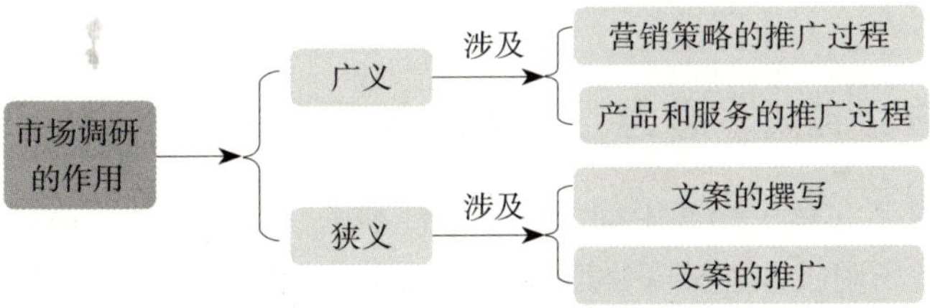

图 2-4　市场调研的作用分析

由图 2-4 可知，从广义上来说，市场调研所得出的结果作为参考标准贯穿整个营销策略以及产品和服务的推广过程；从狭义上来说，市场调研在文案营销中的作用的直接体现就是文案的撰写和推广过程。

就其狭义的作用而言，其作用又主要表现在 3 个方面，具体如下：

（1）参考依据。这主要是基于文案策划过程而言的。市场调研作为文案营销过程的开端阶段，能够为接下来的文案策划提供科学的依据和富有价值的参考信息，具体分析如图 2-5 所示。

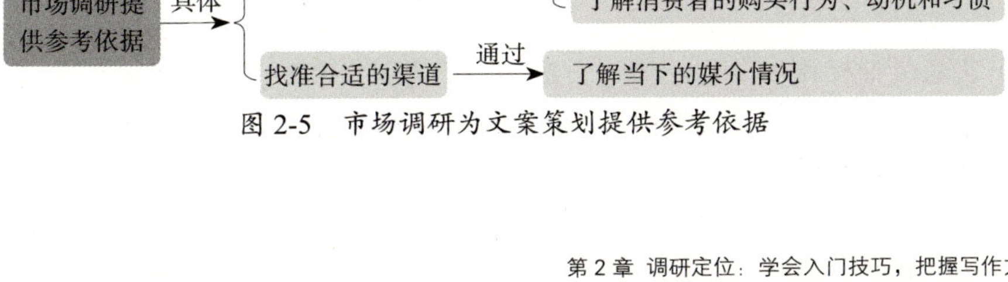

图 2-5　市场调研为文案策划提供参考依据

（2）素材库。这主要是基于文案的创作过程而言的。文案创作的完成是建立在大量的素材基础之上的，只有提供丰富的生活素材，文案创作者才能更快地找到灵感，才能创作出更加具有创意的文案作品。而生活素材的获得必须是深入社会和实践的结果，市场调研的广泛性、系统性和客观性决定了其所获得的数据信息是最好的生活素材来源，能够为文案创作者的创意提供重要支撑。

（3）评估标准。这主要是基于文案的效果测定而言的。文案营销效果的实现是撰写和推广文案的最终目的，也是企业、商家和平台运营者最关心的问题。从文案效果方面来说，其效果的考查主要表现在两个阶段，即文案发布之前的效果预测阶段和发布结束后的效果检验阶段，而这两个阶段的市场调研结果是评估其效果的标准，具体分析如图 2-6 所示。

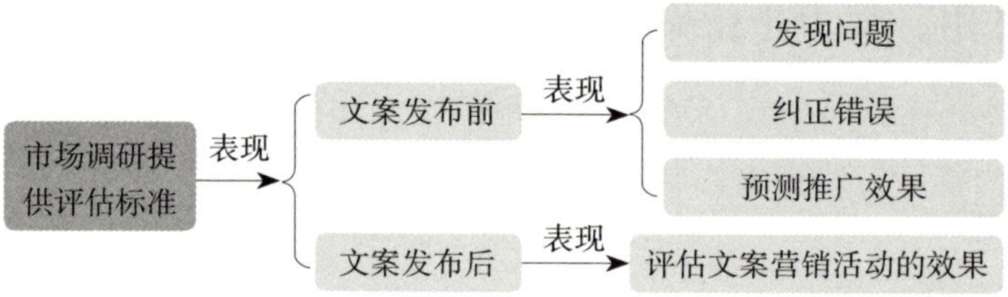

图 2-6　市场调研为文案发布提供效果预测与评估

2.1.3 抽样调查：省时、省力、误差较小

抽样调查，就是在整个样本中抽取一部分样本进行调查，然后通过推算得出结果的调查方法。这一市场调研方法又可分为随机抽样调查和非随机抽样调查，具体内容如下：

（1）随机抽样调查。这一调查方法也称为概率抽样调查，是在整个样本中随机地抽取一部分样本而进行的调查，具体介绍如图 2-7 所示。

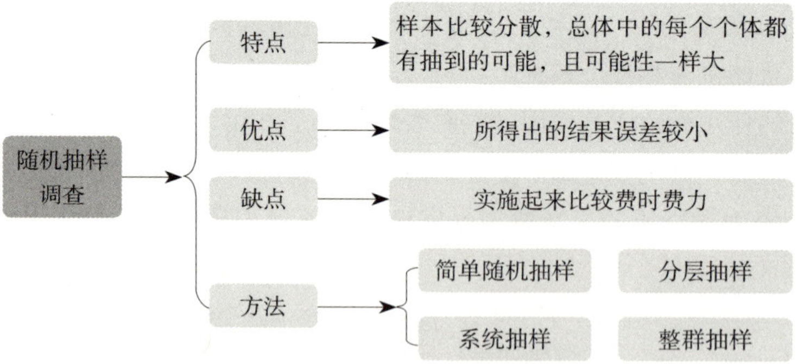

图 2-7　随机抽样调查分析

（2）非随机抽样调查。这一调查方法是在不遵循随机原则的情况下，在总体样本中按照调查人员的主观感受或其他条件抽取部分样本而进行的调查，具体介绍如图 2-8 所示。

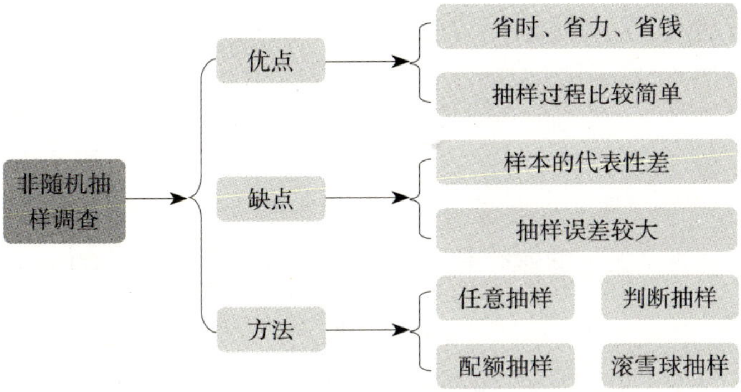
非随机抽样调查
优点
省时、省力、省钱
抽样过程比较简单
缺点
样本的代表性差
抽样误差较大
方法
任意抽样
判断抽样
配额抽样
滚雪球抽样

图 2-8　非随机抽样调查分析

2.1.4 问卷调查：问题由浅入深、循序渐进

所谓“问卷调查”，即调查人员把要调查的内容以问卷形式而进行的调查方法，是一种比较实用且常见的调查方法。通过这种方法进行调查，可以基于被调查者的问卷答案而收集市场资料，且具有 3 个方面的优势，如图 2-9 所示。

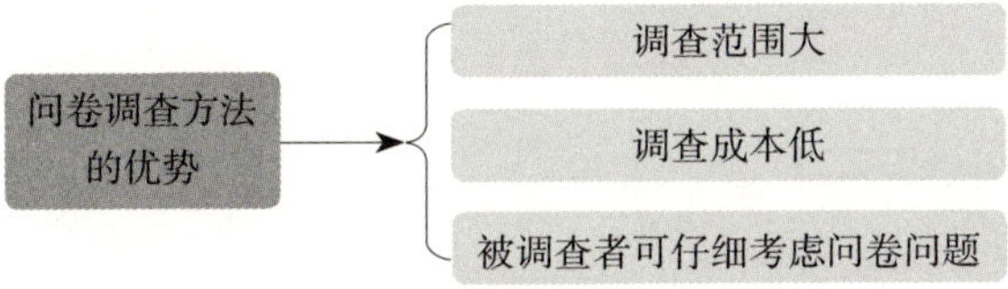
问卷调查方法的优势
调查范围大
调查成本低
被调查者可仔细考虑问卷问题

图 2-9　问卷调查方法的优势

尽管采用问卷调查的方法具有诸多优势，但在具体实施过程中，还应该注意几个方面的问题，如图 2-10 所示。

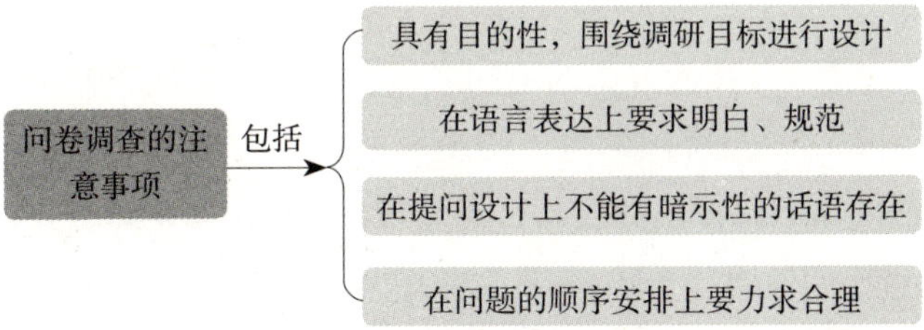
问卷调查的注意事项
包括
具有目的性，围绕调研目标进行设计
在语言表达上要求明白、规范
在提问设计上不能有暗示性的话语存在
在问题的顺序安排上要力求合理

图 2-10　问卷调查的注意事项

其中，在问题的排序安排上要力求合理，实质上是要求调查的问题有一个由浅入深的过程，必须是循序渐进的，具体表现如下：

- 从一般性问题到特殊性问题。
- 从接触性、过渡性问题到实质性问题。
- 从简单的问题到具有一定难度的问题。

2.1.5 典型调查：选择特征鲜明的对象

所谓“典型调查”，即一种以典型对象为调查目标，然后在得出的结果上推算出一般结果的调查方法。

这是一种在对象选择上具有鲜明特征的调查方法，是基于一定目的和标准而特意选择的，因而在调查结果上能够突出显示其调查的作用，如图 2-11 所示。

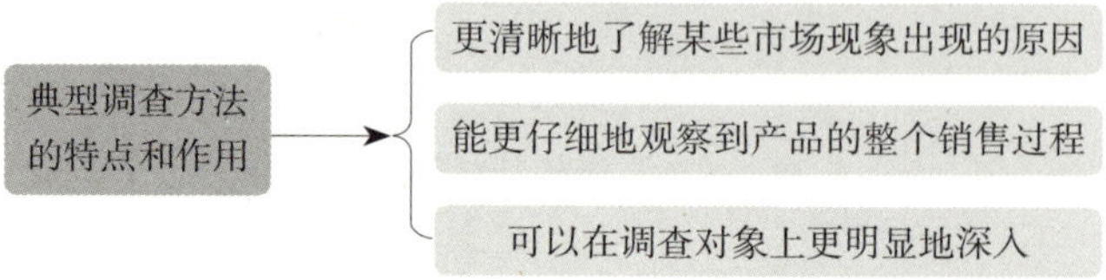

图 2-11　典型调查方法的特点和作用

典型调查方法有一个需要特别注意的问题，那就是需要重点把握好调查对象的典型程度——典型程度把握得越好，调查结果也就越符合现实，其所产生的误差也就越小。当然，这种具有突出特点和作用的调查方法也具有极大的优势，具体内容如图 2-12 所示。

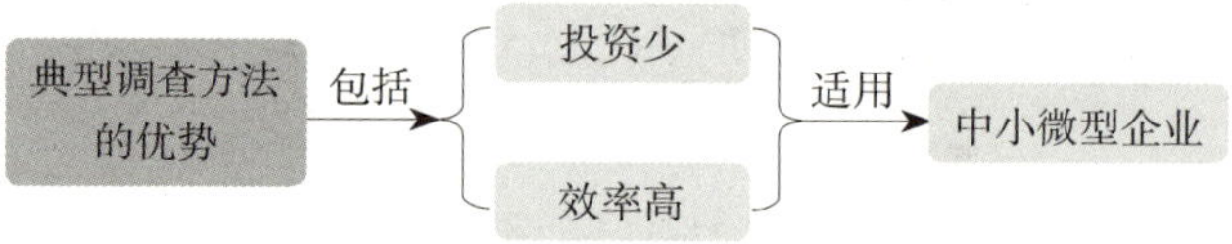

图 2-12　典型调查方法的优势分析

2.1.6 全面调查：广泛撒网，精准捕捞

所谓“全面调查”，与其他方法的不同之处在于“全面”二字，要求的是全面性的普查式调查，其调查结果最突出的特点是全面而精准。因此，对市场营销而言，全面调查的对象是产品的所有目标消费者。它主要分为两种类型，如图 2-13 所示。

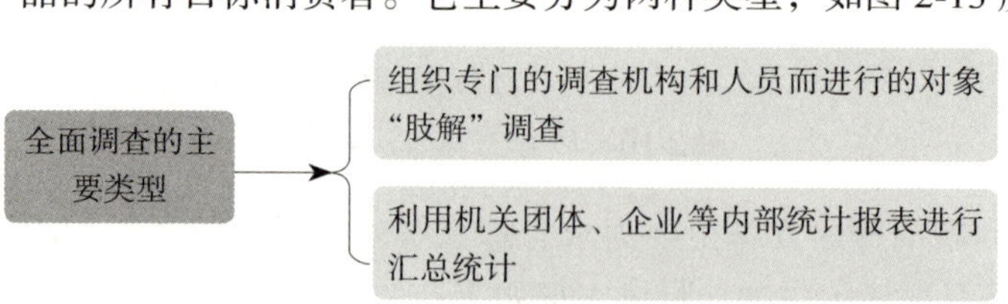

图 2-13　全面调查的主要类型

2.1.7 访问调查：通过 3 种询问方式收集资料

访问调查就是对被调查者进行直接询问而收集资料的方法，具体方法如图 2-14 所示。

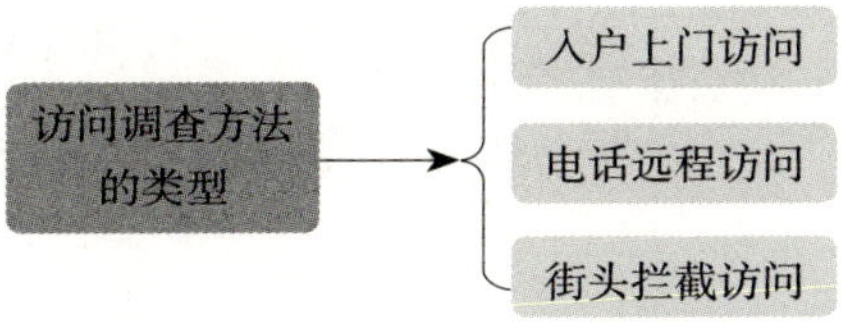

图 2-14　访问调查方法的类型

图 2-14 所示的 3 种访问调查方法有如下 3 个特点：

（1）入户上门访问在资料收集的真实性和全面性方面比较有保证，且这种收集还伴有详细的记录可供查询。

（2）就进行过程的简便性方面而言，电话远程访问有着明显的优势，但这种访问调查方法由于持续的时间短，是无法实现深入询问和调查的，只能在常规性问题上对调查结果有所帮助。

（3）一般来说，街头拦截访问不适合用在文案营销中，且这种方法在实际操作过程中被拒绝的概率比较大，比较难以获取资料。

2.1.8 文献调查：通过两种方式获取资料

随着互联网和移动互联网技术的发展，在文案营销中使用文献调查方法越来越简便，特别是在大数据技术飞速发展的环境下，企业可以很容易地获取大量企业、消费者的资料和信息，这种调查方法的应用也就变得更加实用。

其中，文献资料的来源主要包括两种：企业内部资料和其他外部资料。企业内部资料，即企业自身所具有的消费者资料、以往营销记录等；其他外部资料，即咨询公司、市场调查资料公司、网络等提供的资料和出版物上的资料，以及社会团体和组织提供的各种资料等。

2.2 明确对象：依据现实做好定位

在了解市场调研的含义、作用和方法以后，接下来就要进行市场调研了。对此，微信以及其他 APP 和自媒体平台运营者需要做好两个方面的准备工作，即对外的调研对象的确定和对内的运营定位，如图 2-15 所示。

2.2.1 产品调查：由此及彼逐渐深入

调查销售的产品，其实质是了解销售产品的众多方面，它是市场调研的一个重要组成部分和关键内容。关于销售产品的调查，其具体内容如图 2-16 所示。

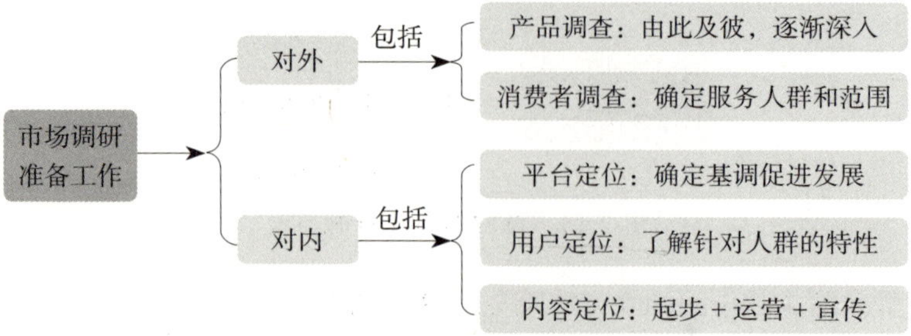

图 2-15 市场调研的准备工作

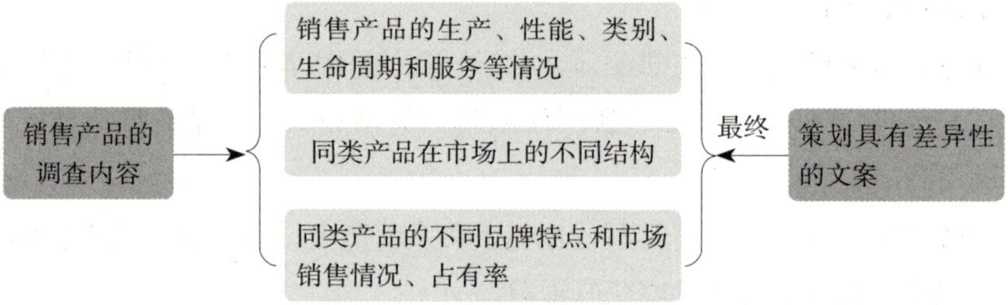

图 2-16 市场调研的销售产品调查内容分析

在市场调研的销售产品调查中，需要体现一个由此及彼、由已及人的逐渐深入的感觉，也就是先要在自身产品上下功夫进行调查，再与市场上的其他同类产品进行对比，才能达到最佳的调查效果。重点介绍对自身销售产品的调查，如图 2-17 所示。

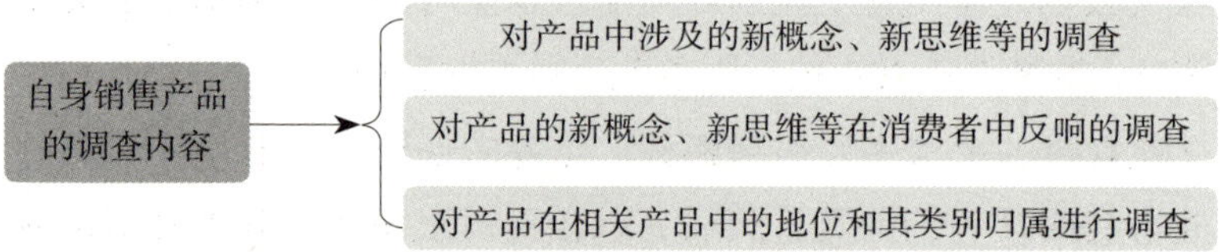

图 2-17 自身销售产品的调查内容分析

关于自身产品要调查的 3 个方面，具体分析如下：

1．要有全新概念

所谓“要有全新概念”，即在产品和服务领域中将要展现的具有全新意义的新概念、新思维等，基于某一新概念、新思维，产品和服务能够带给消费者相关的全新生活享受，如雕爷牛腩“轻·奢·餐”的新概念和可口可乐体现“积极乐观，美好生活”的新思维。

在快餐和正餐之间，雕爷牛腩打造了我国“轻奢餐”品牌，全面诠释其“无一物无来历，无一处无典故”的美食理念。而可口可乐，基于“积极乐观，美好生活”的口号，在产品调研的基础上，打造了“以畅爽‘开始’”的主题品牌。

2．要有样品检测

对产品的新概念、新思维等在消费者中的反响的调查也是产品样品检测的一个方面，通俗地说，产品样品的检测即所谓的回访过程。从具体涉及的内容来说，它还包括消费者对产品的喜好反应和售后出现的问题等。从文案营销方面来说，对产品样品的检测是其营销理念是否继续坚持的判断标准，具体内容如图 2-18 所示。

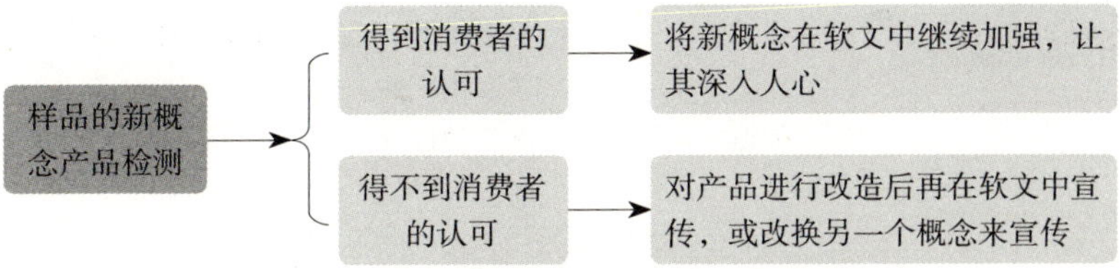

样品的新概念产品检测
得到消费者的认可
将新概念在软文中继续加强，让其深入人心
得不到消费者的认可
对产品进行改造后再在软文中宣传，或改换另一个概念来宣传

图 2-18　新产品样品检测的新概念反应调查

小米手机的“高性价比”是运用得非常成功的品牌案例，如图 2-19 所示。

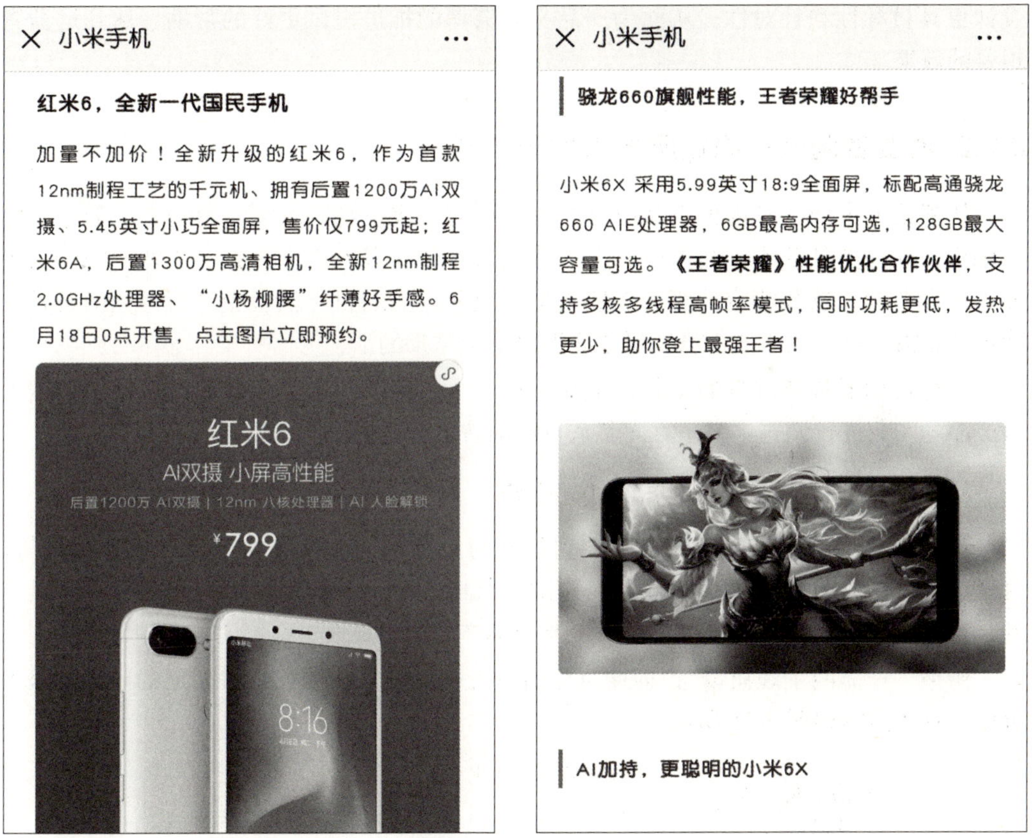

小米手机
红米6，全新一代国民手机
加量不加价！全新升级的红米6，作为首款12nm制程工艺的千元机、拥有后置1200万AI双摄、5.45英寸小巧全面屏，售价仅799元起；红米6A，后置1300万高清相机，全新12nm制程2.0GHz处理器、“小杨柳腰”纤薄好手感。6月18日0点开售，点击图片立即预约。
红米6
AI双摄 小屏高性能
后置1200万 AI双摄 | 12nm 八核处理器 | AI 人脸解锁
¥799
8:16
小米手机
骁龙660旗舰性能，王者荣耀好帮手
小米6X 采用5.99英寸18:9全面屏，标配高通骁龙660 AIE处理器，6GB最高内存可选，128GB最大容量可选。《王者荣耀》性能优化合作伙伴，支持多核多线程高帧率模式，同时功耗更低，发热更少，助你登上最强王者！
AI加持，更聪明的小米6X

图 2-19　小米手机的“高性价比”概念体现

3．要有体系和类型调查

对产品而言，它总有其所属体系和类型，因此，对销售产品的调查也应该包括对其体系和类型的调查，具体内容如图 2-20 所示。

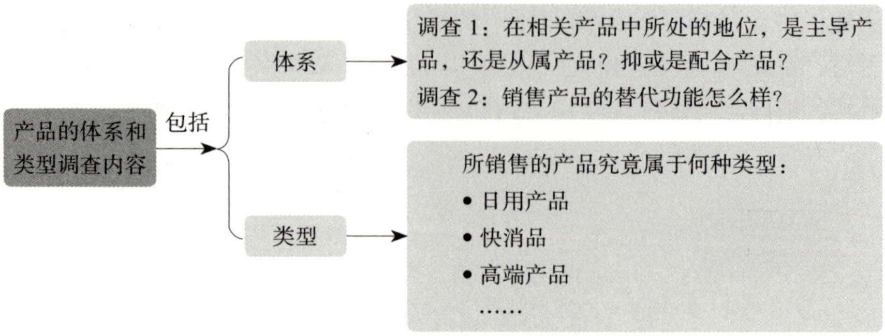

图 2-20　产品的体系和类型调查内容分析

只有在保证产品的体系和类型调查结果准确的前提下，才能使产品的文案策划和设计更具目标性和针对性，从而为产品文案营销的推进提供更好的帮助，达到运营者想要的效果。

2.2.2 消费者调查：确定服务人群和范围

从理论上来说，对销售产品而言，每一个社会成员都有可能是消费者，但在实际应用中，任何产品都不可能把所有人当作其目标消费者，它应该有一个特定的产品服务人群和范围，这些特定的服务人群就是该企业产品的目标消费者。而目标消费者的确定，是需要进行深入的市场调研才能得出准确结果的。

针对目标消费者进行的调查，主要包括两个方面的问题：一方面是从目标消费者对产品的印象进行调查；另一方面是从目标消费者自身的消费行为进行调查。

1．从目标消费者对产品的印象进行调查

目标消费者对产品的印象，主要包括其对产品的了解度、好感度和具体看法等，这是由产品的客观质量和主观质量决定的。其中，产品的客观质量是产品本身所具有的，是无可改变的事实，所以，这里主要介绍产品的主观质量留给消费者的印象。

所谓“产品的主观质量”，即使目标消费者的心理需求能够获得满足的产品或服务价值，具体内容如图 2-21 所示。

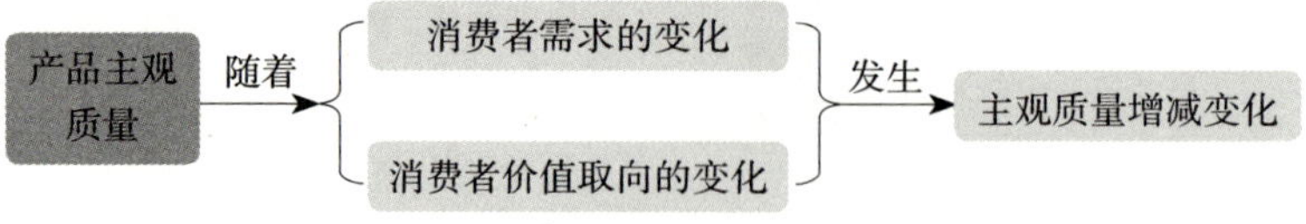

图 2-21　目标消费者的主观质量变化情况分析

2．从目标消费者自身的消费行为进行调查

对目标消费者自身消费行为的调查，主要应该从 4 个方面着手，具体分析如图 2-22 所示。

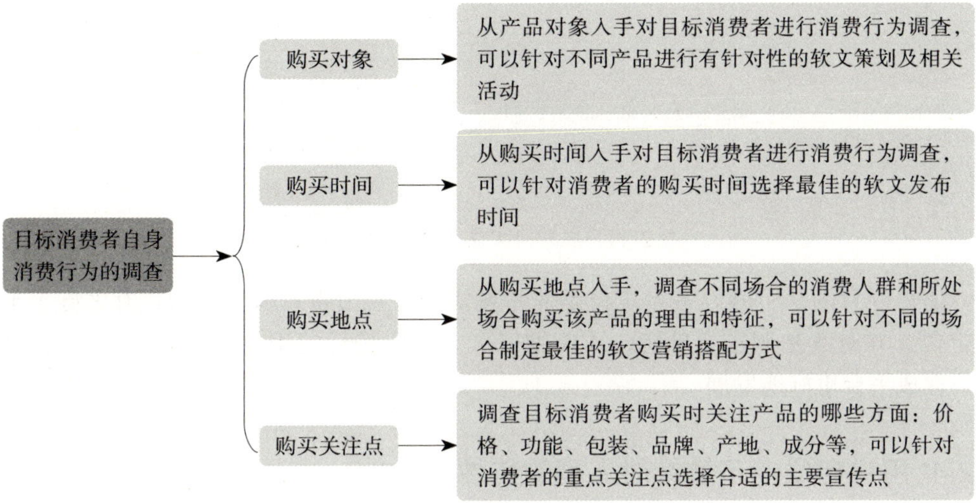
目标消费者自身消费行为的调查
购买对象
从产品对象入手对目标消费者进行消费行为调查，可以针对不同产品进行有针对性的软文策划及相关活动
购买时间
从购买时间入手对目标消费者进行消费行为调查，可以针对消费者的购买时间选择最佳的软文发布时间
购买地点
从购买地点入手，调查不同场合的消费人群和所处场合购买该产品的理由和特征，可以针对不同的场合制定最佳的软文营销搭配方式
购买关注点
调查目标消费者购买时关注产品的哪些方面：价格、功能、包装、品牌、产地、成分等，可以针对消费者的重点关注点选择合适的主要宣传点

图 2-22　目标消费者自身消费行为的调查分析

2.2.3 平台定位：确定基调促进发展

在新媒体运营中，首先应该确定企业所要运营的平台是一个什么类型的平台，以此来决定平台的基调。平台的基调主要包括学术型、恶搞型、创意型、媒体型和服务型等 5 种类型。

在做好平台定位时，应该根据自身条件的差异选择具有不同优势和特点的平台类型，具体分析如图 2-23 所示。

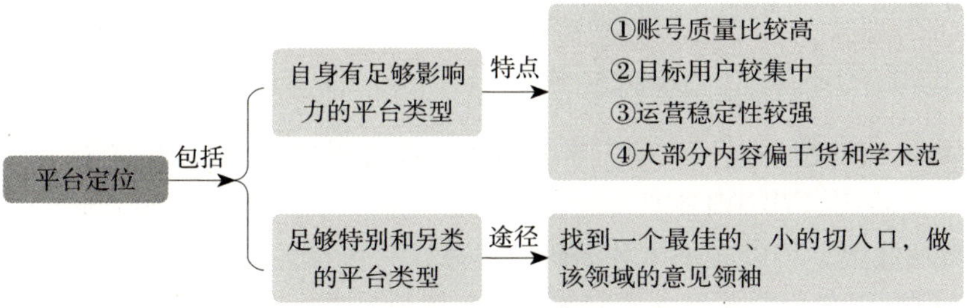
平台定位
包括
自身有足够影响力的平台类型
特点
①账号质量比较高
②目标用户较集中
③运营稳定性较强
④大部分内容偏干货和学术范
足够特别和另类的平台类型
途径
找到一个最佳的、小的切入口，做该领域的意见领袖

图 2-23　平台定位

在新媒体运营中，可通过网红、90 后创业奇才、行业意见领袖、BAT 背景和学术范这 5 种途径更好地实现平台定位。

另外，在定位平台（选择何种平台类型）的同时，还应该对平台的自定义菜单进行相应的规划，以便能够清楚地告诉用户“平台有什么”。对自定义菜单进行规划，其实质就是对其功能进行规划，可以从 4 个维度进行思考和安排，如图 2-24 所示。

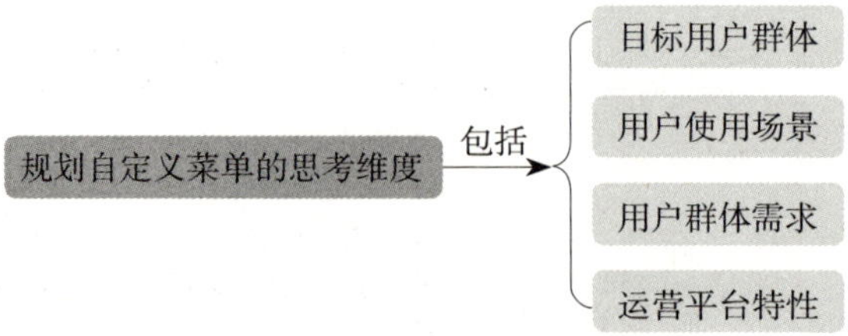

图 2-24　规划自定义菜单的思考维度

值得注意的是，做好平台定位是非常重要的，要慎重对待，因为只有做好了平台的定位，并对其基调进行确定，才能做好下一步要进行的用户运营和内容运营策略，最终促成平台更好地发展。

2.2.4 用户定位：了解针对人群的特性

在企业的微信、APP 等新媒体平台运营中，确定明确的目标用户是其中最为重要的一环。而在进行平台的用户定位之前，首先应该做的是了解平台具体针对的是哪些人群，以及他们具有什么特性等问题。关于用户的特性，一般可以细分为两类，如图 2-25 所示。

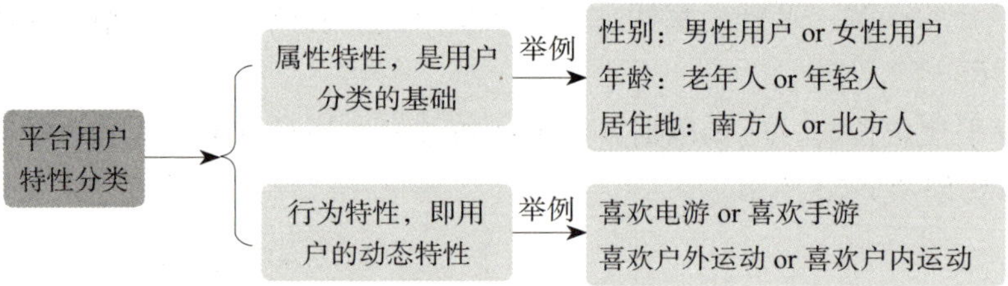

图 2-25　平台用户特性分类分析

在了解了用户特性以后，接下来要做的是进行用户定位。在用户定位全过程中，一般包括 3 个步骤，具体内容如下：

(1) 数据收集。可以通过市场调研的多种方法来收集和整理平台用户数据，再把这些数据与用户属性关联起来，如年龄段、收入和地域等，绘制成相关图谱，就能够大致了解用户的基本属性特征。如图 2-26 所示为某产品的用户年龄段分析。

(2) 用户标签。获取了用户的基本数据和基本属性特征后，就可以对其属性和行为进行简单分类，并进一步对用户进行标注，确定用户的可能购买欲和可能活跃度等，以便在接下来的用户画像过程中对号入座。

(3) 用户画像。利用上述内容中的用户属性标注，从中抽取典型特征，完成用户的虚拟画像，构成平台的各类用户角色，以便进行用户细分。

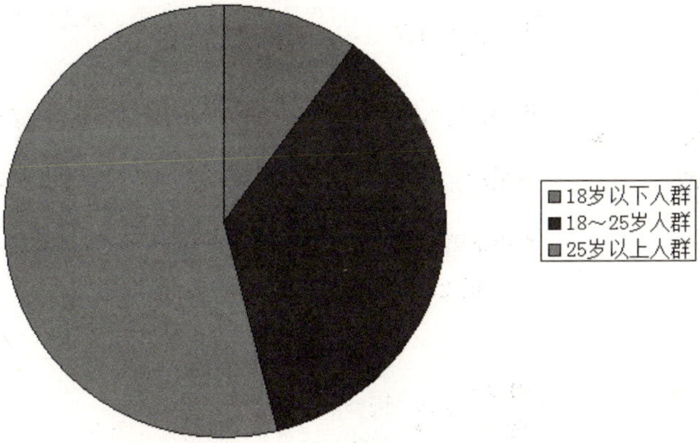

图 2-26 某产品的用户年龄段分析

2.2.5 内容定位：展现特色，发挥平台优势

所谓“内容定位”，即微信等新媒体平台能够提供给用户什么样的内容和功能。在平台运营中，关于内容的定位主要应该做好 3 个方面的工作，具体如下：

1. 找准发展方向

找准内容的发展方向是平台内容供应链初始时期的工作，是做好内容定位的前提和准备，具体分析如图 2-27 所示。

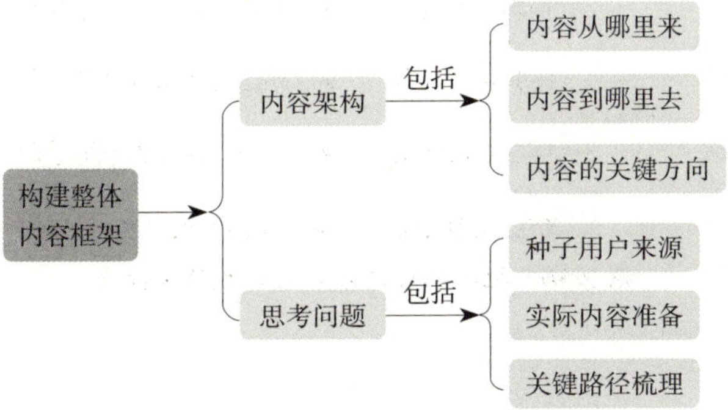

图 2-27 明确内容发展方向的具体分析

2. 通晓展示和整合方式

在内容定位中，还应该通晓运营阶段的内容展示方式。在打造的优质内容的支撑下，怎样更好地展示平台内容，逐步建立品牌效应，是实现平台影响力扩大的重要条件。关于平台内容的展示方式，一般分为 4 种，如图 2-28 所示。

在内容展示过后，接下来更重要的是要通晓内容的整合方式，具体分析如图 2-29 所示。

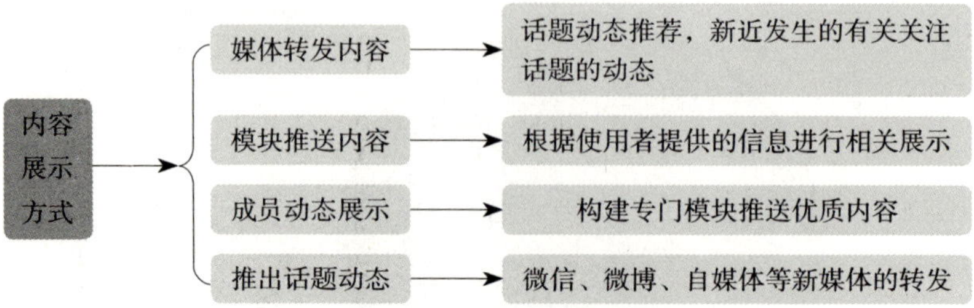

图 2-28　平台内容的展示方式

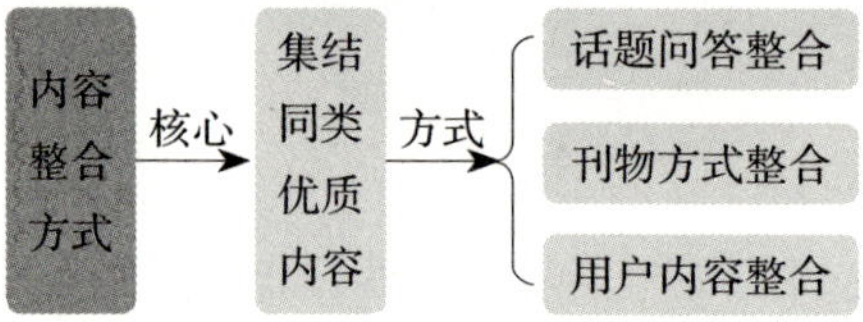

图 2-29　明确平台内容的整合

3. 确定互动方式

除了应做好初始阶段和运营阶段的内容定位，还应该确定宣传阶段的内容定位，即怎样进行平台内容互动的问题。

企业与用户进行交流，更有利于新媒体平台内容的传播，用户的接受能力也更强，从而加深用户对平台的信任度和支持度。在确定内容互动方式的过程中，需要把握几个关键点，如图 2-30 所示。

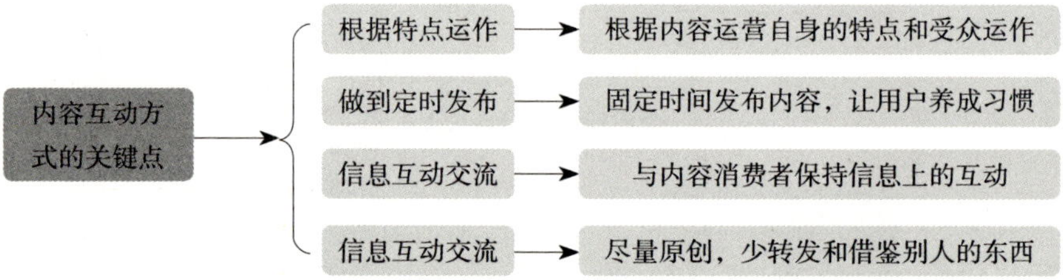

图 2-30　把握平台内容互动方式的关键点

第3章 数据分析：带你轻松玩转各大新媒体平台

学前提示

数据分析是文案人员写作新媒体文案之前必须要了解的，只有对各大新媒体平台的数据了然于胸，才能写出更好的文案。本章内容主要集中在 4 个方面，包括数据分析的作用、微信平台数据分析、新榜平台数据分析和其他平台的数据分析。

要点展示

- 分析数据：4 大原因为你答疑解惑
- 微信后台：5 类数据让你轻松掌握
- 新榜平台：形象直观的数据分析
- 其他平台：简明扼要的数据分析

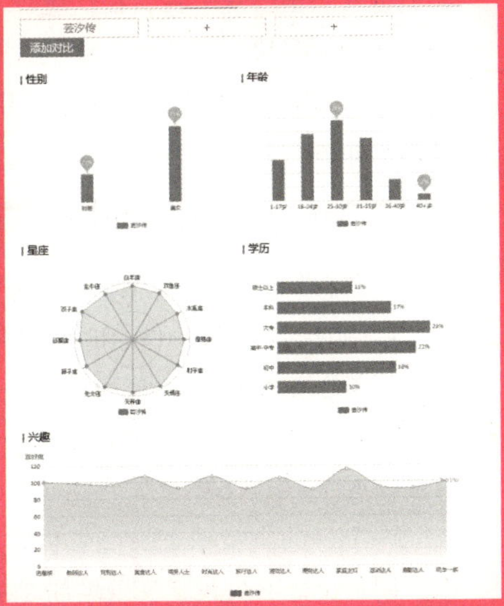

3.1 分析数据：4 大原因为你答疑解惑

对新媒体文案而言，数据非常重要。数据分析的好处有很多，本节主要介绍套牢粉丝、热点营销、把握内容和商业变现 4 个方面。

3.1.1 套牢粉丝：4 大方面反映粉丝情况

新媒体已经成为时下一个重要的营销渠道，从其后台开发出的一套数据分析系统就可以看出，对运营者来说，这套数据分析系统能够帮助他们实现更为精准化的营销。

很多新媒体平台运营者看到后台的数据，不知从何入手，其实这些数据能够给运营者带来很多启示，关键看运营者会不会解读这些数据。

做数据分析，首要的目的就是将粉丝套牢，通过哪些方面可以看出来呢？下面以微信公众平台数据分析为例来进行说明。

1．用户增长：反映粉丝认可度

对于微信公众平台的运营，众所周知，所有的发展和建设都必须建立在微信粉丝群上，没有足够数量的粉丝群体，再多的努力也是白费。因此，微信公众号的运营者要特别关心用户的动态，了解用户的数量变化就是很好的切入点。

在平时，微信运营者可能还看不出这些数据的变化，但是当微信平台推出新的计划后，这些用户数量的变化就能起到很好的作用了，它能够反映新计划的效果，让微信运营人员根据这些数据总结经验，查漏补缺。

进入微信公众平台，在“统计”功能模块下，位列第一的就是“用户分析”功能模块，该功能模块下有两大选项卡，第一个选项卡就是“用户增长”。

“用户增长”数据反映了平台用户数量的变化，从用户的数量变化中，运营人员可以得知如图 3-1 所示的信息。

2．用户数据：构建用户画像

了解粉丝的重要性，其实就是了解市场上各行各业对目标用户群体定位的重要性，在互联网时代，谁拥有更多的粉丝量，谁就能更快地取得商机，获取盈利。

但是，仅仅拥有一定的粉丝数量还是不够的，还要懂得粉丝的心理，通过一系列的后台数据构建用户画像，才能为微信运营提供更多的决策依据，让企业的决策精准度高、成本低、效果好。

一个好的决策依据，能够促进用户的增加，实现吸粉的效应。因此，构建用户画像、制定更好的决策、实现增粉是一个良性的循环生态。

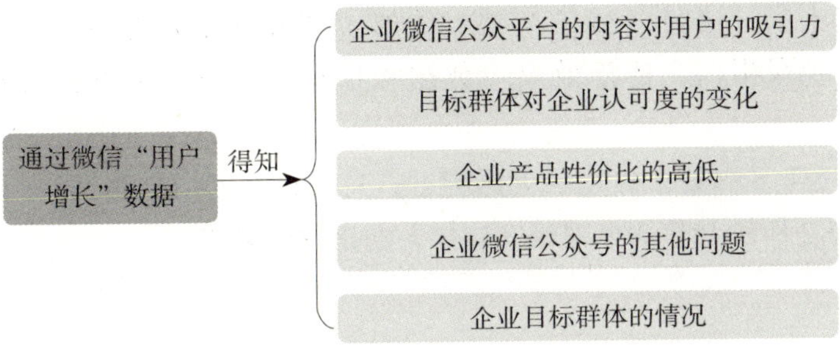

图 3-1　微信用户群体的数量变化反映出的信息

3．内容分析：用数据赢得粉丝

微信后台的图文数据分析能够帮助运营者找出图文信息的不足，从而打造出更吸引粉丝的内容。

如果一篇文章不仅阅读量达到了一定的数量，而且转发量也非常高，就说明有用户对文章的内容非常感兴趣。当他们将文章转发分享到自己朋友圈时，他们的朋友也会看到这篇文章。如果他们的朋友也对文章的内容感兴趣，就很有可能多次进行转载和传播，从而让文章的传播力度更大，传播的范围更广。

反之，如果一篇文章的阅读量、转发量都不高，就说明文章还有很多需要改进的地方，运营者可以通过图文数据来判断用户的喜好情况，然后打造更受他们欢迎的内容，这样就能赢得更多粉丝。

4．用户消息：洞悉粉丝需求

从用户发来的消息中，可以看出用户的直接需求，就比如用户发送关键词“假期优惠”，说明用户想要了解企业的“假期优惠”政策，或者与“假期优惠”相关的一些信息。因此，通过后台的用户消息分析，企业可以了解到用户的诸多需求。

在微信后台的“消息分析”选项卡中，运营者可以看到“消息发送次数”“消息发送人数”和“人均发送次数”等数据；在“消息关键词”选项卡中，可以看到“自定义关键词”“非自定义关键词”的数据，从这些数据中，可以推敲出用户的喜怒哀乐，也可以得知不同的内容对用户的吸引程度，还能看出用户的需求点。

3.1.2 热点营销：紧跟风向吸引用户关注

想要写好新媒体文案，就必须了解一些找到热点、打开营销道路的方式，只有平台本身聚集了话题和热点，才能获得用户的关注，而想要获得这些热点，就必须结合各个平台的数据排行榜来进行分析。

1．百度指数

百度指数是互联网时代重要的数据分享平台之一，该平台是基于百度用户行为数据建立起来的，通过它微信运营者能够了解到某个热点的火热程度，它能够将竞争产品、受众指向、传播效果等数据和信息，以科学的图谱方法呈现在人们面前。

如果企业想要了解某个热点的火热程度，只需在百度指数查询栏中输入热点关键词即可。如图 3-2 所示为热播电视剧《扶摇》的指数趋势图。

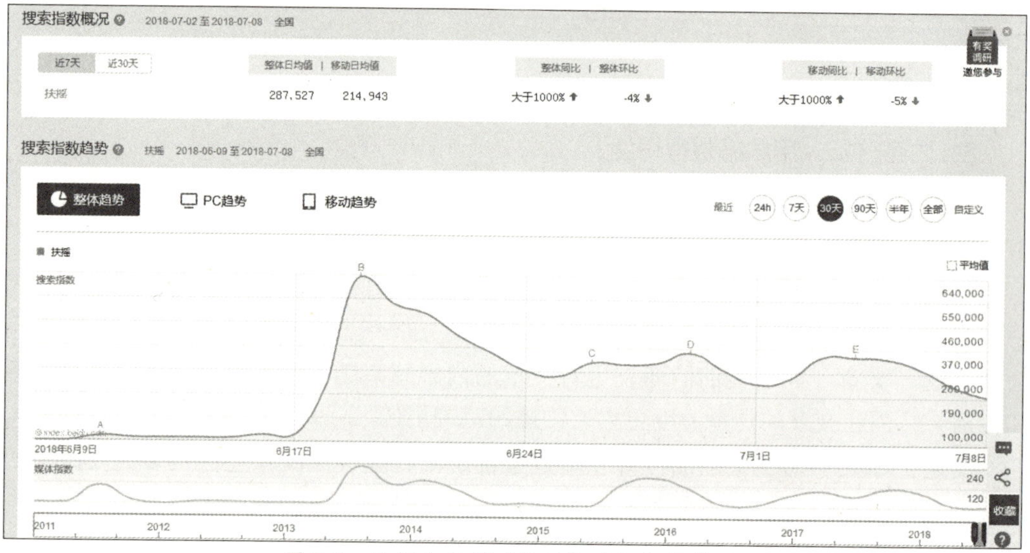

图 3-2　热播电视剧《扶摇》的指数趋势图

如果企业遇到了好几个同类的热点，不知道哪个热点更受人关注，可以在热点关键词后面添加对比词，然后可以查看哪一个热点的关注指数更好一些。总的来说，通过百度指数，用户可以了解到如图 3-3 所示的信息。

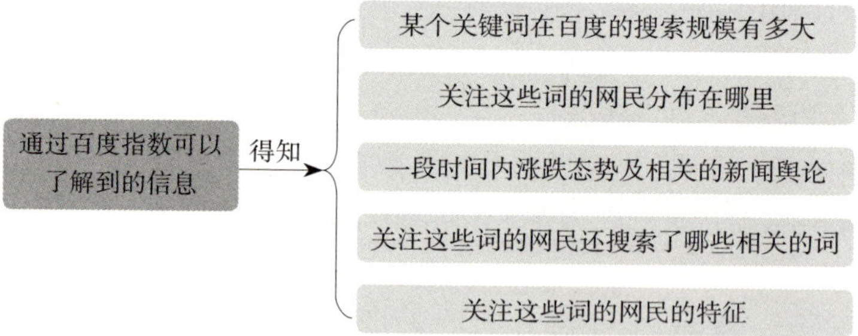

图 3-3　通过百度指数可以了解到的信息

2．微博话题

微博上的微话题向人们展示了 1 小时内或者 24 小时内关注度比较高的热门事件，单击微博顶部的“发现”按钮，就能进入热门微博推荐界面，单击左侧的“更多”按钮，单击“话题”就能看到相关的热门话题，如图 3-4 所示。

图 3-4　话题界面

新媒体平台运营者可以根据自己平台的运营方向，找到自己关注的领域的话题，然后将这个话题嵌入自己推送的消息中，就能提高用户的关注度和点击阅读率。

3．淘宝排行榜

对电商类或者以销售产品为主的新媒体平台来说，关注市场行情是很有必要的，这类微信平台要了解商品行情，知道什么最好卖，就可以通过淘宝排行榜来查看，淘宝排行榜是对淘宝近百万店铺前 500 名排名，以及对商品性价比排行的一种导航。如图 3-5 所示为淘宝排行榜的页面。

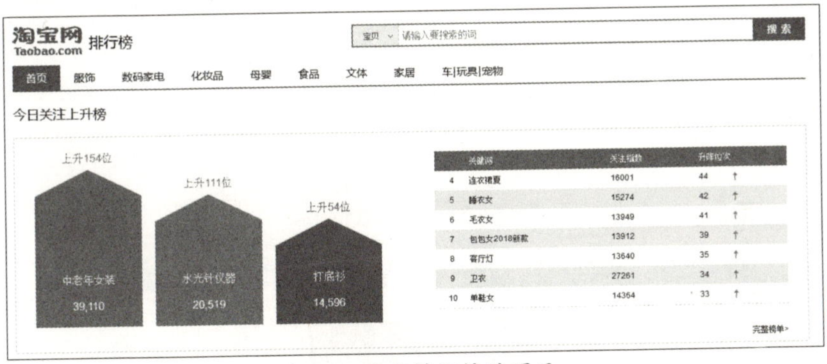

图 3-5　淘宝排行榜的页面

在淘宝排行榜上，可以看到两个榜单：一个是“今日关注上升榜”；另一个是“一周关注热门榜”，如果运营者想要了解更多的榜单信息，还可以单击“完整榜单”按钮，进入更加详细的榜单页面查看信息。如图 3-6 所示为“今日关注上升榜”的完整榜单。

运营者还可以根据自身的实际情况选择细分行业的商品种类，例如选择“服饰”中的“连衣裙”类商品，就能看到“连衣裙”类产品的“销售上升榜”情况，如图 3-7 所示。

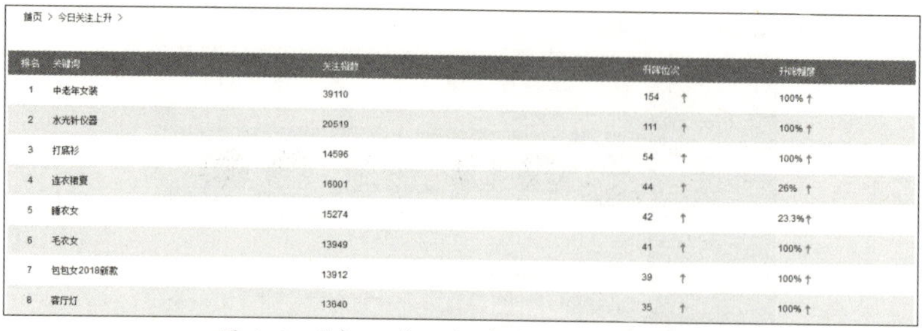

首页 > 今日关注上升 >

排名	关键词	关注指数	升降位次	升降幅度
1	中老年女装	39110	154 ↑	100% ↑
2	水光针仪器	20519	111 ↑	100% ↑
3	打底衫	14596	54 ↑	100% ↑
4	连衣裙夏	16001	44 ↑	26% ↑
5	睡衣女	15274	42 ↑	23.3% ↑
6	毛衣女	13949	41 ↑	100% ↑
7	包包女2018新款	13912	39 ↑	100% ↑
8	客厅灯	13640	35 ↑	100% ↑

图 3-6 “今日关注上升榜”的完整榜单

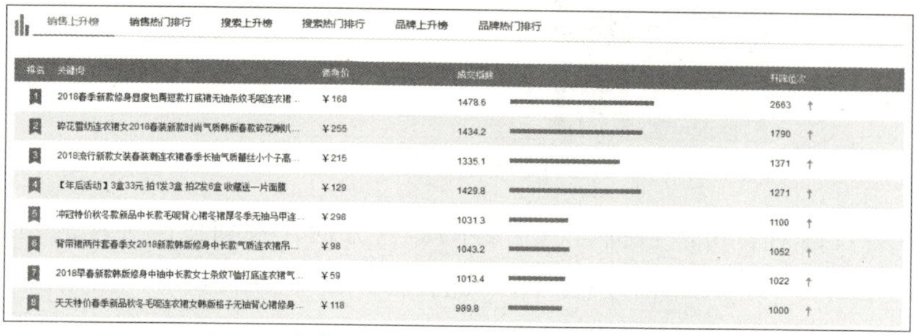

销售上升榜 销售热门排行 搜索上升榜 搜索热门排行 品牌上升榜 品牌热门排行

排名	关键词	参考价	成交指数	升降位次
1	2018春季新款修身显瘦包臀短款打底裙无袖条纹毛呢连衣裙…	¥168	1478.6	2663 ↑
2	碎花雪纺连衣裙女2018春装新款时尚气质韩版春款碎花喇叭…	¥255	1434.2	1790 ↑
3	2018流行新款女装春装潮连衣裙春季长袖气质蕾丝小个子高…	¥215	1335.1	1371 ↑
4	【年后活动】3盒33元 拍1发3盒 拍2发6盒 收藏送一片面膜	¥129	1429.8	1271 ↑
5	冲冠特价秋冬款新品中长款毛呢背心裙冬裙厚冬季无袖马甲连…	¥298	1031.3	1100 ↑
6	背带裙两件套春季女2018新款韩版修身中长款气质连衣裙吊…	¥98	1043.2	1052 ↑
7	2018早春新款韩版修身中袖中长款女士条纹T恤打底连衣裙气…	¥59	1013.4	1022 ↑
8	天天特价春季新品秋冬毛呢连衣裙女韩版格子无袖背心裙修身…	¥118	989.8	1000 ↑

图 3-7 “连衣裙”类产品的“销售上升榜”

4．百度搜索风云榜

百度搜索风云榜是基于数亿名网民搜索行为数据，以关键词为统计对象建立关键词排行榜的平台，该平台覆盖十余个行业类别，一百多个榜单，能够直观地反映出互联网网民的兴趣和需求。

文案创作者可以在百度搜索风云榜上查看网民关注的兴趣点，然后结合自己的运营内容，将热点与自己的新媒体平台的内容结合起来，推送给用户，这样更容易引起用户的阅读欲望，提升文章的阅读量，达到写作的目的。如图 3-8 所示为百度搜索风云榜的首页界面。

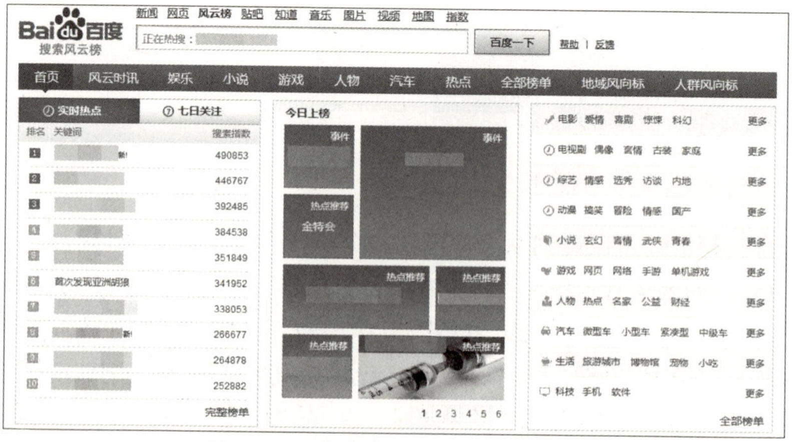

图 3-8 百度搜索风云榜的首页界面

5．网评排行——搜狐

在网评排行——搜狐上，可以通过网友对某一新闻的跟帖数和点击数，了解到用户的关注点所在。如图 3-9 所示为网评排行——搜狐的界面。在该平台上，运营者可以通过排行榜了解国内、国际、社会、体育、娱乐、财经等领域的“日热点排行”和“日点击排行”，然后结合这些热点，在此基础上撰写相关的文案。

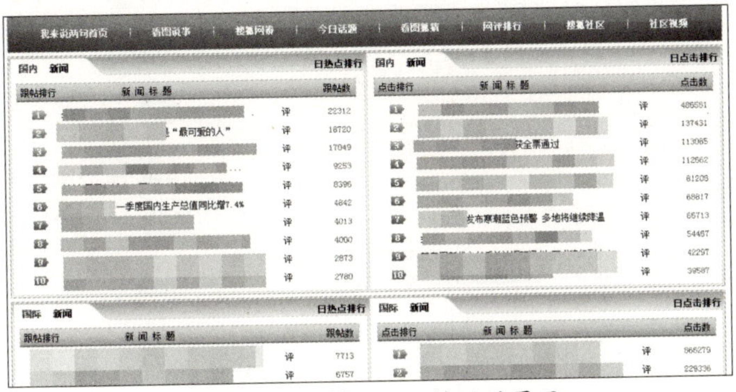

图 3-9　网评排行——搜狐的界面

6．热门新闻每周排行

热门新闻每周排行是新浪旗下一个新闻排名统计平台，在该平台上，可以查看每周的新闻总排行情况，包括点击量排行、评论数排行、分享数排行等。

同时，还有细分行业的排行情况，包括视频排行、图片排行、国内新闻排行、国际新闻排行、社会新闻排行、体育新闻排行、财经新闻排行、娱乐新闻排行、科技新闻排行和军事新闻排行的情况。如图 3-10 所示为热门新闻每周排行的界面。

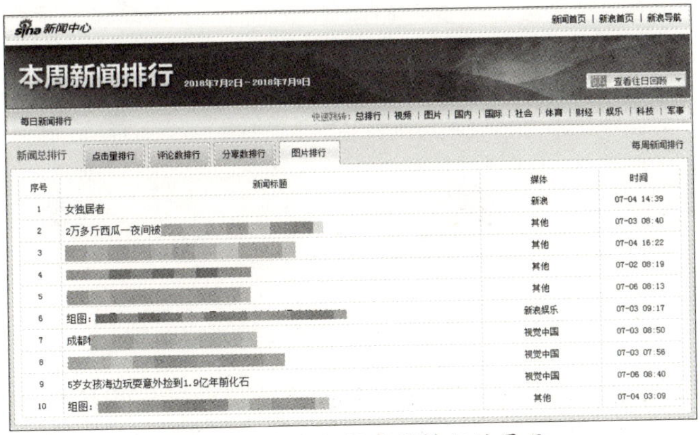

图 3-10　热门新闻每周排行的界面

7．知乎热门话题排行

知乎是一个网络问答社区，在这个平台上，用户可以彼此分享各自的专业知识、见解和经验等。文案创作者可以进入话题广场，选择与自己平台运营有关的话题，进入之后就可以看到热门话题的排序。如图 3-11 所示为“学习”话题的动态排序情况，运营者可以通过查看这些热门排序来了解网友的关注点和讨论话题。

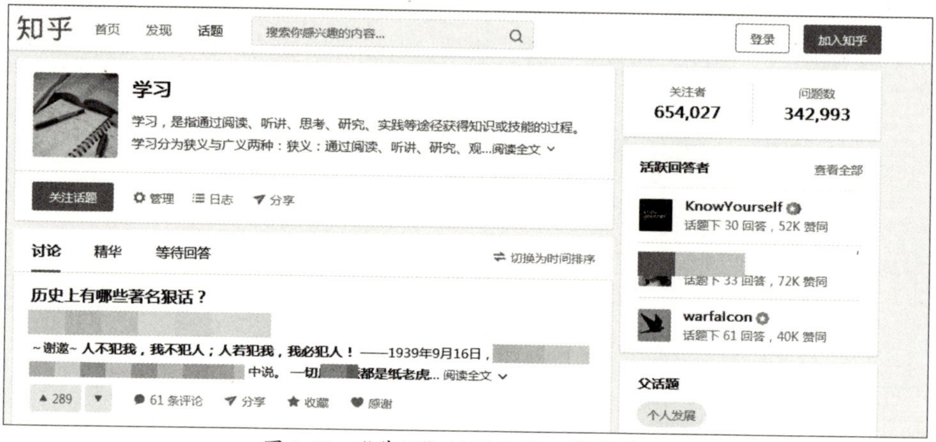

图 3-11　“学习”话题的热门排序情况

8. 爱奇艺指数

爱奇艺指数是一个视频数据分析平台，通过该平台，用户可以了解相应的信息，如图 3-12 所示。

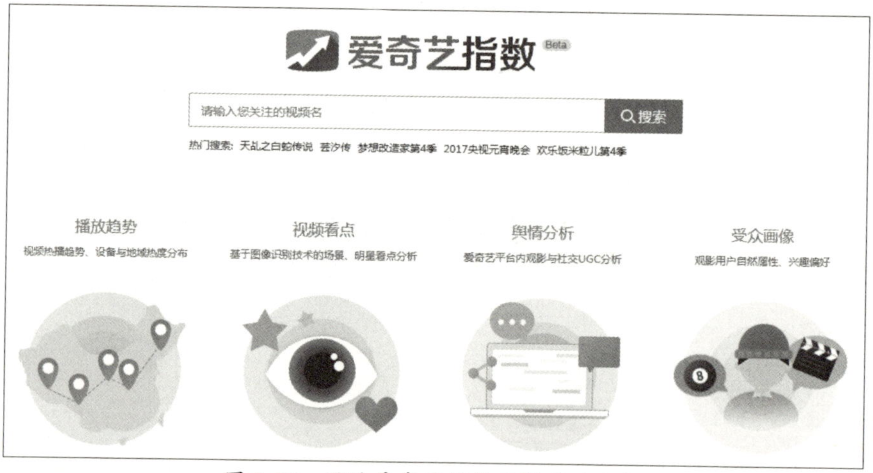

图 3-12　通过爱奇艺指数了解到的信息

对视频类的文案创作者来说，需要经常利用这样的视频指数平台来分析热门视频的一些播放趋势、用户的观看行为、观看用户的特征 / 特点等。运营者只需要在搜索栏中输入关注的视频名称，即可查看视频的指数情况。如果想要进行多视频对比，则在搜索栏中输入视频名称时，以分号分隔即可。如图 3-13 所示为热播电视剧《芸汐传》的指数搜索结果。

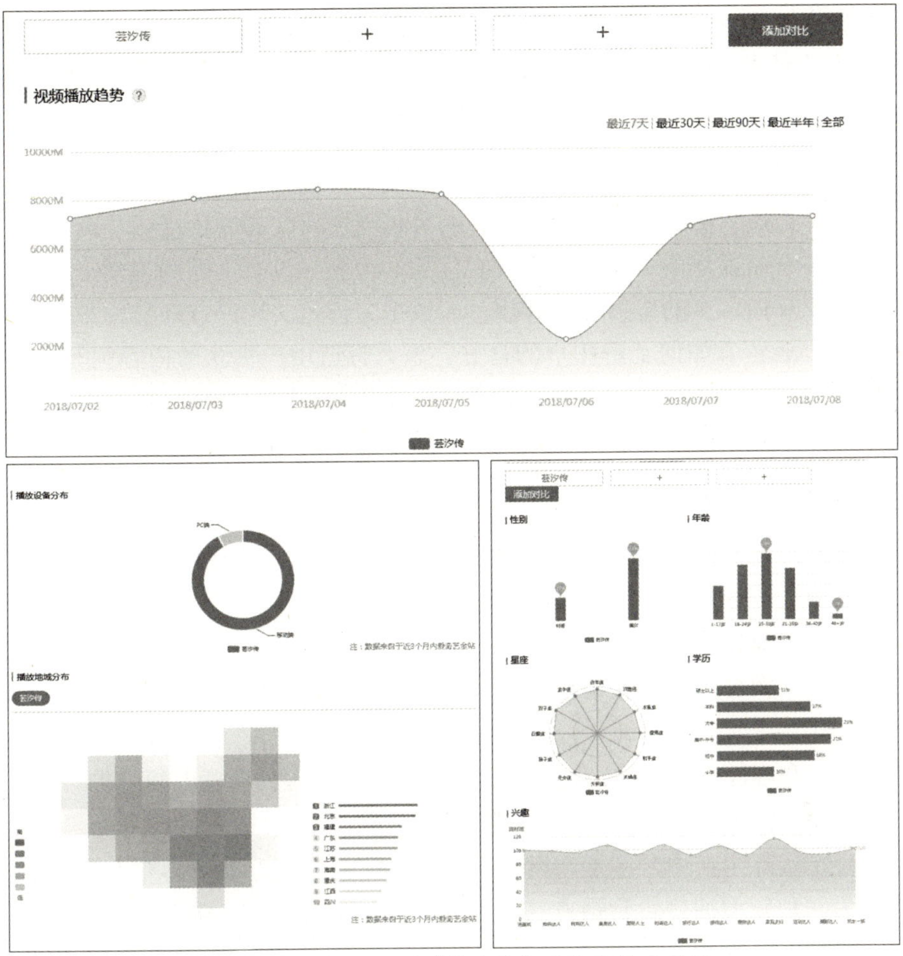

图 3-13　热播电视剧《芸汐传》的指数搜索结果

3.1.3 把握内容：综合分析了解流行趋势

进行数据分析的一个重要原因，就是能够帮助运营者对平台的内容有更好的把握。对新手运营者来说，进行平台内容运营时，首先需要了解平台内容的多种表现形式，例如视频、图片、文字等。更深层次的学习就是学会内容标题和正文的撰写，经过对大多数平台数据的综合分析，了解新媒体平台最受欢迎的标题和正文类型，再进行新媒体文案写作就会事半功倍。

3.1.4 商业变现：稳扎稳打实现终极目标

对新媒体平台运营者来说，文案创作的最终目的是赚取利益，当运营者通过数据分析实现了上述几大动作之后，最后需要实现的就是商业变现。

运营新媒体平台是一件耗费时间、耗费精力的事情，如果没有利润可言，谁愿意耗费那么多的时间、那么多的精力去运营这样一个平台呢？正是因为它隐藏着的巨大潜力，才会让那么多运营者趋之若鹜，试图在众多的竞争者中占据一席之地。

1．数据分析：商业变现的前提

新媒体平台运营有很多重要的环节，而吸粉引流、打开营销道路、内容编写都是为最后一个环节做铺垫的。如果平台没有优秀的内容，没有足够的粉丝，没有合适的营销渠道，就算做再多的努力也没有用。而数据分析是实现这些环节的重要前提，没有数据分析，运营者如何了解用户的喜好，怎么打造用户喜欢的内容呢？没有内容，自然无法吸引用户关注平台，也就无法实现商业变现，因此数据分析是商业变现的初始前提，有了科学的数据分析做基础，才能更好地实现商业变现。

2．变现模式：4 种常见类型

本节笔者将为大家介绍媒体平台 4 种常见的盈利方式，这些盈利方式有的适合微信平台，有的适合其他新媒体平台。下面将一一介绍。

1）模式 1：软文广告

软文广告，顾名思义，就是指文案创作者在文章中以软性植入广告的形式来推送的文章。

软文广告和硬性广告不同，硬性广告就是直接的广告，包括电视广告、杂志广告，以及网络上广告位展示的广告、搜索引擎竞价广告等。

不管是在实际生活中，还是在网络上，硬性广告的优点都不会有太多改变，而软文广告作为一种新型的广告营销方式，也具备其相应的优点。软文广告和硬性广告的优点分别如图 3-14 所示。

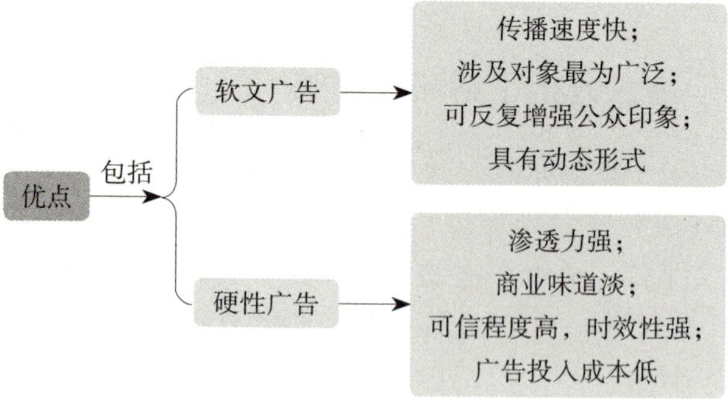

图 3-14　软文广告和硬性广告的优点

除了优点，软文广告和硬性广告还具有一定的缺点，相应的介绍如图 3-15 所示。

在新媒体文案中，软文广告是一种最常见的盈利模式，比起那种直接在文章里夸产品的硬性广告来说，更能够被消费者接受。

软文广告追求的是一种春风化雨、润物无声的传播效果。软文广告之所以被广大微信公众平台运营者追捧，是因为在微信公众平台中，如果直接打广告，将会很容易引起消费者的反感，而且对广告主来说，利用电视、报纸、杂志等媒介打广告的成本上涨，效果却在下降，因此找寻价格公道、效果好的广告媒介就成了广告主的首要问题。

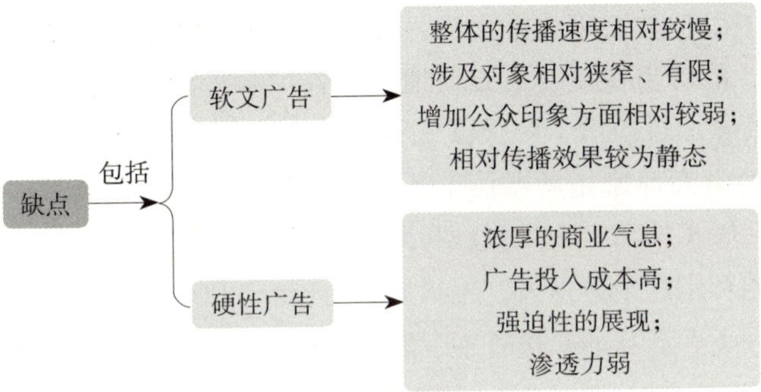
缺点
包括
软文广告
整体的传播速度相对较慢；
涉及对象相对狭窄、有限；
增加公众印象方面相对较弱；
相对传播效果较为静态
硬性广告
浓厚的商业气息；
广告投入成本高；
强迫性的展现；
渗透力弱

图 3-15　软文广告和硬性广告的缺点

新媒体平台巨大的发展潜力给广告主提供了一个更为广阔的宣传空间。如图 3-16 所示为公众号“创业邦”微信平台发布的一则软文类的广告文案。

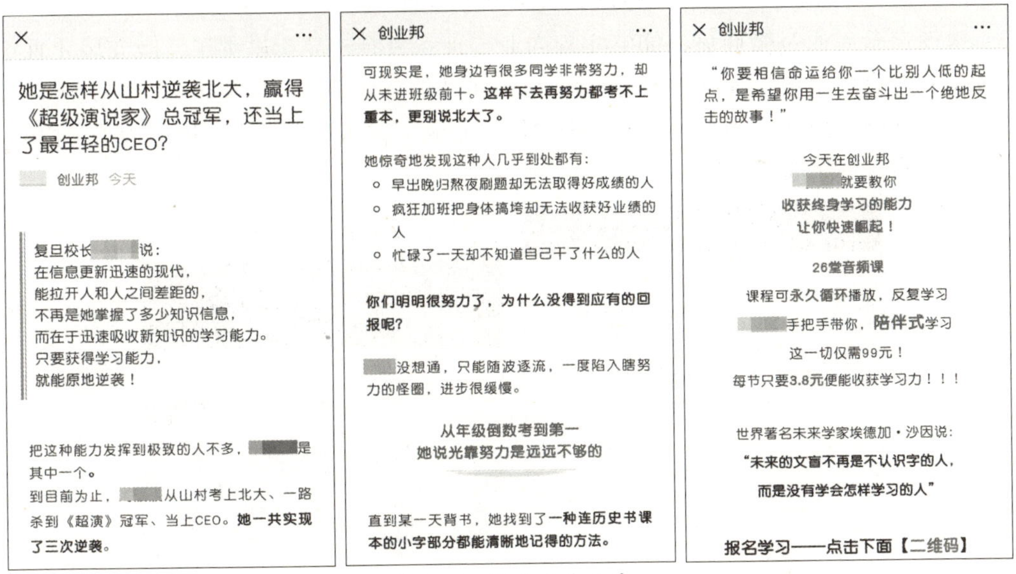
她是怎样从山村逆袭北大，赢得《超级演说家》总冠军，还当上了最年轻的CEO?
创业邦 今天
复旦校长说：
在信息更新迅速的现代，
能拉开人和人之间差距的，
不再是她掌握了多少知识信息，
而在于迅速吸收新知识的学习能力。
只要获得学习能力，
就能原地逆袭！
把这种能力发挥到极致的人不多，是其中一个。
到目前为止，从山村考上北大、一路杀到《超演》冠军、当上CEO。她一共实现了三次逆袭。
创业邦
可现实是，她身边有很多同学非常努力，却从未进班级前十。这样下去再努力都考不上重本，更别说北大了。
她惊奇地发现这种人几乎到处都有：
早出晚归熬夜刷题却无法取得好成绩的人
疯狂加班把身体搞垮却无法收获好业绩的人
忙碌了一天却不知道自己干了什么的人
你们明明很努力了，为什么没得到应有的回报呢?
没想通，只能随波逐流，一度陷入瞎努力的怪圈，进步很缓慢。
从年级倒数考到第一
她说光靠努力是远远不够的
直到某一天背书，她找到了一种连历史书课本的小字部分都能清晰地记得的方法。
创业邦
“你要相信命运给你一个比别人低的起点，是希望你用一生去奋斗出一个绝地反击的故事！”
今天在创业邦
就要教你
收获终身学习的能力
让你快速崛起！
26堂音频课
课程可永久循环播放，反复学习
手把手带你，陪伴式学习
这一切仅需99元！
每节只要3.8元便能收获学习力！！！
世界著名未来学家埃德加·沙因说：
“未来的文盲不再是不认识字的人，
而是没有学会怎样学习的人”
报名学习——点击下面【二维码】

图 3-16　软文广告文案

2）模式 2：电商盈利

很多新媒体都依靠电商来盈利，下面以微信为例进行说明，随着微信用户数量的增加，它的价值也越来越高，微信在扮演一个重要的沟通工具的同时，也带动了微信公众平台的电商营销市场。目前，微信公众平台已经成为企业电商运营的一个窗口，企业离不开微信平台提供的营销机会。微信对电子商务的冲击和影响主要包括两方面，一方面微信平台降低了电商的宣传成本，另一方面电商在微信上可以采用全新的沟通方式。

除了这两方面的影响，微信还能为电商带来合适的营销环境，打造微商城，实现商业变现，这就是本部分要讲的电商盈利内容。

微商城是基于微信公众平台推出的一款应用，因为微信的火爆，让很多商家发现人们通过移动端，能够更快捷、更方便地进行各种购买活动，因此，微信平台推出了微商城通道，让商家通过微信平台获得更多的用户群体，实现各种营销活动。

微商城是帮助电商商家拓展微信市场的有效利器，通过微商城，商家可以进行的活动有展示商品、展示活动、客户管理和商品销售。

微商城的功能和用途十分强大，包括如下内容：

（1）商品的分类、商品的筛选管理、属性规格设置及商品搜索等功能。

（2）购物车管理、订单搜索和查找等功能。

（3）货到付款、支付宝支付和微信支付等功能。

（4）为客户提供售前咨询、退 / 换货服务、投诉建议服务等功能。

（5）为客户提供基于位置定位的会员服务等功能。

电商运营者通过微商城，能够实现商业变现，只有产品卖出去了，微商城才真正发挥了其应有的价值。如图 3-17 所示为当当网微信公众平台的购买入口。广大用户可以在当当网微信公众号的界面上，点击“促销专区”按钮，再点击“极速购买”按钮，即可进入购物页面选购商品。

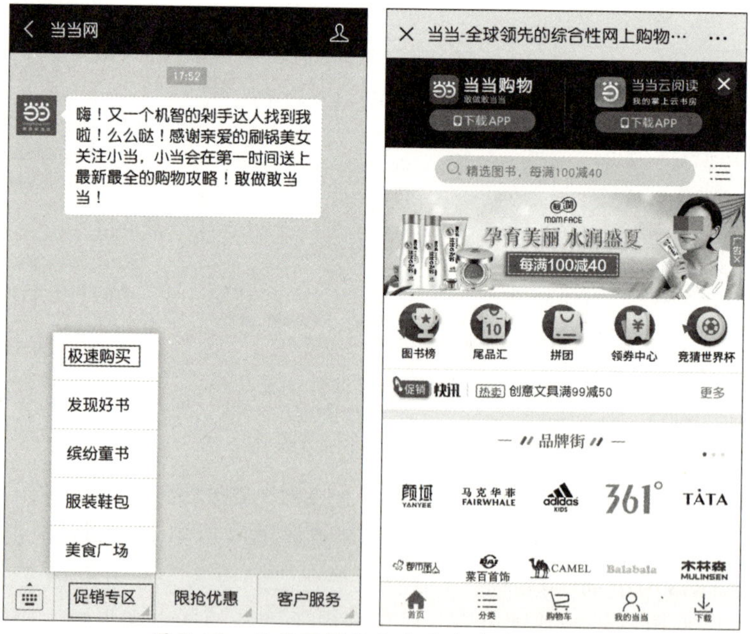

图 3-17　当当网微信公众平台的购买入口

3）模式 3：流量主广告

此处以微信公众号为例进行说明。在微信后台，有一个“流量主”功能，流量主功能是腾讯为微信公众号量身定做的展示推广服务。流量主展示的位置在图文消息的全文页面底部，如图 3-18 所示。流量主广告的展示形式包括图文、图片、关注卡片、下载卡片、领券等。

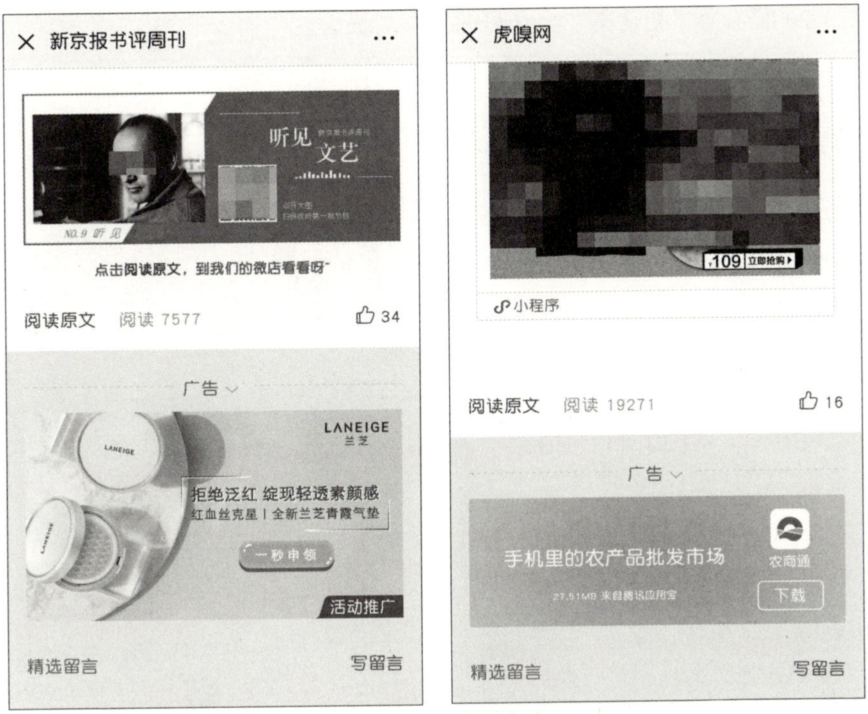

图 3-18　流量主广告

很多人在阅读公众号文章时都会看到这类广告，甚至还点击过。那么，开通流量主有哪些好处呢？流量主的功能和优势包括如图 3-19 所示的 4 个方面。

收入：向广告主提供广告展示服务，从而获得收入

开通方便：公测期间关注用户数超过5万，签署电子协议即可开通

数据清晰：前一天的曝光量、点击量、收入金额等关键数据一目了然

月结模式，收入稳定：每月的收入，定期打入银行账号，轻松获取收益

图 3-19　流量主的功能和优势

如何开通流量主？只要微信公众账号有 5 000 个关注用户就能申请开通，一个主体最多对 20 个公众号开通流量主资格。

所以，想要通过流量广告进行盈利的商家，首先要做的就是把自己的用户关注量

提上去，只有把用户关注量提上去了，才能开通流量主功能，进行盈利。

4）模式 4：赞赏功能

很多新媒体平台为了鼓励优质的内容创作，推出了“赞赏功能”。以微信公众号为例，运营者想要开通“赞赏功能”就需要公众号用同一个作者名发表 3 篇及以上的原创文章，满足这一条件就能创建一个赞赏账户来收款。

如图 3-20 所示为“朝食集”公众号的赞赏界面。

图 3-20 “朝食集”公众号的赞赏界面

3.2 微信后台：5 类数据让你轻松掌握

运营者通过向用户推送图文消息，能够起到信息传播、吸引用户的作用，因此分析图文消息效果是非常重要的一环。本节将介绍利用微信后台进行图文数据分析的方法。

3.2.1 图文数据：了解统计情况

进入微信后台，单击“统计”模块下的“图文分析”按钮，如图 3-21 所示。执行操作后，即可进入相应的页面，如图 3-22 所示。

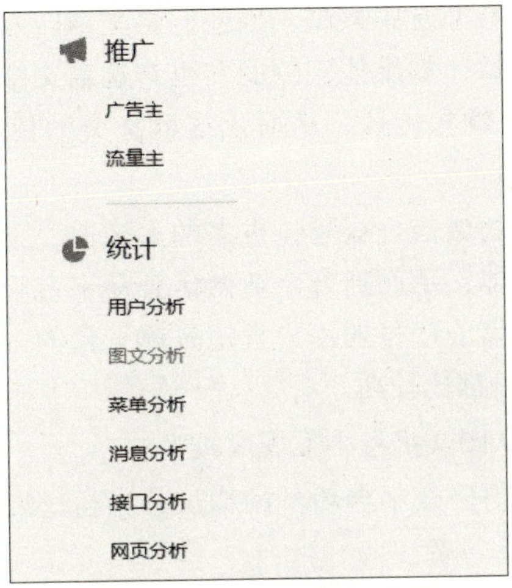

图 3-21 “图文分析”页面

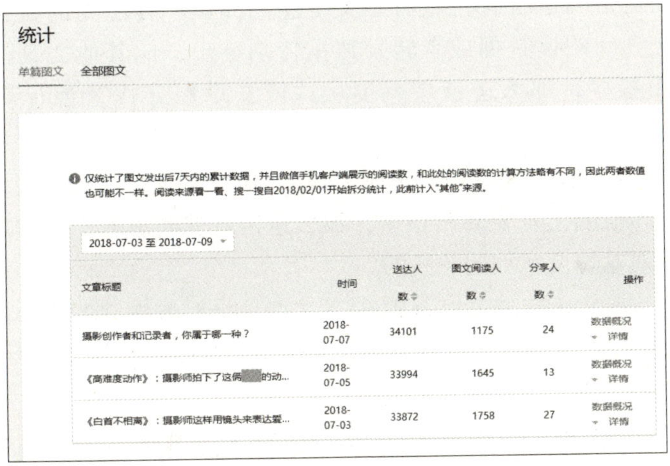

图 3-22 相应页面

在相应页面中，有单篇图文数据统计，也有全部图文数据统计，运营者可以查看单篇图文的统计数据，只要单击“数据概况”按钮及“详情”按钮，就可看到详尽的统计数据。

运营者也可以查看全部图文的统计数据，单击“全部图文”按钮，即可进入“全部图文”数据统计页面。

3.2.2 图文群发：发现隐藏商机

运营者在分析微信后台的图文数据时，不仅要分析数据本身的含义，还要对这个数据中隐藏的商机进行思考。

例如，一篇文章不仅阅读量达到了一定的数量，而且转发量也非常高，就说明有很多用户对这篇文章的内容非常感兴趣。当他们将文章转发分享到自己朋友圈时，他们的朋友也会看到这篇文章。如果他们的朋友也对这篇文章的内容感兴趣，就很有可能对这篇文章多次进行转载和传播，从而让这篇文章的传播力度更大，传播的范围更广。

这样一来可以让企业的微信公众号让更多的人知道，二来能够为企业的微信公众平台吸引到更多的关注群体，从而提升企业微信公众平台粉丝的数量和质量，因为通过这些文章而关注企业微信公众号的用户肯定是被平台的内容吸引的，基本上是平台的目标用户，活跃度和质量都比较高。

那么，运营者要如何从图文消息中发现商机呢？

第一个商机应该是微信公众平台粉丝的增加，当粉丝增加到一定数量时，就能开通流量主，然后按月收取广告费。

第二个商机就是笔者要重点介绍的内容，也是本部分的重点，即从发布的图文消息中寻找商机，当运营者在查看图文消息的阅读、转发类的数据时，如果突然发现其中某篇文章的阅读数据或者转发数据特别突出，比其他文章的阅读数据或转发数据都要高出很多，那么运营者就要从这篇文章中寻找是否有某个点特别吸引用户。

比如运营者发布一篇名为《如何速成 UI 设计师》的文章，然后发现这篇文章的阅读量和转发量比其他的文章要高出很多，那么运营者就要思考，这些用户是否都是想要学习 UI，才会对这篇文章如此关注的。

想要论证这一点，运营者可以再围绕“UI 设计师”发布几篇相关的文章，看看这几篇文章的阅读量和转发量是否依然有增长趋势，如果有，就说明用户对“UI 设计师”非常感兴趣。

运营者可以通过投票调查的形式看看有多少人愿意参加公众平台开设的“UI 设计师”课程，如果有很多人有这个意愿，那么企业就可以在微信平台上开设这样一门课程。这就是通过图文消息数据分析看到的隐藏的商机。

3.2.3 单篇图文：具体问题具体分析

“单篇图文”只能统计 7 天内的图文数据，因此运营者在自定义时间的时候，所选日期跨度不能超过 6 天，否则就无法进行查看。在“单篇图文”数据统计页面中就可以看到文章标题、时间、图文阅读人数、分享人数、操作等详细的信息和内容。

运营者单击操作栏中的“数据概况”按钮，就能进入数据概况页面。在该页面中，运营者能够有针对性地对每一篇图文消息进行数据分析。

如果运营者想要了解单篇图文的转化率，就需要单击“详情”按钮，进入单篇图文的“图文详情”页面，了解图文信息的“送达”“公众号会话阅读”“从公众号分享到朋友圈”“在朋友圈再次分享”“在朋友圈阅读”等一系列转化率数据。如图 3-23 所示为“手机摄影大全”微信公众号文章——《摄影创作者和记录者，你属于哪一种？》的转化率数据详情。

在“转化率”下面，还有“图文总阅读次数”“图文总阅读人数”的趋势图，运营者还可以根据趋势图更加直观地分析、判断在不同的渠道里，这两个数据所呈现出的总体趋势。

在趋势图下面，是单篇图文的用户分布图，包括两部分：性别分布（人数）和机型分布，如图 3-24 所示。

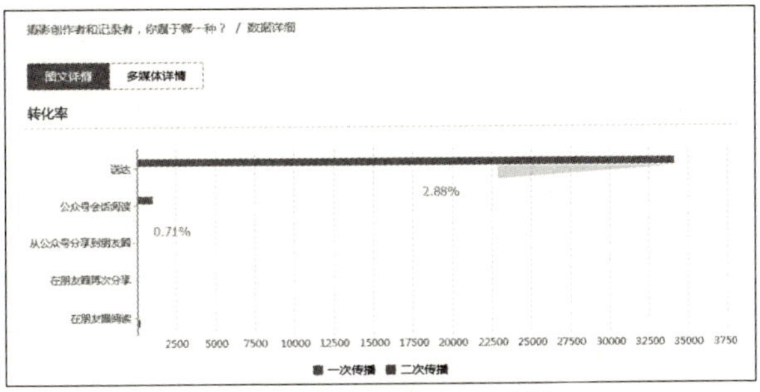

图 3-23 转化率数据详情

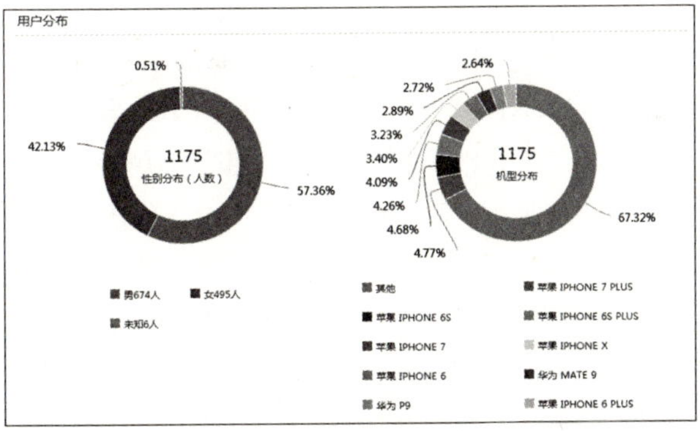

图 3-24 用户分布情况

从图 3-24 中可以看出，男性用户的人数要多于女性用户的人数，但是并没有多出太多，再回顾前面的文章标题——《摄影创作者和记录者，你属于哪一种？》，想到这篇文章的内容主要是讲摄影创作和记录，就能发现男性用户的人数多于女性用户的人数也在情理之中，因为对摄影感兴趣的人群中，男性用户的比例相对来说应该要比女性用户高一点。

从“机型分布”图中可看出，iOS 系统终端用户较多，运营者如果有志于在更大范围内发展，也可以适当增加 iOS 系统终端区别于 Android 系统终端的一些要特别注意的摄影知识，一方面可以提升内容的专业性，另一方面也兼顾了有着一定数量的 iOS 系统终端用户群体。

3.2.4 “日报”：详细的关键指标

运营者单击“全部图文”按钮，就能进入“全部图文”分析页面。在这个页面中，后台主要展示了以时间段来划分的图文信息的综合情况，本节主要介绍“日报”信息。

在“日报”中，首先看到的是“昨日关键指标”中的数据内容，如图 3-25 所示为“手机摄影构图大全”的“昨日关键指标”数据。

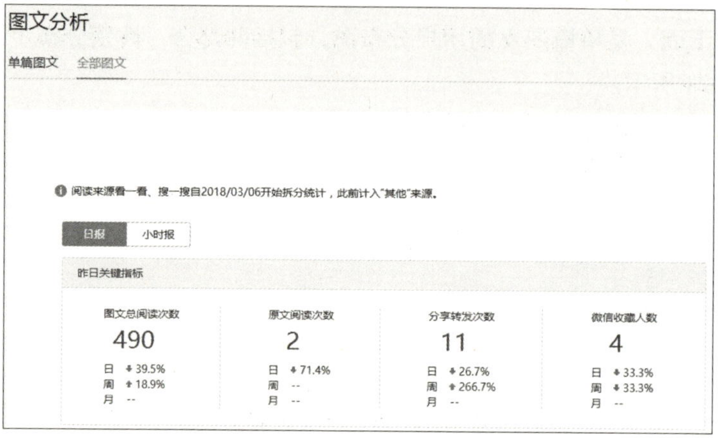

图 3-25 “手机摄影构图大全”的“昨日关键指标”数据

从该关键指标中可以看出，“手机摄影构图大全”昨日的图文信息中的相关数据，包括“图文总阅读次数”“原文阅读次数”“分享转发次数”和“微信收藏人数”。

同时，在各指标的下面，还有以“日”“周”“月”为单位的百分比对比数据，让微信运营者知道这些数据与 1 天前、7 天前和一个月前的百分比变化情况。

在“昨日关键指标”下方，是“图文总阅读”的阅读来源分析，如图 3-26 所示，以及“原文页阅读”“分享转发”和“微信收藏”3 个数据的趋势图。如图 3-27 所示为“原文页阅读”的趋势图。

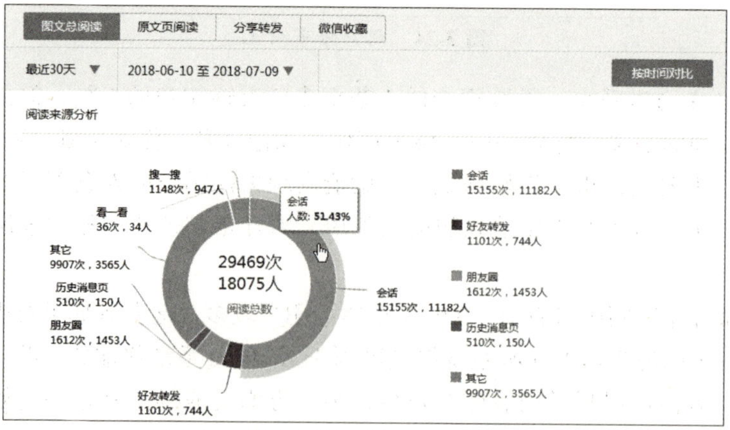

图 3-26 “图文总阅读”的阅读来源分析

如果运营者想要知道各个来源或者各个时间的具体数据，只要将鼠标指针放在相应的地方就能知道，比如在图 3-26 中，想要知道会话来源的人数占了多少百分比，只要将鼠标指针放在会话的绿色图形中，就会跳出相应会话人数百分比。比如在图 3-27 中，想要知道 6 月 19 日的原文页阅读人数和原文页阅读次数，只要将鼠标指针放在 6 月 19 日的节点上方，就能得到具体的数字。

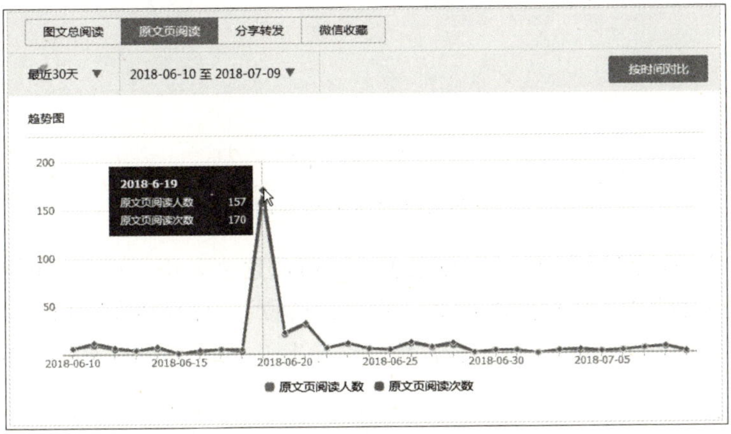

图 3-27 “原文页阅读”的趋势图

微信运营者可以知道“最近 7 天”“最近 15 天”“最近 30 天”的相关数据，或者自定义时间。

如果运营者想要将某个时间的数据进行对比，单击右上角的“按时间对比”按钮即可。如图 3-28 所示为 6 月 10 日至 7 月 9 日与 5 月 11 日至 6 月 9 日的分享转发数据对比。

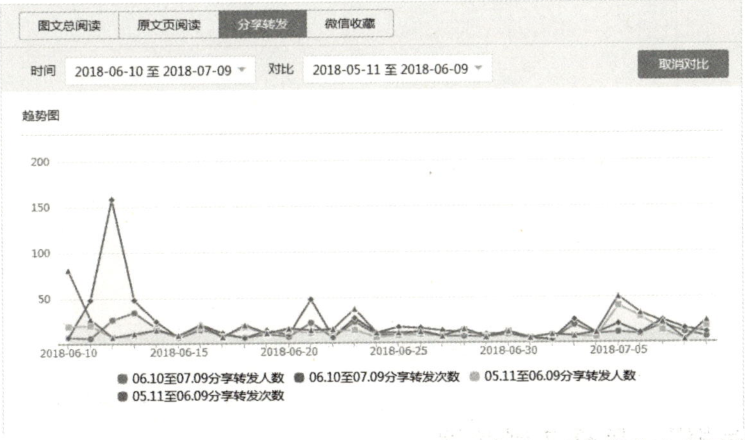

图 3-28 6 月 10 日至 7 月 9 日与 5 月 11 日至 6 月 9 日的分享转发数据对比

在“图文总阅读”页面，能够看到各类渠道的“图文总阅读人数”和“图文总阅读次数”的趋势图，包括“全部渠道”“公众号会话”“好友转发”“朋友圈”“历史消息”“看一看”“搜一搜”“其他”。

如图 3-29 所示为全部渠道的图文总阅读数的趋势图。

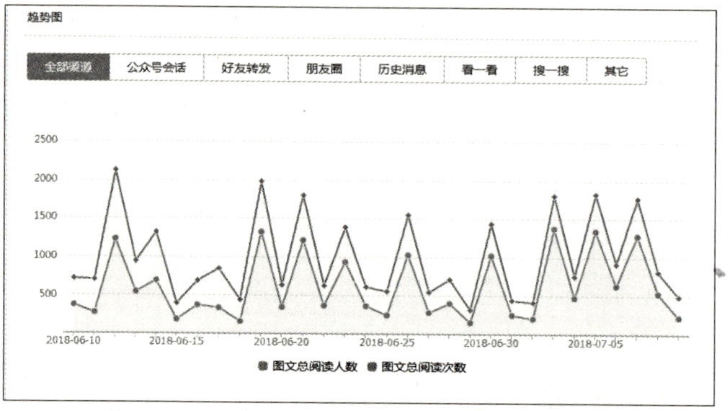

图 3-29　全部渠道的图文总阅读数的趋势图

在“日报”的最下面，是一个数据表格。通过这个表格，运营者能够了解不同日期的“图文总阅读”“公众号会话阅读”“朋友圈阅读”“分享转发”和“微信收藏人数”的人数和次数。同时，运营者单击右上角的“导出 Excel”按钮，如图 3-30 所示，就能导出表格。

2018-06-10 至 2018-07-09 ▼　　导出Excel

时间	图文总阅读		公众号会话阅读		朋友圈阅读		分享转发		微信收藏人数	
	人数	次数	人数	次数	人数	次数	人数	次数	人数	次数
2018-07-09	222	490	84	109	23	26	6	11	4	4
2018-07-08	531	810	156	238	127	140	11	15	6	9
2018-07-07	1277	1766	903	1152	34	41	19	24	14	17
2018-07-06	629	913	152	214	246	263	9	10	5	9
2018-07-05	1337	1822	1113	1365	7	8	11	20	10	14
2018-07-04	474	750	144	205	189	203	9	10	5	8
2018-07-03	1371	1801	881	1094	38	38	19	25	7	7
2018-07-02	203	412	81	150	10	11	3	3	6	8
2018-07-01	249	439	135	173	4	4	4	5	3	5
2018-06-30	1020	1431	727	925	6	8	9	10	8	9

图 3-30　导出表格

3.2.5 “小时报”：呈现实时数据

图文形式的“小时报”是为了让运营者了解每个小时的图文总阅读人数和图文总阅读次数，单击“小时报”按钮，就能进入“小时报”页面。首先看到的是“图文总阅读”的阅读来源分析，如图 3-31 所示。

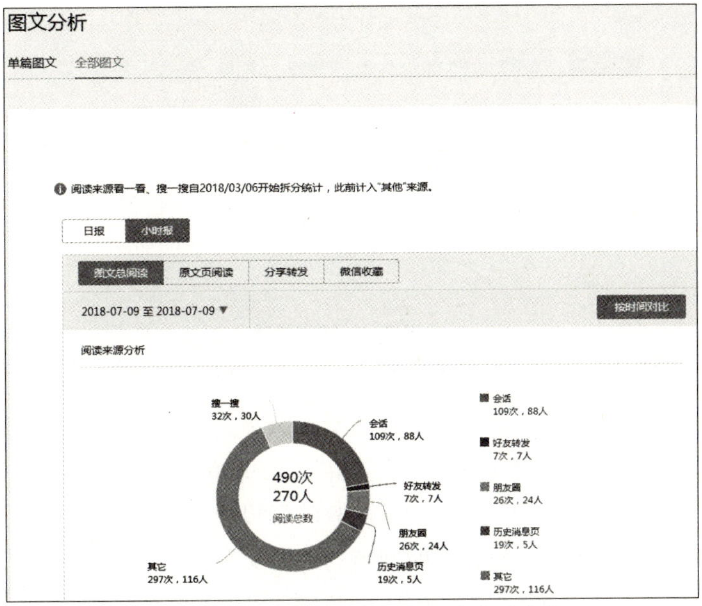

图 3-31 “图文总阅读”的阅读来源分析

在“图文总阅读”的阅读来源分析右侧，和“日报”一样，是“原文页阅读”“分享转发”和“微信收藏”的趋势图。如图 3-32 所示为“分享转发”的趋势图。

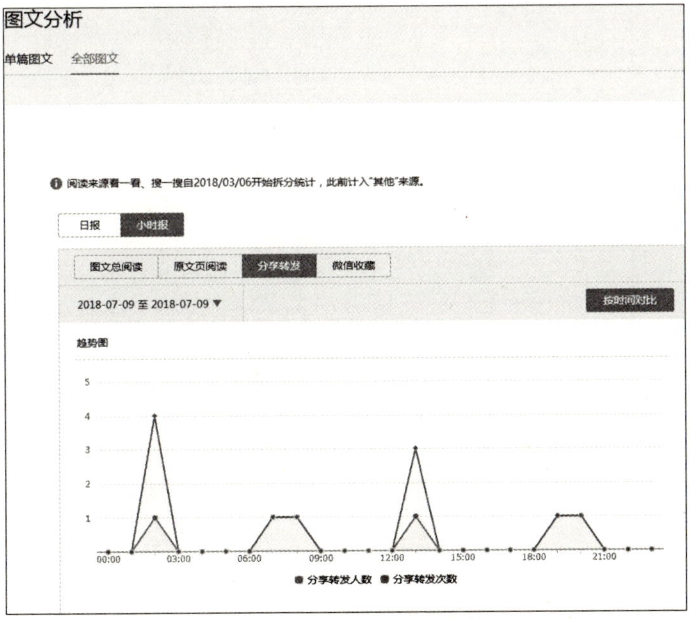

图 3-32 “分享转发”的趋势图

在“图文总阅读”页面下，是各个渠道的“图文总阅读人数”和“图文总阅读次数”趋势图，如图 3-33 所示。

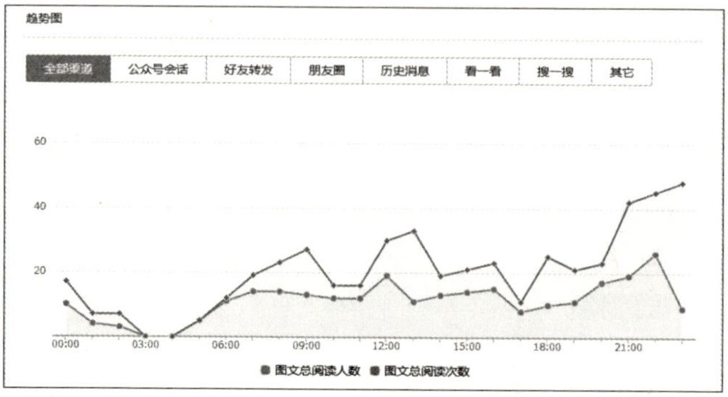

图 3-33　各个渠道的“图文总阅读人数”和“图文总阅读次数”趋势图

微信运营者可以查看“全部渠道”的图文总阅读人数和图文总阅读次数趋势图，也可以查看“公众号会话”“好友转发”“朋友圈”“历史消息”“看一看”“搜一搜”和“其他”渠道的图文总阅读人数和图文总阅读次数的趋势图。

在“小时报”的最下面，有不同时间点的“图文总阅读”“公众号会话阅读”“朋友圈阅读”“分享转发”和“微信收藏人数”的人数和次数，微信运营者同样可以单击右上角的“导出 Excel”按钮来导出表格，如图 3-34 所示。

2018-07-09 至 2018-07-09 ▼　　导出Excel

时间	小时	图文总阅读		公众号会话阅读		朋友圈阅读		分享转发		微信收藏人数	
		人数	次数	人数	次数	人数	次数	人数	次数	人数	次数
2018-07-09	00:00	10	17	2	3	2	2	0	0	0	0
	01:00	4	7	1	1	0	0	0	0	0	0
	02:00	3	7	1	1	0	0	1	4	0	0
	05:00	5	5	1	1	2	2	0	0	0	0
	06:00	11	12	2	2	4	4	0	0	0	0
	07:00	14	19	4	6	3	4	1	1	0	0
	08:00	14	23	7	10	1	1	1	1	1	1
	09:00	13	27	7	10	2	3	0	0	0	0
	10:00	12	16	6	7	0	0	0	0	0	0
	11:00	12	16	3	4	0	0	0	0	0	0

图 3-34　导出表格

利用数据抽样的方式，运营者可以分析出最合适的发布时间。那么，如何进行抽样呢？就是随机地抽取几天时间，然后分析在这几天内，不同时间点的数据情况，主要分析用户阅读次数和收藏次数等数据，抽样时可以多抽几组，能够避免特殊情况出现，导致结果不准确。

3.3　新榜平台：形象直观的数据分析

不仅微信后台为运营者提供了图文数据，新榜平台也为运营者提供了图文数据，下面将以“十点读书”公众号为例，介绍新榜平台的图文数据。

3.3.1 数据指标：分为两类，简洁明了

在新榜平台中，包含两类很重要的数据：一类是发布数据；另一类是阅读数据。

发布数据包含发布次数、发布篇数、阅读量 10W+ 的发布篇数、最高阅读数。如图 3-35 所示为“十点读书”微信公众号每天的发布数据。

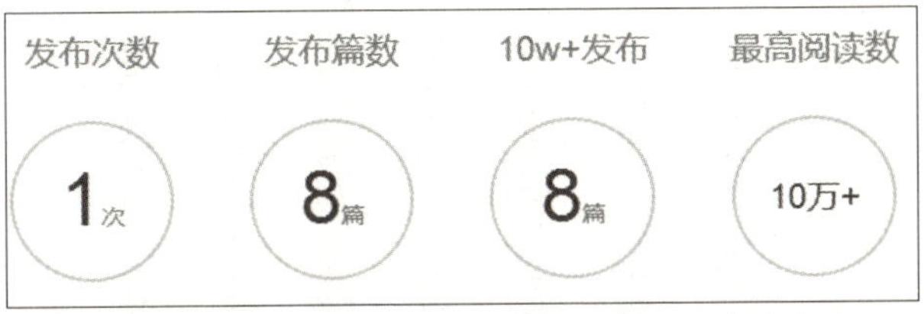

图 3-35 “十点读书”微信公众号每天的发布数据

发布次数是指平台每天群发的次数；发布篇数是指一次发布几篇图文信息；10W+ 发布是指平台发布的信息中每天阅读量在 10 万人次以上的篇数；最高阅读数是指发布的图文信息中，最高的阅读数量。

除了每天的发布数据，新榜平台还提供了连续 7 天的排行情况和发布数据统计图。如图 3-36 所示为“十点读书”发布数统计数据。

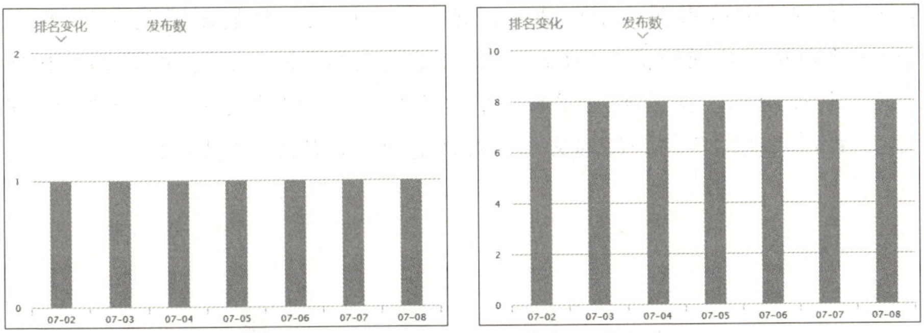

图 3-36 “十点读书”发布数统计数据

阅读数指的是平台每天发布图文信息的阅读总数、平均阅读数、头条阅读总数、平均头条阅读数、点赞总数以及平均点赞数。如图 3-37 所示为“十点读书”微信公众号的阅读数据。

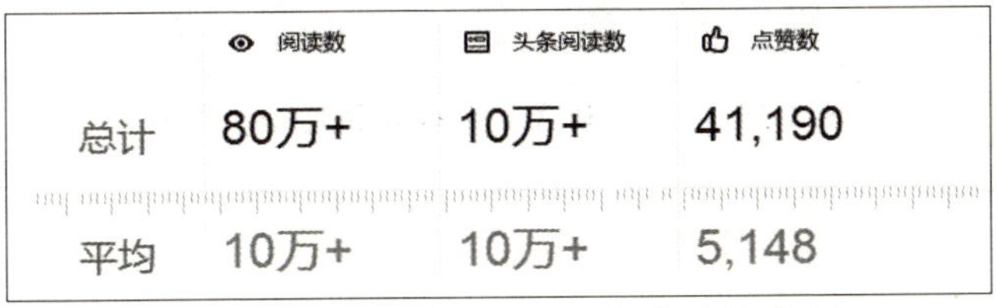

图 3-37 “十点读书”微信公众号的阅读数据

除了提供具体的统计数据，新榜平台还给出了连续 7 天的阅读数据统计图，包括总阅读数、头条阅读数、平均阅读数、最高阅读数及点赞数。如图 3-38 所示为“十点读书”公众号连续 7 天阅读数统计数据。

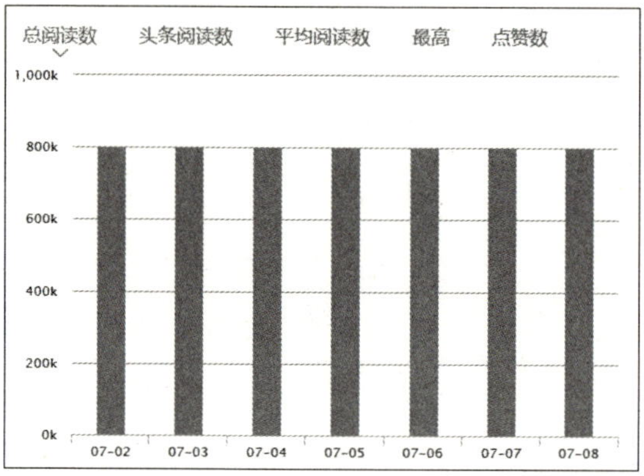

图 3-38 “十点读书”公众号连续 7 天阅读数统计数据

3.3.2 图文阅读：关注趋势，了解需求

运营者不仅要会看数据，还要学会分析数据。在图文阅读数据中，运营者要重点关注连续一周内，阅读数据的变化情况，尤其是一周内点赞数比较低的点，运营者需要分析这一天点赞数相对较低的原因——是文章的内容不好，还是内容没有切中读者的需求。如图 3-39 所示，在“十点读书”平台连续一周的点赞数中，7 月 2 日的点赞数最低，运营者需要找出 7 月 2 日的文章，查查造成点赞数据低的原因。

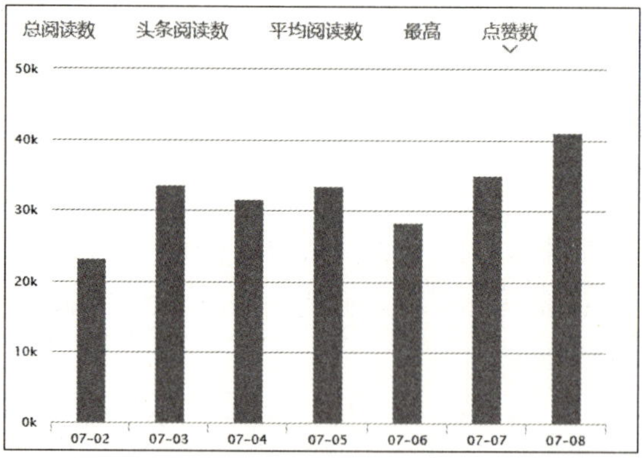

图 3-39 “十点读书”平台点赞数统计情况

3.4 其他平台：简明扼要的数据分析

除了常见的微信和新榜平台，其他平台也有关于文章的数据分析，运营者如果想

要在其他平台上发布文案，就需要做好对应平台的数据分析，以找出更好的发文方案。

3.4.1 一点资讯：文章数据内容分析

运营者进入一点资讯平台，登录后台，单击“数据”功能下的“内容分析”按钮，在“概述”页面就能对平台发布的文章数据按照日期来进行分析。如图 3-40 所示为 15 天内推荐量的数据分析。

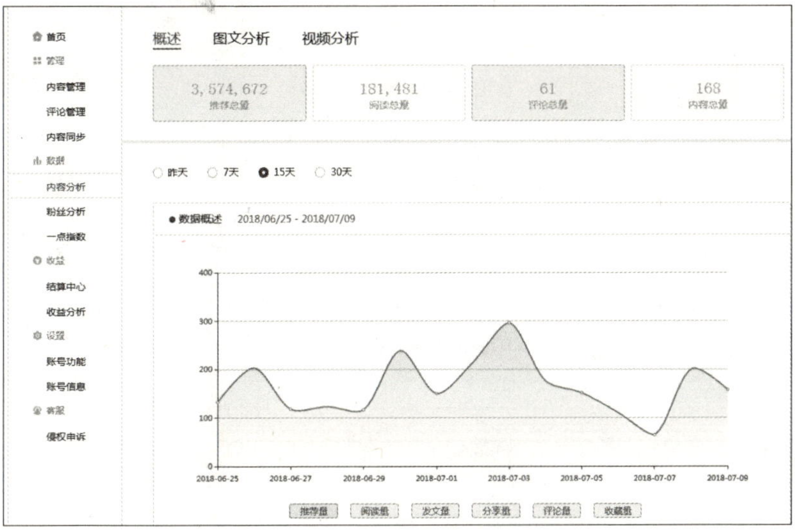

图 3-40 15 天内推荐量的数据分析

从图 3-40 中可以看出，一点资讯后台的日期可分为“昨天”“7 天”“15 天”以及“30 天”，也就是运营者可以通过后台查询昨天、7 天内、15 天内以及 30 天内的文章数据。

文章数据主要包括 6 大类，分别是：推荐量、阅读量、发文量、分享量、评论量和收藏量。

在图 3-40 中，这 6 类数据都在图表下方，为了把数据看得更清晰，运营者可以只查看某一类数据，该图中就只看推荐量。

在统计图下面，是一张统计表格，如图 3-41 所示，运营者可以通过表格直观地查看各个数据的变化情况。

时间	推荐量	阅读量	发文量	评论量	分享量	收藏量
2018-07-09	157	2	0	0	0	0
2018-07-08	200	4	0	0	0	0
2018-07-07	64	2	0	0	0	0
2018-07-06	110	4	0	0	0	↓--2
2018-07-05	151	8	0	0	0	0

2018-07-04	176	3	0	0	1	↓--2
2018-07-03	296	9	0	0	0	0
2018-07-02	213	0	0	0	0	↓--1
2018-07-01	150	3	0	0	0	0
2018-06-30	238	4	0	0	0	0
2018-06-29	117	0	0	0	0	0
2018-06-28	123	0	0	0	0	0
2018-06-27	118	2	0	0	0	1
2018-06-26	203	3	0	0	0	0
2018-06-25	132	4	0	0	0	0

图 3-41　统计表格

3.4.2 清博平台：浅易生动的数据分析

清博平台也包括两大类数据统计，即文章及账号数据统计和发布数据统计。

如图 3-42 所示为“十点读书”平台在 7 月 9 日的文章及账号数据，包括总阅读量、头条阅读量、排名、点赞数、平均阅读量和 WCI。

图 3-42　“十点读书”平台在 7 月 9 日的文章及账号数据

同时，清博指数还给出了每个账号近 7 天账号数据趋势图，如图 3-43 所示，图中包括总阅读数、头条阅读数、平均阅读数、点赞数、总排名、分类排名及 WCI。

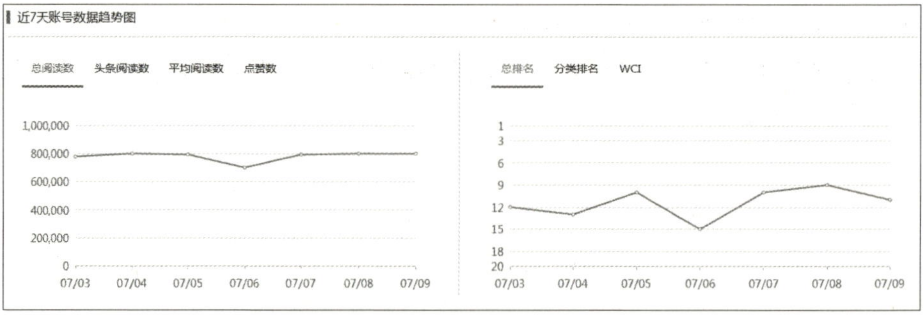

图 3-43　近 7 天账号数据趋势图

清博针对每一个数据指标，都给出了相应的解释，关于 WCI 数据，清博平台也给出了相应的解释：是通过微信公众号推送文章的传播度、覆盖度和成熟度以及影响力来反映微信整体热度和公众号发展走势的数据。同时，清博平台还给出了微信传播指数 WCI 的计算公式，如图 3-44 所示。

WCI测算V13.0计算公式如下:

一级指标及权重	二级指标	二级权重	标准化得分
整体传播力 O（30%）	日均阅读数 R/d	85%	O=85%*ln（R/d+1）+15%*ln（10*Z/d+1）
	日均点赞数 Z/d	15%	
篇均传播力 A（30%）	篇均阅读数 R/n	85%	A=85%*ln（R/n+1）+15%*ln（10*Z/n+1）
	篇均点赞数 Z/n	15%	
头条传播力 H（30%）	头条（日均）阅读数Rt/d	85%	H=85%*ln（Rt/d+1）+15%*ln（10*Zt/d+1）
	头条（日均）点赞数Zt/d	15%	
峰值传播力 P（10%）	最高阅读数 Rmax	85%	P=85%*ln（Rmax+1）+15%*ln（10*Zmax+1）
	最高点赞数 Zmax	15%	

WCI={30%*[0.85*ln（R/d+1）+0.15*ln（10*Z/d+1）]+30%*[0.85*ln（R/n+1）+0.15*ln（10*Z/n+1）]+30%*[0.85*ln（Rt/d+1）+0.15*ln（10*Zt/d+1）]+10%*[0.85*ln（Rmax+1）+0.15*ln（10*Zmax+1）]}^{2} *10

R为评估时间段内所有文章（n）的阅读总数；
Z为评估时间段内所有文章（n）的点赞总数；
d为评估时间段所含天数（一般周取7天，月度取30天，年度取365天，其他自定义时间段以真实天数计算）；
n为评估时间段内账号所发文章数；
Rt和Zt为评估时间段内账号所发头条的总阅读数和总点赞数；
Rmax和Zmax为评估时间段内账号所发文章的最高阅读数和最高点赞数。

图 3-44　WCI 计算公式

发布数据统计其实就是对平台发布情况的统计。如图 3-45 所示为“十点读书”公众号的发布数据统计情况。

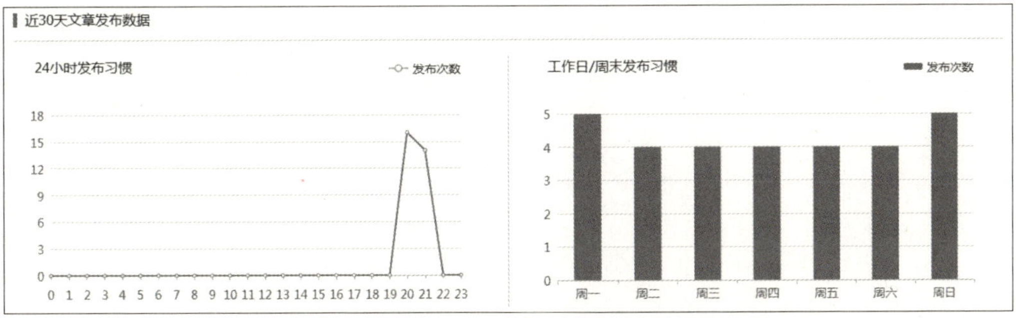

图 3-45　“十点读书”公众号的发布数据统计情况

第4章 常用工具：新媒体文案创作的神兵利器

学前提示

在新媒体文案的创作过程中会用到很多工具，“工欲善其事，必先利其器”，只有熟练掌握了这些常用工具，才能更好地进行新媒体文案的创作。本章主要介绍了3种常用工具，分别是排版工具、图文工具和二维码工具。

要点展示

- 排版工具：为你打造视觉盛宴
- 图文工具：三种方式从易到难
- 二维码工具：轻松便利宣传推广

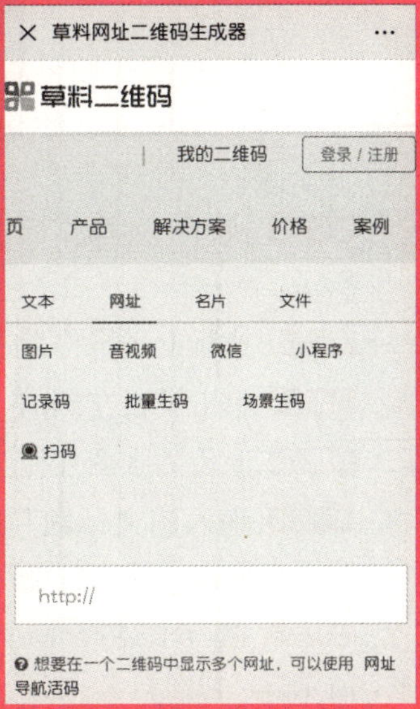

4.1 排版工具：为你打造视觉盛宴

如果新媒体文案的内容很精彩，但排版却混乱别扭，则会让读者没有阅读欲望。所以一定要用好排版工具，给读者带来舒适的视觉体验。接下来详细介绍常用的排版工具，让大家可以轻松搞定新媒体文案内容的编辑与排版。

4.1.1 秀米编辑器：简洁明了的操作流程

秀米编辑器是一款优秀的内容编辑器，其官网网址为 http://xiumi.us/。下面介绍秀米编辑器的排版操作流程。

步骤 01 进入秀米官方网站，登录秀米，在秀米主页上单击“我的秀米”按钮，如图 4-1 所示。

图 4-1　单击“我的秀米”按钮

步骤 02 执行上述操作后，进入“我的图文”页面，单击“添加新的图文”按钮，如图 4-2 所示。

步骤 03 执行上述操作后，通过加载即可进入相应的“图文模板”页面，如图 4-3 所示。

步骤 04 单击模板左侧的“我的图库”按钮，即可进入相应的编辑页面，如图 4-4 所示。

步骤 05 上传一张图片作为推送消息的封面，如图 4-5 所示。

步骤 06 输入图文标题和描述，然后单击“图文模板”按钮进入“图文模板”页面，在该页面单击“输入标题”按钮，如图 4-6 所示。

步骤 07 执行上述操作后，在界面右侧上传的封面下方的编辑栏中输入标题，如图 4-7 所示。

图 4-2　单击“添加新的图文”按钮

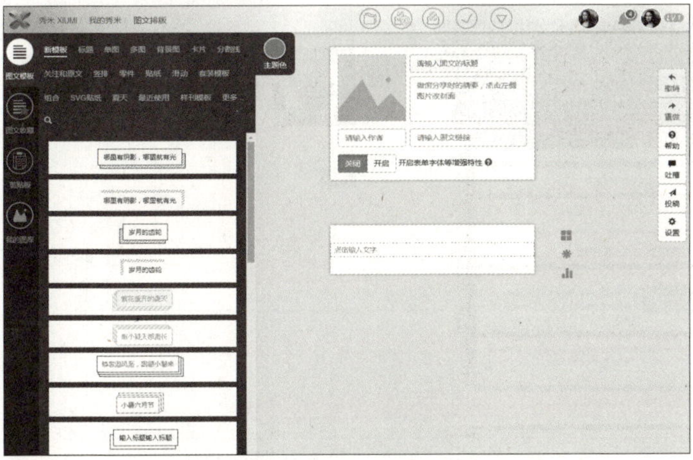

图 4-3　进入相应的“图文模板”页面

图 4-4　进入“我的图库”页面

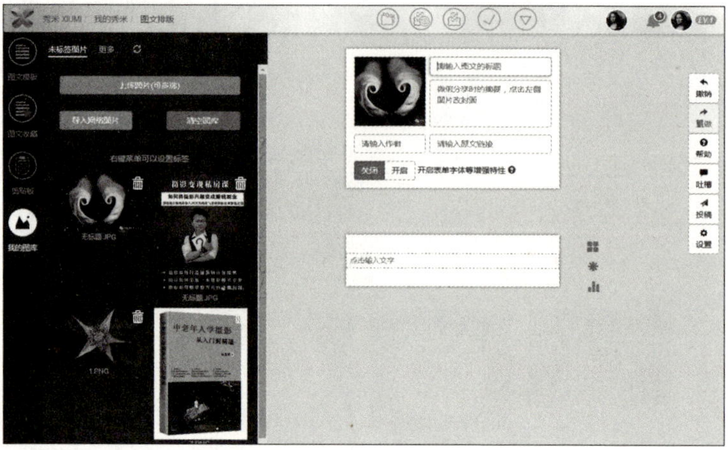

图 4-5　上传封面

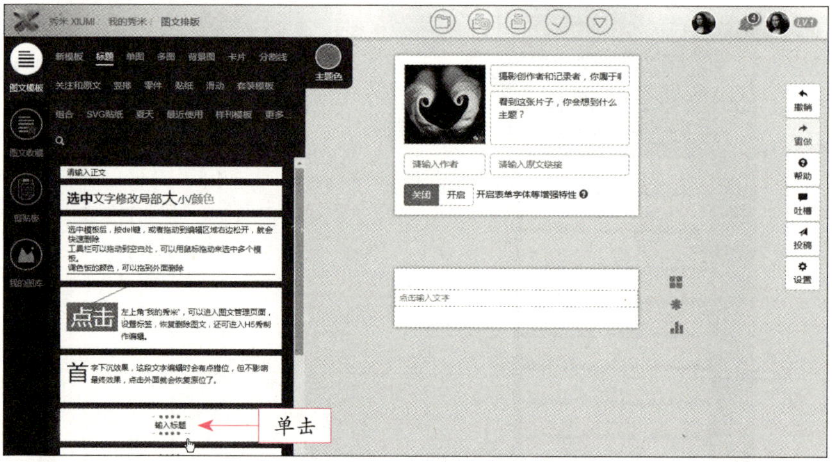

图 4-6　单击“输入标题”按钮

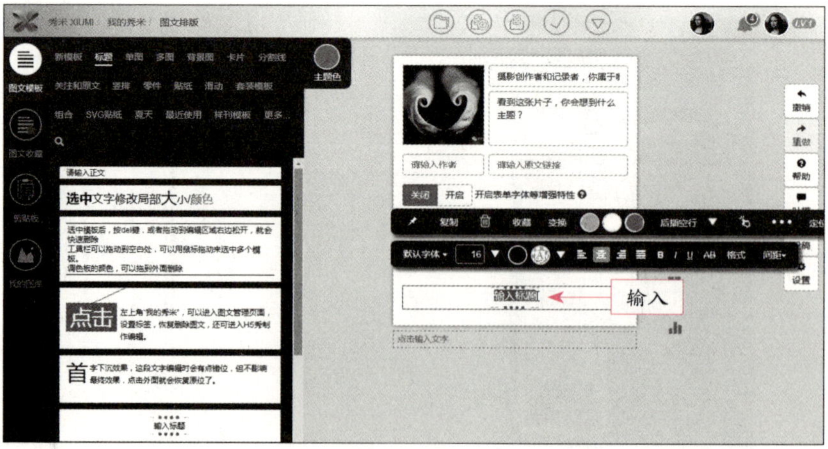

图 4-7　输入标题

步骤 08 输入文字内容，然后单击“我的图库”按钮，进入相应的页面，在其中选择一张图片进行单击，即可完成图片的编辑操作，如图 4-8 所示。

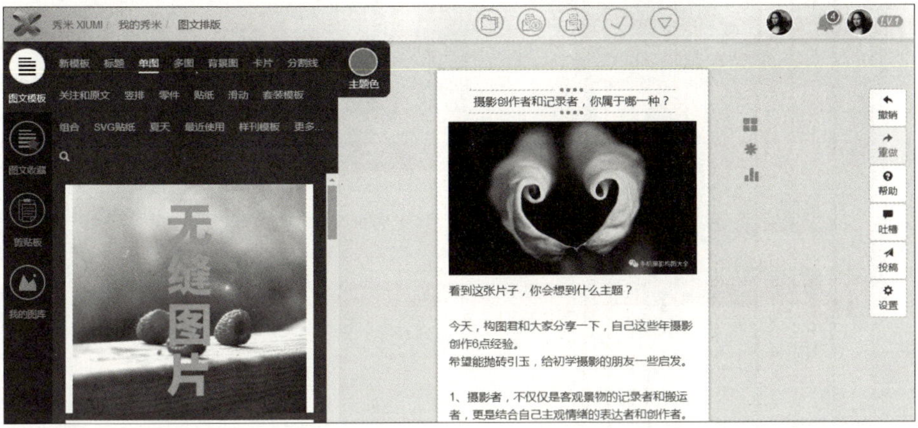

图 4-8　图片和文字的编辑

步骤 09 完成所有内容的编辑后，单击上方菜单栏中的“预览”按钮，如图 4-9 所示，即可对编辑的内容进行预览。

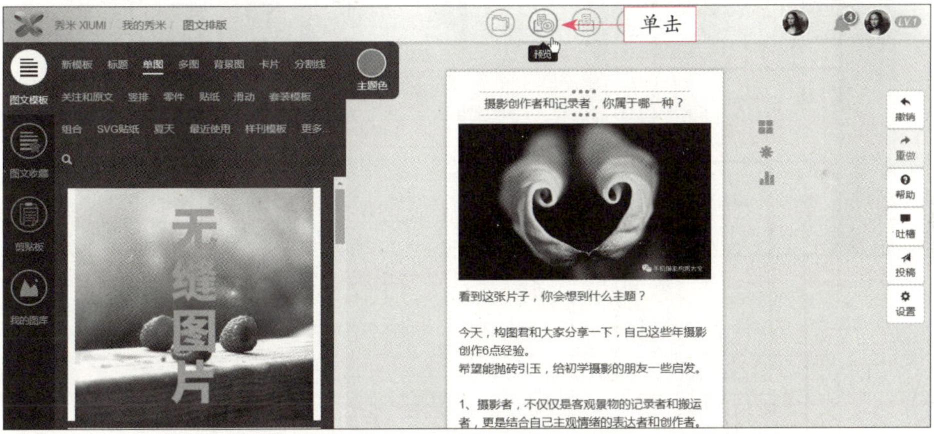

图 4-9　单击“预览”按钮

步骤 10 预览确认无误后，此时运营者只要 ❶ 单击顶部的“✓”按钮，❷ 在弹出的下拉菜单中选择“去同步多图文”选项，如图 4-10 所示。

步骤 11 进入“去同步多图文”页面，在页面左侧单击要同步的图文信息，执行操作后该图文信息会在页面中显示出来，如图 4-11 所示。

步骤 12 移动鼠标指针至页面上方的“同步到公众号”按钮上，在弹出的页面中，❶ 勾选要同步的公众号，❷ 单击“开始同步”按钮，如图 4-12 所示。

步骤 13 然后出现相应的进度条，如图 4-13 所示，当进度条显示 100% 时就已经成功地将图文消息同步到公众号了。

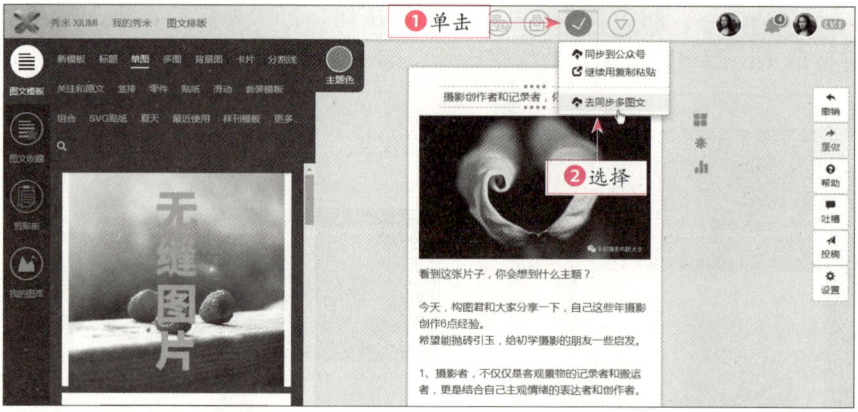

图 4-10 选择“去同步多图文”选项

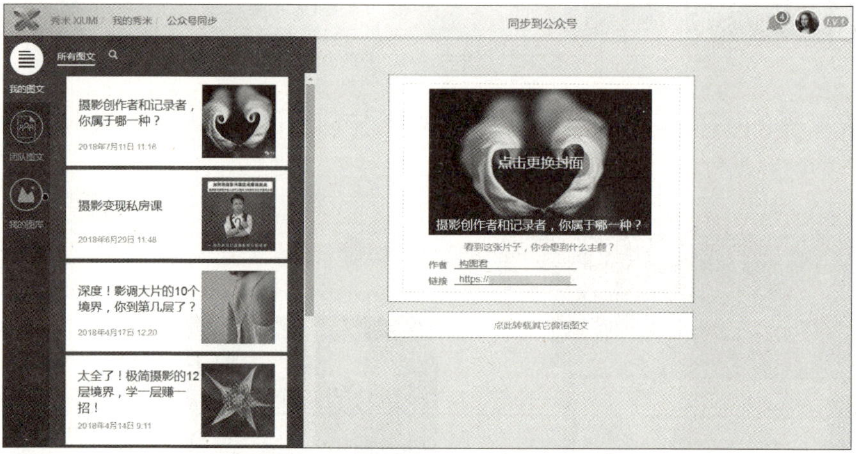

图 4-11 选择要同步的图文信息

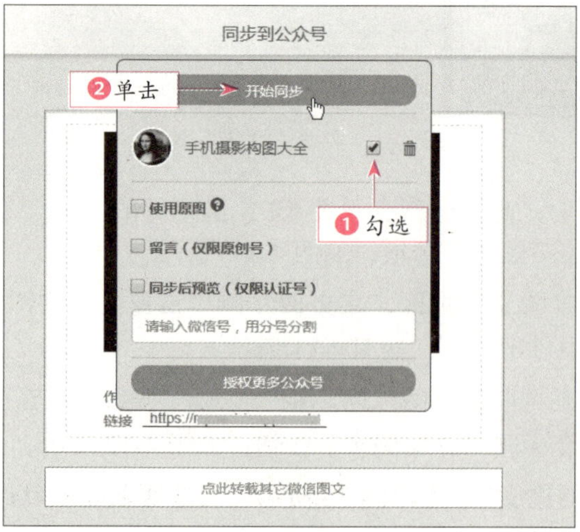

图 4-12 开始同步图文操作

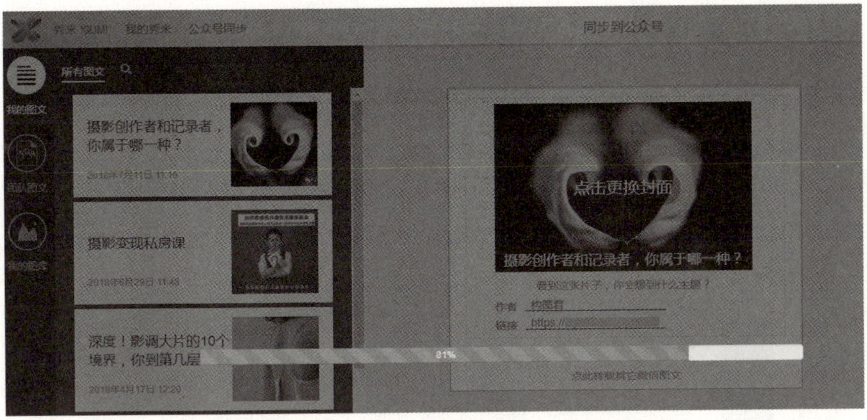

图 4-13　显示同步图文操作的进度条

4.1.2 i 排版编辑器：方便快捷的内容编辑

i 排版编辑器（官网：http://www.ipaiban.com/）是一款用于在线编辑微信图文内容的编辑软件，利用 i 排版编辑器进行编辑，有着很大的排版优势。如图 4-14 所示为 i 排版编辑器的优势。

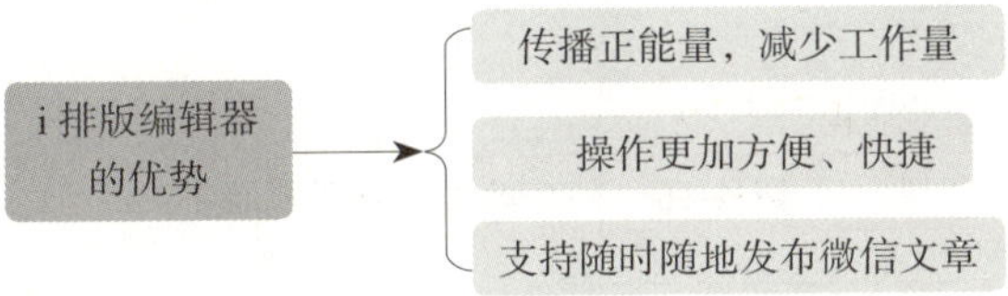

图 4-14　i 排版编辑器的优势

i 排版编辑器是一款很不错的内容编辑器。如图 4-15 所示为 i 排版编辑器的首页。

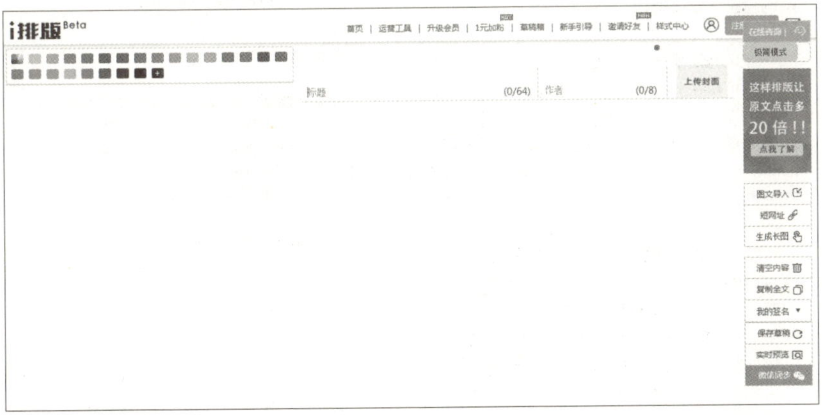

图 4-15　i 排版编辑器的首页

i 排版最大的特色是可以设计签名，微信运营者可以将设计好的签名和二维码一起放在图文的最后。

4.1.3 135 微信编辑器：简单的长图文编辑

135 微信编辑器（http://www.135editor.com/）主要用于简单的长图文编辑，其主界面和秀米编辑器有点类似，如图 4-16 所示。

如图 4-17 所示为两张微信公众平台的图文截图，一张是直接在微信公众平台后台对图文进行编辑的图文效果，一张是利用 135 微信编辑器进行图文编辑的效果，可以将两张图进行对比，看看哪种效果更好。

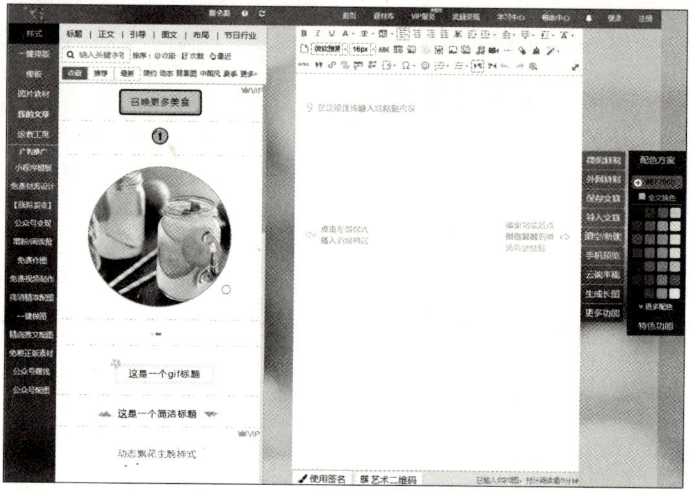
样式
标题 | 正文 | 引导 | 图文 | 布局 | 节日行业
召唤更多美食
这是一个gif标题
这是一个简洁标题
动态飘花主题样式
配色方案
特色功能
使用签名
艺术二维码

图 4-16　135 微信编辑器页面

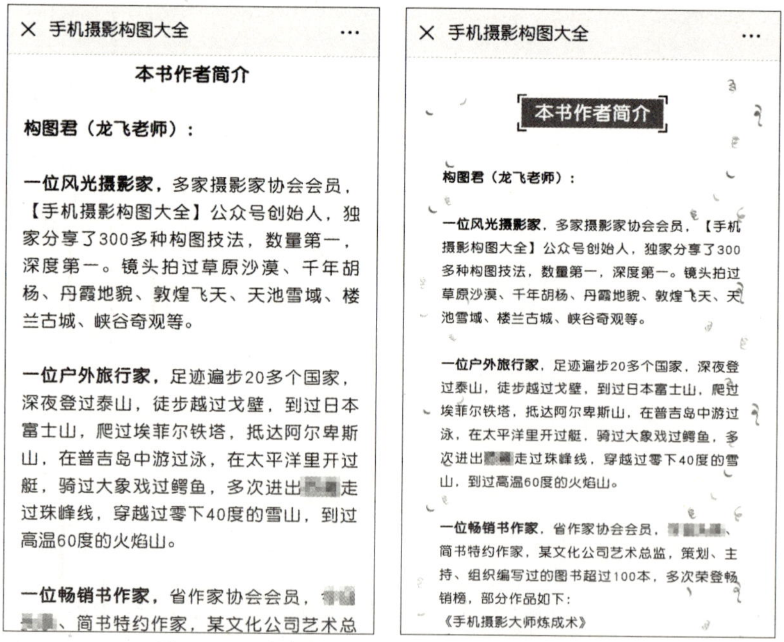
手机摄影构图大全
本书作者简介
构图君（龙飞老师）：
一位风光摄影家，多家摄影家协会会员，【手机摄影构图大全】公众号创始人，独家分享了300多种构图技法，数量第一，深度第一。镜头拍过草原沙漠、千年胡杨、丹霞地貌、敦煌飞天、天池雪域、楼兰古城、峡谷奇观等。
一位户外旅行家，足迹遍步20多个国家，深夜登过泰山，徒步越过戈壁，到过日本富士山，爬过埃菲尔铁塔，抵达阿尔卑斯山，在普吉岛中游过泳，在太平洋里开过艇，骑过大象戏过鳄鱼，多次进出走过珠峰线，穿越过零下40度的雪山，到过高温60度的火焰山。
一位畅销书作家，省作家协会会员，、简书特约作家，某文化公司艺术总
手机摄影构图大全
本书作者简介
构图君（龙飞老师）：
一位风光摄影家，多家摄影家协会会员，【手机摄影构图大全】公众号创始人，独家分享了300多种构图技法，数量第一，深度第一。镜头拍过草原沙漠、千年胡杨、丹霞地貌、敦煌飞天、天池雪域、楼兰古城、峡谷奇观等。
一位户外旅行家，足迹遍步20多个国家，深夜登过泰山，徒步越过戈壁，到过日本富士山，爬过埃菲尔铁塔，抵达阿尔卑斯山，在普吉岛中游过泳，在太平洋里开过艇，骑过大象戏过鳄鱼，多次进出走过珠峰线，穿越过零下40度的雪山，到过高温60度的火焰山。
一位畅销书作家，省作家协会会员，、简书特约作家，某文化公司艺术总监，策划、主持、组织编写过的图书超过100本，多次荣登畅销榜，部分作品如下：
《手机摄影大师炼成术》

图 4-17　两张微信公众平台的图文截图对比

4.1.4 96 微信编辑器：清新简洁 + 一键同步

96 微信编辑器主要为用户提供多图文编辑、一键同步的功能。它的页面也是非常清新简洁的。如图 4-18 所示为 96 微信编辑器页面。

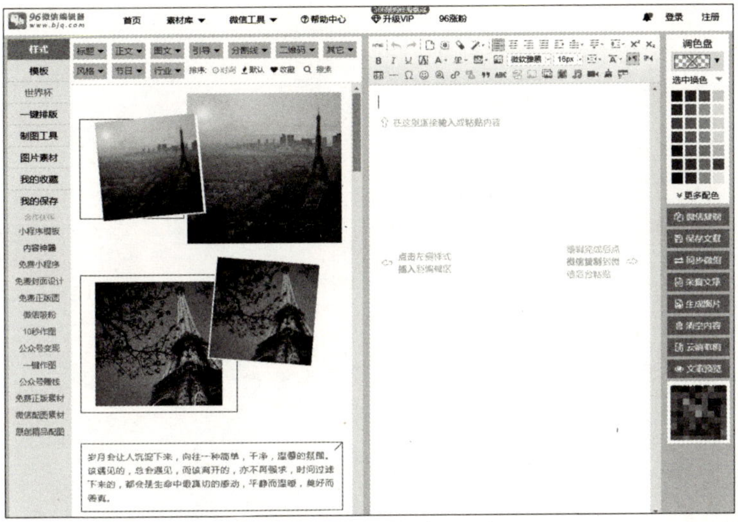

图 4-18 96 微信编辑器页面

96 微信编辑器页面简单，非常容易上手，没有太过复杂的操作，很多素材也都是免费的，实用性很强。

4.2 图文工具：3 种方式从易到难

新媒体文案创作者在编辑完主要内容之后，就该对图文设计进行考虑了。本节主要以截图工具、美图秀秀和 Photoshop 为例，介绍一些图文设计的方法。

4.2.1 截图工具：快速编辑图片

一般来说，人们普遍利用 QQ 来进行截图。其实，在 Windows“附件”中就自带“截图工具”。用户只需在“截图工具”界面左上角单击“新建”按钮，如图 4-19 所示，即可截取需要的图片画面。

> **▶ 专家提醒**
>
> 此外，用户还可以利用各种快捷键来进行截屏，比如，利用【PrtSc】键可以截取整个计算机屏幕，并且，按【Alt+PrtSc】组合键可以截取当前的活动程序窗口。Windows 自带的这些截图方式，会为用户在进行计算机操作时提供很大的方便。因此，每一个用户都应该掌握好Windows自带的截图工具，以及熟悉这些快捷键的使用。

图 4-19　在“截图工具”界面左上角单击“新建”按钮

4.2.2 美图秀秀：一键式的操作

美图秀秀是大众普遍使用的一种 P 图工具，尤其是在年轻人群体中，非常受欢迎。它最大的特点就是简单，易上手，操作方式非常灵活、方便，而且还为用户提供了很多有用的素材，如图 4-20 所示。

图 4-20　美图秀秀网页版界面

虽然美图秀秀是一种简单的 P 图小工具，但是它的用途却很广泛，其美图的功能对那些非专业的用户来说是非常有用的，受到很多用户的赞赏与青睐。用美图秀秀可以非常快捷地完成简单的图片操作。

> ▶ 专家提醒
>
> 美图秀秀的常用工具主要包括裁剪旋转、去水印、图片拼接、压缩图片大小、新建画布做海报等。用户可以利用这些工具对自己所拍的图片进行加工处理，以达到自己想要的效果。

4.2.3 Photoshop：要求高的软件

Photoshop 是一款专业的图片编辑工具，主要针对那些由像素构成的数字图像进行处理。它在图片处理上具有非常强大的功能，涉及图像、图形、文字、视频、出版等各方面。

在 Photoshop 工作界面中，选择“图像”|“调整”命令，即可弹出子菜单，其中有很多修图功能，包括亮度 / 对比度、色阶、曲线、曝光度、饱和度、色彩白平衡、照片滤镜、阴影 / 高光、色调均化等，用户可以通过这些功能完成对图片的编辑与精修。

如今，除了 Photoshop 之外，虽然还有很多修图软件，但是，当用户所需要的图片对其清晰度，以及 GIF 图的制作与编辑的要求比较高时，就应该多学习 Photoshop 工具。如图 4-21 所示为 Photoshop 的工作界面。

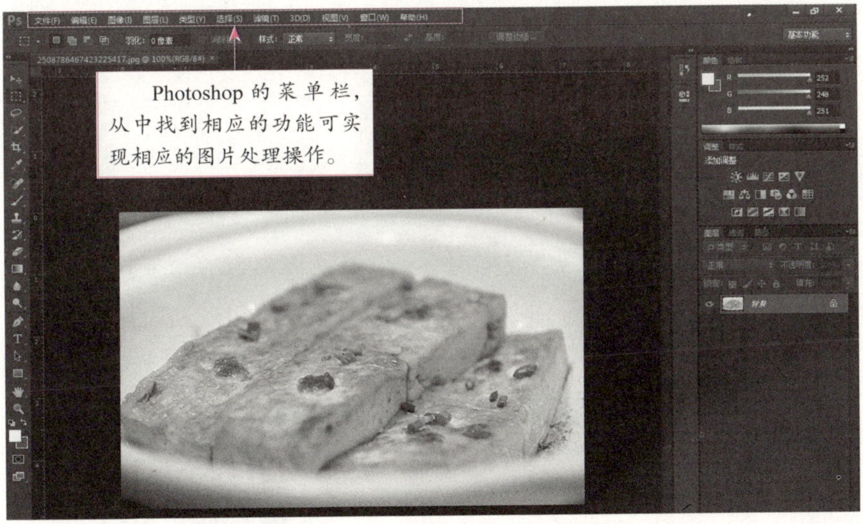
Photoshop 的菜单栏，从中找到相应的功能可实现相应的图片处理操作。

图 4-21　Photoshop 的工作界面

▶ 4.3　二维码工具：轻松便利宣传推广

二维码的使用范围如此之广，给大众生活带来了诸多便利，但二维码的制作并不复杂，可以直接在线生成。企业和个人都可以依据自身需求，制作独属于自己的二维码。本节主要对二维码这种全新的数字化媒体运营模式进行具体介绍。

4.3.1 二维码制作：常见类型的制作要点

新媒体平台要想通过二维码来推广，首先就要拥有自己的二维码。因此，就要学会二维码的制作。下面对各种不同类型的二维码制作的要点进行具体介绍。

1. 普通文本

下面对普通文本的二维码制作要点进行介绍。很多家网站都可以在线制作二维码，以其中的草料网为例来说明。

步骤 01 打开 PC 端的浏览器，输入草料网网址（http://cli.im/），进入草料网首页，网站首页默认设置为文本信息的二维码制作。在主页提供的文本框内输入需要制作的二维码文本内容，输入完成后，单击下方的“生成二维码”按钮，如图 4-22 所示。

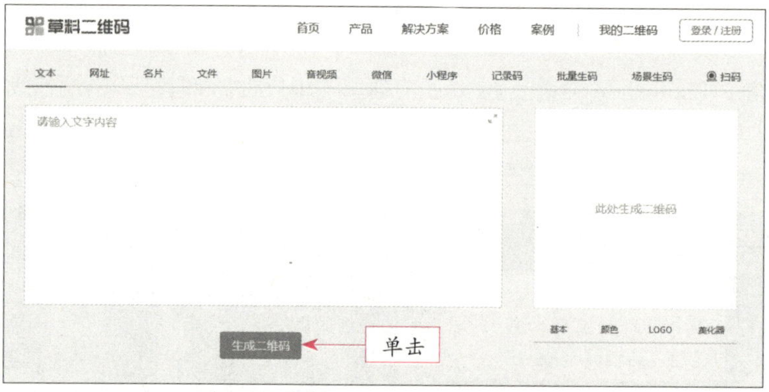

图 4-22　单击“生成二维码”按钮

步骤 02 稍等片刻，就能在二维码生成框内看到含有所需内容的二维码图形，具体如图 4-23 所示。

图 4-23　生成的二维码图形

步骤03 二维码生成之后，将完成的二维码图片保存到用户计算机或者下载到手机里，用户就拥有了一个属于自己的二维码，经扫描后就能显示二维码内蕴含的信息。

2．网址链接

下面以“网址链接二维码”为例，对二维码制作的要点进行简单分析。

步骤01 进入草料网主页后，单击“网址”按钮，如图 4-24 所示。

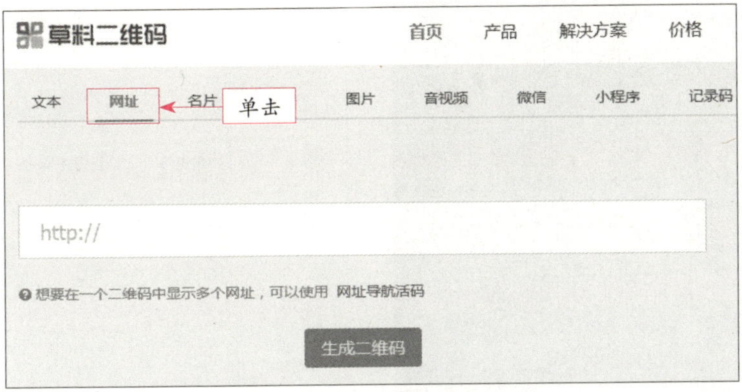

图 4-24 单击“网址”按钮

步骤02 在文本框中输入需要链接的网址，然后单击下方的“生成二维码”按钮，稍等几秒钟，就能在二维码生成框内看到含有网站网址信息的二维码图形，如图 4-25 所示。

图 4-25 网址链接二维码制作

步骤03 将完成后的二维码图片保存到用户计算机中，或者直接下载到手机里，用户就拥有了一个属于自己的具有网站链接功能的二维码。由于在制作该二维码时采用的设置是网站链接功能，所以用户在扫描后会直接进入二维码内提供的网站链接页面，如图 4-26 所示。

图 4-26　扫描二维码进入网页

除此之外，还有个人名片二维码、文件内容二维码、图片信息二维码、地图信息二维码、短信二维码等，制作方式相似，这里就不再赘述。

4.3.2 注意事项：6 大要点不可忘

企业在进行二维码制作时，有很多注意事项，如图 4-27 所示。

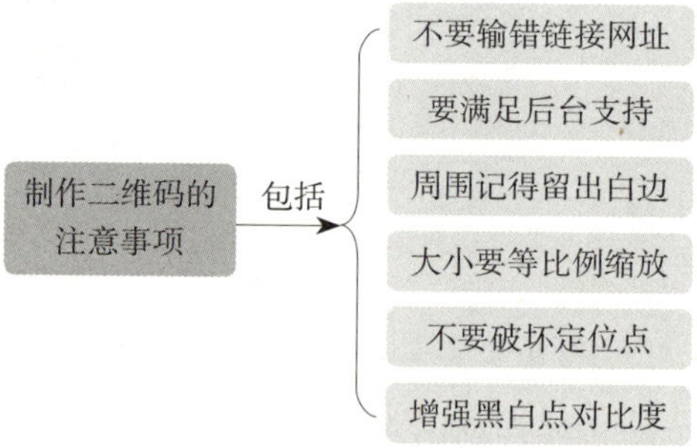

图 4-27　制作二维码的注意事项

4.3.3 创意改造：让二维码不再枯燥

一般来说，二维码主要以黑白为主，为了吸引用户的关注，企业可以对二维码进行改造。其中最有特色的就是制作彩色二维码了。如图 4-28 所示为彩色二维码。

图 4-28　彩色二维码

相比于黑白二维码，彩色二维码的作用更多，如图 4-29 所示。

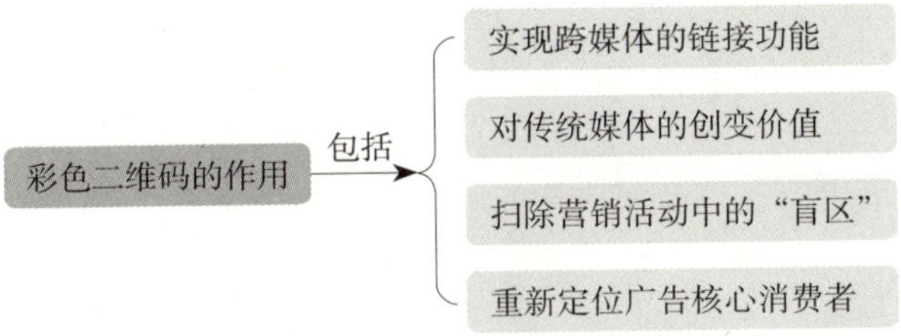

图 4-29　彩色二维码的作用

对二维码的改造，不仅体现在二维码的外观上，也可以在其内容上增加一些吸引用户的信息，比如可以增加一些产品的链接等，可以更加方便用户查看相关信息。

动态二维码不仅非常有创意，而且也是新媒体平台运用得非常广泛的一种二维码类型。动态二维码相对于静态二维码来说能够带给用户更多动感，能给看见的人留下非常深刻的印象，一张动态二维码就是一张动态名片。如图 4-30 所示为微信公众号使用的动态二维码，下方不断跳动的小动物为二维码增添了动感。

图 4-30　动态二维码

第5章 吸睛标题：一把打开读者心门的金钥匙

学前提示

标题是一篇文章留给读者的第一印象，也是影响新媒体文案的决定因素，因此一定要多花时间思考标题。本章针对文案标题的写作提供了许多方法，希望能帮助文案创作者写出更加引人注目的标题。

要点展示

- 不可或缺：6大吸睛标题必备要素
- 抓住心理：6大读者需求有针对性地切入
- 巧用数字：4种方式增强说服力
- 善用语言：3种形式提升创意艺术
- 其他方式：12种类型助你拟好标题

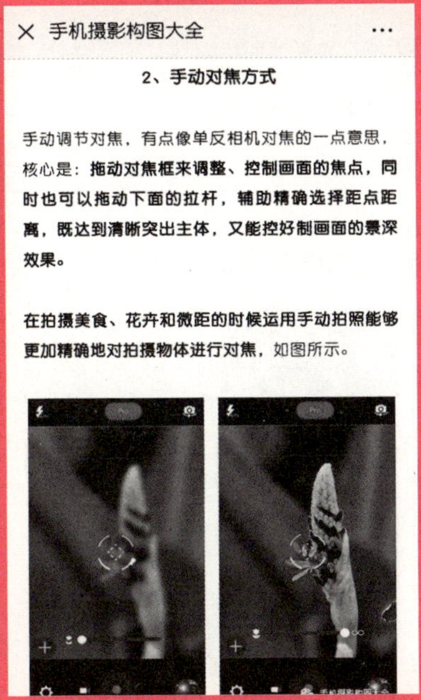

手机摄影构图大全
2、手动对焦方式
手动调节对焦，有点像单反相机对焦的一点意思，核心是：拖动对焦框来调整、控制画面的焦点，同时也可以拖动下面的拉杆，辅助精确选择距点距离，既达到清晰突出主体，又能控好制画面的景深效果。
在拍摄美食、花卉和微距的时候运用手动拍照能够更加精确地对拍摄物体进行对焦，如图所示。

财务自由要1000万？她却只要16块
职场充电宝 4月19日
▲点击关注“职场充电宝”，每天进步一点点
最近和一个做基金的朋友闲聊，他谈到这世界上有两种人是注定了要穷的，一定很难财务自由。

每天睡够8小时，坚持1个月会发生什么？
原创：学跑步，就来 跑步学院 2017-09-07
CHANGE

5.1 不可或缺：6 大吸睛标题必备要素

文案是由标题与正文组成的，在撰写文案的过程中，标题作为其中的一部分，是撰写者需要重点关注的内容。撰写者在进行新媒体文案的标题创作时必须掌握一定的技巧和写作标准。只有对标题撰写的必备要素进行熟练掌握，才能更好、更快地实现标题撰写，达到引人注目的效果。

那么，在撰写新媒体文案标题时，应该重点关注哪些方面并进行切入和语言组织呢？一起来看一下标题的要素。

5.1.1 内容主旨：大致提炼紧密相连

文章标题是新媒体文案的“窗户”，如果读者能从这一扇窗户之中看到文章内容的一个大致提炼，就说明这一文章标题是合格的。换句话说，就是文章标题要体现出文章内容的主题。

如果读者被某一文章标题吸引，但进入文章内容之后却发现标题和内容主题联系得不紧密，或者完全没有联系，这样就会降低读者的信任度，从而拉低文章的阅读量。

这也要求作者在撰写新媒体文案标题时，一定要注意所写的标题与文章内容主题的联系要紧密，切勿“挂羊头卖狗肉”。这种文章标题紧密联系文章内容主题的案例如图 5-1 所示。

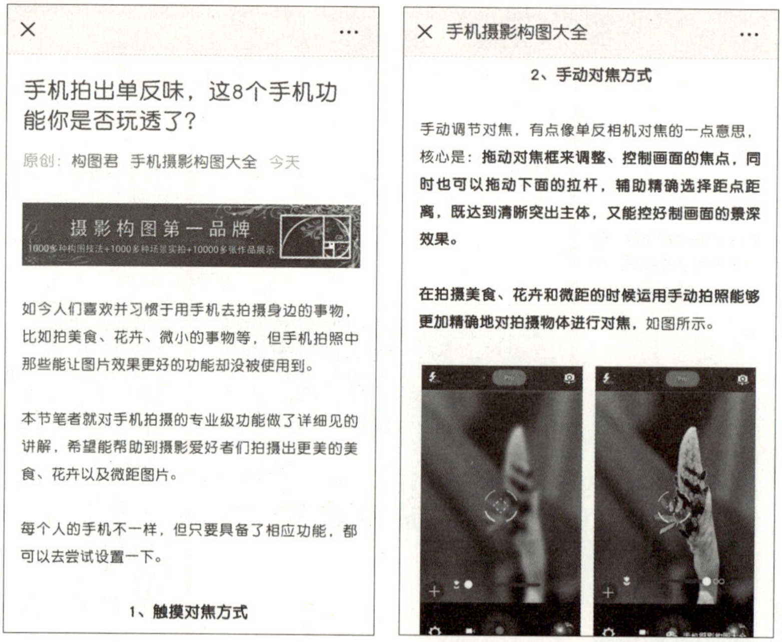
手机拍出单反味，这8个手机功能你是否玩透了？
原创：构图君 手机摄影构图大全 今天
摄影构图第一品牌
如今人们喜欢并习惯于用手机去拍摄身边的事物，比如拍美食、花卉、微小的事物等，但手机拍照中那些能让图片效果更好的功能却没被使用到。
本节笔者就对手机拍摄的专业级功能做了详细见的讲解，希望能帮助到摄影爱好者们拍摄出更美的美食、花卉以及微距图片。
每个人的手机不一样，但只要具备了相应功能，都可以去尝试设置一下。
1、触摸对焦方式
手机摄影构图大全
2、手动对焦方式
手动调节对焦，有点像单反相机对焦的一点意思，核心是：拖动对焦框来调整、控制画面的焦点，同时也可以拖动下面的拉杆，辅助精确选择距点距离，既达到清晰突出主体，又能控好制画面的景深效果。
在拍摄美食、花卉和微距的时候运用手动拍照能够更加精确地对拍摄物体进行对焦，如图所示。

图 5-1 文章标题紧密联系文章内容主题的案例

5.1.2 简短表达：重点突出加深记忆

一篇文章标题的好与坏直接决定了文章阅读量的多与少，所以，在撰写新媒体文案的标题时，一定要重点突出、简洁明了，标题字数不要太长，最好能够朗朗上口，这样才能让读者在短时间内就可以清楚地知道作者想要表达的是什么，读者自然也就愿意点击文章去阅读内容。

在撰写新媒体文案标题时，要注意标题用语的简短、突出重点，标题成分切忌过于复杂。标题简单、明了，读者在看到简短的标题时，就会有比较舒适的视觉感受，阅读起来也更为方便，如图 5-2 所示。

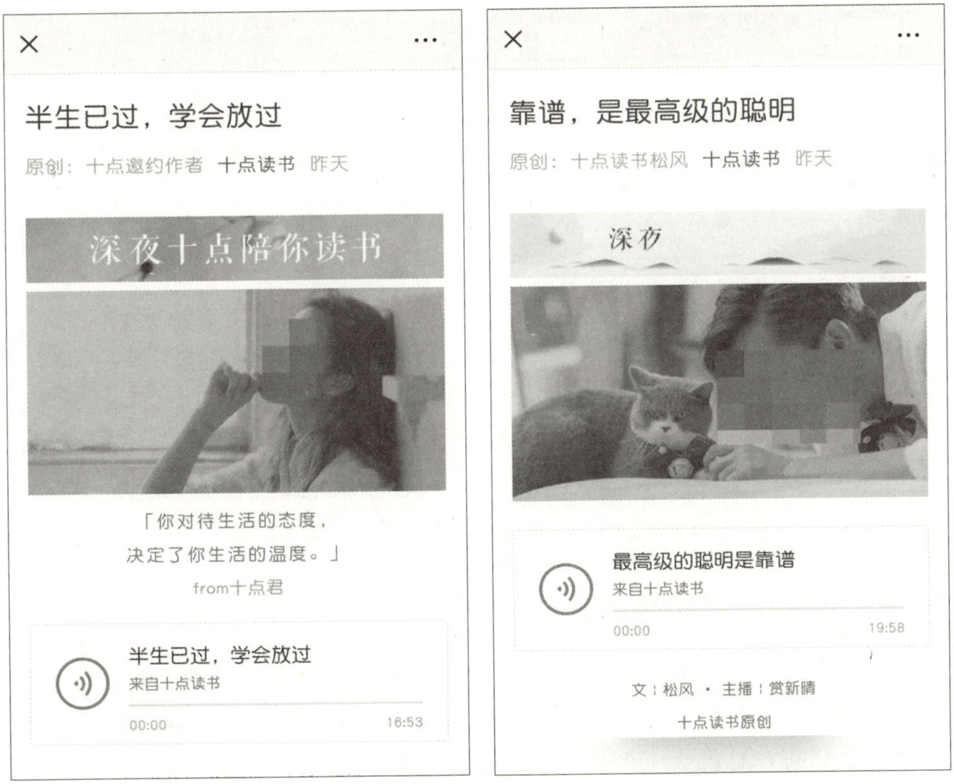

图 5-2 简短标题案例

5.1.3 点睛词汇：不断积累吸引读者

标题是一篇文章的“眼睛”，在新媒体文案当中具有巨大的作用。标题展示着一篇文案的大意、主旨，甚至是对故事背景的诠释，所以，一篇文章阅读量的多少，与标题有着不可分割的联系。

新媒体文案的标题，要想吸引读者，就必须有其点睛之处。如何给文案标题“点睛”是有技巧的。在撰写新媒体文案标题时，加入一些能够吸引读者眼球的词汇，比如

“惊现”“福利”“秘诀”“震惊”等。这些“点睛”词汇，能够让读者产生点击文章的好奇心，如图 5-3 所示。

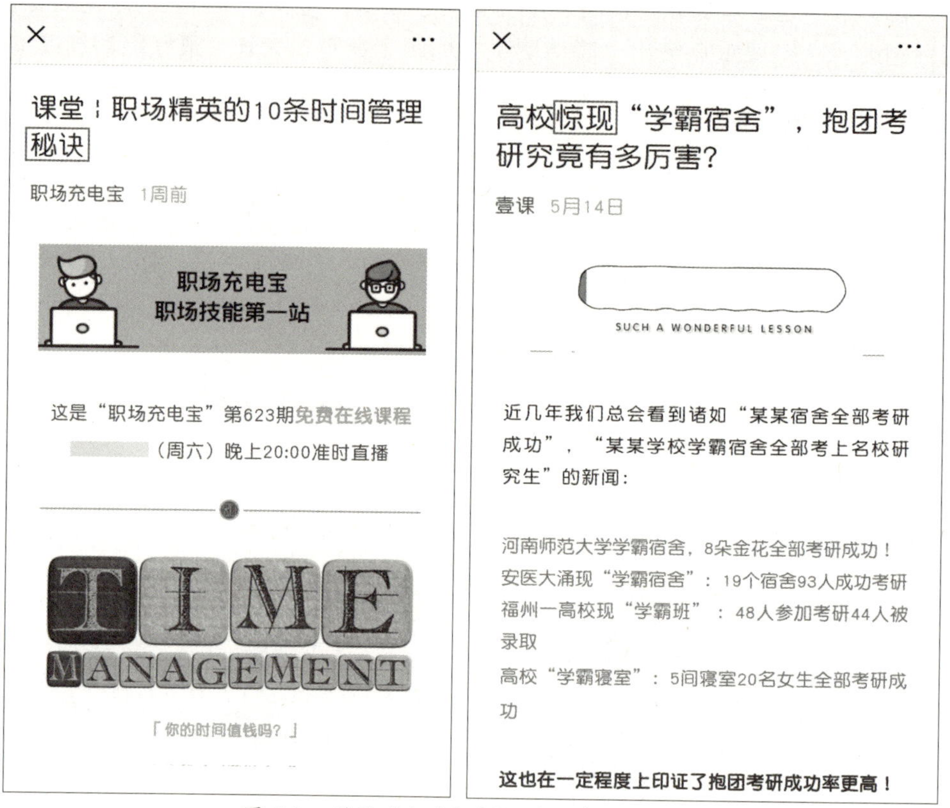
课堂｜职场精英的10条时间管理秘诀
职场充电宝 1周前
职场充电宝
职场技能第一站
这是“职场充电宝”第623期免费在线课程
（周六）晚上20:00准时直播
TIME
MANAGEMENT
「你的时间值钱吗？」
高校惊现“学霸宿舍”，抱团考研究竟有多厉害?
壹课 5月14日
SUCH A WONDERFUL LESSON
近几年我们总会看到诸如“某某宿舍全部考研成功”，“某某学校学霸宿舍全部考上名校研究生”的新闻：
河南师范大学学霸宿舍，8朵金花全部考研成功！
安医大涌现“学霸宿舍”：19个宿舍93人成功考研
福州一高校现“学霸班”：48人参加考研44人被录取
高校“学霸寝室”：5间寝室20名女生全部考研成功
这也在一定程度上印证了抱团考研成功率更高！

图 5-3　利用“点睛”词汇的文案标题案例

5.1.4 百度收录：加强权威性和公信力

百度作为我国最大的搜索网站，具有一定的权威性，也颇得读者的信任。因此，新媒体文案作者如果想要一篇文案获得更多的曝光率和更多的阅读量，就需要借助百度搜索功能。只有在百度当中被搜索到，这篇文案才会显得更具权威性和公信力，自然也就会有人看。

那么，如何促进文案标题被百度收录呢？方法如图 5-4 所示。

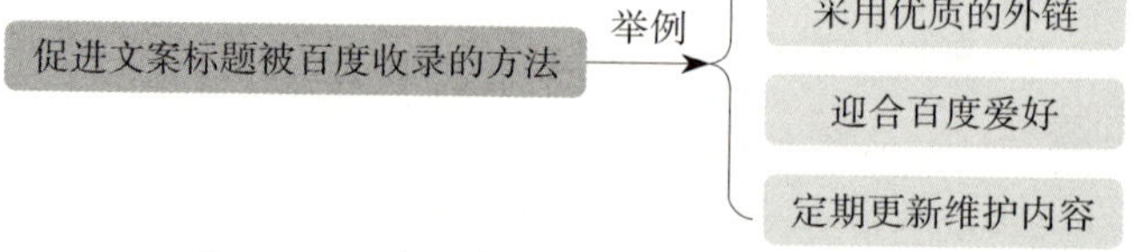
促进文案标题被百度收录的方法
举例
采用流行的关键词
采用优质的外链
迎合百度爱好
定期更新维护内容

图 5-4　促进文案标题被百度收录的方法

但是，作者在撰写新媒体文案标题时要注意，如果文案标题能在百度中查到很多相似的内容，就不要采用。千篇一律的文案标题只会降低读者的新鲜感，所以文案写作者在撰写标题时，也要注意创新和另辟蹊径。

例如，笔者想要写“绝地求生新手教程”的文案，将文案标题放入“百度”进行搜索发现，已经有很多与之相似的文案标题了，这样的标题，就要重新撰写，如图 5-5 所示。

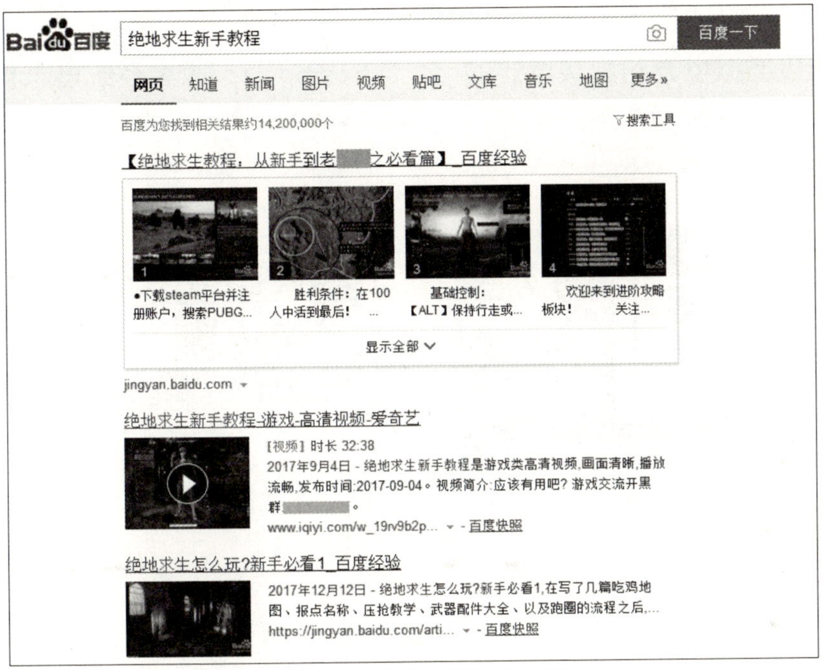

Baidu百度
绝地求生新手教程
百度一下
网页 知道 新闻 图片 视频 贴吧 文库 音乐 地图 更多»
百度为您找到相关结果约14,200,000个
搜索工具
【绝地求生教程：从新手到老 之必看篇】_百度经验
•下载steam平台并注册账户，搜索PUBG...
胜利条件：在100人中活到最后！ ...
基础控制：【ALT】保持行走或...
欢迎来到进阶攻略板块！ 关注...
显示全部
jingyan.baidu.com
绝地求生新手教程-游戏-高清视频-爱奇艺
[视频] 时长 32:38
2017年9月4日 - 绝地求生新手教程是游戏类高清视频,画面清晰,播放流畅,发布时间:2017-09-04。视频简介:应该有用吧? 游戏交流开黑群 。
www.iqiyi.com/w_19rv9b2p... - 百度快照
绝地求生怎么玩?新手必看1_百度经验
2017年12月12日 - 绝地求生怎么玩?新手必看1,在写了几篇吃鸡地图、报点名称、压枪教学、武器配件大全、以及跑圈的流程之后,...
https://jingyan.baidu.com/arti... - 百度快照

图 5-5 需要重新撰写的标题

5.1.5 语言表达：力求形象化和通俗化

新媒体文案的读者是一般的消费者。因此，对于新媒体文案，在语言上要求是形象化和通俗化的。从通俗化的角度而言，就是尽量拒绝华丽的辞藻和大量不实用的描述，照顾绝大多数读者的语言理解能力，利用通俗易懂的语言来撰写标题的产品或品牌，否则，文案就无法达到带动产品销售的目的，无法实现新媒体文案及其产品的商业价值。

为了实现通俗化，新媒体文案的写作者可以从 3 个方面着手，如图 5-6 所示。

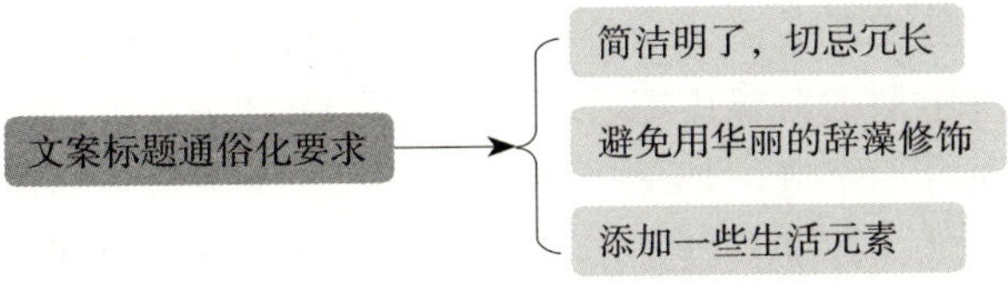

文案标题通俗化要求
简洁明了，切忌冗长
避免用华丽的辞藻修饰
添加一些生活元素

图 5-6 文案标题通俗化要求分析

其中，添加一些生活元素是一种常用的、简单的使标题通俗化的方法，也是一种行之有效的营销宣传方法。利用这种方法，把专业性的、不易理解的词汇和道理通过生活元素形象、通俗地表达出来，在标题中运用通俗化的语言陈述产品的作用和功能，在让消费者更容易理解的同时也能带动产品消费，如图 5-7 所示，

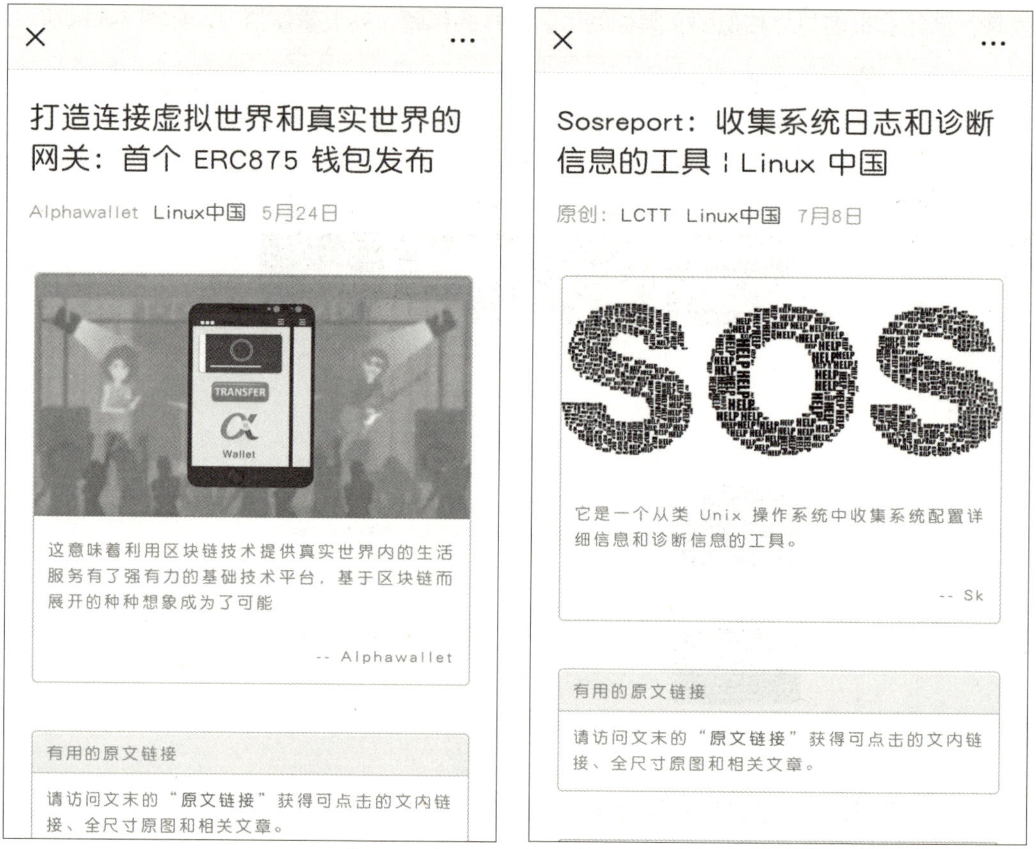

打造连接虚拟世界和真实世界的网关：首个 ERC875 钱包发布
Alphawallet Linux中国 5月24日
TRANSFER
Wallet
这意味着利用区块链技术提供真实世界内的生活服务有了强有力的基础技术平台，基于区块链而展开的种种想象成为了可能
-- Alphawallet
有用的原文链接
请访问文末的“原文链接”获得可点击的文内链接、全尺寸原图和相关文章。
Sosreport：收集系统日志和诊断信息的工具 | Linux 中国
原创：LCTT Linux中国 7月8日
SOS
它是一个从类 Unix 操作系统中收集系统配置详细信息和诊断信息的工具。
-- Sk
有用的原文链接
请访问文末的“原文链接”获得可点击的文内链接、全尺寸原图和相关文章。

图 5-7　通俗化语言文案标题案例

5.1.6 风格统一：平台作者皆要考虑

新媒体文案作者在给文章写标题时，还需要考虑到标题与新媒体平台整体的风格是否统一、搭调。标题与新媒体平台整体风格的统一与否，会影响到读者对该新媒体的整体评价，以及读者浏览、阅读文章时的阅读感受。

举例而言，当一名读者关注了一个以传播搞笑视频、话题、笑话为主的整体形象类似于嘻哈风的小青年型的新媒体账号以后，而该账号每天推送的文章标题都是正经型的，而且文章的内容用字遣词都是正儿八经如同一位西装革履的白领一族，该读者会产生一种别扭的感觉，怀疑自己是不是点开错了公众号，时间一长可能就会忘记该账号的存在，或者会立刻对其取消关注。

让新媒体文案的标题与新媒体账号的整体风格统一是保持新媒体平台特色以及吸引读者长期关注的一种方法，而要做到标题与整体风格的统一，需要考虑两方面：一方面是新媒体账号定位的风格；另一方面是新媒体文案作者的性格。具体内容如下：

1．平台的风格

每个新媒体平台在创立时，创建者肯定都会对其要传播的内容有一个大致的规划和界定，而这些内容方向的确定就已经为新媒体平台的风格定下了一个基调。

例如，一个新媒体平台如果主要以分享油画和水墨画等艺术品鉴赏、学习为主，那么这个新媒体平台的整体基调就是文艺与高雅的。因此，该平台推送的文章的标题也要与整体基调相呼应，以文艺、艺术气质为主，这样才会让读者在浏览、阅读文章内容时感觉比较舒服。这种利用内容为平台风格定下基调的标题如图 5-8 所示。

油画创作，捕捉转瞬即逝的灵感
油画院 2018.7.16 一点号
我要分享

图 5-8　体现新媒体平台基调的文案标题案例

2．作者的性格

每个新媒体文案的作者都会有自己的性格，而这种性格会在其所写出的文字中传递出来，这就是所谓的写作风格。新媒体平台上文章的作者性格在很大程度上会影响到标题的风格类型，也会在潜移默化中奠定新媒体平台的语言风格。

性格活泼的作者，写出的文字也会给人一种比较热闹的感觉，而其写出的标题可能就会偏向于活泼、开朗；理智沉稳的作者，写出来的文案标题也会体现出理智和沉稳。如图 5-9 所示分别为理智沉稳型的标题和活泼开朗型的标题。

在考虑平台标题与整体风格统一时，要做好上述所说的两个方面的统一，这样才能真正做到整体的统一，形成属于新媒体平台独有的特色。

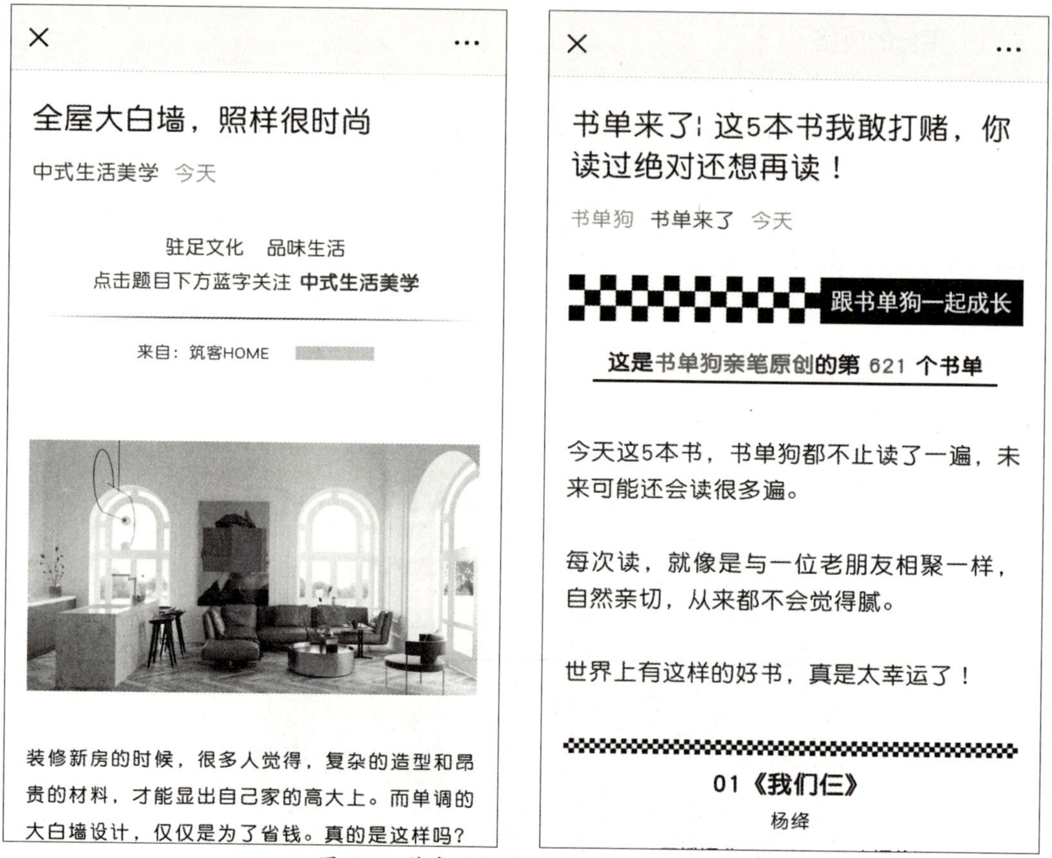

全屋大白墙，照样很时尚
中式生活美学 今天
驻足文化 品味生活
点击题目下方蓝字关注 中式生活美学
来自：筑客HOME
装修新房的时候，很多人觉得，复杂的造型和昂贵的材料，才能显出自己家的高大上。而单调的大白墙设计，仅仅是为了省钱。真的是这样吗？
书单来了！这5本书我敢打赌，你读过绝对还想再读！
书单狗 书单来了 今天
跟书单狗一起成长
这是书单狗亲笔原创的第 621 个书单
今天这5本书，书单狗都不止读了一遍，未来可能还会读很多遍。
每次读，就像是与一位老朋友相聚一样，自然亲切，从来都不会觉得腻。
世界上有这样的好书，真是太幸运了！
01《我们仨》
杨绛

图 5-9 作者性格影响标题风格的案例

5.2 抓住心理：6 大读者需求有针对性地切入

要想使一篇文案的标题吸引人，就要知道用户想的是什么，只有抓住用户的心理，才能提高文章的阅读量。本节将从用户的阅读心理出发，重点介绍 6 种根据心理需求来打造新媒体爆款标题的方法。

5.2.1 增加神秘感：满足探索和猎奇的心理

一般说来，大部分人对世界和未知事物充满好奇，对那些未知的、刺激的事物有一种想要去探索、了解的欲望。所以新媒体文章的作者在写文章标题时就可以抓住读者的这一特点，将标题写得充满神秘感，满足读者的猎奇心理，这样就能够获得更多的阅读量。阅读的人越多，文章被分享与转发的次数也就会越多。

这种能满足读者猎奇心理的新媒体文案标题，会让人产生好奇心，看了之后想了解事情的真相，如图 5-10 所示。

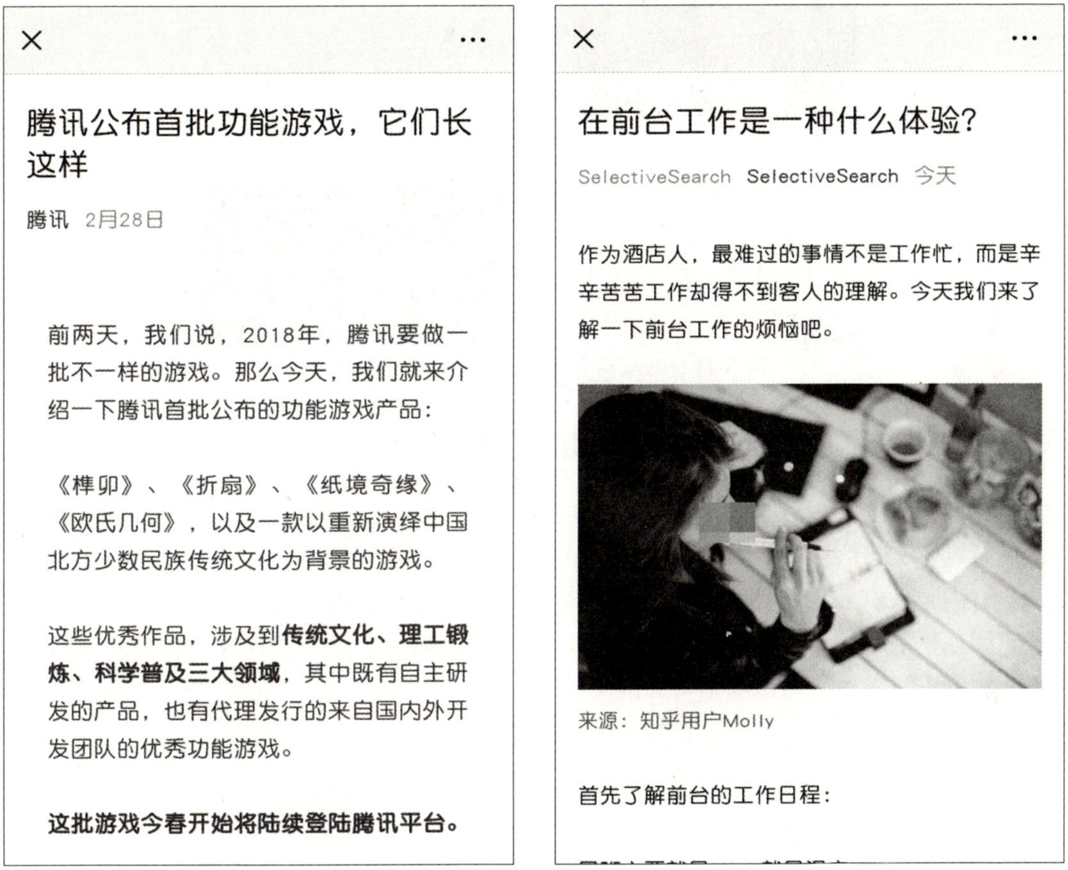

腾讯公布首批功能游戏，它们长这样
腾讯 2月28日
前两天，我们说，2018年，腾讯要做一批不一样的游戏。那么今天，我们就来介绍一下腾讯首批公布的功能游戏产品：
《榫卯》、《折扇》、《纸境奇缘》、《欧氏几何》，以及一款以重新演绎中国北方少数民族传统文化为背景的游戏。
这些优秀作品，涉及到传统文化、理工锻炼、科学普及三大领域，其中既有自主研发的产品，也有代理发行的来自国内外开发团队的优秀功能游戏。
这批游戏今春开始将陆续登陆腾讯平台。
在前台工作是一种什么体验？
SelectiveSearch SelectiveSearch 今天
作为酒店人，最难过的事情不是工作忙，而是辛辛苦苦工作却得不到客人的理解。今天我们来了解一下前台工作的烦恼吧。
来源：知乎用户Molly
首先了解前台的工作日程：

图 5-10 满足读者猎奇心理的文案标题案例

5.2.2 提供价值：满足学习和求知的心理

有的人在浏览网页和手机上的各种新闻及文章时，会抱有通过浏览这些内容学习一些有价值的东西、扩充自己的知识面和增加自己的技能等目的。因此，文章作者在撰写新媒体文案标题时，就可以将这一因素考虑进去，让自己编写的标题给读者一种能够满足学习和求知的心理需求的感觉。

能满足读者价值需求的文章标题，在标题上就可以看出文章中所蕴藏的价值。这种能满足读者学习心理的文案标题案例如图 5-11 所示。

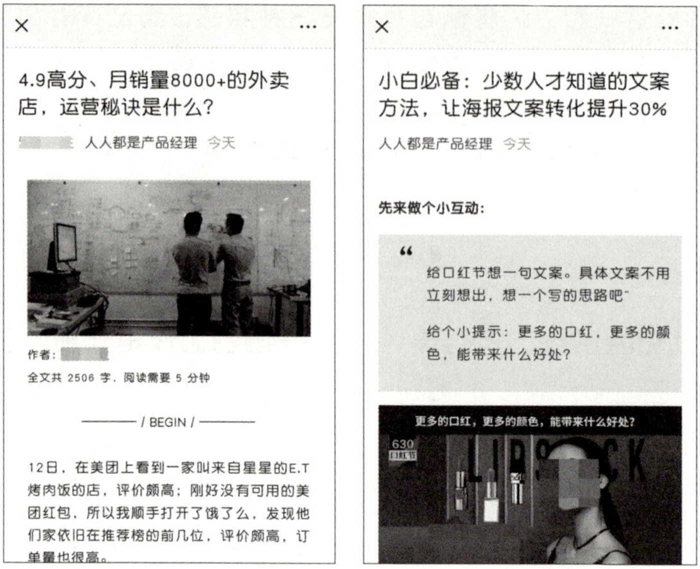

4.9高分、月销量8000+的外卖店，运营秘诀是什么？
人人都是产品经理 今天
作者：
全文共 2506 字，阅读需要 5 分钟
/ BEGIN /
12日，在美团上看到一家叫来自星星的E.T烤肉饭的店，评价颇高；刚好没有可用的美团红包，所以我顺手打开了饿了么，发现他们家依旧在推荐榜的前几位，评价颇高，订单量也很高。
小白必备：少数人才知道的文案方法，让海报文案转化提升30%
人人都是产品经理 今天
先来做个小互动：
给口红节想一句文案。具体文案不用立刻想出，想一个写的思路吧"
给个小提示：更多的口红，更多的颜色，能带来什么好处？
更多的口红，更多的颜色，能带来什么好处？

图 5-11　满足读者学习心理的文案标题案例

5.2.3 轻松氛围：满足娱乐和消遣的心理

如今，大多数人有事没事都会掏出自己的手机看看，逛逛淘宝，浏览微信朋友圈，关注新媒体文案信息，寻求乐趣，以满足自己的消遣心理。

有的人点开新媒体文案上各种各样的文章，是出于无聊、消磨闲暇时光、给自己找点娱乐的目的。那些以传播搞笑、幽默内容为目的的文章会比较容易满足读者的消遣心理需求，如冷笑话、幽默与笑话集锦等，如图 5-12 所示。

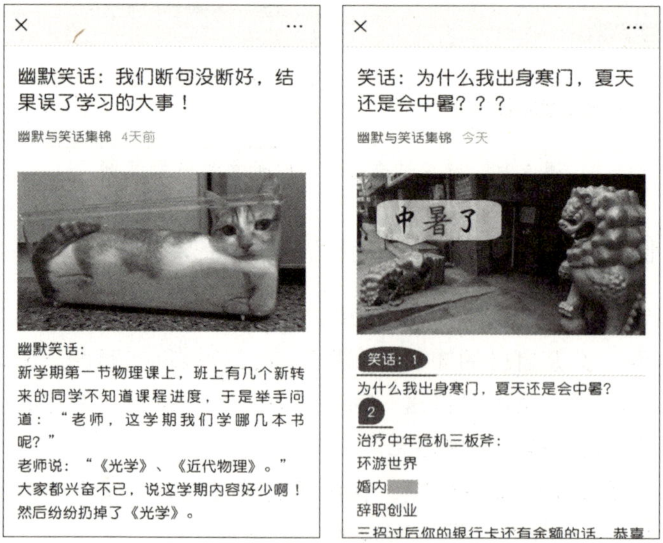

幽默笑话：我们断句没断好，结果误了学习的大事！
幽默与笑话集锦 4天前
幽默笑话：
新学期第一节物理课上，班上有几个新转来的同学不知道课程进度，于是举手问道："老师，这学期我们学哪几本书呢？"
老师说："《光学》、《近代物理》。"
大家都兴奋不已，说这学期内容好少啊！然后纷纷扔掉了《光学》。
笑话：为什么我出身寒门，夏天还是会中暑？？？
幽默与笑话集锦 今天
中暑了
笑话：1
为什么我出身寒门，夏天还是会中暑？
2
治疗中年危机三板斧：
环游世界
婚内
辞职创业

图 5-12　满足读者消遣心理的文案标题案例

5.2.4 传递温暖：满足求抚慰的心理

在这个车水马龙、物欲横流的社会，很多人为了自己的生活在努力奋斗或者漂流在异乡，与身边人的感情也都是淡淡的，他们在生活中、工作上遇到烦心事时也无处诉说。渐渐地，很多人养成了从文字中寻求关注与安慰的习惯。

当人们看见那些传递温暖、含有关怀意蕴的文章标题时，自身就会产生一种被温暖、被照顾、被关心的感觉，就会忍不住去点开阅读。现在很多阅读量高的情感性文章就是抓住了读者想要在文章当中寻求一定的心灵抚慰，从而更好地投入生活、学习和工作中去的心理。

因此，在撰写新媒体文案标题时，可以多用一些能够温暖人心、给人关怀的词语，满足读者求抚慰的心理需求。

如图 5-13 所示的两篇文章的标题就是典型的能满足读者求抚慰心理的标题，这种标题给人的感觉就像是一个老朋友，温暖人心。

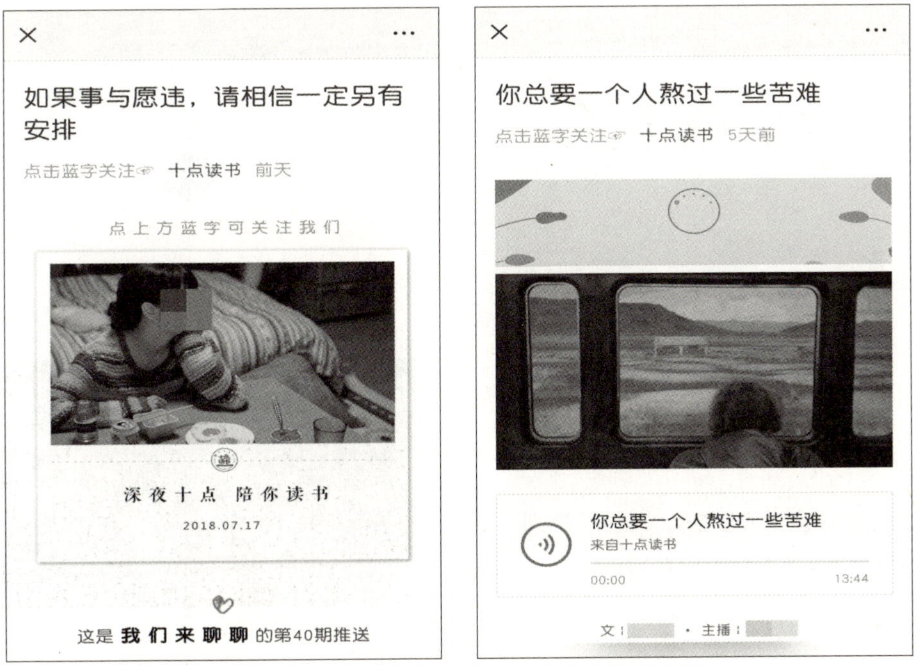

图 5-13　满足读者求抚慰心理的文案标题案例

5.2.5 关注利益：满足读者私心的心理

人们总是会对与自己有关的事情多上心，对关系到自己利益的消息多一些注意，这是人类很正常的一种行为，文章标题满足读者私心心理需求其实就是指满足读者关注与自身相关事情的心理。

新媒体文案的作者在写文章标题时就可以抓住人们的这一需求，将文章标题打造成这种类型，引起读者的关注。但需要注意的是，如果一篇文章用了这样的标题，文章内容就一定要与读者的实际利益相关联。因为如果每次借用读者的私心心理需求来引起读者的兴趣，可实际却没有满足读者的需求，那么这样的标题用多了读者就会产生“免疫”，其在看见标题的第一眼就知道文章的内容没有一点用处。久而久之，不仅会让读者不看该文章，甚至会引起读者的反感心理，从而使其取消关注该新媒体账号。

如图 5-14 所示为能满足读者私心心理的文案标题，它能引起读者的兴趣，从而进一步点开文章阅读。

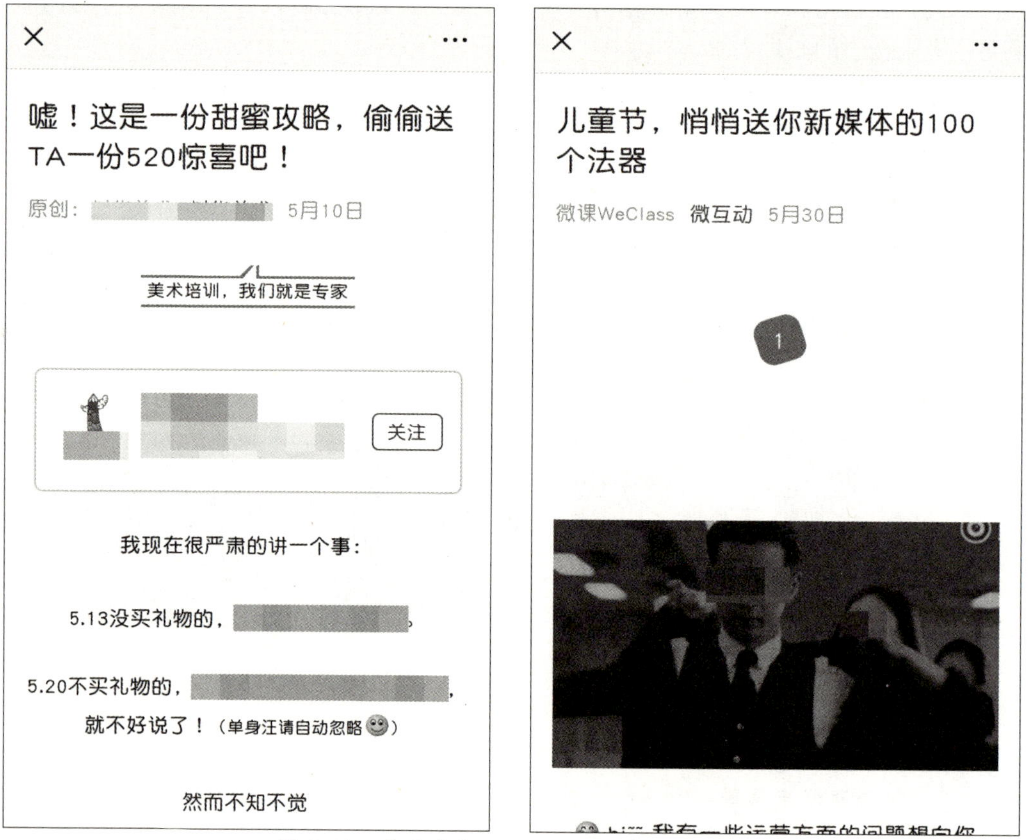
嘘！这是一份甜蜜攻略，偷偷送TA一份520惊喜吧！
原创：
5月10日
美术培训，我们就是专家
关注
我现在很严肃的讲一个事：
5.13没买礼物的，
5.20不买礼物的，
就不好说了！（单身汪请自动忽略）
然而不知不觉
儿童节，悄悄送你新媒体的100个法器
微课WeClass 微互动 5月30日
1

图 5-14　满足读者私心心理的文案标题案例

5.2.6 设疑揭秘：满足读者窥探的心理

人们有时候很矛盾，不想让自己的秘密、隐私被人知晓，但是又会有窥探他人或者其他事物秘密的欲望。

因此，新媒体文案的作者在写文章标题时，可以适当地利用人们这种窥探秘密的欲望，写出能够满足读者窥探心理的标题，从而吸引读者点开文章进行阅读。

能够满足读者窥探心理的新媒体文案的标题通常会让人产生一定的联想，继而引导读者去阅读文章，以便查探真相，如“把汽水倒入方便面里，下一秒惊呆了……”这种满足读者窥探心理的文案标题如图 5-15 所示。

震惊！七年级学生的内心竟是这样的？
原创：朝霞文化 6月16日
团子，给你发了一篇超级超级棒的作文，你看看哈！
OK OK

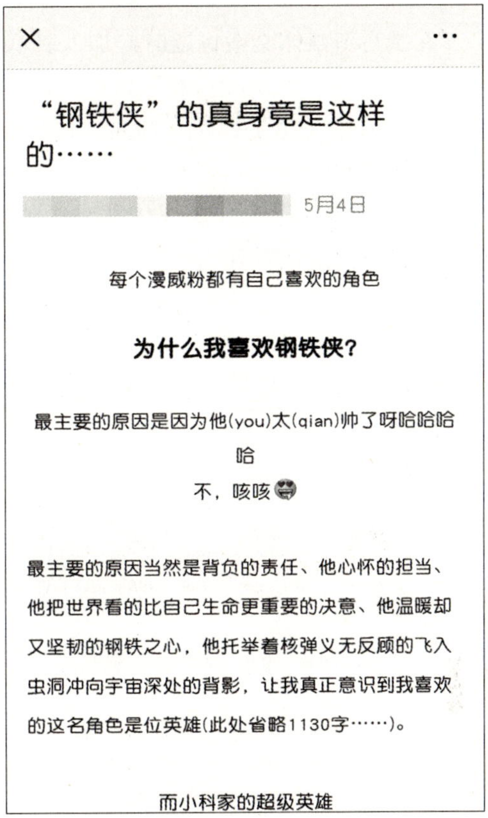
“钢铁侠”的真身竟是这样的……
5月4日
每个漫威粉都有自己喜欢的角色
为什么我喜欢钢铁侠？
最主要的原因是因为他(you)太(qian)帅了呀哈哈哈哈
不，咳咳
最主要的原因当然是背负的责任、他心怀的担当、他把世界看的比自己生命更重要的决意、他温暖却又坚韧的钢铁之心，他托举着核弹义无反顾的飞入虫洞冲向宇宙深处的背影，让我真正意识到我喜欢的这名角色是位英雄(此处省略1130字……)。
而小科家的超级英雄

图 5-15　满足读者窥探心理的文案标题案例

5.3　巧用数字：4 种方式增强说服力

如今的时代是“数字”型时代，任何事情都和数字挂钩，人们的日常生活也离不开数字，在学习新媒体文案标题的打造过程中，要学会如何用醒目的数字吸引和冲击读者的视觉，这样才能够更好地吸引读者关注，为提高文案的阅读量打下良好的基础。

数字是真实又十分准确的，一篇新媒体文案的标题中如果出现了数字，则会让这篇新媒体文案更具说服力，也更能让读者信服。

读者在看一篇文章时，一般希望不用花费太多的精力就能简单、清楚地看懂这篇文章到底说的是什么，这时将数字放入标题当中，就能很好地满足读者的这一需求。

本节将从如何打造数字型标题出发，重点介绍 4 种打造数字形式新媒体爆款标题的方法。

5.3.1 “人”的数量：用数据引起读者重视

在撰写新媒体文案标题时，加入表示“人”的数量词，就可以很好地吸引读者的目光，引起读者的重视和注意，可以让读者准确地知道和了解这篇文章到底说的是什么，有多少人，往往越是简单、清楚、用数据说话的标题，越能引起读者的注意，从而使其点开文章阅读。

如图 5-16 所示为在新媒体文案标题中加入表示“人”的数量的案例。在这两个案例中，可以清楚地看到当中所涉及的人数和这些“人”所涉及的事情性质。

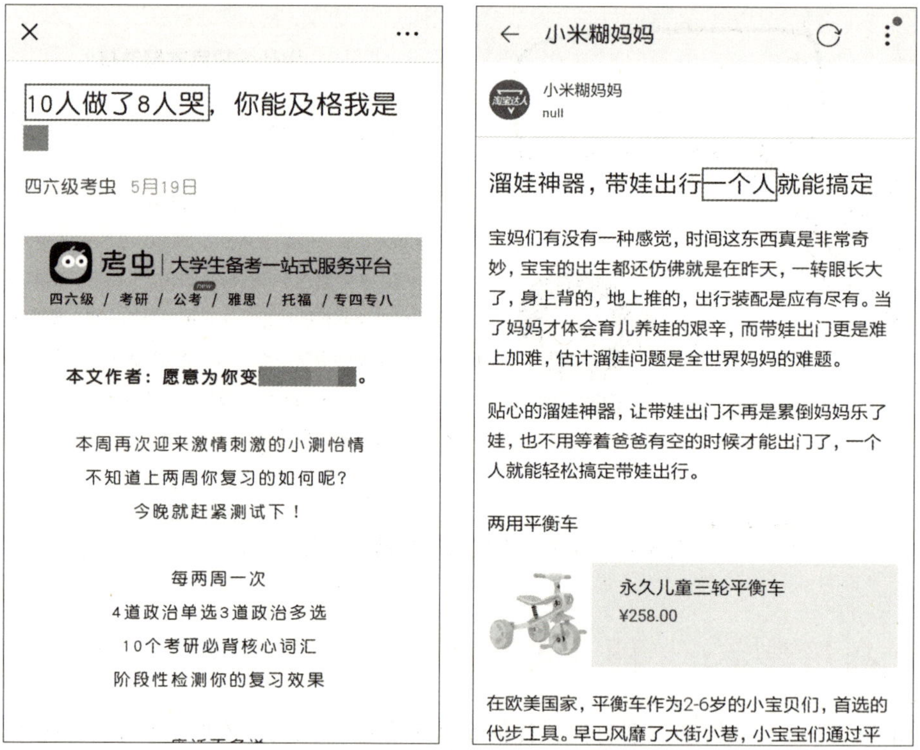

10人做了8人哭，你能及格我是
四六级考虫 5月19日
考虫 | 大学生备考一站式服务平台
四六级 / 考研 / 公考 / 雅思 / 托福 / 专四专八
本文作者：愿意为你变
本周再次迎来激情刺激的小测怡情
不知道上两周你复习的如何呢？
今晚就赶紧测试下！
每两周一次
4道政治单选3道政治多选
10个考研必背核心词汇
阶段性检测你的复习效果
小米糊妈妈
小米糊妈妈
null
溜娃神器，带娃出行一个人就能搞定
宝妈们有没有一种感觉，时间这东西真是非常奇妙，宝宝的出生都还仿佛就是在昨天，一转眼长大了，身上背的，地上推的，出行装配是应有尽有。当了妈妈才体会育儿养娃的艰辛，而带娃出门更是难上加难，估计溜娃问题是全世界妈妈的难题。
贴心的溜娃神器，让带娃出门不再是累倒妈妈乐了娃，也不用等着爸爸有空的时候才能出门了，一个人就能轻松搞定带娃出行。
两用平衡车
永久儿童三轮平衡车
¥258.00
在欧美国家，平衡车作为2-6岁的小宝贝们，首选的代步工具。早已风靡了大街小巷，小宝宝们通过平

图 5-16　文案标题中带有“人”的数量的案例

5.3.2 “钱”的数量：敏感字眼吸引视线

“钱”在人们的日常生活中扮演着十分重要的角色，是人们生活和工作都离不开的重要组成部分。俗话说“无钱寸步难行”，虽然这句话从一定层面来看有点偏激，但不

得不承认“钱”在生活中所扮演的角色是多么重要和不可缺少。关于“钱”的信息一般很容易被人发觉，这一敏感字眼不管出现在哪里都能吸引人们的视线，受到人们的关注。

像这样带有“钱”的数量的数字型文案标题在新媒体文案撰写当中是十分常见的。一般说来，能让人通过标题对新媒体文案产生好奇心的带有“钱”的数量的标题有如下两种不同的情况：“钱”的数额对普通人来说尤其巨大；“钱”的数额对普通人来说很小。

这种数额巨大和数额极小的两种极端的存在，在引起读者震惊的同时会勾起读者的好奇心。读者在看到这种标题时就会想要查看关于标题中出现的“钱”的具体情况，这样一来，这篇新媒体文案的标题也就能吸引更多的读者关注。

如图 5-17 所示为在新媒体文案标题中加入了与“钱”有关的数量的案例，它们或是数量看着大而作者却提出了反驳，或是利用数字对比带给读者强烈的视觉冲击。

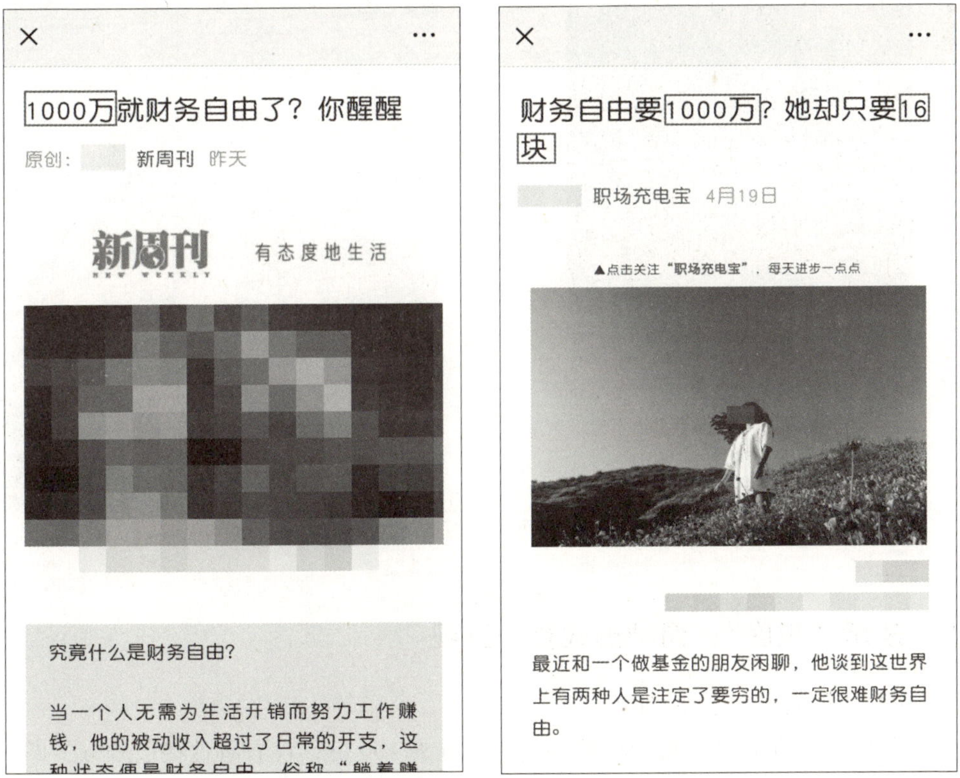
1000万就财务自由了？你醒醒
原创：
新周刊 昨天
新周刊
NEW WEEKLY
有态度地生活
究竟什么是财务自由?
当一个人无需为生活开销而努力工作赚
钱，他的被动收入超过了日常的开支，这
财务自由要1000万？她却只要16块
职场充电宝 4月19日
▲点击关注“职场充电宝”，每天进步一点点
最近和一个做基金的朋友闲聊，他谈到这世界
上有两种人是注定了要穷的，一定很难财务自
由。

图 5-17　加入了与“钱”有关的数量的文案标题案例

5.3.3 “时间”的数量：对比突出、冲击性强

人们经常提到的表示时间的计量单位有“年”“月”“天”“小时”“分钟”“秒”等，

一般而言，“年”“月”表示的时间长，“天”“小时”“分钟”“秒”表示的时间短。比如，在新媒体文案的标题中出现“月”的时候，通常所表示的就是短时间内能看到比较大的效果。

表示时间长短要视具体情况而定，关键是要表现出对比性，这样才能更大程度地吸引读者的注意力，激起读者查阅文章内容的兴趣，如图 5-18 所示。

用100天，每天做一件幸福的小事。
一个人Alone 2月10日
一天很短
开心了就笑
不开心就一会再笑
用100天
每天睡够8小时，坚持1个月会发生什么？
原创：学跑步，就来 跑步学院 2017-09-07
CHANGE

图 5-18 带有“时间”的文案标题案例

5.3.4 表示“程度”：两种形式更加直观

表示程度的有“%”和“倍”。

“%”也就是百分号，是指将某一整体划分为 100 份，再看看这些被划分了的小部分在这一整体的 100 份之中所占的比例的大小。现实生活中比较常用的占比情况，在大部分情况下是用“%”来表示的。“%”所表示的是一个比率，很直观地就能表现出所涉及的事物大致有多少。因此，在新媒体文案标题的撰写过程中，如果出现了“%”这一表示占比的符号，就会让读者很容易注意到这一文案。

“倍”在表示程度时代表的是“倍数”的意思。在新媒体文案标题的撰写过程中出现的“倍”往往都有一个对比的对象，比如相比某一事物有所增长或者下降。“倍”的出现相对于几组单纯的数据来说，能说明的问题更加直接，比如“某学校今年招生人数是去年的 3 倍”，在这句话里，就可以很直观地看出增长的程度。

读者往往更喜欢看直接的东西，有数据就将数据展现出来，增长多少就用倍数表示，尽量减少读者搜集资料或计算的过程，这也能够在一定程度上提高读者的阅读体验，如图 5-19 所示。

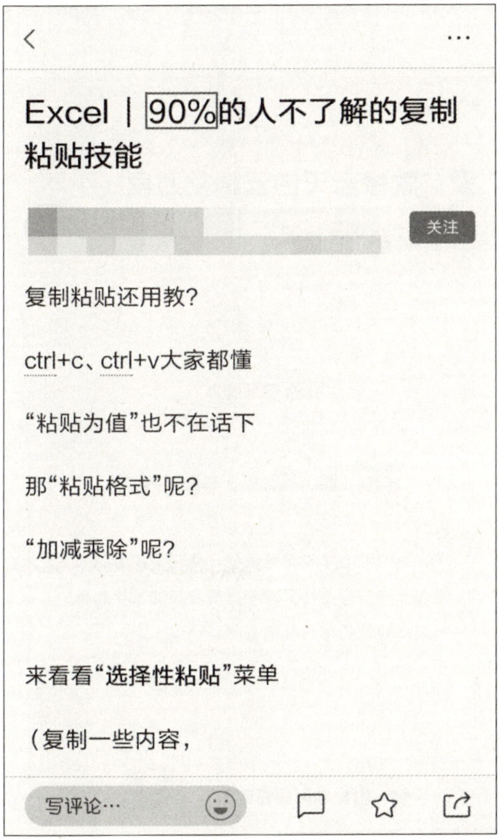

Excel | 90%的人不了解的复制粘贴技能
关注
复制粘贴还用教?
ctrl+c、ctrl+v大家都懂
“粘贴为值”也不在话下
那“粘贴格式”呢?
“加减乘除”呢?
来看看“选择性粘贴”菜单
（复制一些内容，
写评论…

面条这样做，比水煮面更入味，好吃100倍！
美食菜谱 昨天
点击关注
吃得健康 吃得明白 吃得开心
天气一热，很多人的食欲都下降了不少，
特别是中午，正值一天中的最高温，
连做菜的心情都会直线下降。
这时候拌面可比水煮面更受欢迎哦~
不用吃的满头大汗！
麻酱香拌面

图 5-19 表示“程度”的文案标题案例

5.4 善用语言：3 种形式提升创意艺术

新媒体文案标题的撰写要注重语言的恰当运用，只有语言运用得当，才能吸引读者的目光。

本节将从文案标题的语言形式出发，重点介绍 3 种打造语言形式新媒体爆款标题的方法。

5.4.1 比喻式：触发读者的阅读兴趣

新媒体文案中的比喻，重在让读者看懂、感兴趣、想要查看全文。新媒体文案比喻式的标题，可以让读者在看到标题之后，对文案标题里面所涉及的内容有豁然开朗的感觉。使用这一修辞技巧，也是要给读者制造一种不一样的阅读感受，给读者的阅读增加一点乐趣。

在新媒体文案比喻式的标题写作过程中，要注意比喻是否适合这一文章的内容，还要注意比喻元素的齐全性，如图 5-20 所示。

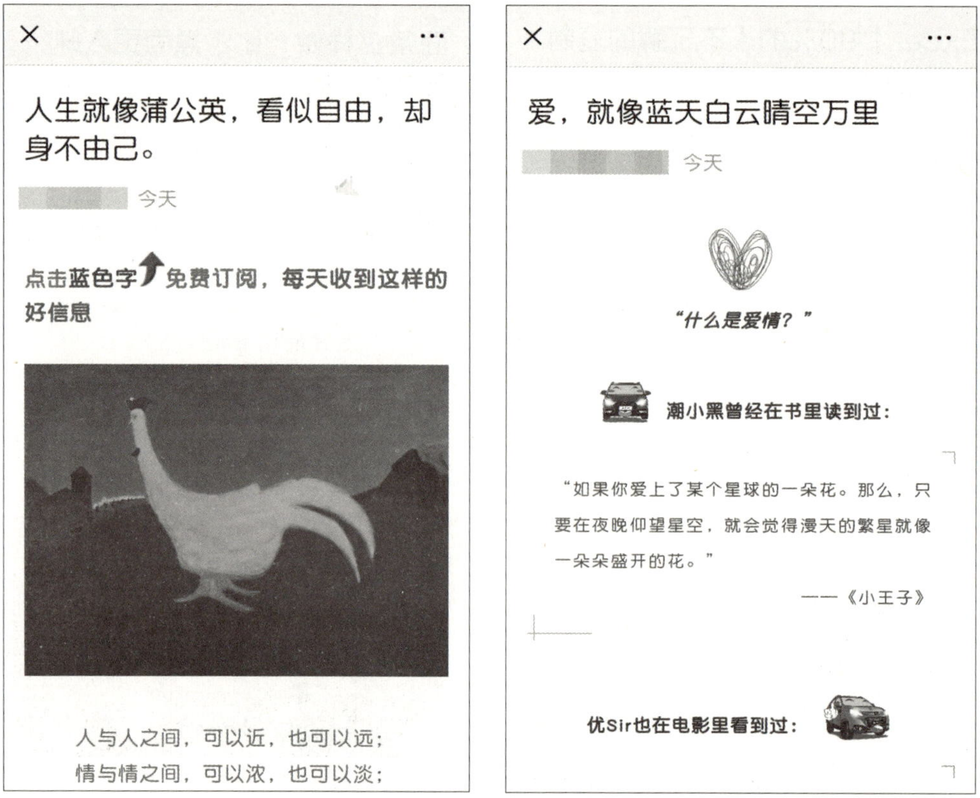
人生就像蒲公英，看似自由，却身不由己。
今天
点击蓝色字免费订阅，每天收到这样的好信息
人与人之间，可以近，也可以远；
情与情之间，可以浓，也可以淡；
爱，就像蓝天白云晴空万里
今天
"什么是爱情？"
潮小黑曾经在书里读到过：
"如果你爱上了某个星球的一朵花。那么，只要在夜晚仰望星空，就会觉得漫天的繁星就像一朵朵盛开的花。"
——《小王子》
优Sir也在电影里看到过：

图 5-20　比喻式文案标题案例

5.4.2 幽默式：使读者印象深刻，发人深省

幽默式标题通常以出其不意的想象和智慧让读者忍俊不禁，在使文案标题吸引人的同时，还能让人印象深刻，发人深省，激发读者阅读文章的兴趣。

在新媒体文案的写作过程中，使用幽默式标题，不仅能够让读者会心一笑，还能让读者在笑过之后理解作者话里更深层的意思，达到作者预期的目的。如图 5-21 所示为在新媒体文案中采用幽默式标题的案例。

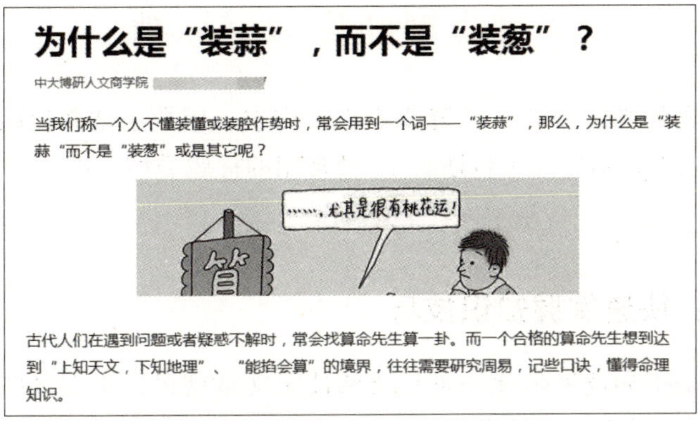

为什么是“装蒜”，而不是“装葱”？

中大博研人文商学院

当我们称一个人不懂装懂或装腔作势时，常会用到一个词——“装蒜”，那么，为什么是“装蒜“而不是“装葱”或是其它呢？

古代人们在遇到问题或者疑惑不解时，常会找算命先生算一卦。而一个合格的算命先生想到达到“上知天文，下知地理”、“能掐会算”的境界，往往需要研究周易，记些口诀，懂得命理知识。

图 5-21　幽默式文案标题案例

5.4.3 典故式：意蕴丰富，传播性广

在新媒体文案标题的写作过程中，恰当地运用历史，能使作者所讲的言论都有历史根据，这样一来，更增强了文案的可信度。运用历史典故撰写的新媒体文案标题意蕴丰富、以古证今、可信度高。

新媒体文案的编写者在写文案标题时，恰当地引用合适的典故，能够让文案标题更富有历史趣味性，读者在咀嚼历史的同时，又能从中得出更多的内涵。值得注意的是，在新媒体文案标题中出现的历史典故应当是大部分人耳熟能详的，这样才能达到大面积推广和传播的效果。如图 5-22 所示为在新媒体文案标题中引用合适典故的案例。

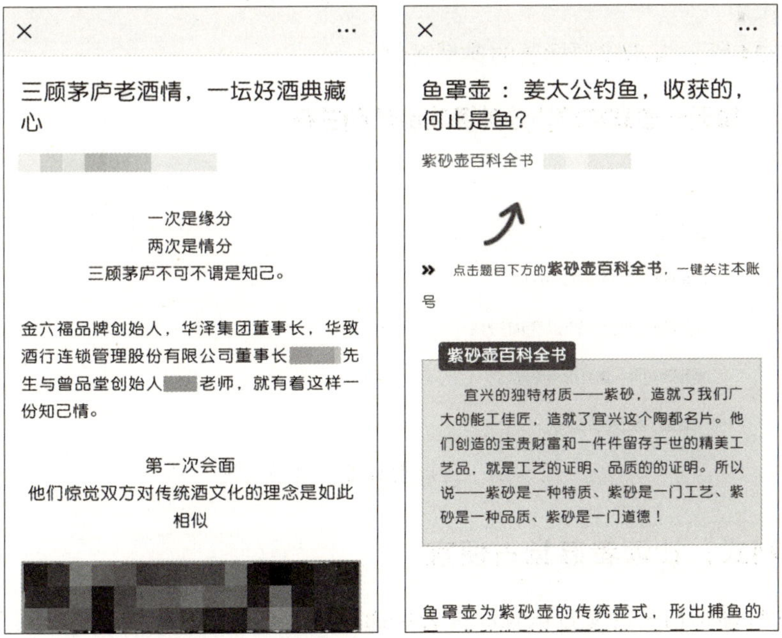

三顾茅庐老酒情，一坛好酒典藏心

一次是缘分
两次是情分
三顾茅庐不可不谓是知己。

金六福品牌创始人，华泽集团董事长，华致酒行连锁管理股份有限公司董事长[redacted]先生与曾品堂创始人[redacted]老师，就有着这样一份知己情。

第一次会面
他们惊觉双方对传统酒文化的理念是如此相似

鱼罩壶：姜太公钓鱼，收获的，何止是鱼？

紫砂壶百科全书

» 点击题目下方的紫砂壶百科全书，一键关注本账号

紫砂壶百科全书

宜兴的独特材质——紫砂，造就了我们广大的能工佳匠，造就了宜兴这个陶都名片。他们创造的宝贵财富和一件件留存于世的精美工艺品，就是工艺的证明、品质的的证明。所以说——紫砂是一种特质、紫砂是一门工艺、紫砂是一种品质、紫砂是一门道德！

鱼罩壶为紫砂壶的传统壶式，形出捕鱼的

图 5-22　引用合适典故的文案标题案例

5.5 其他方式：12 种类型助你拟好标题

除了吸睛标题的必备要素、了解读者心理需求、用数字增强说服力、善用语言等标题写作的方法之外，新媒体平台还有 12 种常用的标题类型。本节将会对这 12 种类型进行详细讲解。

5.5.1 速成型：快速掌握知识技巧

速成型标题是指向读者传递一种只要阅读了文章就可以掌握某些技巧或者知识的信心。“速成”，顾名思义，就是能够马上学会、得到。

这种类型的标题之所以能够引起读者的注意，是因为抓住了人们想要从文章中获取实际利益的心理。大多数读者是带着一定的目的阅读文章的，要么希望文章中含有福利，比如优惠、折扣；要么希望能够从文章中学到一些有用的知识。因此，速成型标题的魅力是不可阻挡的。

速成型标题到底应该如何撰写？如图 5-23 所示总结了 3 点技巧。

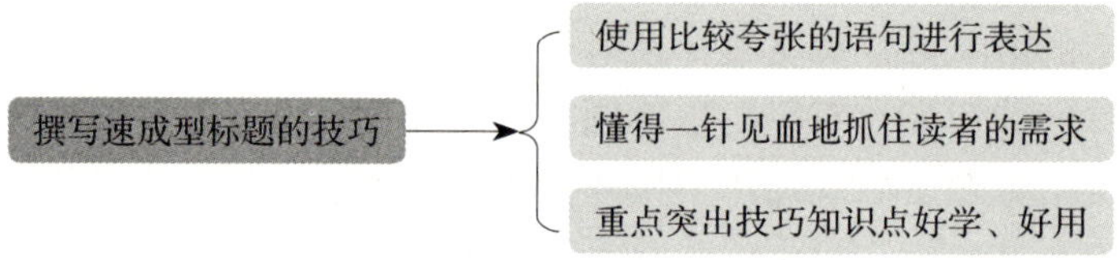

撰写速成型标题的技巧
使用比较夸张的语句进行表达
懂得一针见血地抓住读者的需求
重点突出技巧知识点好学、好用

图 5-23 撰写速成型标题的技巧

如图 5-24 所示为速成型标题的典型案例。

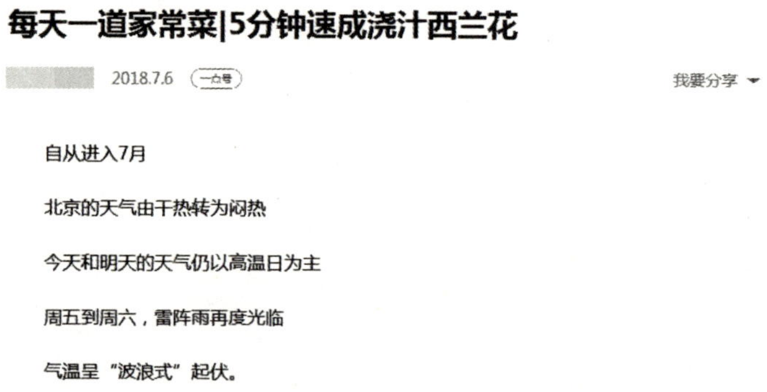

每天一道家常菜|5分钟速成浇汁西兰花
2018.7.6
我要分享
自从进入7月
北京的天气由干热转为闷热
今天和明天的天气仍以高温日为主
周五到周六，雷阵雨再度光临
气温呈“波浪式”起伏。

图 5-24 速成型标题的典型案例

5.5.2 福利式：让读者感觉占便宜

福利式标题是指通过文章标题向读者传递一种“阅读这篇文章你就赚到了”的感觉，让读者自然而然地想要去阅读文章。一般来说，福利式标题准确把握了读者贪图利益的心理需求，让读者一看到“福利”的相关字眼就会忍不住点击阅读文章。

福利式标题有直接福利式和间接福利式两种不同的表达方式，不同的标题案例有不同的特色。下面一起来看这两种福利式标题的典型案例，如图 5-25 和图 5-26 所示。

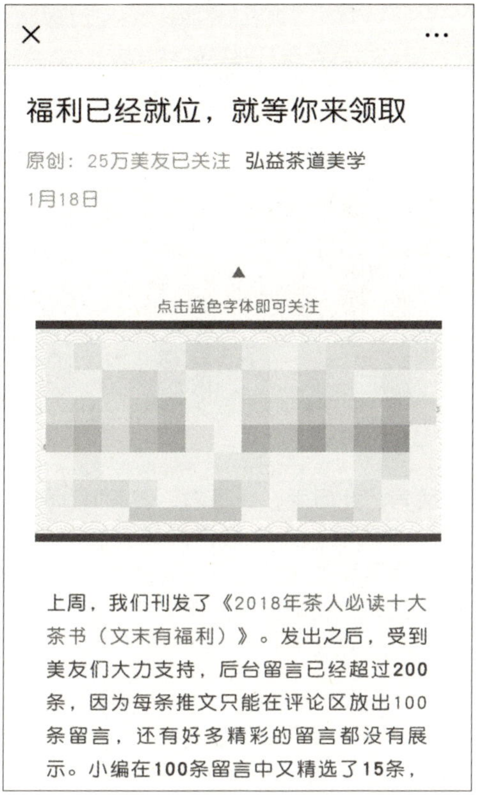
福利已经就位，就等你来领取
原创：25万美友已关注 弘益茶道美学
1月18日
点击蓝色字体即可关注
上周，我们刊发了《2018年茶人必读十大茶书（文末有福利）》。发出之后，受到美友们大力支持，后台留言已经超过200条，因为每条推文只能在评论区放出100条留言，还有好多精彩的留言都没有展示。小编在100条留言中又精选了15条，

图 5-25 直接福利式软文标题案例

提升数据可视化的7个实用技巧
彩云Sky 大数据深度分析 3天前
全文共1343词，阅读大约需要5分钟
今天的文章不长，但是干货还是不少的。对于数据可视化，我觉得在设计原理上其实是相通的，都是为了更好的传达信息。所以，同样的，关注核心信息，剔除信息杂质，就能使数据表信息的传达更有效。
以下是译文
良好的数据可视化就是清晰，有效地传达信息，而不会分散用户注意力。 本文将会介绍一些小细节，帮助你做好数据可视化。
1、避免使用鲜艳的颜色

图 5-26 间接福利式软文标题案例

这两种类型的福利式标题虽然稍有区别，但本质上都是通过“福利”来吸引读者的眼球的，从而提升文章的点击率。

5.5.3 对比式：增进认识，加强吸引

对比式标题是通过与竞争对手的同类产品进行对比，来突出自己产品的优点，加深读者对产品的认识，如“国内‘三大搜索’：三国鼎立 or 蜀吴曹操”“诺基亚的今天难道会是小米的明天”“做工和体验才是重点：小米 4 对比锤子手机”等。

在对比式文章标题中，还可以加入其他类型的标题创作方法，这样能使得标题更具吸引力。

例如，加入悬念式标题的手法，能更加凸显标题的特色，吸引消费者的注意力，如我国台湾地区中兴百货的平面海报广告《思想的天使，肉体的魔鬼》《上海只适合

××，不适合 ××》等，都是既用了对比，又有悬念，很符合当代人的口味。

如图 5-27 所示为对比式标题案例。

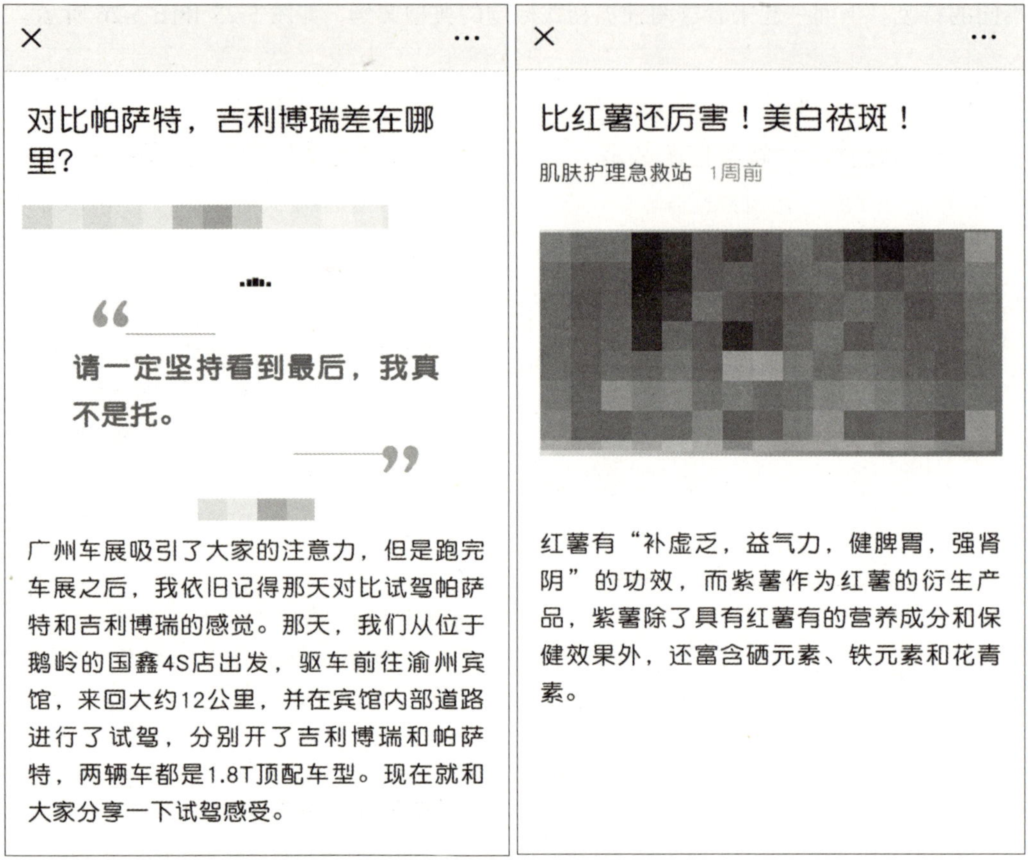

对比帕萨特，吉利博瑞差在哪里?
请一定坚持看到最后，我真不是托。
广州车展吸引了大家的注意力，但是跑完车展之后，我依旧记得那天对比试驾帕萨特和吉利博瑞的感觉。那天，我们从位于鹅岭的国鑫4S店出发，驱车前往渝州宾馆，来回大约12公里，并在宾馆内部道路进行了试驾，分别开了吉利博瑞和帕萨特，两辆车都是1.8T顶配车型。现在就和大家分享一下试驾感受。
比红薯还厉害！美白祛斑！
肌肤护理急救站 1周前
红薯有“补虚乏，益气力，健脾胃，强肾阴”的功效，而紫薯作为红薯的衍生产品，紫薯除了具有红薯有的营养成分和保健效果外，还富含硒元素、铁元素和花青素。

图 5-27　对比式标题案例

5.5.4 疑问式：诱发读者的好奇心

在撰写新媒体文案标题时，采用疑问式的标题其效果也是很好的。相比于普通、平实的陈述而言，疑问的句式往往更能获得外界的关注。

一方面，在疑问句中涉及的话题大多和读者联系得比较密切，使得标题和读者的关系更近，也更亲切，所以读者也愿意去看文章内容；另一方面，疑问句本身就能够引起读者的注意。用疑问式的标题激起读者的好奇心，可以引导读者查看全文。

比如《你知道蜂蜜不能用开水冲泡吗？》这一标题就采用了疑问式。疑问式标题案例如图 5-28 所示。

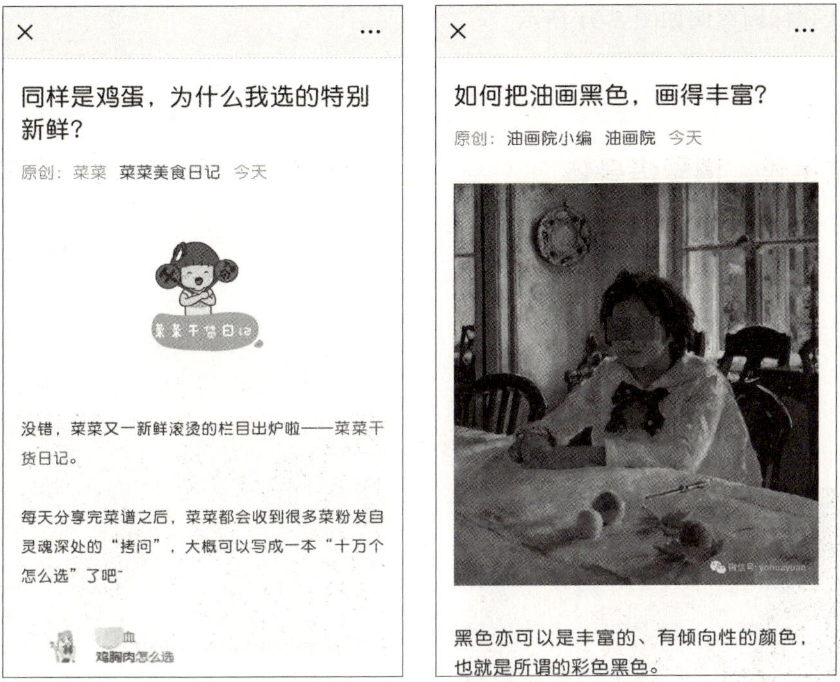
同样是鸡蛋，为什么我选的特别新鲜？
原创：菜菜 菜菜美食日记 今天
菜菜干货日记
没错，菜菜又一新鲜滚烫的栏目出炉啦——菜菜干货日记。
每天分享完菜谱之后，菜菜都会收到很多菜粉发自灵魂深处的“拷问”，大概可以写成一本“十万个怎么选”了吧~
鸡胸肉怎么选
如何把油画黑色，画得丰富？
原创：油画院小编 油画院 今天
黑色亦可以是丰富的、有倾向性的颜色，也就是所谓的彩色黑色。
图 5-28　疑问式标题案例

5.5.5 提示式：催促读者采取行动

提示式标题是以劝勉、叮咛及希望等语气来撰写的，其主要目的在于催促读者采取相应的行动，起到呼吁的作用。提示式标题容易让人产生共鸣，但需要注意的是，在写作这类标题时要绝对谨慎，否则容易引起读者反感。提示式标题兼具多种优点，主要有如图 5-29 所示的 3 点。

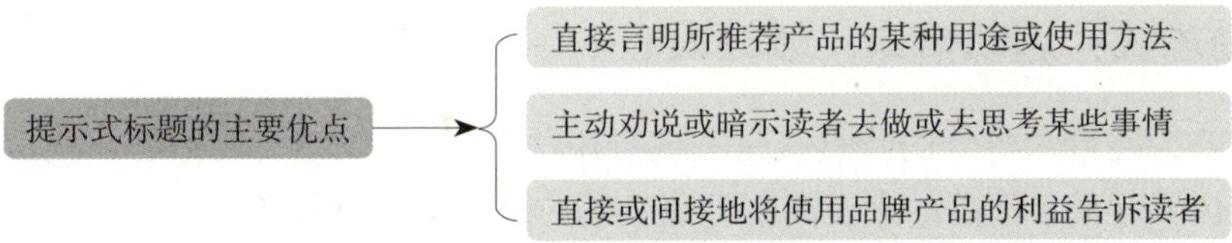
提示式标题的主要优点
直接言明所推荐产品的某种用途或使用方法
主动劝说或暗示读者去做或去思考某些事情
直接或间接地将使用品牌产品的利益告诉读者
图 5-29　提示式标题的主要优点

当然，在撰写此类标题时，也需要注意一些问题，比如不能过度提示，避免引起读者的反感，具体来说撰写的技巧有如图 5-30 所示的 3 点。

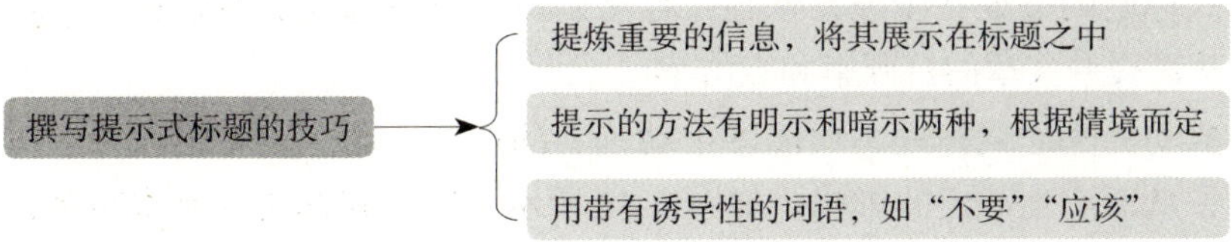
撰写提示式标题的技巧
提炼重要的信息，将其展示在标题之中
提示的方法有明示和暗示两种，根据情境而定
用带有诱导性的词语，如“不要”“应该”
图 5-30　撰写提示式标题的技巧

提示式标题案例如图 5-31 所示。

这一生不长，请爱惜身体
十点读书 昨天
不着急，不攀比，不嫉妒
放下焦虑，坦然处之
「留得青山在，不怕没柴烧。」
from十点君
别让你的生活，输在了没有仪式感
原创：十点读书邀约作者 十点读书 5天前
点击“上方 蓝字” 关注十点读书
别让你的生活输在了没有仪式感
来自十点读书
00:00
17:02
十点读书邀约作者

图 5-31 提示式标题案例

5.5.6 励志式：煽动情绪，鼓舞人心

励志式标题最为显著的特点就是“现身说法”，一般以第一人称的方式讲故事，故事的内容包罗万象，但总的来说离不开成功的方法、教训及经验等。

如今很多人都想致富，却苦于没有致富的定位，如果此时恰好有励志式软文，可以让他们知道企业是怎样打破困难的枷锁，走上人生巅峰的，那么他们就很有可能对带有这类标题的文章感到好奇，因此这样的标题结构就会看起来具有独特的吸引力。

励志式标题的好处在于煽动性强，容易制造一种鼓舞人心的感觉，勾起读者的阅读欲望，从而提升文章的打开率和点击率。

一个成功的励志式标题不仅能够带动读者的情绪，而且能促使读者对文章产生极大的兴趣，从而产生一定的影响。如图 5-32 所示为励志式标题的典型案例，带有较强的励志情感。

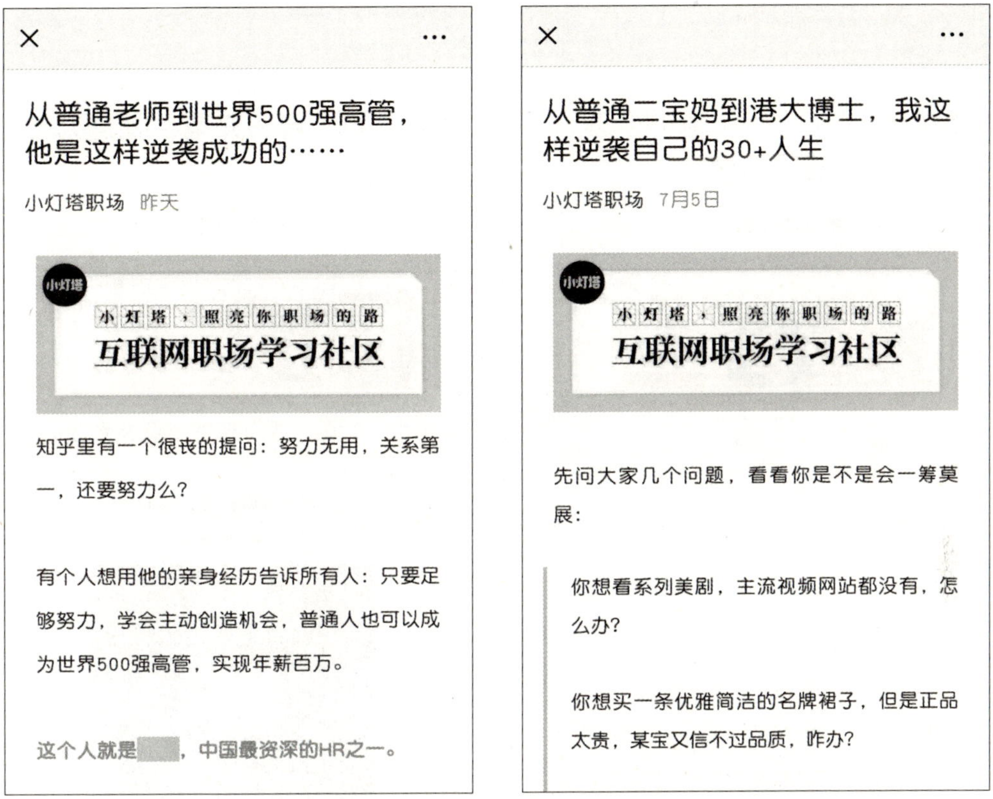
从普通老师到世界500强高管，他是这样逆袭成功的……
小灯塔职场 昨天
小灯塔
小灯塔，照亮你职场的路
互联网职场学习社区
知乎里有一个很丧的提问：努力无用，关系第一，还要努力么？
有个人想用他的亲身经历告诉所有人：只要足够努力，学会主动创造机会，普通人也可以成为世界500强高管，实现年薪百万。
这个人就是，中国最资深的HR之一。
从普通二宝妈到港大博士，我这样逆袭自己的30+人生
小灯塔职场 7月5日
小灯塔
小灯塔，照亮你职场的路
互联网职场学习社区
先问大家几个问题，看看你是不是会一筹莫展：
你想看系列美剧，主流视频网站都没有，怎么办？
你想买一条优雅简洁的名牌裙子，但是正品太贵，某宝又信不过品质，咋办？

图 5-32　励志式标题的典型案例

5.5.7 急迫感：催促读者快速阅读

很多人或多或少都会有拖延症，总是需要在他人的催促下才愿意动手做一件事。富有急迫感的文章标题就有一种类似于催促读者赶快阅读的意味在里面，它能够给读者传递一种紧迫感，让读者加快阅读文章的速度。

创作者使用急迫体撰写文章标题，往往会让读者产生现在不看等会儿就看不了的感觉，从而马上阅读，并快速转发传播文章内容。那么，这类标题具体应该如何打造呢？下面对其相关技巧进行总结，如图 5-33 所示。

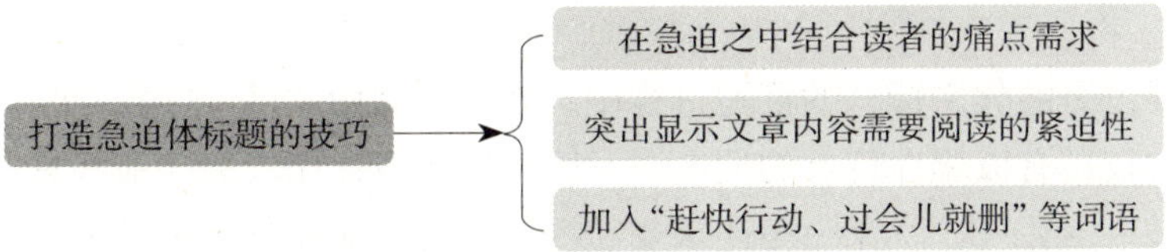
打造急迫体标题的技巧
在急迫之中结合读者的痛点需求
突出显示文章内容需要阅读的紧迫性
加入“赶快行动、过会儿就删”等词语

图 5-33　打造急迫体标题的技巧

急迫体标题是促使读者行动起来的最佳手段，也是切合读者利益的一种标题打造方式。如图 5-34 所示为急迫体标题的典型案例。

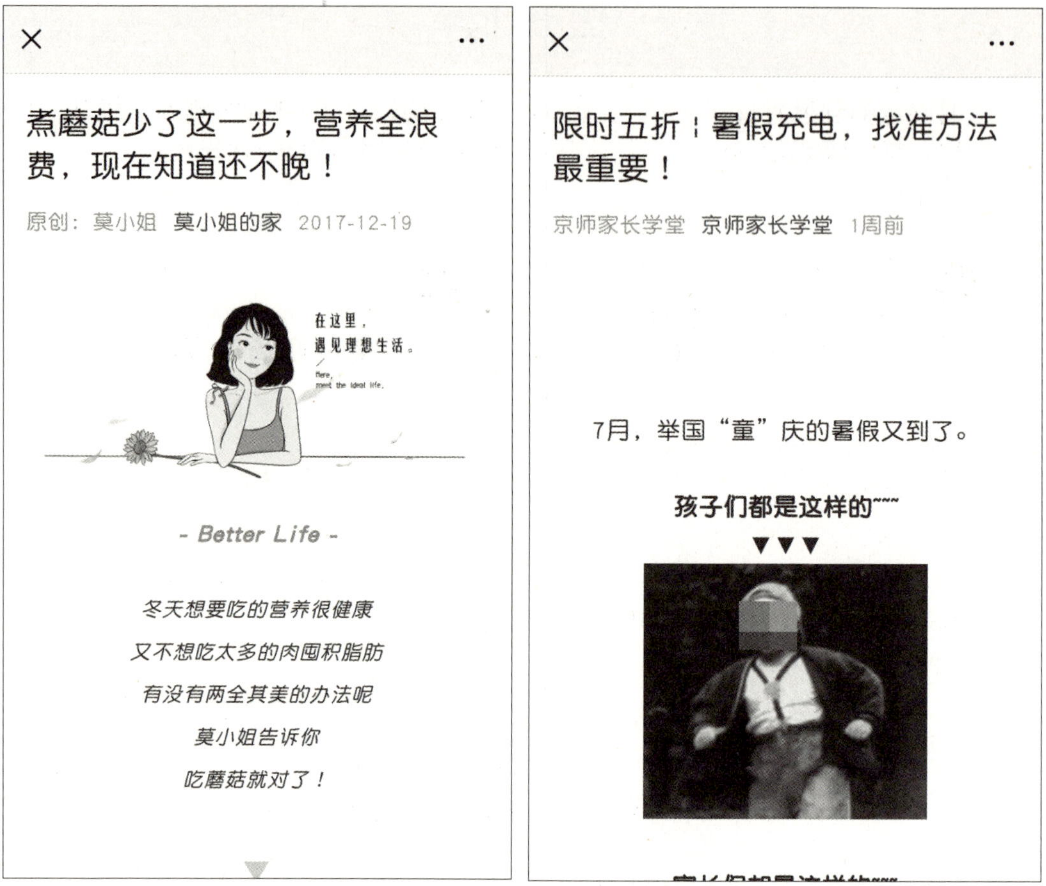

煮蘑菇少了这一步，营养全浪费，现在知道还不晚！
原创：莫小姐 莫小姐的家 2017-12-19
在这里，
遇见理想生活。
- Better Life -
冬天想要吃的营养很健康
又不想吃太多的肉囤积脂肪
有没有两全其美的办法呢
莫小姐告诉你
吃蘑菇就对了！
限时五折┆暑假充电，找准方法最重要！
京师家长学堂 京师家长学堂 1周前
7月，举国“童”庆的暑假又到了。
孩子们都是这样的~~~
▼▼▼

图 5-34　急迫体标题的典型案例

5.5.8 冲击型：展现触动人心的力量

不少人认为“力量决定一切”，虽然这种观点带有绝对化的主观意识，但还是有一定的道理的。其中，冲击力作为力量范畴中的一员，在新媒体文案撰写中有着它独有的价值和魅力。

所谓“冲击力”，即软文带给人在视觉和心灵上的触动的力量，也即引起读者关注的原因所在。

在具有冲击力的软文标题的撰写过程中，要善于利用“最”“第一次”“比……还重要”等类似的较具有极端性特点的词汇——因为读者往往比较关注那些具有突出特点的事物，而“最”“第一次”“比……还重要”等词汇是最能充分体现其突出性的，往往能带给读者强大的戏剧冲击感和视觉刺激感。

如图 5-35 所示为带有冲击感的文案标题案例。

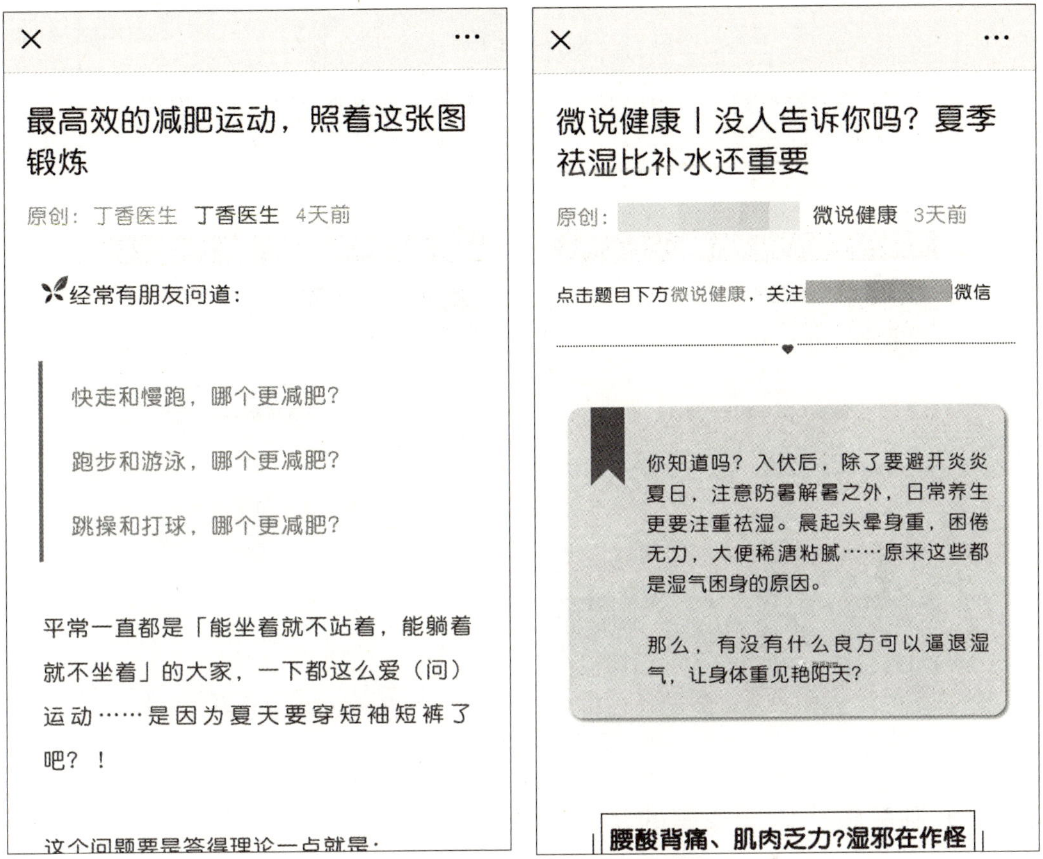
最高效的减肥运动，照着这张图锻炼
原创：丁香医生 丁香医生 4天前
经常有朋友问道：
快走和慢跑，哪个更减肥？
跑步和游泳，哪个更减肥？
跳操和打球，哪个更减肥？
平常一直都是「能坐着就不站着，能躺着就不坐着」的大家，一下都这么爱（问）运动……是因为夏天要穿短袖短裤了吧？！
微说健康丨没人告诉你吗？夏季祛湿比补水还重要
原创： 微说健康 3天前
点击题目下方微说健康，关注 微信
你知道吗？入伏后，除了要避开炎炎夏日，注意防暑解暑之外，日常养生更要注重祛湿。晨起头晕身重，困倦无力，大便稀溏粘腻……原来这些都是湿气困身的原因。
那么，有没有什么良方可以逼退湿气，让身体重见艳阳天？
腰酸背痛、肌肉乏力?湿邪在作怪

图 5-35　带有冲击感的文案标题案例

> ▶ 专家提醒
>
> 新媒体平台文案作者在运用冲击型标题时，需要注意标题对应的文章是否恰当，如宣传产品的文章就不要用带有极端性的词汇，如“最”“极”等。

5.5.9 画面感：营造优质的阅读体验

人们在阅读时，一般会随着阅读的进行而进入角色，在脑海中形成一些画面。这种画面感的营造是能带给读者好的阅读体验的方式之一。

因此，在新媒体运营中，不仅可以在文案正文中营造画面感，还可以直接在标题中就把这种画面感体现出来，这样就更容易让读者产生阅读的兴趣，营造出更好的阅读体验。

如图 5-36 所示为营造画面感的文案标题案例。

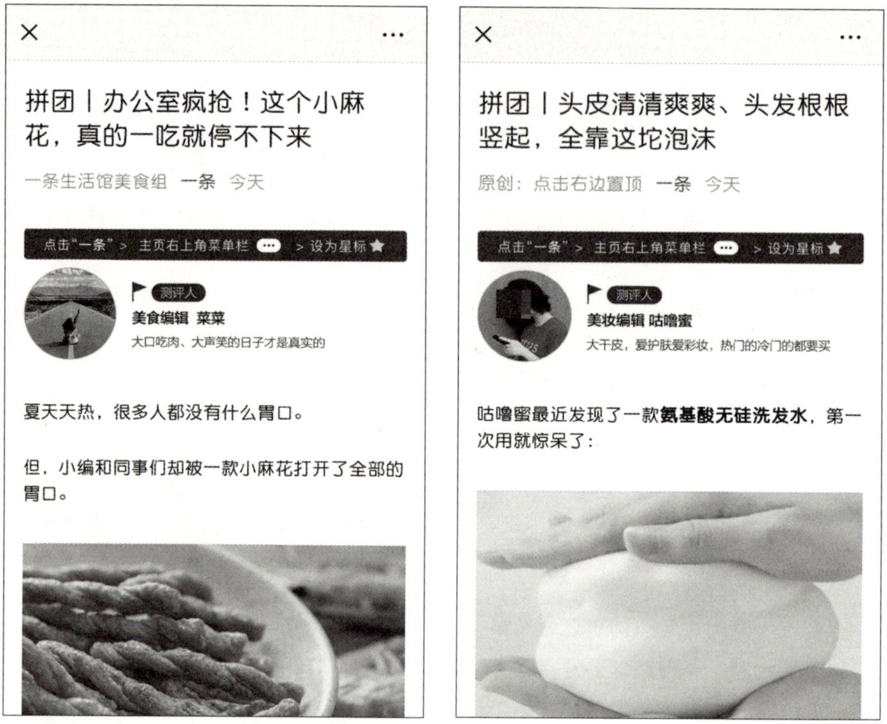
拼团丨办公室疯抢！这个小麻花，真的一吃就停不下来
一条生活馆美食组 一条 今天
点击"一条"> 主页右上角菜单栏 > 设为星标
测评人
美食编辑 菜菜
大口吃肉、大声笑的日子才是真实的
夏天天热，很多人都没有什么胃口。
但，小编和同事们却被一款小麻花打开了全部的胃口。
拼团丨头皮清清爽爽、头发根根竖起，全靠这坨泡沫
原创：点击右边置顶 一条 今天
点击"一条"> 主页右上角菜单栏 > 设为星标
测评人
美妆编辑 咕噜蜜
大干皮，爱护肤爱彩妆，热门的冷门的都要买
咕噜蜜最近发现了一款**氨基酸无硅洗发水**，第一次用就惊呆了：

图 5-36　营造画面感的文案标题案例

5.5.10 独家性：人无我有的珍贵资源

独家性标题，也就是从标题上体现新媒体文案所提供的信息是独有的珍贵资源，给读者值得点击和转发的感觉。从大众的心理方面而言，独家性标题所代表的内容一般会给人一种自己率先获知，而别人却没有的感觉，因而在心理上更容易满足。

在这种情况下，好为人师和想要炫耀的心理就会驱使读者自然而然地去转发文章，成为新媒体平台潜在的传播源和发散地。

独家性标题会给读者带来独一无二的荣誉感，同时还会使得文章内容更加具有吸引力。那么，在撰写这样的文章标题时，应该怎么做呢？是直接点明“独家资源，走过路过不要错过”，还是运用其他的方法来暗示读者这篇文章的内容是与众不同的呢？

在这里，提供了如图 5-37 所示的 3 点技巧，帮助大家成功打造出夺人眼球的独家性标题。

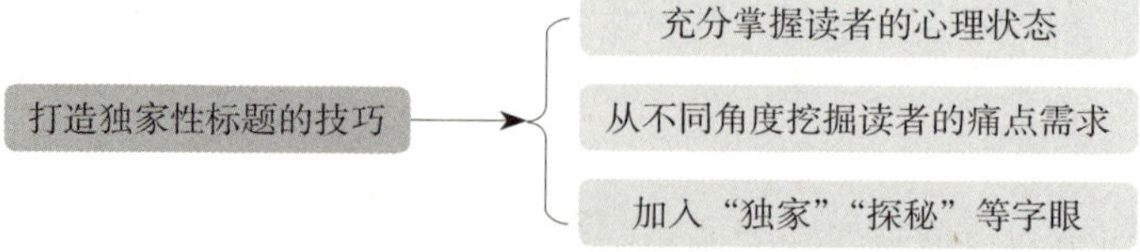
打造独家性标题的技巧
充分掌握读者的心理状态
从不同角度挖掘读者的痛点需求
加入“独家”“探秘”等字眼

图 5-37　打造独家性标题的技巧

使用独家性标题的好处在于可以吸引更多的读者，让读者觉得这一篇文章的内容比较珍贵，从而主动宣传和推广，达到广泛传播的效果。如图 5-38 所示为独家性标题的典型案例。

“当久了城市动物，是时候去雪境撒野啦” ¦ 探秘喀纳斯
原创：一万口新鲜 3月25日
- Aoi Works···
让我耐心地大规模写一写喀纳斯游记。春天
消失之前好好怀念一下冬天的滋味。希望大

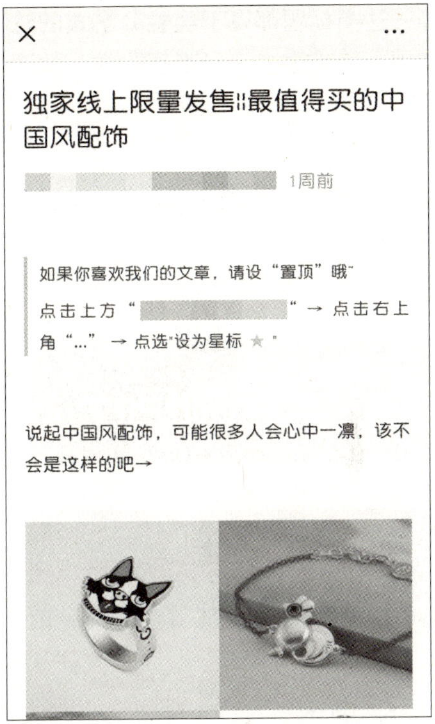

独家线上限量发售¦¦最值得买的中国风配饰
1周前
如果你喜欢我们的文章，请设“置顶”哦”
点击上方“ ” → 点击右上角“...” → 点选“设为星标 ★ ”
说起中国风配饰，可能很多人会心中一凛，该不会是这样的吧→

图 5-38　独家性标题的典型案例

5.5.11 经验式：提供有价值的经验技巧

在生活中，经验式标题特别受读者喜爱，因为读者通常会带着目的性去阅读软文，抱着在文中吸取某一方面的经验和总结的想法，以提高自身的能力。而带有此类标题的文章通常也会为读者提供富有价值的经验和技巧，以有效地吸引固定的粉丝，提升粉丝总数。

这种类型的文章标题对文章作者的要求很高，主要是通过大量文章的阅读对比给读者眼前一亮的结果，简单而明了，使其读过之后少走一些弯路。另外，经验式标题下的文章内容，还需要达到如图 5-39 所示的 3 个要求。

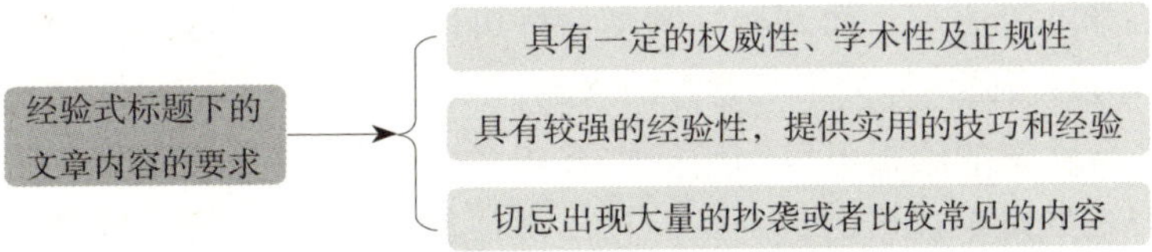

经验式标题下的文章内容的要求
具有一定的权威性、学术性及正规性
具有较强的经验性，提供实用的技巧和经验
切忌出现大量的抄袭或者比较常见的内容

图 5-39　经验式标题下的文章内容需要达到的要求

打造经验式标题需要满足 3 点要求，即全力展示经验的具体内容；尽量运用富有冲击力的字眼；不要一味地堆砌经验，提炼精华。

例如，《告别加班的 9 个 Office 技巧，你值得拥有！》《经验分享：如何提高学习效率》等，这类标题都属于经验分享式的软文，吸引人的地方就在于干货多、归纳性强及比较实用，这是很多读者都喜欢的。如图 5-40 所示为经验式标题的典型案例。

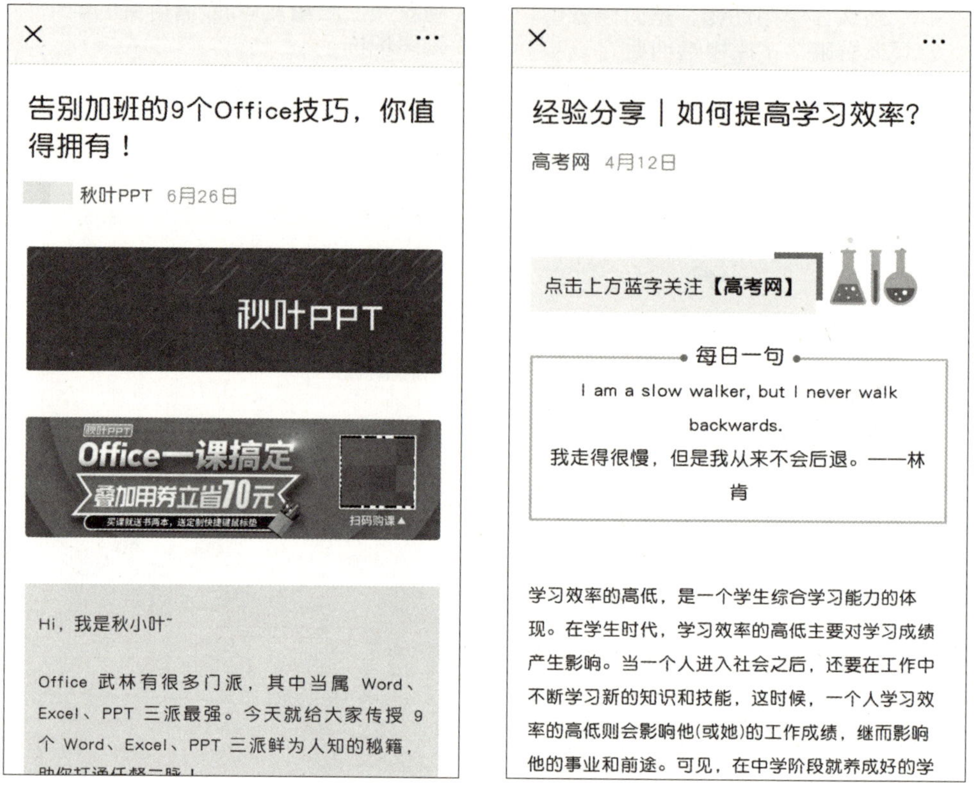
告别加班的9个Office技巧，你值得拥有！
秋叶PPT 6月26日
秋叶PPT
Office一课搞定
叠加用券立省70元
扫码购课
Hi，我是秋小叶~
Office 武林有很多门派，其中当属 Word、Excel、PPT 三派最强。今天就给大家传授 9 个 Word、Excel、PPT 三派鲜为人知的秘籍，
经验分享｜如何提高学习效率？
高考网 4月12日
点击上方蓝字关注【高考网】
每日一句
I am a slow walker, but I never walk backwards.
我走得很慢，但是我从来不会后退。——林肯
学习效率的高低，是一个学生综合学习能力的体现。在学生时代，学习效率的高低主要对学习成绩产生影响。当一个人进入社会之后，还要在工作中不断学习新的知识和技能，这时候，一个人学习效率的高低则会影响他(或她)的工作成绩，继而影响他的事业和前途。可见，在中学阶段就养成好的学

图 5-40　经验式标题的典型案例

这两篇文章的标题都带有经验式的特征，其中一篇文章还运用了数字。对于经验式标题而言，数字是总结的象征，因此比较常用。

5.5.12 揭露真相式：抓住好奇心和八卦的心理

揭露真相式标题是指为读者揭露某件事不为人知的秘密的一种标题。大多数人会有一种好奇心和八卦心理，而这种标题则恰好可以抓住读者的这种心理，从而给读者传递一种莫名的兴奋感，充分引起读者的兴趣。

新媒体平台文案的编辑可以利用揭露真相式标题做一个长期的专题，从而达到一段时间内或者长期凝聚读者的目的。而且，这种类型的标题比较容易打造，只需把握如图 5-41 所示的 3 大要点即可。

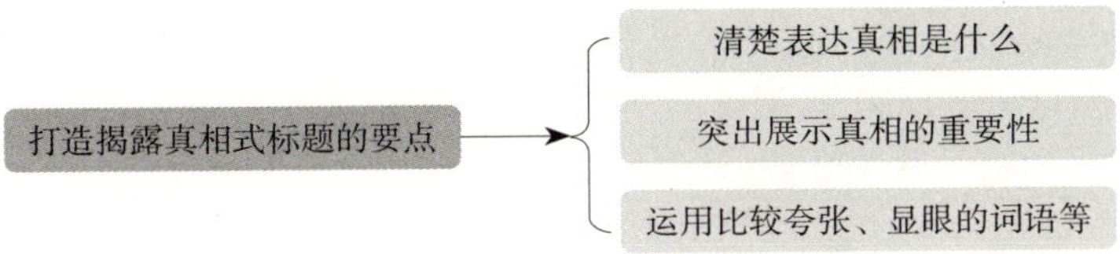
打造揭露真相式标题的要点
清楚表达真相是什么
突出展示真相的重要性
运用比较夸张、显眼的词语等

图 5-41　打造揭露真相式标题的要点

揭露真相式标题案例如图 5-42 所示。

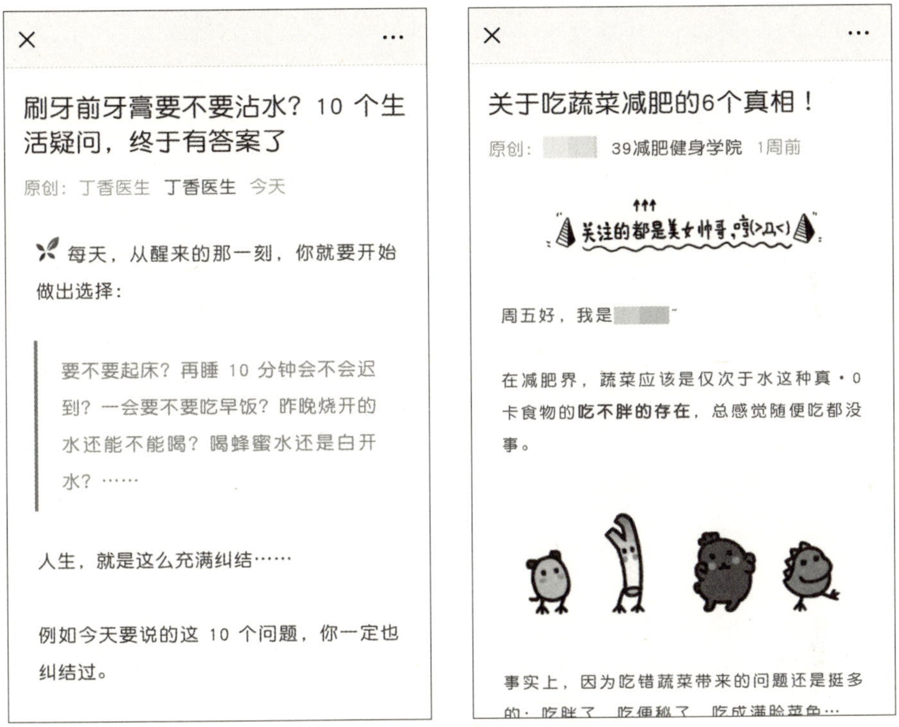
刷牙前牙膏要不要沾水？10 个生活疑问，终于有答案了
原创：丁香医生 丁香医生 今天
每天，从醒来的那一刻，你就要开始做出选择：
要不要起床？再睡 10 分钟会不会迟到？一会要不要吃早饭？昨晚烧开的水还能不能喝？喝蜂蜜水还是白开水？……
人生，就是这么充满纠结……
例如今天要说的这 10 个问题，你一定也纠结过。
关于吃蔬菜减肥的6个真相！
原创： 39减肥健身学院 1周前
关注的都是美女帅哥，哼(>ㅿ<)
周五好，我是
在减肥界，蔬菜应该是仅次于水这种真·0卡食物的吃不胖的存在，总感觉随便吃都没事。
事实上，因为吃错蔬菜带来的问题还是挺多

图 5-42　揭露真相式标题案例

这两篇文章的标题都侧重于揭露事实真相，文章内容也侧重于讲解不为人知的新鲜知识，从标题上就做到了先发制人，因此能够有效地吸引读者的目光。

揭露真相式标题其实和经验式标题有不少相同点，因为都提供了具有价值的信息，能够为读者带来实际的利益。当然，所有的标题形式实际上都是一样的，都带有自己的价值和特色，否则无法吸引读者的注意，更别提为文章的点击率和阅读量做出贡献了。

▶ 专家提醒

揭露真相式标题最好在标题中显示出冲突性和巨大的反差，有效地吸引读者的注意力，使得读者认识到文章内容的重要性，从而愿意主动阅读文章，提升文章的阅读量。

第6章 内容布局：赢得用户关注的文案写作秘诀

学前提示

对新媒体平台的运营而言，最重要的还是文案内容的生成，也就是怎样打造差异化内容，进而赢得用户关注的过程。

针对这一问题，本章将从内容形式，开头和结尾，布局方式，长文案布局方式以及表现技巧等方面进行论述。

要点展示

- 内容形式：6 种独特形式熟练掌握
- 开头和结尾：6 种方式吸引读者目光
- 布局方式：5 大招增强平台吸引力
- 常见方式：4 种技巧打造长文案布局
- 表现技巧：7 种常见文案写作要求

果壳网
其实看见这条推特，我的第一反应是，感觉这个设定跟涂鸦上帝有异曲同工之妙：
Reactions history

3463跟贴
为什么你宁愿吃生活的苦，也不愿吃学习的苦？
网易公开课
5天前 11:31
+订阅
一个读者留言说，几年前她在电子元件工厂做外贸员，经常与工厂里的流水线工人打交道。
他们大多很年轻，有的刚满18岁，每天站
写跟贴
3463

夏天对肌肤不太友好，
但是仙女一定要对自己加倍好！
好物福利就是你想知道的~
买雪耳晶透新妍沁润面霜 享20倍积分
x20倍积分
雪耳晶透新妍沁润面霜￥260/60ml
会员累积5200积分/瓶（价值104元）
指定绿茶喷雾
同款买一赠一

6.1 内容形式：6 种独特形式熟练掌握

新媒体平台文案的作者在编辑正文时，其编辑的文案内容形式可以是多样的，而且，每一种形式都有独属于自己的特色，是其他形式所不可比拟的。因此，运营者要将每种形式都掌握。

6.1.1 文字式：语言风格要独树一帜

文字式内容形式是指整篇文章除了那些邀请读者关注该新媒体平台的图片或者文章尾部的二维码图片之外，文章中要表达的内容都是用纯文字进行描述的，没有嵌入任何图片。

这种文字式的正文内容形式，对文章本身的内容要求也比较高，如果质量不佳且字数偏多，就会引起读者的反感，有的读者甚至读到一半就会放弃阅读。那么，文字式文章内容要达到怎样的要求才能吸引读者的目光呢？如图 6-1 所示总结了主要的要求。

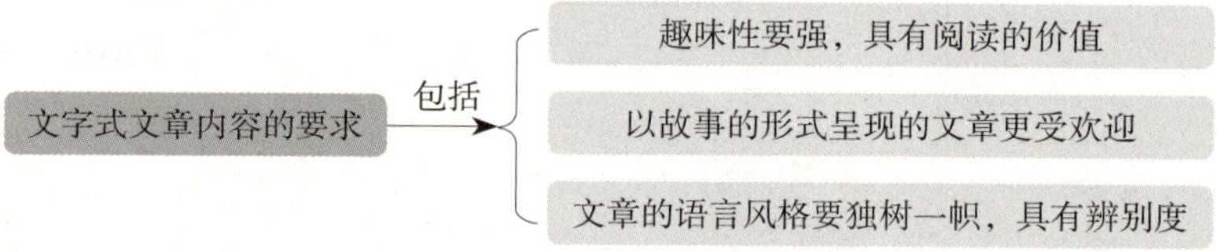

文字式文章内容的要求
包括
趣味性要强，具有阅读的价值
以故事的形式呈现的文章更受欢迎
文章的语言风格要独树一帜，具有辨别度

图 6-1　文字式文章内容的要求

如图 6-2 所示为新媒体平台推送的用纯文字形式来传递文案正文内容的案例。

文字式内容形式虽然比较单一，但也可以通过分节、变换字体颜色等方式来引起读者的注意。长篇幅的文字或多或少都会使读者产生阅读的不适感，因此，适当地对文章排版进行调整是有必要的，这也是使纯文字文章内容更受欢迎的一种方法。

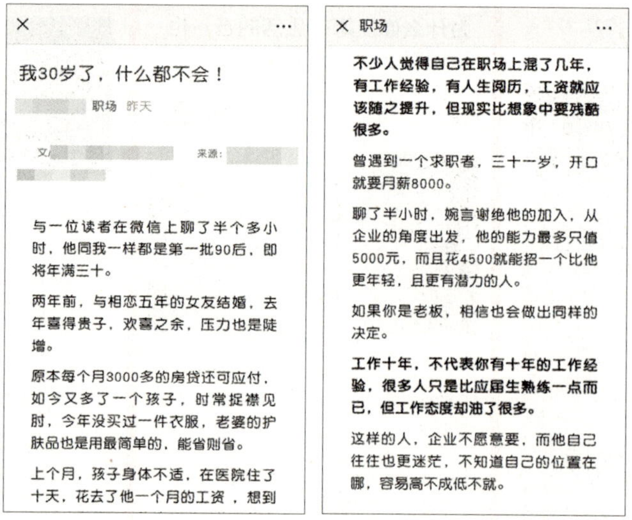

我30岁了，什么都不会！
职场 昨天
与一位读者在微信上聊了半个多小时，他同我一样都是第一批90后，即将年满三十。
两年前，与相恋五年的女友结婚，去年喜得贵子，欢喜之余，压力也是陡增。
原本每个月3000多的房贷还可应付，如今又多了一个孩子，时常捉襟见肘，今年没买过一件衣服，老婆的护肤品也是用最简单的，能省则省。
上个月，孩子身体不适，在医院住了十天，花去了他一个月的工资，想到
职场
不少人觉得自己在职场上混了几年，有工作经验，有人生阅历，工资就应该随之提升，但现实比想象中要残酷很多。
曾遇到一个求职者，三十一岁，开口就要月薪8000。
聊了半小时，婉言谢绝他的加入，从企业的角度出发，他的能力最多只值5000元，而且花4500就能招一个比他更年轻，且更有潜力的人。
如果你是老板，相信也会做出同样的决定。
工作十年，不代表你有十年的工作经验，很多人只是比应届生熟练一点而已，但工作态度却油了很多。
这样的人，企业不愿意要，而他自己往往也更迷茫，不知道自己的位置在哪，容易高不成低不就。

图 6-2　文字式内容形式案例

6.1.2 图片式：视觉效果更加惊艳

图片式的正文指的是在整篇文章中，其正文内容都是以图片表现的，没有文字或者文字已经包含在图片里面了。这种图片式的文章内容也是比较常用的，特别是在各种促销活动中出现得比较频繁。

文案的正文内容都以图片的形式进行表达，有的直接就用几张图片，有的则是图片中包含文字，但还是以图为主、文字为辅。图片式形式的好处显而易见，主要在于如图 6-3 所示的 3 点。

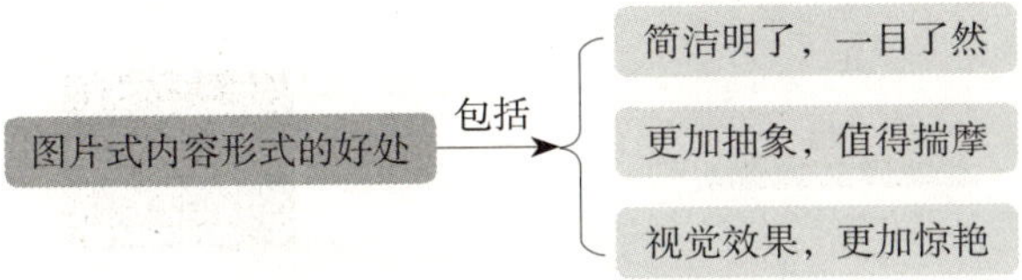

图片式内容形式的好处
包括
简洁明了，一目了然
更加抽象，值得揣摩
视觉效果，更加惊艳

图 6-3　图片式内容形式的好处

那么，通过图片传达文章内容有什么诀窍呢？是不是直接把图片发出来就好了？还是要经过仔细的考虑和分析？图片式内容形式绝不会比文字式内容形式简单，具体的技巧有如图 6-4 所示的 3 点。

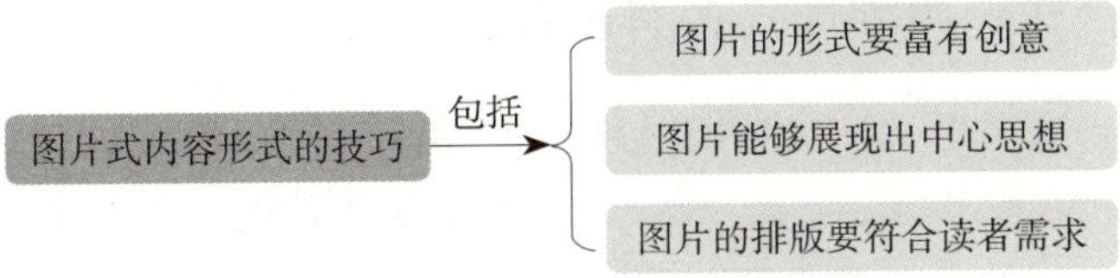

图片式内容形式的技巧
包括
图片的形式要富有创意
图片能够展现出中心思想
图片的排版要符合读者需求

图 6-4　图片式内容形式的技巧

图片式内容形式往往能够传达出更为直观和生动的品牌理念、产品特色及企业文化，对于偏向商业性的文章而言，这种形式是很实用的。不仅如此，从视觉效果的角度来看，图片也更加容易被读者接受。

如图 6-5 所示为图片式内容形式案例。它的正文内容都以图片为主，以极具创意的方式将产品、图片及产品的描述文字结合为一体，给读者带来一场视觉盛宴，留下极为深刻的印象。

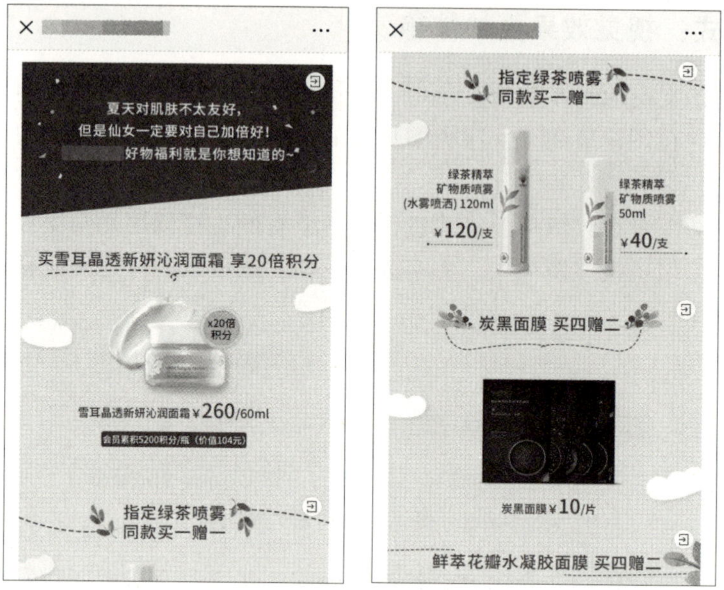

图 6-5　图片式内容形式案例

6.1.3 图文结合式：两种形式各有千秋

图文结合式，顾名思义，就是把图片和文字结合起来展示的一种形式。很多文章都采用图文结合的方式来传达正文内容，这种形式最为常见，也比较实用。

新媒体平台正文的呈现形式可以是一张图，也可以是多张图，这两种不同的图文形式呈现出的效果也是不一样的。那么，在打造图文结合式内容形式时，应该掌握哪些要点呢？具体总结如图 6-6 所示。

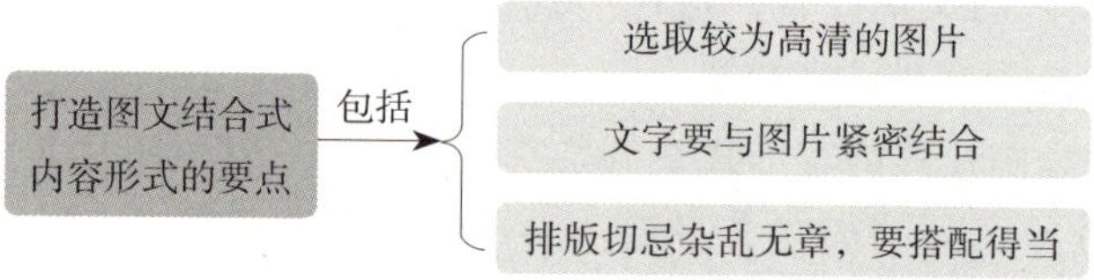

图 6-6　打造图文结合式内容形式的要点

前面提到过，图文结合式分为两种呈现形式：一种是单张图片，另一种是多张图片。两种形式传达出来的效果各有千秋，下面具体介绍。

1. 单张图片，重点突出

如果新媒体平台发布的是一张图的消息，那么点开文章以后，可以看到一张图片配一篇文字，如图 6-7 所示。

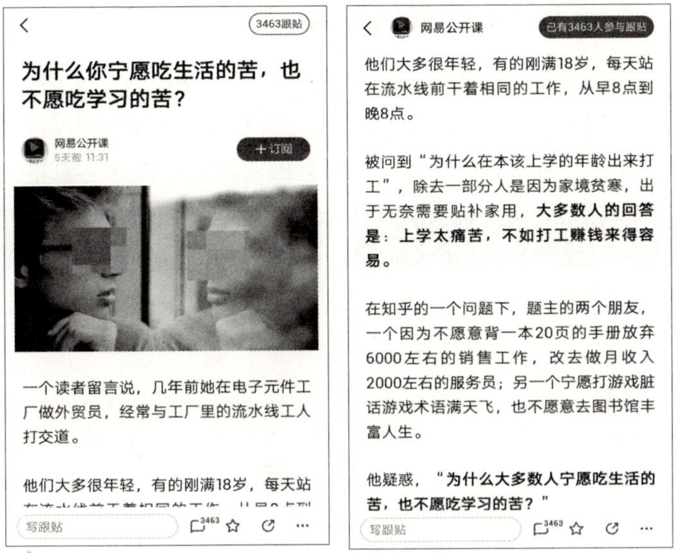
3463跟贴
为什么你宁愿吃生活的苦，也不愿吃学习的苦？
网易公开课
5天前 11:31
+订阅
一个读者留言说，几年前她在电子元件工厂做外贸员，经常与工厂里的流水线工人打交道。
他们大多很年轻，有的刚满18岁，每天站
写跟贴
网易公开课
已有3463人参与跟贴
他们大多很年轻，有的刚满18岁，每天站在流水线前干着相同的工作，从早8点到晚8点。
被问到“为什么在本该上学的年龄出来打工”，除去一部分人是因为家境贫寒，出于无奈需要贴补家用，大多数人的回答是：上学太痛苦，不如打工赚钱来得容易。
在知乎的一个问题下，题主的两个朋友，一个因为不愿意背一本20页的手册放弃6000左右的销售工作，改去做月收入2000左右的服务员；另一个宁愿打游戏脏话游戏术语满天飞，也不愿意去图书馆丰富人生。
他疑惑，“为什么大多数人宁愿吃生活的苦，也不愿吃学习的苦？”
写跟贴

图 6-7　单张图片的图文结合式案例

“网易公开课”发布的这篇名为《为什么你宁愿吃生活的苦，也不愿吃学习的苦？》的文章，就只有篇头的一张图片作为文字的点缀。

2. 多张图片，图文相间

如果新媒体平台发布的是多张图的消息，那么点开文章以后，看到的就是一篇文章中配多张图片，如图 6-8 所示。

多张图片的形式适用于展示产品、风景及人物等内容，一张图片配一段文字，可以对图片中的内容进行介绍和讲解，让读者看得更清楚、更明白。当然，图文结合式也要注意排版的合理性，文字和图片的大小、位置要符合读者的阅读习惯。

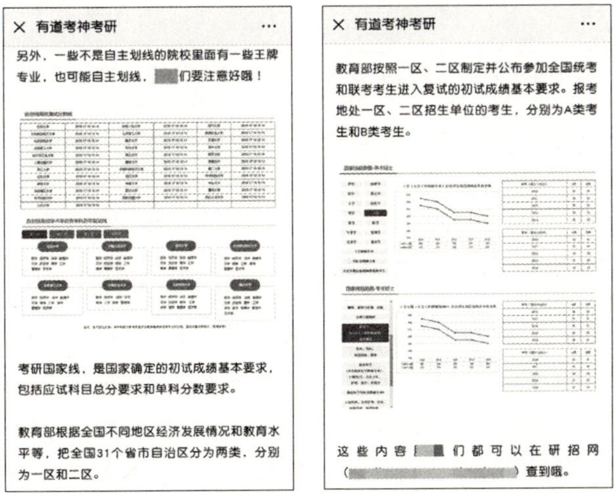
有道考神考研
另外，一些不是自主划线的院校里面有一些王牌专业，也可能自主划线，们要注意好哦！
考研国家线，是国家确定的初试成绩基本要求，包括应试科目总分要求和单科分数要求。
教育部根据全国不同地区经济发展情况和教育水平等，把全国31个省市自治区分为两类，分别为一区和二区。
有道考神考研
教育部按照一区、二区制定并公布参加全国统考和联考考生进入复试的初试成绩基本要求。报考地处一区、二区招生单位的考生，分别为A类考生和B类考生。
这些内容们都可以在研招网查到哦。

图 6-8　多张图片的图文结合式案例

6.1.4 语音式：拉近与读者之间的距离

语音式内容形式的新媒体平台文案，是指平台运营者将自己想要向读者传递的信息通过语音的形式发送到平台上。这种形式可以拉近与读者之间的距离，使读者感觉更亲切。如图 6-9 所示为“大鹏嘚吧嘚”微信公众号以语音形式传递文案正文内容的案例。

图 6-9 “大鹏嘚吧嘚”微信公众号以语音形式传递文案正文内容的案例

关于语音这一内容表现形式，新媒体平台的运营者可以先将语音录到计算机里，再进行上传。

6.1.5 视频式：快速吸引受众的眼球

以视频形式传递文案正文内容是指各大商家可以把自己要宣传的卖点拍摄成视频，发送给广大用户。它是当下热门的一种传递新媒体平台文案正文内容的形式。

相比文字和图片，视频更具备即视感和吸引力，能在第一时间快速地抓住受众的眼球，从而达到理想的宣传效果。以“十点视频”微信公众平台为例，它每天都会为用户推送视频，如图 6-10 所示。

运营者可以将想要发布的视频上传到微信公众平台上，再保存到素材库中，然后在发布视频的时候选择“从素材库中选择”选项，或者将视频保存到计算机中，然后通过“新建视频”选项来添加视频。

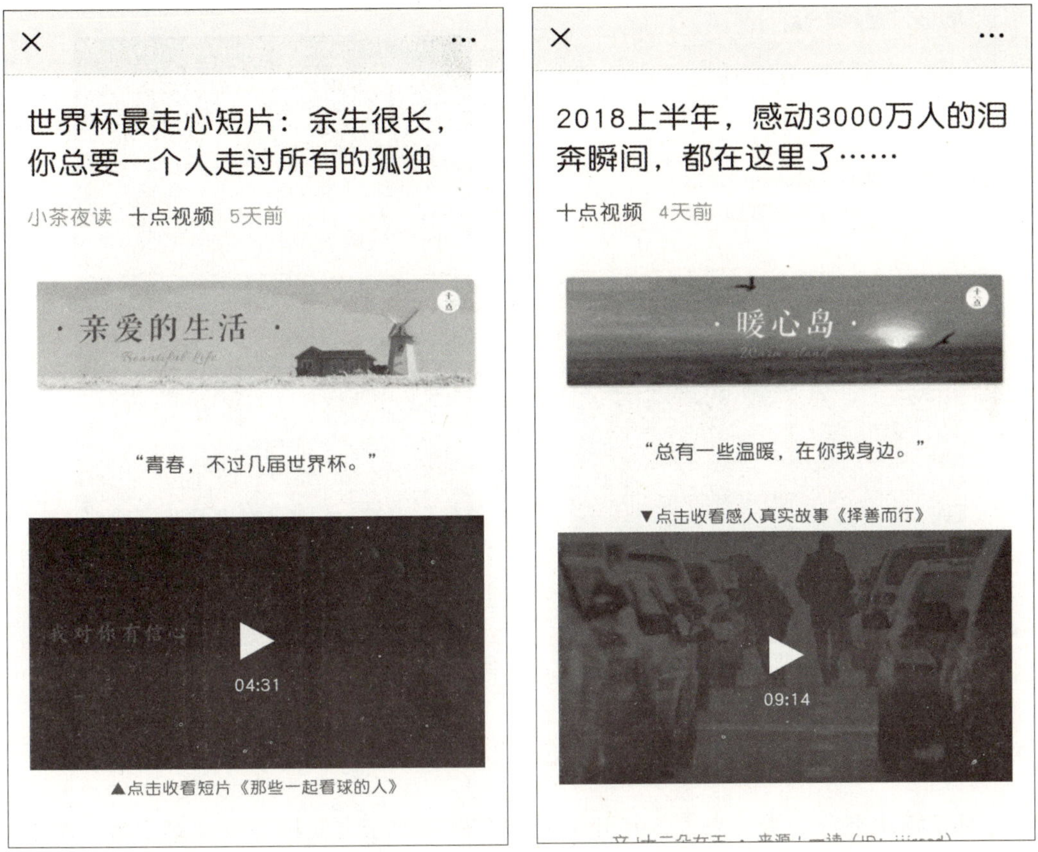
世界杯最走心短片：余生很长，你总要一个人走过所有的孤独
小茶夜读 十点视频 5天前
· 亲爱的生活 ·
“青春，不过几届世界杯。”
04:31
▲点击收看短片《那些一起看球的人》
2018上半年，感动3000万人的泪奔瞬间，都在这里了……
十点视频 4天前
· 暖心岛 ·
“总有一些温暖，在你我身边。”
▼点击收看感人真实故事《择善而行》
09:14

图 6-10 “十点视频”微信公众号以视频形式传递文案正文内容

6.1.6 综合混搭式：打造极致阅读体验

新媒体平台运营者除了可以运用上述几种类型的方法向读者传递新媒体平台文案正文之外，还可以运用另一种形式传递平台文案正文，即综合混搭式。

顾名思义，综合混搭式就是将上述传递平台文案正文的几种形式中的一部分综合起来，运用在一篇文章中。

这种形式可谓集几种形式的特色于一身，兼众家之所长。这种形式能够给读者最极致的阅读体验，让读者在阅读文章时不会感觉枯燥乏味。新媒体平台运营者运用这种形式传递文案正文内容也能够为自己的平台吸引更多的读者，提高平台的粉丝数量。

如图 6-11 所示为“果壳网”微信公众号以综合形式传递正文内容的文案案例。

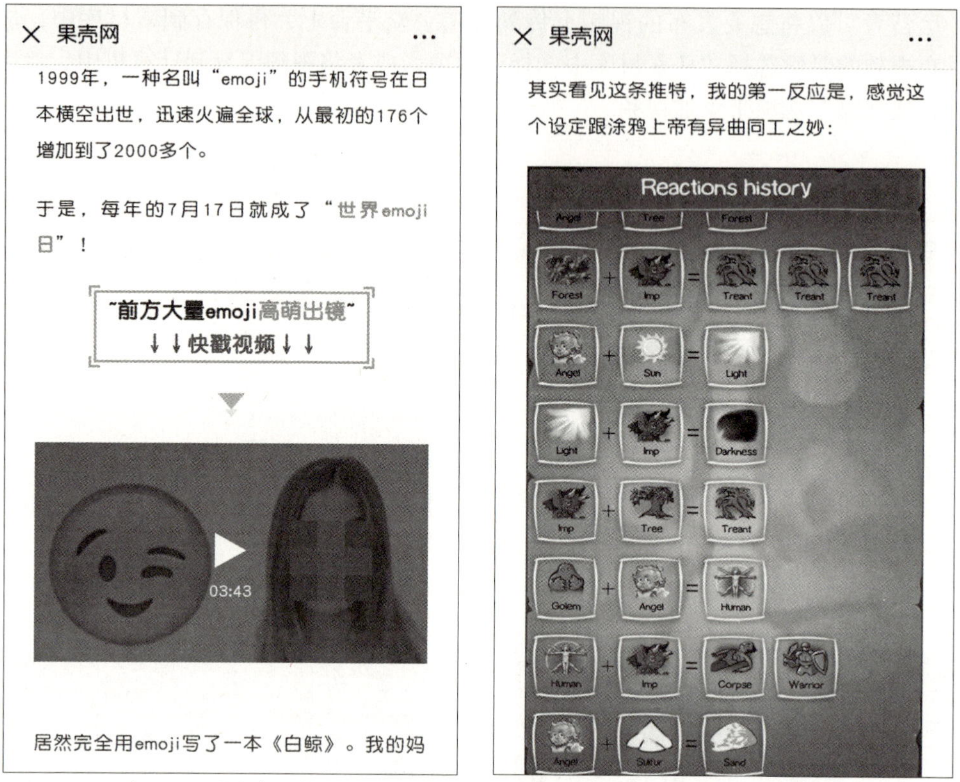

图 6-11　“果壳网”微信公众号以综合形式传递正文内容的文案案例

6.2　开头和结尾：6 种方式吸引读者目光

对新媒体平台的文案来说，其开头的重要性仅次于文案标题及文案主旨。所以，作者在撰写文案时，一定要注意在开头就应吸引住读者的目光。只有这样才能让读者有继续阅读下去的念头。

优秀的新媒体平台文案，不仅需要一个好的标题、开头及中间内容，同样也需要一个符合读者需求、口味的结尾。

6.2.1 呈现精彩：开头抓住读者的秘诀

用一个好的开头赢得读者对新媒体平台的喜爱，从而吸引到大批的粉丝和关注是文案写作的主要目的。基于这一思考，下面介绍文案正文开头的 5 种写作技巧。

1. 想象猜测

新媒体平台的文案作者在写想象与猜测类型的文案开头时，可以稍稍运用一些夸张的写法，但不要太过夸张，基本上还是倾向于写实或拟人，能让读者在看到文字的第一眼就展开丰富的联想，猜测在接下来的文章中会发生什么，从而产生强烈的继续阅读文章的欲望。

在使用想象猜测类型的开头时，要注意的就是开头必须有一些悬念，给读者以想象的空间，最好可以引导读者进行思考。

2．波澜不惊

波澜不惊型也叫作平铺直叙型，表现为在写文案开头时，把一件事情或者一个故事有头有尾、一气呵成地讲出来，平铺直叙。也有的人把这样的方式称为流水账，其实也不过分。

波澜不惊型的方式，在文案中使用得并不多，更多的还是存在于媒体发布的新闻稿中。但是，在新媒体平台文案正文的开头也可以选择合适的时候使用这种类型的写作方法，例如对重大事件或者名人、明星的介绍，通过正文本身表现出来的重大吸引力来吸引读者继续阅读。

3．开门见山

开门见山类型的开头，需要作者在文案的首段就将自己想要表达的东西都写出来，不躲躲藏藏而是干脆爽快。

新媒体平台的文案作者在使用这种方法进行开头创作时，可以使用朴实、简洁等能清楚表达的语言，直接将自己想要表达的东西写出来，不需要故作玄虚。

在使用这种开门见山的方式写正文开头时，要注意的是，正文的主题或者事件必须足够吸引人，如果主题或者要表达的事件没有办法快速地吸引读者，那么这样的方法最好还是不用。

4．幽默故事

幽默感是与他人沟通时最好的武器，能够快速搭建自己与对方之间的桥梁，拉近彼此的距离。

幽默的特点就是令人高兴、愉悦。新媒体平台文章的作者如果能够将这一方法用到文章正文开头的写作中，将会获得不错的效果。

在新媒体平台上，有很多商家会选择在文章中通过一些幽默、有趣的故事做开头，吸引读者的注意力。相信没有人会不喜欢看可以带来快乐的内容，这就是幽默故事分享型开头存在的意义。

5．引经据典

在写新媒体平台文章时，使用名言名句开头，一般会更容易吸引受众的视线。因此，在写新媒体平台文章时，可以多搜索一些跟文章主题相关的名人名言或者经典语录。

在新媒体平台文章的开头，如果用一些简单、精练同时又紧扣文章主题且意蕴丰厚的语句，或者使用名人说过的话语、民间谚语、诗词歌赋等，就能够使文章看起来更有内涵，而且这种写法更能吸引读者，可以提高新媒体平台文章的可读性，以及更好地凸显文章的主旨和情感。

6.2.2 出彩开篇：4 大要素决定第一印象

对新媒体平台的文章来说，正文的开头是很重要的，决定了读者对这篇文章内容的第一印象，因此要对它极为重视。在新媒体平台上，对于一篇优秀的文章，作者在撰写正文开头时一定要做到紧扣文章主题，陈述部分事实，语言风格吸引人，内容有创意。

6.2.3 引导思考：首尾呼应结尾法

首尾呼应法，就是常说的要在文章的结尾点题。新媒体平台的文案作者在写文章时如果使用这种方法结尾，就必须做到首尾呼应——文章开头提过的内容、观点，在正文结尾再提一次。

一般来说，新媒体平台的文章很多都采用“总—分—总”的写作方式，结尾大多根据开头来写，以达到首尾呼应的效果。如果文章开头提出了对某事、某物、某人的看法与观点，中间进行详细的阐述，到了文章结尾，就必须自然而然地回到开头的话题，做一个完美的总结。

首尾呼应的结尾法能够凭借其严谨的文章结构、鲜明的主题思想给读者留下深刻的印象，引导读者对文章中提到的内容进行思考。

如果新媒体平台运营者想要读者对自己传递的信息留下深刻印象，那么首尾呼应法是一种非常实用的方法。

6.2.4 产生共鸣：号召用户结尾法

新媒体平台的运营者如果想让读者加入某项活动中，经常会在文章最后使用号召法来结束全文。同时，很多公益性的微信公众号推送的文章使用这种方法结尾也比较常见。

号召法结尾的文章能够在读者阅读完文章内容后，使读者对文章的内容产生共鸣，从而产生更强烈的加入文章中发起的活动中的想法。如图 6-12 所示为“十点读书”微信公众平台推送的一篇文章，在文章的结尾，号召力十分明显。

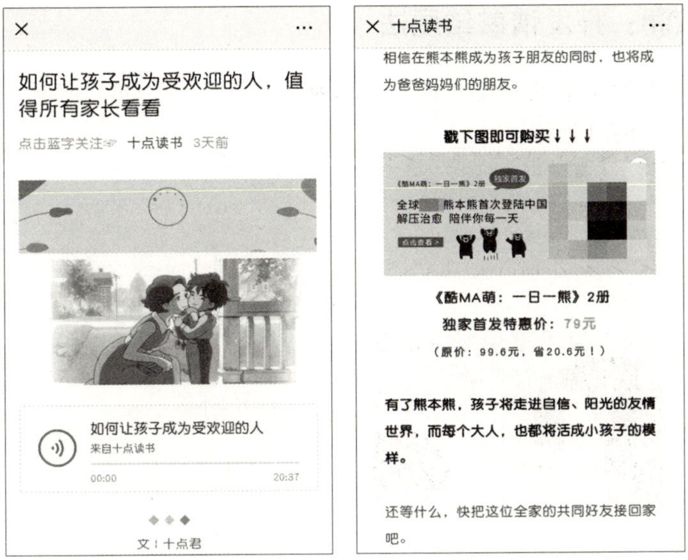
十点读书
如何让孩子成为受欢迎的人，值得所有家长看看
点击蓝字关注 十点读书 3天前
如何让孩子成为受欢迎的人
来自十点读书
00:00
20:37
文：十点君
相信在熊本熊成为孩子朋友的同时，也将成为爸爸妈妈们的朋友。
戳下图即可购买↓↓↓
独家首发
熊本熊首次登陆中国
解压治愈 陪伴你每一天
《酷MA萌：一日一熊》2册
独家首发特惠价：79元
（原价：99.6元，省20.6元！）
有了熊本熊，孩子将走进自信、阳光的友情世界，而每个大人，也都将活成小孩子的模样。
还等什么，快把这位全家的共同好友接回家吧。

图 6-12 “十点读书”公众号推送的以号召法结尾的文章案例

6.2.5 打动人心：推送祝福结尾法

祝福法是很多新媒体平台的作者在文章结尾使用的一种方法。因为这种祝福形式能够给读者传递一份温暖，让读者在阅读完文章后，感受到新媒体平台对自己的关心与爱护，这也是非常能够打动读者内心的一种文章结尾方法。如图 6-13 所示为“物道”微信公众号推送的以祝福法结尾的文章案例。

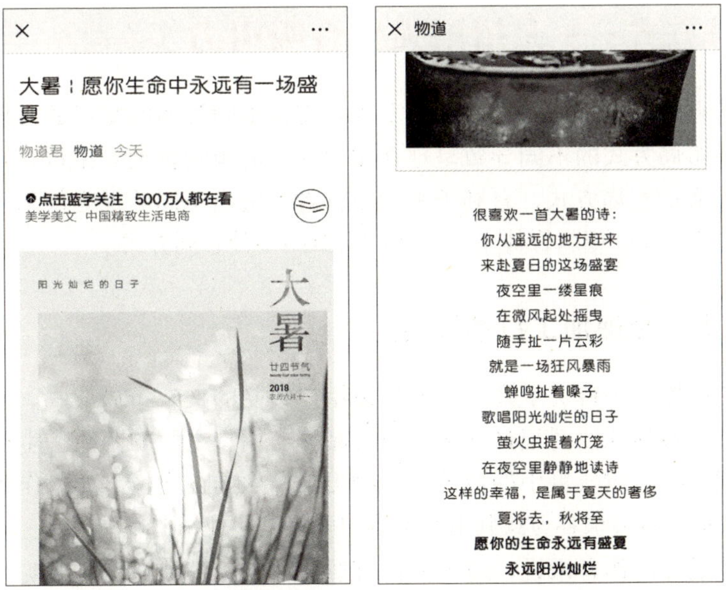
大暑｜愿你生命中永远有一场盛夏
物道君 物道 今天
点击蓝字关注 500万人都在看
美学美文 中国精致生活电商
阳光灿烂的日子
大暑
廿四节气
2018
物道
很喜欢一首大暑的诗：
你从遥远的地方赶来
来赴夏日的这场盛宴
夜空里一缕星痕
在微风起处摇曳
随手扯一片云彩
就是一场狂风暴雨
蝉鸣扯着嗓子
歌唱阳光灿烂的日子
萤火虫提着灯笼
在夜空里静静地读诗
这样的幸福，是属于夏天的奢侈
夏将去，秋将至
愿你的生命永远有盛夏
永远阳光灿烂

图 6-13 “物道”微信公众号推送的以祝福法结尾的文章案例

6.2.6 激起波澜：抒发情感结尾法

使用抒情法作为文章的收尾，通常较多地用于写人、记事、描述的微信公众号文章的结尾中，如图 6-14 所示。

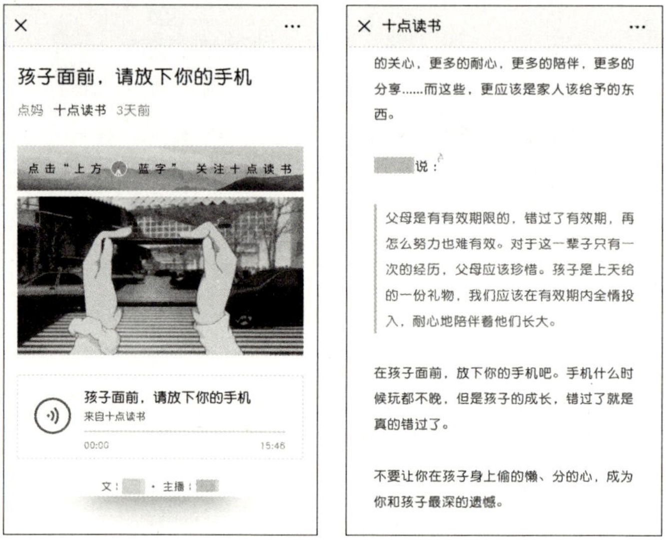
孩子面前，请放下你的手机
点妈 十点读书 3天前
点击“上方 蓝字” 关注十点读书
孩子面前，请放下你的手机
来自十点读书
00:00
15:46
文： · 主播：
十点读书
的关心，更多的耐心，更多的陪伴，更多的分享……而这些，更应该是家人该给予的东西。
说：
父母是有有效期限的，错过了有效期，再怎么努力也难有效。对于这一辈子只有一次的经历，父母应该珍惜。孩子是上天给的一份礼物，我们应该在有效期内全情投入，耐心地陪伴着他们长大。
在孩子面前，放下你的手机吧。手机什么时候玩都不晚，但是孩子的成长，错过了就是真的错过了。
不要让你在孩子身上偷的懒、分的心，成为你和孩子最深的遗憾。

图 6-14　公众号推送的以抒情法结尾的文章案例

新媒体平台的作者在用抒情法进行文章收尾时，一定要将自己心中的真实情感释放出来，这样才能激起读者情感的波澜，引起读者的共鸣。

6.3　布局方式：5 大招增强平台吸引力

在各类新媒体平台推送的文章中，不难发现，不同类型的文章的布局方式也有所不同，而这种布局方式的不同导致呈现在用户面前的视觉排列效果也存在差异。了解并运用不同的文章布局方式，有利于平台运营者打造出不同的视觉效果，增强其平台的吸引力。本节主要介绍新媒体平台推送的文章的多种布局方式。

6.3.1 故事式：合理加工打动读者

故事式的新媒体平台文章是一种容易被用户接受的文章布局形式。一篇文章中的故事吸引人，很容易让读者记忆深刻，拉近品牌与用户之间的距离。生动的故事容易让读者产生代入感，对故事中的情节和人物也会产生向往之情。如果作者能写出一篇好的故事型文章，就会很容易找到潜在的客户和提高企业信誉度。

对新媒体平台的作者来说，应该如何打造一篇完美的故事型文章呢？首先需要确定的是产品的特色，将产品关键词提炼出来，然后将产品关键词放到故事线索中，贯穿全文，让读者读完之后印象深刻。同时，故事型的正文写作需要满足如图 6-15 所示的两点要求。

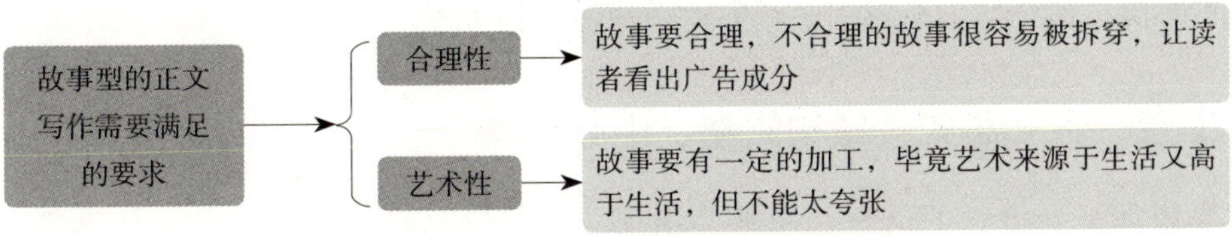
故事型的正文写作需要满足的要求
合理性
故事要合理，不合理的故事很容易被拆穿，让读者看出广告成分
艺术性
故事要有一定的加工，毕竟艺术来源于生活又高于生活，但不能太夸张

图 6-15 故事型的正文写作需要满足的要求

6.3.2 制造热卖场景：迫切感激发好奇心

新媒体平台运营者如果善于从不同的角度进行营销文章的创意写作，那么就可以大大增加读者的新鲜感。读者如果看到不常见的事物，往往会花费一点时间来“摸清底细”，从而就有可能耐心地通读全文，这样才能为品牌营销提供很好的助力。

创意式文案正文的写作，可以通过多种形式来实现，其中，制造商品的热卖场景便是创意式文案中经常运用的一种非常有效的方法。如图 6-16 所示为制造热卖场景的文案案例。

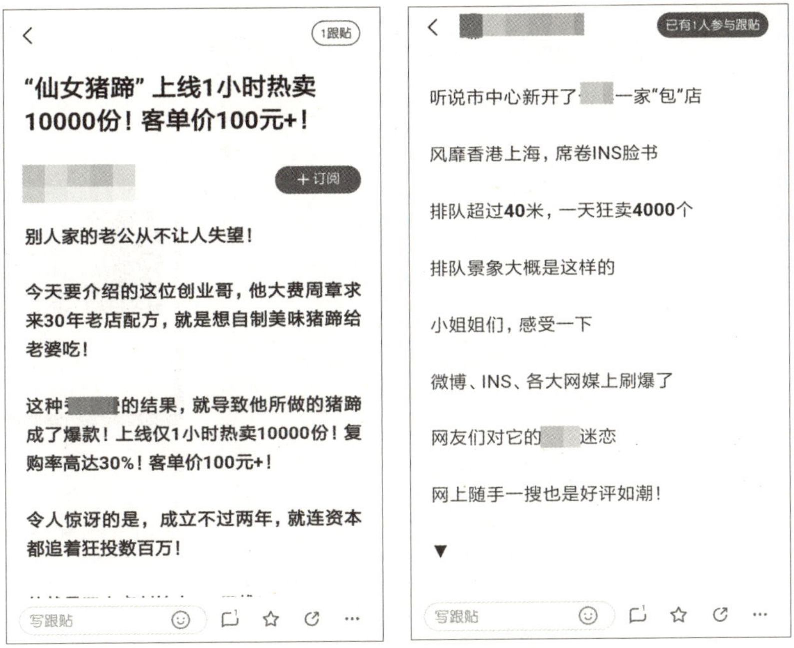
1跟贴
“仙女猪蹄”上线1小时热卖10000份！客单价100元+！
+订阅
别人家的老公从不让人失望！
今天要介绍的这位创业哥，他大费周章求来30年老店配方，就是想自制美味猪蹄给老婆吃！
这种的结果，就导致他所做的猪蹄成了爆款！上线仅1小时热卖10000份！复购率高达30%！客单价100元+！
令人惊讶的是，成立不过两年，就连资本都追着狂投数百万！
写跟贴
已有1人参与跟贴
听说市中心新开了一家“包”店
风靡香港上海，席卷INS脸书
排队超过40米，一天狂卖4000个
排队景象大概是这样的
小姐姐们，感受一下
微博、INS、各大网媒上刷爆了
网友们对它的迷恋
网上随手一搜也是好评如潮！
写跟贴

图 6-16 制造热卖场景的文案案例

“羊群效果”和“抢”是如今销售整体特点，人们都喜欢跟风，看到哪里人多就会去哪里瞧、望，热卖的东西总是能更加吸引用户关注，激发用户的好奇心。很多人说好的东西大家就相信是好的，这是很明显的从众和跟风心理。

所以，新媒体运营者为何不抓住这些心理，通过制造热卖场景的文案，吸引用户的眼球呢？——以文章的形式撰写出真实的场景、热烈的氛围，营造出产品热销甚至断货的感觉，让消费者在热潮中产生购买冲动和迫切感。

6.3.3 总—分—总式：结构完整、中心明确

新媒体平台推送的文章，经常会出现总—分—总式的布局方式。对营销文案运用总—分—总式的布局，往往需要作者在文章的开篇就点题，然后在主体部分将中心论点分成几个基本上是横向展开的分论点，最后在结论部分加以归纳、总结和必要的引申。

下面以图解的形式介绍总—分—总式文案正文的写作方式，如图 6-17 所示。

如图 6-18 所示为总—分—总式布局的文案案例。

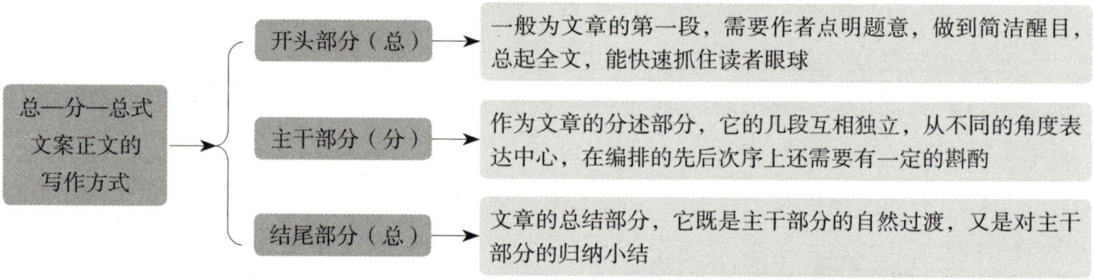

总—分—总式文案正文的写作方式
开头部分（总）
一般为文章的第一段，需要作者点明题意，做到简洁醒目，总起全文，能快速抓住读者眼球
主干部分（分）
作为文章的分述部分，它的几段互相独立，从不同的角度表达中心，在编排的先后次序上还需要有一定的斟酌
结尾部分（总）
文章的总结部分，它既是主干部分的自然过渡，又是对主干部分的归纳小结

图 6-17　总—分—总式文案正文的写作方式

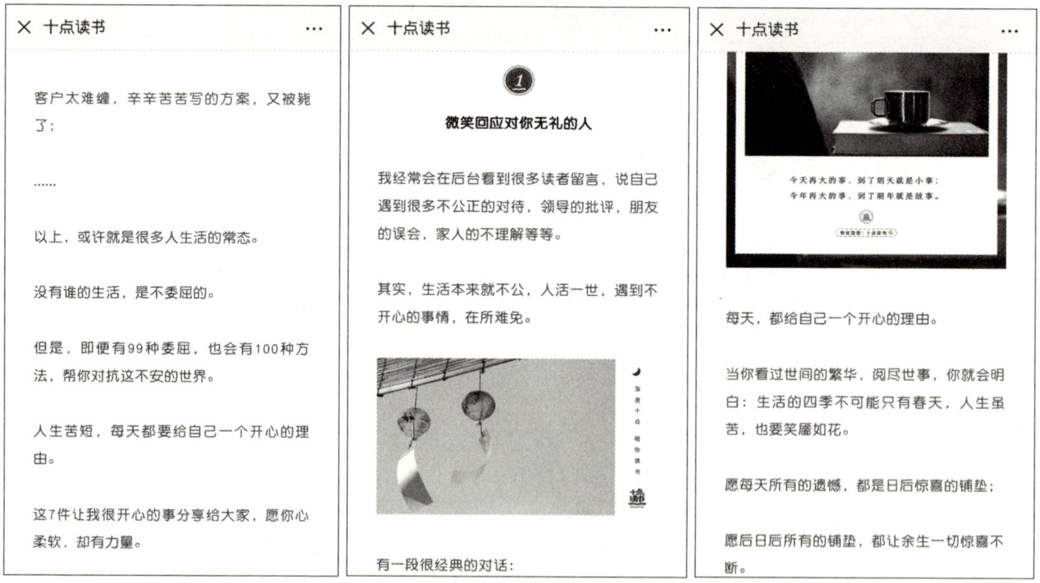

十点读书
客户太难缠，辛辛苦苦写的方案，又被毙了；
……
以上，或许就是很多人生活的常态。
没有谁的生活，是不委屈的。
但是，即便有99种委屈，也会有100种方法，帮你对抗这不安的世界。
人生苦短，每天都要给自己一个开心的理由。
这7件让我很开心的事分享给大家，愿你心柔软，却有力量。
十点读书
1
微笑回应对你无礼的人
我经常会在后台看到很多读者留言，说自己遇到很多不公正的对待，领导的批评，朋友的误会，家人的不理解等等。
其实，生活本来就不公，人活一世，遇到不开心的事情，在所难免。
有一段很经典的对话：
十点读书
每天，都给自己一个开心的理由。
当你看过世间的繁华，阅尽世事，你就会明白：生活的四季不可能只有春天，人生虽苦，也要笑靥如花。
愿每天所有的遗憾，都是日后惊喜的铺垫；
愿后日后所有的铺垫，都让余生一切惊喜不断。

（1）总 1　　（2）主干部（节选）　　（3）总 2

图 6-18　总—分—总式布局的文案案例

6.3.4 模拟访谈式：更有利于解答问题

相较于文字陈述的方式，双方或多方对话的访谈方式更加易懂和易于阅读，因为访谈都是以一对一、一对多的问答形式进行的，更有利于问题的解答和深入了解。因此，在软文的撰写过程中，访谈式的软文撰写也是一种效果较好的创意构思。

6.3.5 层递式布局：逻辑严谨、思维缜密

层递式布局，即层层递进的正文布局，其优点是逻辑严谨、思维严密，按照某种顺序将内容一步步铺排，给人一气呵成的畅快感觉。但是层层递进的正文布局的缺点也很明显——对主题的推出不够迅速，若开头不能吸引读者，那么后面的内容也就失去了存在的意义。

层层递进型的文章布局，其重点就在于其层递关系的呈现。正文论述的层递表现如图 6-19 所示。

由此可见，这种正文布局形式适合论证式的新媒体文案，层层深入、步步推进的论证格局能够增加软文的表现力。运用层递式结构要注意内容之间的前后逻辑关系，绝不可随意地颠倒顺序。层层递进型的文章布局对说明某些问题，非常有效。

如图 6-20 所示为“高维学堂”微信公众号推送的一篇文章，它采用的是从“是什么”到“为什么”再到“怎么样”的层递式布局。

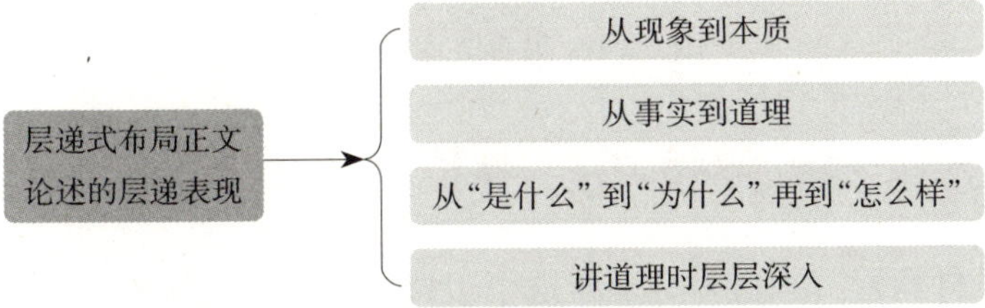

图 6-19　层递式布局正文论述的层递表现

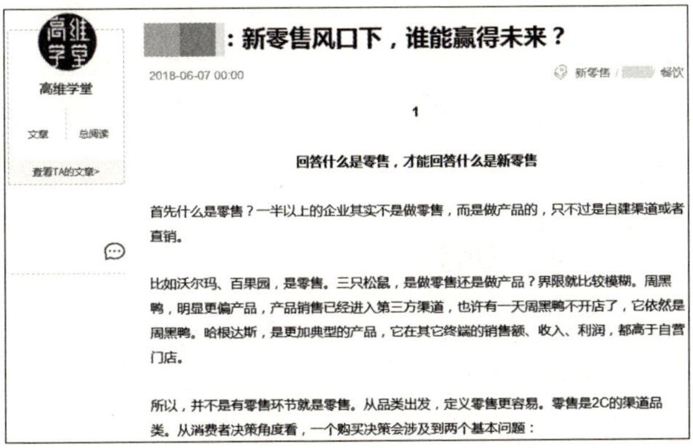
：新零售风口下，谁能赢得未来？

高维学堂

文章　总阅读

查看TA的文章>

2018-06-07 00:00　新零售 / 餐饮

1

回答什么是零售，才能回答什么是新零售

首先什么是零售？一半以上的企业其实不是做零售，而是做产品的，只不过是自建渠道或者直销。

比如沃尔玛、百果园，是零售。三只松鼠，是做零售还是做产品？界限就比较模糊。周黑鸭，明显更偏产品，产品销售已经进入第三方渠道，也许有一天周黑鸭不开店了，它依然是周黑鸭。哈根达斯，是更加典型的产品，它在其它终端的销售额、收入、利润，都高于自营门店。

所以，并不是有零售环节就是零售。从品类出发，定义零售更容易。零售是2C的渠道品类。从消费者决策角度看，一个购买决策会涉及到两个基本问题：

（1）

二、新零售的一个核心演进逻辑：品类分化

[illegible]，不管他讲了多少，核心是线上加线下，线上线下融合。[illegible]，不能拾[illegible]的牙慧，说零售没有新与旧，第四次零售革命是无界零售。吴晓波的阐述是，新零售是一场因工具的创新而引发的革命。线下的[illegible]，他代表线下，也要唱[illegible]的反调，他说新零售是以产品为中心，利用新技术提升顾客体验和运营效率。

新零售是从哪里来的？新零售是源于品类分化，分化是两大因素驱动的。

第一，需求变化。

消费者对渠道品类的特性，比如说便宜、便利、特色这三大特性的含义和相对重要性发生了变化，比如说随着收入的提高，我们的时间变得更值钱，开始更加追求便利，在APP上下单就送货上门，这是因为便利性推动新品类的出现。

第二，技术变化。

（2）

三、在零售新品类中，谁能赢得未来？

在我自己的心目中，能够赢得未来的的零售新品类主要有四个特征：

第一个特征：顾客一听就要明白。

就是能够品类化，你说出一个词来，你是什么？顾客一听就明白，说明这个东西容易成为品类，能够对接顾客需求，打造品牌比较容易。

第二个特征：已在成熟市场得到验证。

比如说自动售货机在日本得到了很好的验证，中国跟日本至少在一线城市上非常相似，人口密度很大，老龄化也在到来。

第三个特征：被年轻一代喜欢。

新品类要有势能，要被关注的话，一定要被年轻一代喜欢，因为年轻人迟早会成为主流，现在很多看起来非主流的但是年轻人的东西，将来都会成为主流。

第四个特征：得到了新技术、新商业模式的赋能。所以，这里面要有一些创新的因素在里面。

（3）

图 6-20　层递式布局文案

6.4　常见方式：4 种技巧打造长文案布局

除了上述几种布局方式之外，还有适用于长文案的布局方式，就是片段组合式布局，又称为镜头剪接式，是指根据表现主题的需要，选择几个典型生动的人物、事件或景物片段组合成文。

主题是文章的灵魂，是串联软文全部内容的思想红线和关键线索，因此，软文撰写者所选的镜头片段，无论是人物生活片段，还是景物描写片段，都要服从于表现主题的需要。

6.4.1 时间式：文章脉络更加清晰

时间式布局的文案是指以“时间”为主线来布局全篇文章，在时间线索的指导下，文中简明地记述在每个“时间段”发生的主要事件，并且在梳理文章脉络的同时，留有足够的空间作为艺术“空白”给读者去想象，去再创造。

这类如同镜头剪接过的布局方法可用“五岁—十岁—十五岁”“童年—少年—青年”等围绕几个时间段写人生经历或事件，从而使得整篇文章的脉络清晰。

如图 6-21 所示为时间式布局的文案。

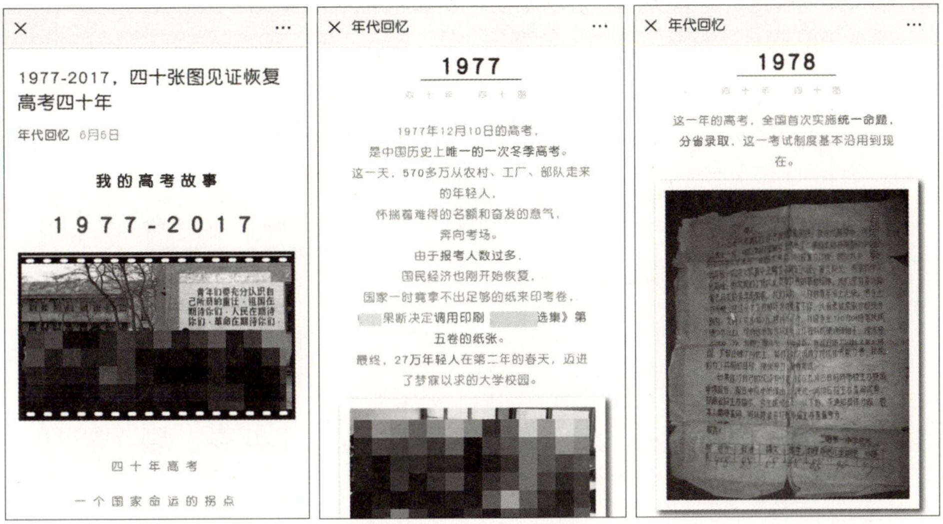
1977-2017，四十张图见证恢复高考四十年
年代回忆 6月6日
我的高考故事
1977-2017
四十年高考
一个国家命运的拐点
年代回忆
1977
1977年12月10日的高考，
是中国历史上唯一的一次冬季高考。
这一天，570多万从农村、工厂、部队走来的年轻人，
怀揣着难得的名额和奋发的意气，
奔向考场。
由于报考人数过多，
国民经济也刚开始恢复，
国家一时竟拿不出足够的纸来印考卷，
果断决定调用印刷 选集》第五卷的纸张。
最终，27万年轻人在第二年的春天，迈进了梦寐以求的大学校园。
年代回忆
1978
这一年的高考，全国首次实施统一命题，分省录取，这一考试制度基本沿用到现在。

图 6-21　时间式布局的文案

6.4.2 排比式：增强语言的节奏感

排比式布局是指在表达上常用排比句；在内容上句句紧扣主旨，突出文章的中心思想。排比式布局可以使平台推送的文章在形式上、层次上更清晰，因此，可以在很大程度上增强语言的气势与节奏感。

如图 6-22 所示为排比式布局的文案。

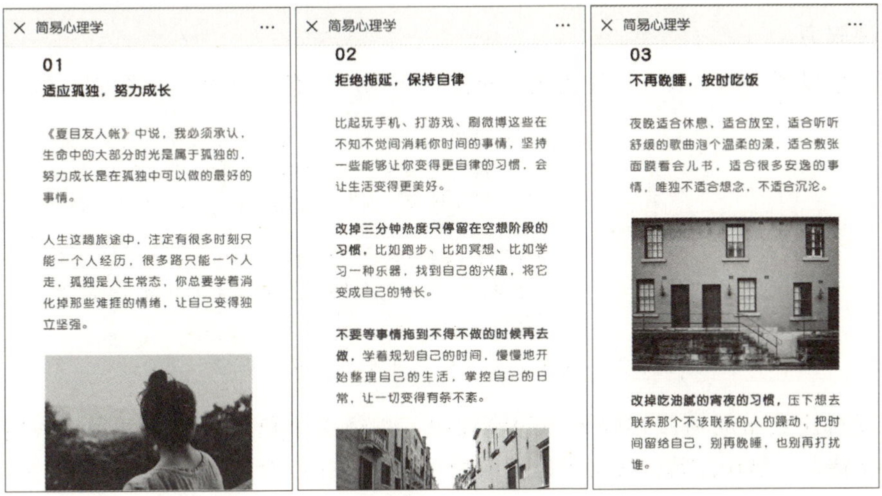
简易心理学
01
适应孤独，努力成长
《夏目友人帐》中说，我必须承认，生命中的大部分时光是属于孤独的，努力成长是在孤独中可以做的最好的事情。
人生这趟旅途中，注定有很多时刻只能一个人经历，很多路只能一个人走，孤独是人生常态，你总要学着消化掉那些难捱的情绪，让自己变得独立坚强。
简易心理学
02
拒绝拖延，保持自律
比起玩手机、打游戏、刷微博这些在不知不觉间消耗你时间的事情，坚持一些能够让你变得更自律的习惯，会让生活变得更美好。
改掉三分钟热度只停留在空想阶段的习惯，比如跑步、比如冥想、比如学习一种乐器，找到自己的兴趣，将它变成自己的特长。
不要等事情拖到不得不做的时候再去做，学着规划自己的时间，慢慢地开始整理自己的生活，掌控自己的日常，让一切变得有条不紊。
简易心理学
03
不再晚睡，按时吃饭
夜晚适合休息，适合放空，适合听听舒缓的歌曲泡个温柔的澡，适合敷张面膜看会儿书，适合很多安逸的事情，唯独不适合想念，不适合沉沦。
改掉吃油腻的宵夜的习惯，压下想去联系那个不该联系的人的躁动，把时间留给自己，别再晚睡，也别再打扰谁。

图 6-22　排比式布局的文案

6.4.3 二级标题式：反映作品创作思路

二级标题的拟写不仅要整齐、紧扣主题，而且应富有艺术感染力，要达到能反映作品创作思路的效果。如图 6-23 所示为二级标题式布局的案例。

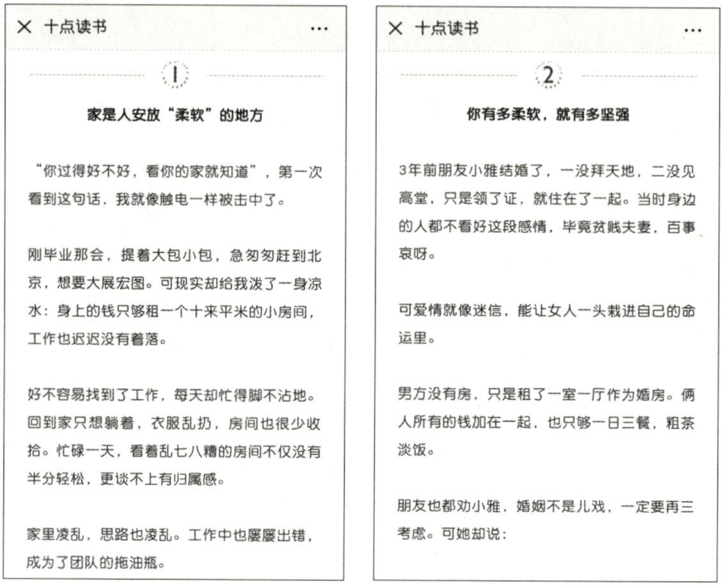

十点读书
1
家是人安放“柔软”的地方
“你过得好不好，看你的家就知道”，第一次看到这句话，我就像触电一样被击中了。
刚毕业那会，提着大包小包，急匆匆赶到北京，想要大展宏图。可现实却给我泼了一身凉水：身上的钱只够租一个十来平米的小房间，工作也迟迟没有着落。
好不容易找到了工作，每天却忙得脚不沾地。回到家只想躺着，衣服乱扔，房间也很少收拾。忙碌一天，看着乱七八糟的房间不仅没有半分轻松，更谈不上有归属感。
家里凌乱，思路也凌乱。工作中也屡屡出错，成为了团队的拖油瓶。
十点读书
2
你有多柔软，就有多坚强
3年前朋友小雅结婚了，一没拜天地，二没见高堂，只是领了证，就住在了一起。当时身边的人都不看好这段感情，毕竟贫贱夫妻，百事哀呀。
可爱情就像迷信，能让女人一头栽进自己的命运里。
男方没有房，只是租了一室一厅作为婚房。俩人所有的钱加在一起，也只够一日三餐，粗茶淡饭。
朋友也都劝小雅，婚姻不是儿戏，一定要再三考虑。可她却说：

图 6-23　二级标题式布局的案例

6.4.4 正反对比式：让文章更具说服力

正反对比式是指通过正反两种情况的对比分析来论证文章观点的布局方式。通篇运用对比分析，可以使道理讲得更透彻、鲜明；局部运用正反对比的论据，可以使材料更有说服力。

接下来以图解的形式介绍使用正反对比式布局应注意的事项，如图 6-24 所示。

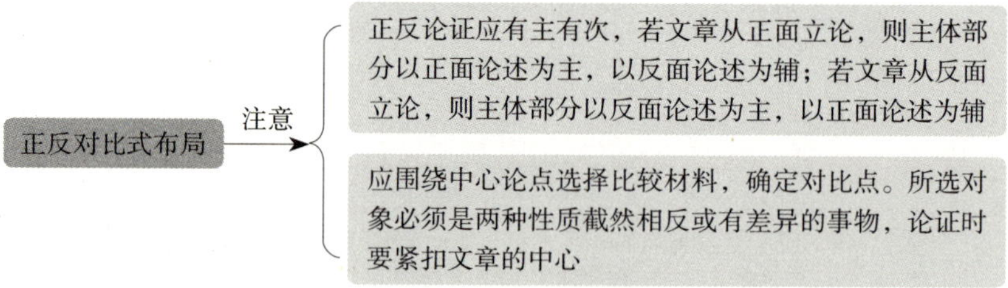

正反对比式布局
注意
正反论证应有主有次，若文章从正面立论，则主体部分以正面论述为主，以反面论述为辅；若文章从反面立论，则主体部分以反面论述为主，以正面论述为辅
应围绕中心论点选择比较材料，确定对比点。所选对象必须是两种性质截然相反或有差异的事物，论证时要紧扣文章的中心

图 6-24　使用正反对比式布局应注意的事项

正反对比式布局可以在较短小的篇幅内，立体而多角度地表现人物、叙述事件、描写商品特点、烘托品牌，接下来以图解的形式介绍正反对比式布局的优点，如图 6-25 所示。

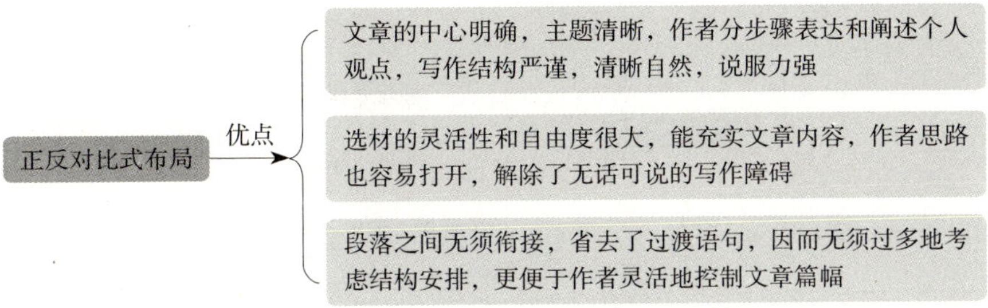
正反对比式布局
优点
文章的中心明确，主题清晰，作者分步骤表达和阐述个人观点，写作结构严谨，清晰自然，说服力强
选材的灵活性和自由度很大，能充实文章内容，作者思路也容易打开，解除了无话可说的写作障碍
段落之间无须衔接，省去了过渡语句，因而无须过多地考虑结构安排，更便于作者灵活地控制文章篇幅

图 6-25　正反对比式布局的优点

在采用正反对比这一方式对文案进行布局时，需要注意一些问题，具体表现在两个方面，内容分析如下：

1）明确论证过程

在使用正反对比式布局时，首先应该注意其论证的顺序，必须以一定的逻辑顺序来进行撰写，具体过程如图 6-26 所示。

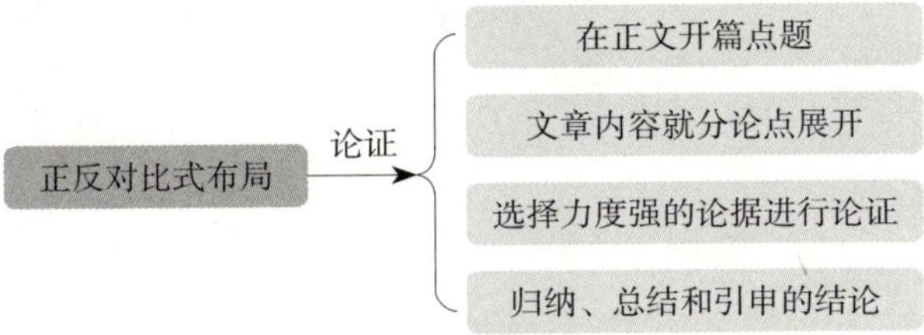
正反对比式布局
论证
在正文开篇点题
文章内容就分论点展开
选择力度强的论据进行论证
归纳、总结和引申的结论

图 6-26　正反对比式布局论证过程

2）理清论证关系

要在文案正文中采用正反对比式布局，除了要把论证过程烂熟于心之外，还应该注意论证双方的关系，并在论证过程中实现关系上的紧密衔接，如图 6-27 所示。

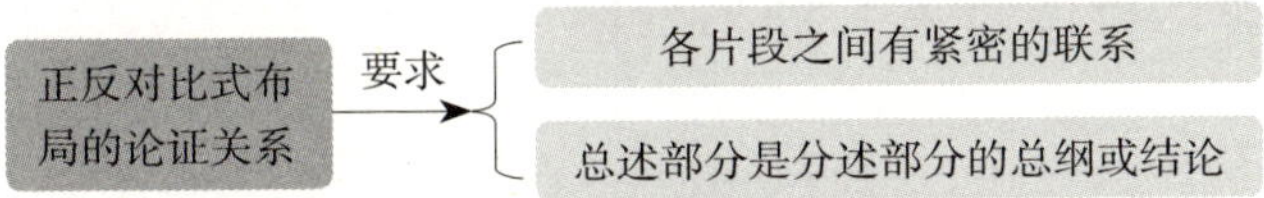
正反对比式布局的论证关系
要求
各片段之间有紧密的联系
总述部分是分述部分的总纲或结论

图 6-27　正反对比式布局论证关系的要求分析

6.5　表现技巧：7 种常见文案写作要求

各新媒体平台的运营者要想利用不同类型的文案向用户呈现最佳的阅读效果，就要对各类文案的特征和写作要求有所了解。本节介绍 7 种不同文案的特征和写作技巧。

6.5.1 促销文案：醒目耀眼，冲击力强

促销文案是文案中比较常用的一种，在各大电商网站的首页上都能看到。如图 6-28 所示为促销文案的特征。

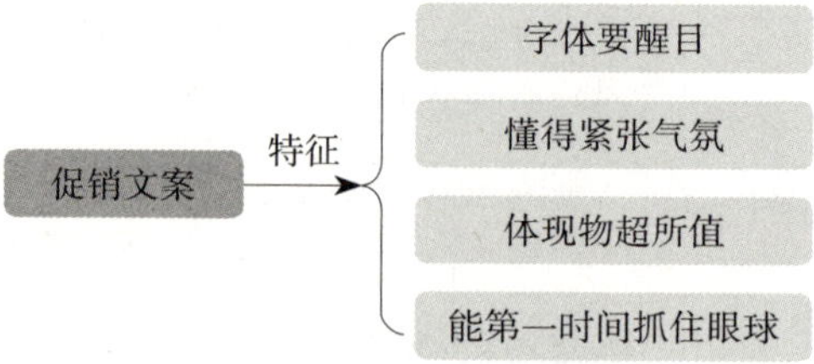

图 6-28　促销文案的特征

如图 6-29 所示为 Only 的促销文案，活动信息运用大号的字体显得比较醒目，而“225 款新品清凉来袭”的折扣信息，则是以亮眼的红底和白色凸显，从而增加对消费者的吸引力。

图 6-29　Only 的促销文案

6.5.2 新品文案：打造卖点，助力突围

在新产品的策划文案中，创作重点主要是以产品为中心，通过对产品内容进行全面把握。新品文案的主要内容包括如图 6-30 所示的几个方面，这些方面也是新品文案中重要内容的直接体现部分。

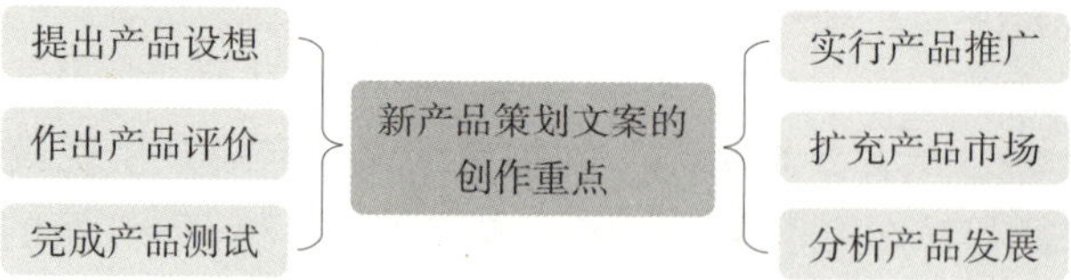

图 6-30　新品文案的主要内容

很多新品推出之时，都是以产品的卖点为主，没有卖点就打造卖点，以吸引消费者的注意力。skin79 推出新款产品隔离霜，这个新品文案主要是以“滋润好隔离，轻薄会呼吸”为卖点的，如图 6-31 所示。

新品文案是每个商家在推出新品时都不能忽视的，因为新产品的成功与否往往取决于文案与视觉效果的设计，如果没有抓住卖点或者打造出富有特色的卖点，则这款新品难以突围成功。

图 6-31 skin79 的新品文案

6.5.3 节日文案：营造氛围，聚集人气

节日促销是极为常见的活动方式，在众多的节日中，能够形成整体活动氛围。打造社会现象节日氛围主要还是以传统节日为主。中国的传统节日多种多样，是悠久历史文化的一个重要组成部分。

对商家和企业而言，节日是少有的能够吸引大量消费者的时期，所以在这一时间段开展相关活动往往能够起到事半功倍的效果，文案的作用也就更为突出，相关内容分析如图 6-32 所示。

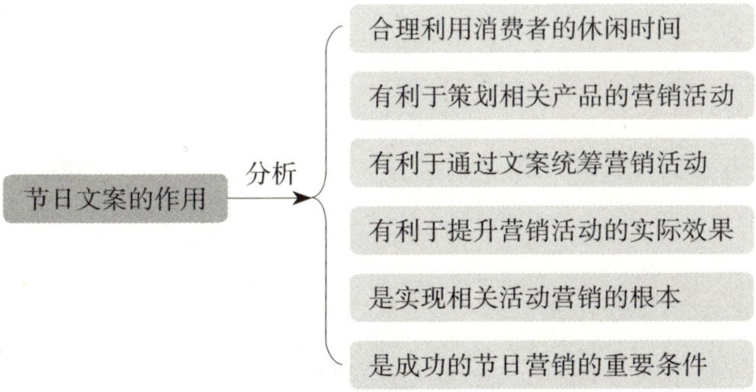

图 6-32 节日文案的作用相关分析

节日文案相对于其他文案而言，会增添一些节日的特色，营造浓厚的节日气氛，如在中秋节就围绕“家庭、团圆、美好”等主题进行文案的设计，在春节就撰写比较热闹、温情的文案。总之，不同的节日文案会有不同的主题和风格，但总体而言离不开节日氛围的打造。

要想节日文案能够有效地吸引消费者进行浏览和购买，在设计时就需要把握消费者的心理，知道他们的需求是什么，然后再结合节日的特色和优惠信息进行文案的撰写。如图 6-33 所示为京东生鲜关于端午节的节日文案。

图 6-33　京东生鲜关于端午节的节日文案

6.5.4 活动文案：有效地提升转化率

活动文案的诞生要有一定的目的，此目的可以分为很多种，具体内容如图 6-34 所示。

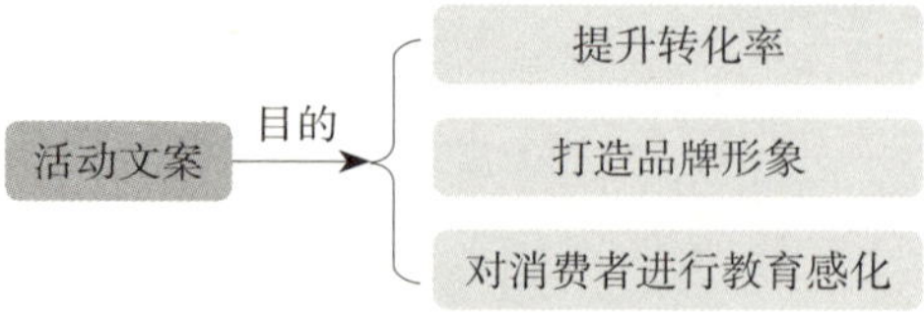

图 6-34　活动文案的不同目的

如图 6-35 所示为微信公众平台“南岳旅游”的活动文案，围绕“南岳星空音乐帐篷节”这一活动展开。通过“胖瘦挑战门”“荧光舞”“大学生民谣音乐”“露天电影”和“露宿帐篷”等丰富多彩的活动来吸引消费者，文章结尾处放置购买活动门票的链接，可以有效地提升转化率，增强品牌的影响力，让更多的消费者知晓南岳旅游。

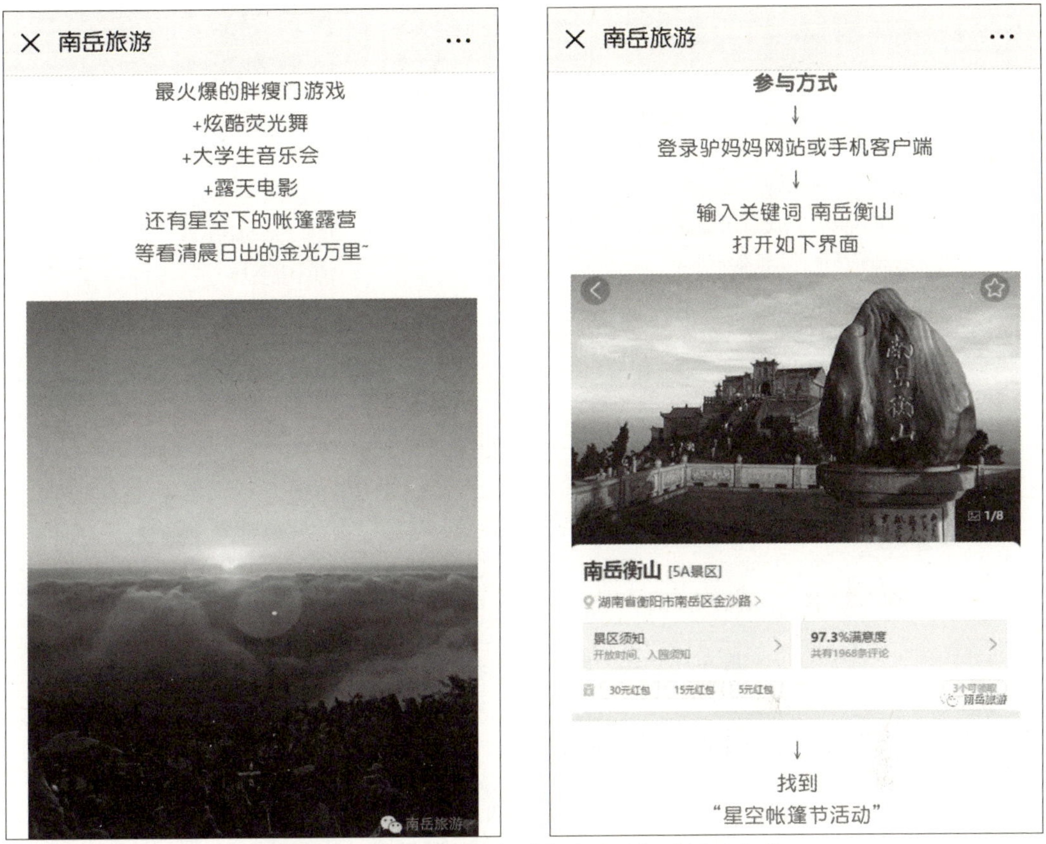

图 6-35　微信公众平台“南岳旅游”的活动文案

6.5.5 个性文案：依据内容打造独特的风格

各新媒体平台的作者在撰写文案时，应结合不同行业的特点以及平台定位的订阅群体选择适合该行业的语言风格，打造平台推文的特点与亮点，注重文案的唯一性与无可替代性，从而创作出具有独特风格的个性文案。

合适的语言风格能给公众平台的粉丝带来优质的阅读体验。以定位为传播搞笑内容为主的公众号为例，它的文案的语言风格就必须诙谐幽默，并配上一些具有搞笑效果的图片，如图 6-36 所示。

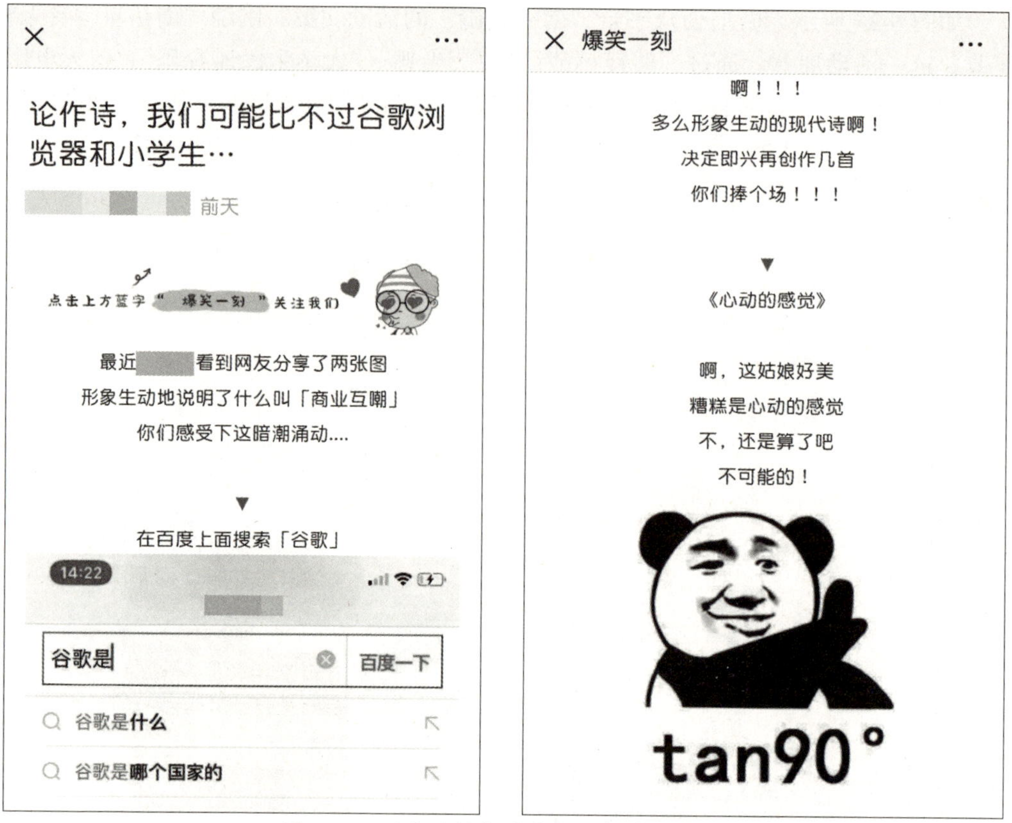
论作诗，我们可能比不过谷歌浏览器和小学生…
前天
点击上方蓝字"爆笑一刻"关注我们
最近 看到网友分享了两张图
形象生动地说明了什么叫「商业互嘲」
你们感受下这暗潮涌动....
在百度上面搜索「谷歌」
14:22
谷歌是
百度一下
谷歌是什么
谷歌是哪个国家的
爆笑一刻
啊！！！
多么形象生动的现代诗啊！
决定即兴再创作几首
你们捧个场！！！
《心动的感觉》
啊，这姑娘好美
糟糕是心动的感觉
不，还是算了吧
不可能的！
tan90°

图 6-36　语言风格与平台定位相符的文案

6.5.6 主题文案：突出表现重要信息

在进行文案设计时，一定要明确主题，而且还要在表达上突出主题，让消费者直接接收到作者想要传达的信息。因此，主题文案需要符合如图 6-37 所示的几个要求，才能突出文章重点。

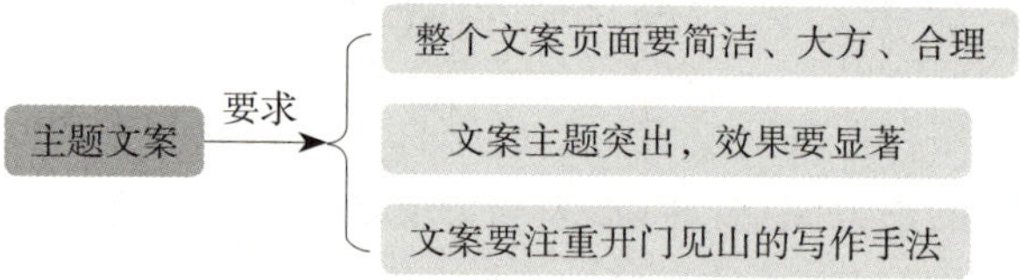
主题文案
要求
整个文案页面要简洁、大方、合理
文案主题突出，效果要显著
文案要注重开门见山的写作手法

图 6-37　主题文案需要符合的要求

一般广告突出的主题是围绕营销展开的，因而少不了促销、优惠、打折、满减等信息，在设计时就应该重点突出这些要素。接下来介绍在表现方式上如何突出主题。

如图 6-38 所示为食品类的营销文案，文案设计主要突出了产品的特性，即“无盐焗非油炸新鲜原味”“夏季爆款”，图中的“领券立减”“送印花礼品袋”大大吸引了消费者的兴趣，这也是促销的手段之一。

图 6-38 食品类的营销文案

当然，在突出主题时，还要注意一些事项，不然只会造成布局的混乱。如图 6-39 所示为设计主题突出的布局效果时应该注意的问题。

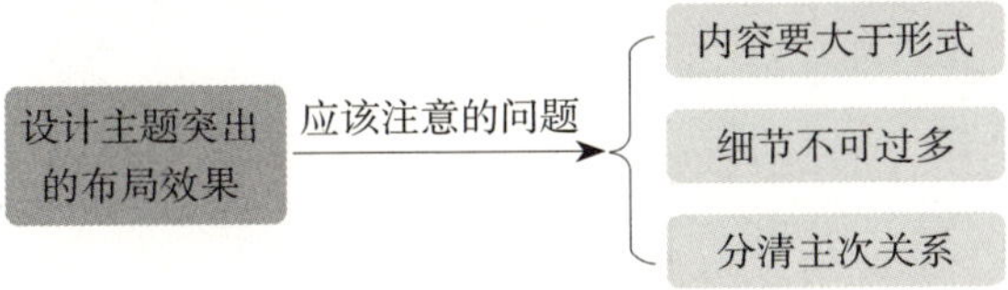

图 6-39 设计主题突出的布局效果时应该注意的问题

6.5.7 预告文案：提前展示拉高期待值

对于好的内容，新媒体运营者一定要提前对内容进行预告，就像每部电影上映前的宣传手段一样，通过提前预告的方式让用户对内容有一定的期待性，而且新媒体运营的提前预告无须成本，是非常有效的一种推广运营方式。下面介绍提前预告内容的几个注意事项，如图 6-40 所示。

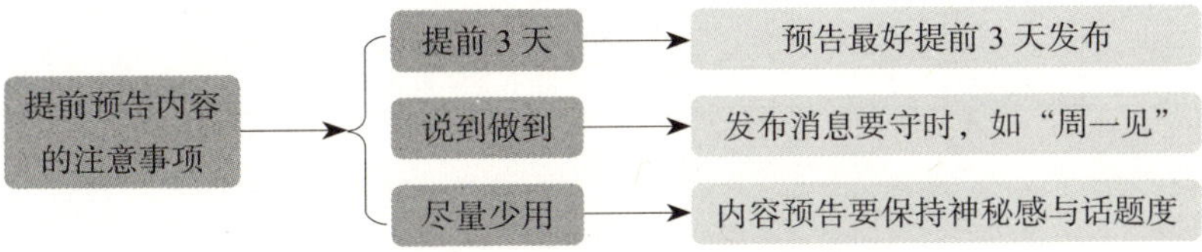

图 6-40 提前预告内容的注意事项

第7章 图片设置：为读者带来舒适的视觉体验

学前提示

要想提高文章的点击率，增加新媒体平台的关注度与曝光度，新媒体运营者就必须让用户对其提供的信息眼前一亮。要做到这一点，图片的选择尤为重要。本章主要介绍图片素材的选择、封面图的设计，以及相关的图片处理技巧。

要点展示

- 图片素材：用“化妆”成就亮眼的视觉效果
- 封面选择：打造完美的第一印象
- 图片处理：挖掘蕴藏的视觉灵魂

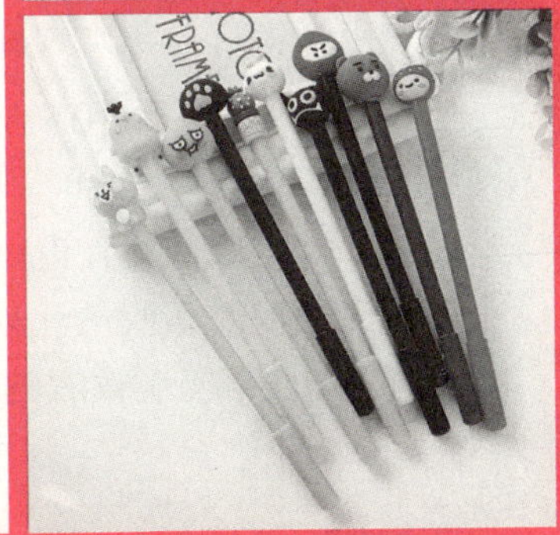

7.1 图片素材：用“化妆”成就亮眼的视觉效果

图片素材是指没有经过任何艺术加工、零散且没有系统分类的图片。图片素材选择得是否合理是打造亮眼的视觉效果的基础。只有对符合文章主题并且质量较高的图片素材进行适当的艺术加工，才能使其真正地为整篇文章增添色彩。本节主要介绍优质图片素材的选择以及艺术加工的相关知识。

7.1.1 精修图片：文案配图的美化点缀

企业、个人在进行新媒体平台运营时，离不开图片的点缀和美化。图片是让新媒体平台的文案内容变得生动的一个重要武器，会影响到文案的阅读量。因此，当企业或个人利用图片给文案增色时，也可以通过一些方法给图片“化妆”，让图片更加有特色，吸引到更多的读者。

给图片“化妆”可以通过多种方式使得原本单调的图片变得鲜活起来。那么，具体而言，有哪些方法可以让图片更加精美，更容易吸引眼球呢？下面详细介绍两种方法。

1．拍摄图片多加注意

新媒体平台使用的照片来源是多样的，有的新媒体平台使用的图片是企业或者个人自己拍摄的，有的是从专业的摄影师或者其他地方购买的，还有的是从其他渠道免费得到的。

对自己拍摄图片的新媒体平台运营者来说，只要在拍摄图片时注意拍照技巧的运用、拍摄场地布局及照片比例布局等，就能使得图片达到理想的效果。如果对摄影不是十分精通，也可以关注摄影类的新媒体平台账号进行了解和学习，比如“手机摄影构图大全”公众号。

2．后期处理善用软件

新媒体平台运营者在拍完照片后如果对图片不是太满意，还可以选择借助后期处理对图片进行美化。现在用于图片后期处理的软件有很多，运营者可以根据自己的实际技能水平选择图片后期处理软件，通过软件让图片变得更加夺人眼球。常见的后期处理软件有 Lightroom、美图秀秀、光影魔术手、Adobe Photoshop 等。

一张图片有没有进行后期处理，效果的差距是非常大的，因此给读者带来的视觉效果也是截然不同的。如果使用一张没有经过任何后期处理的照片作为文章的陪衬，很有可能难以吸引读者的注意力，这时就需要对其进行精修和美化处理。

7.1.2 图片颜色：选择合适的色彩搭配

新媒体平台运营者如果想要让自己的图片吸引读者的眼球，那么所选图片的颜色搭配就要合理。色彩搭配是一门学问，图片颜色搭配也需要仔细研究。

图片颜色搭配得合适能够带给读者一种顺眼、耐看的感觉，从而提升其阅读体验，得到美的享受。对新媒体平台而言，一张图片的颜色搭配需要做到 3 点，具体如图 7-1 所示。

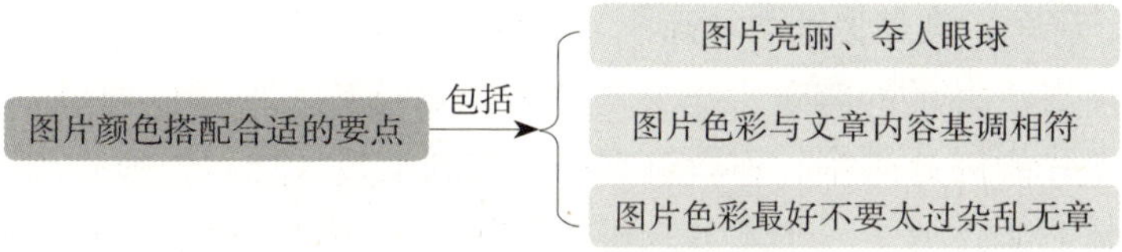

图 7-1　图片颜色搭配合适的要点

很多读者在阅读文章时都希望能有一个轻松、愉快的氛围，不愿在压抑的环境下阅读，而色彩明亮的图片就不会给读者压抑、沉闷的感觉。至于图片颜色与文章内容基调是否相符，也是在图片的细节处理中需要注意的问题。新媒体平台上的文案图片处理也是如此。如果公众号推送的内容是比较悲沉、严谨的，那么就可以选择与内容相适应的颜色的图片，比如偏于深色系的图片。如果这时使用太过跳跃的颜色，就会破坏文章的整体效果。

一般来说，大多数新媒体平台会根据自己的固有风格或者推送的文章内容来决定图片的配色，目的就是让读者记住自己，并给其留下深刻的印象，如图 7-2 所示。

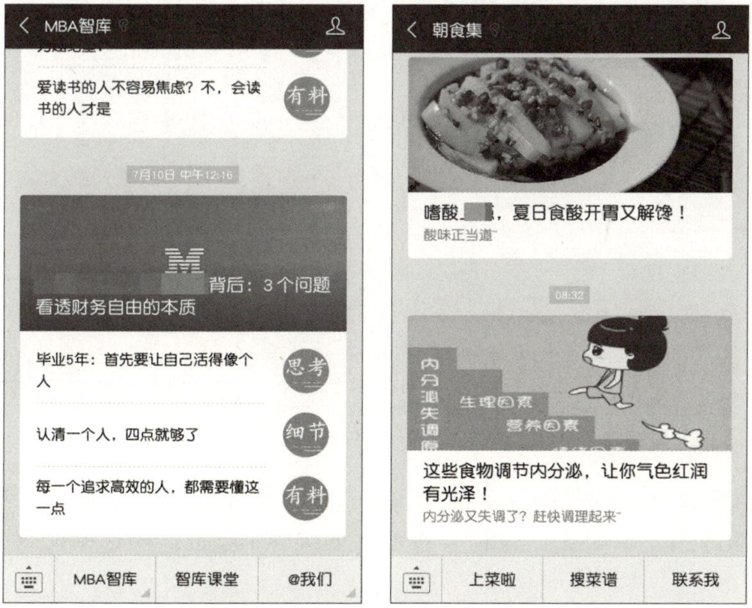

图 7-2　图片颜色的不同搭配

7.1.3 图片尺寸：大小适宜，确保高清显示

除了需要注意图片颜色的选择之外，还应该选择合适的图片尺寸。因为一张合格、优秀的图片，不仅要协调、柔和，还要看得清，且尺寸大小符合读者的预期。

“图片尺寸”实际上不仅仅是指图片本身的尺寸（像素），同时还代表排版时版面中的图片展示。文案中的图片在排版中的尺寸大小一般被限制在固定的范围之内，不可能做太大的调整。因此，为了保持图片的清晰度，就必须保证图片本身的尺寸大小，以提高图片的分辨率，这是保证图片高清显示的较好选择。

然而，图片高清显示的容量大小又与读者点击阅读文章信息时的体验息息相关。因此，在保持图片的高分辨率、不影响观看、顺利上传及能够快速打开的情况下，怎样处理图片容量大小就成了一个十分关键的问题。关于这一问题，可以通过如下两种方法来解决。

1. 巧用 QQ 截图

打开 QQ 界面，用户在结合快捷键的情况下以合适的格式保存图像，即可得到普通大小的高清图片，具体步骤如下：

步骤 01 打开 QQ，再打开一张需要修改尺寸的高清图片。按【Ctrl+Alt+A】组合键，将会在图中显示一个截图范围图标，如图 7-3 所示。

图 7-3　显示一个截图范围图标

步骤 02 移动鼠标指针至图片的左上角，然后按住鼠标左键进行拖动，选择高清图片。在显示的浮动面板上，单击“保存”按钮，如图 7-4 所示，执行操作后，即可完成截图。

步骤 03 弹出“另存为”对话框，在其中设置保存位置和文件名，单击“保存类型”右

侧的下拉按钮，在弹出的下拉列表中选择JPEG格式，单击“保存”按钮，如图7-5所示，即可完成图片另存操作。

图 7-4　完成截图

图 7-5　图片保存

用户可以分别查看高清图片两种保存格式的大小，如图 7-6 所示。从图上可以看出，运用 QQ 截图并以 JPEG 格式保存的图片大小和占用空间明显要比以原格式保存的图片小得多。

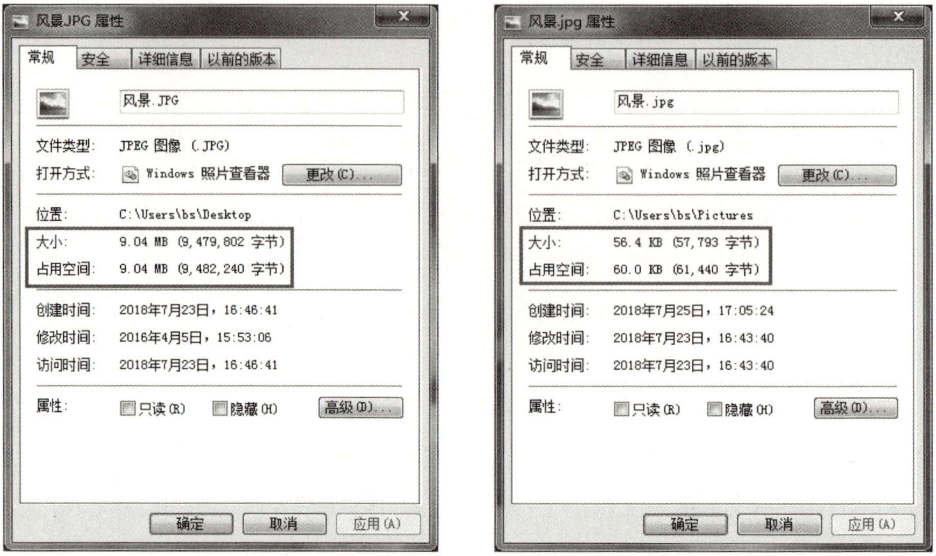

图 7-6 “属性”面板中显示的两种保存格式的图片大小

2. 善用“画图”程序

除了可以运用 QQ 截图把高清图片改为普通大小外，还可以通过“画图”程序来实现这一目标，具体步骤如下：

步骤 01 单击“开始”按钮，选择“程序”|“附件”|“画图”命令，打开“画图”程序。在软件界面中，选择“画图”|“打开”命令，打开需要修改的高清图片，如图 7-7 所示。

图 7-7 打开“画图”程序

步骤 02 选择“画图”|“另存为”命令，在弹出的“另存为”窗格中选择“JPEG 图片”选项，如图 7-8 所示。

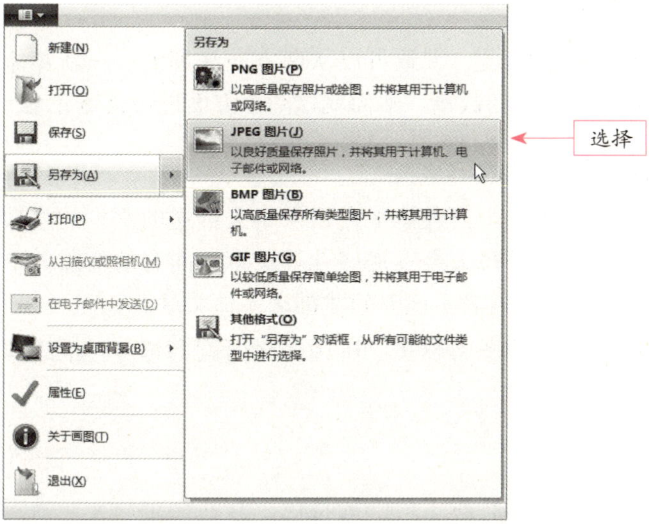

图 7-8　选择"JPEG 图片"选项

步骤 03 执行操作后，弹出"保存为"对话框，如图 7-9 所示，设置图片保存的位置和类型，单击"保存"按钮即可保存图片。

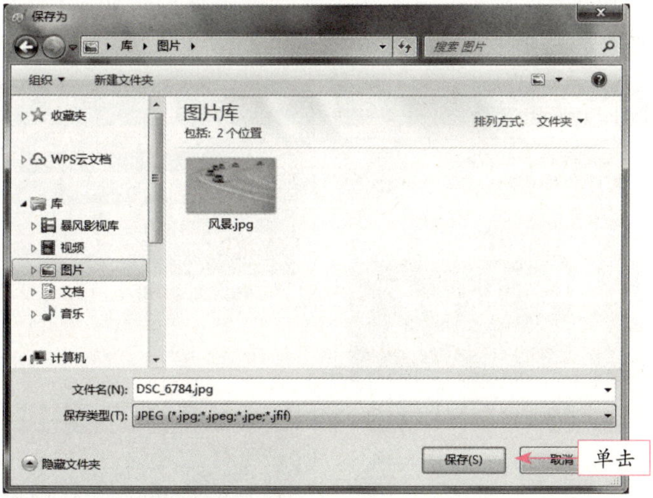

图 7-9　"保存为"对话框

这样操作之后，通过查看属性可知，保存的图片比原图的大小和占用空间都要小得多。

7.1.4 图片数量：结合内容做完美搭配

对于如何安排图片数量这一问题，根本的依据还在于文章的内容。不同的文章有不同的体例、形式及侧重点，要想完美地搭配图文不是一件容易的事，那么，应该怎么设置图片的数量呢？

关于图片的数量这一问题，大致可以从两方面来理解——新媒体平台推送图文的数量和文章中排版所用图片的数量。下面就这两个方面进行具体介绍。

1．推送图文的数量

推送图文的数量是指一个新媒体平台账号每天推送的文章的篇数。细心的读者会发现，有的新媒体平台账号每天会发送好几篇文章，而有的新媒体平台账号每天只会推送一篇文章，甚至隔几天或者一段时间才推送一篇文章。

新媒体平台账号推送的图文越多，所用的封面就会越多；推送的图文越少，所用的封面也就越少。

2．文章排版配图数量

每个新媒体平台账号都有属于自己的特色，有的在布局文章内容版式时会选择使用多图片的形式，有的则选择使用一张图片。这种多图片或少图片的排版方式会给读者带来不一样的阅读体验。

以微信公众号为例，首先从推送图文的数量来看，有的同一时间推送多则图文消息，有的只推送一则消息，甚至很久都不发消息。如图 7-10 所示为“有调 APP”和“小川叔”推送图文数量的对比展示。

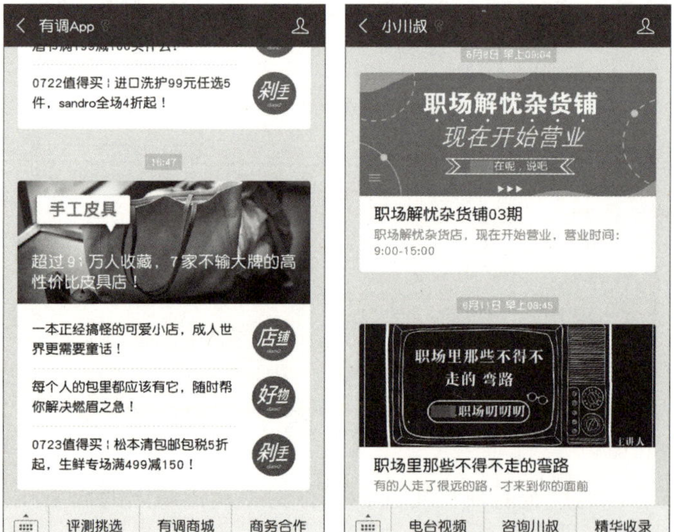

有调App
0722值得买：进口洗护99元任选5件，sandro全场4折起！
剁手
手工皮具
一本正经搞怪的可爱小店，成人世界更需要童话！
店铺
每个人的包里都应该有它，随时帮你解决燃眉之急！
好物
0723值得买：松本清包邮包税5折起，生鲜专场满499减150！
剁手
评测挑选
有调商城
商务合作
小川叔
职场解忧杂货铺
现在开始营业
职场解忧杂货铺03期
职场解忧杂货店，现在开始营业，营业时间：9:00-15:00
职场里那些不得不走的弯路
职场叨叨叨
职场里那些不得不走的弯路
有的人走了很远的路，才来到你的面前
电台视频
咨询川叔
精华收录

图 7-10 “有调 APP”和“小川叔”推送图文数量的对比展示

7.1.5 图片容量：容量小，加载速度快

文章中所使用的所有图片，都要经过仔细的斟酌，慎重考虑。以微信公众平台为

例，在选择图片尺寸大小时，不是胡乱设置的，而是需要从不同的角度去考虑，具体如图 7-11 所示。

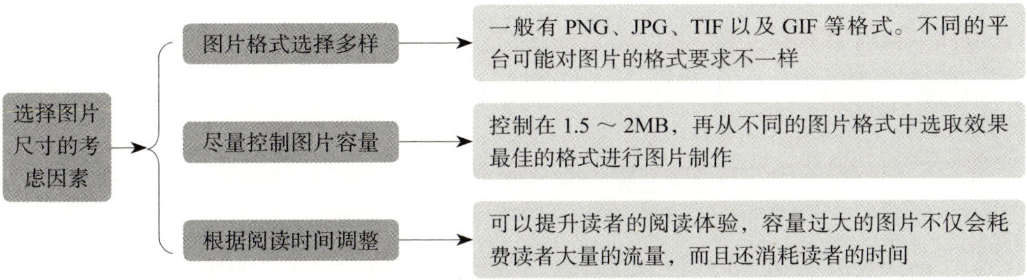

选择图片尺寸的考虑因素
图片格式选择多样
一般有 PNG、JPG、TIF 以及 GIF 等格式。不同的平台可能对图片的格式要求不一样
尽量控制图片容量
控制在 1.5 ～ 2MB，再从不同的图片格式中选取效果最佳的格式进行图片制作
根据阅读时间调整
可以提升读者的阅读体验，容量过大的图片不仅会耗费读者大量的流量，而且还消耗读者的时间

图 7-11　选择图片尺寸的考虑因素

例如，如果微信公众平台定位的读者一般习惯晚上八九点阅读文章，而这个时间段人们基本上是待在家里的，那么读者可以使用 Wi-Fi 打开微信公众平台进行阅读。

在这种情况下，既不用担心读者耗费流量，也不用担心图片加载过慢，这样就可以适当地使用大一些的图片，给读者提供最清晰的图片，让读者拥有最好的阅读体验。

如果读者微信公众平台定位的读者大部分是在早上七八点钟阅读文章，那么读者使用手机流量上网的可能性就比较大，这时公众号如果推送文章，就需要将图片的大小控制在如上述所说的 1.5 ～ 2MB，为读者节省流量的同时也节省了图片加载时间。

如图 7-12 所示，以“手机摄影构图大全”为例，由于它是一个专门分享摄影技巧和经验的公众号，而且其粉丝、读者大多是摄影爱好者，因此它的推送时间就选择了中午人们休息的时间。大部分读者这时应该都处在有无线网络的环境下，所以文章中放置了很多高清图片，以供读者欣赏、品味。

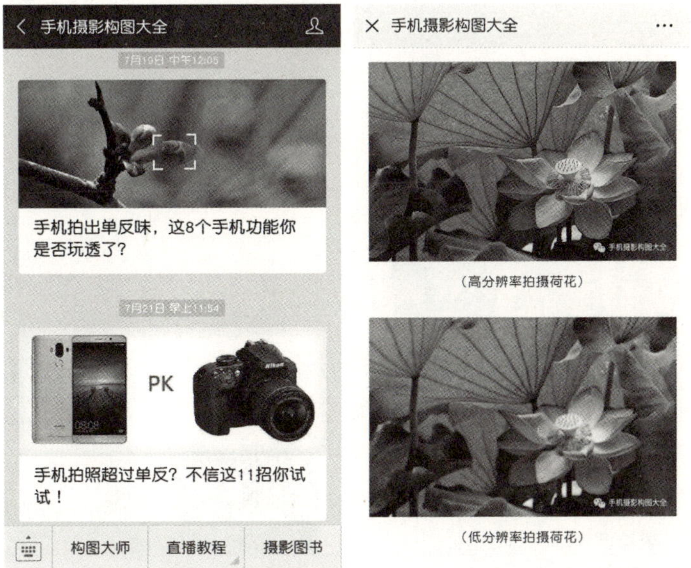

手机摄影构图大全
手机摄影构图大全
手机拍出单反味，这8个手机功能你是否玩透了？
PK
手机拍照超过单反？不信这11招你试试！
构图大师
直播教程
摄影图书
（高分辨率拍摄荷花）
（低分辨率拍摄荷花）

图 7-12　“手机摄影构图大全”公众号发布的文章图片

7.1.6 动图特效：让文章更加生动有趣

很多文章的作者在插入图片时都会采用 GIF 格式动图，这种动起来的图片确实能为新媒体平台吸引不少读者。GIF 格式的图片更加动感立体，相对于传统的静态图，它的表达能力会更强大。静态图片只能定格某一瞬间，而一张动图则可以演示一个动作的整个过程，因此效果会更好。

作为一种独特的图片格式，GIF 的好处是显而易见的，不论是单独来看，还是作为文章中的插图，它都能带给读者不一样的阅读体验。

动图的类型要与文章的内容相匹配。一般来说，技巧类的文章通常更需要动图的衬托和点缀，原因有如下两点：一是因为技巧类的文章本身比较冗长，如果文字表达不是特别生动，则很容易让读者失去阅读的兴趣，因此动图的加入能够有效地吸引读者的注意；二是因为技巧类的文章在讲解知识时，往往会涉及某种用文字难以生动表达的情况，这时用一张动图来解释，难题就会迎刃而解。

以“茶颜悦色”微信公众号为例，它推送的文章内容就含有创意十足的动图，如图 7-13 所示。这个动图不仅包含产品展示，还有表情包助阵，制作的难度系数有点高，但效果是显而易见的。

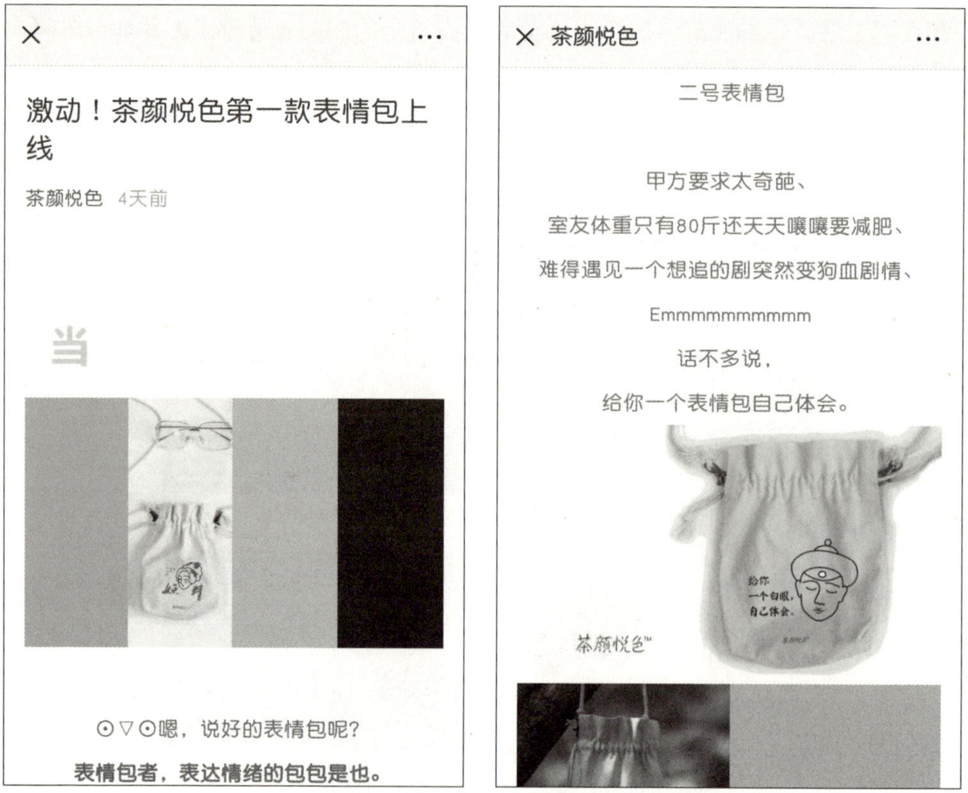
激动！茶颜悦色第一款表情包上线
茶颜悦色 4天前
当
⊙▽⊙嗯，说好的表情包呢？
表情包者，表达情绪的包包是也。
茶颜悦色
二号表情包
甲方要求太奇葩、
室友体重只有80斤还天天嚷嚷要减肥、
难得遇见一个想追的剧突然变狗血剧情、
Emmmmmmmmmm
话不多说，
给你一个表情包自己体会。
给你
一个白眼，
自己体会。
茶颜悦色™

图 7-13 “茶颜悦色”公众号推送的文章中的动图展示

7.1.7 长图文效果：重要信息读者一目了然

除了动图，长图文也是为文章内容加分的一种形式，以图片加文字的漫画形式描述内容，阅读量非常高，很多著名的品牌企业也经常运用这种方式来宣传和推广自己的新品。

长图文是使各种新媒体平台获得更多关注、吸引更多粉丝的一种好方法，其主要优势体现在如图 7-14 所示的 3 个方面。

长图文的形式在微信公众平台屡见不鲜，有的微信公众号甚至将长图文当成了自己的固有模式和风格，并以此来吸引读者和粉丝。如图 7-15 所示为“果壳网”公众号推送的长图文消息。

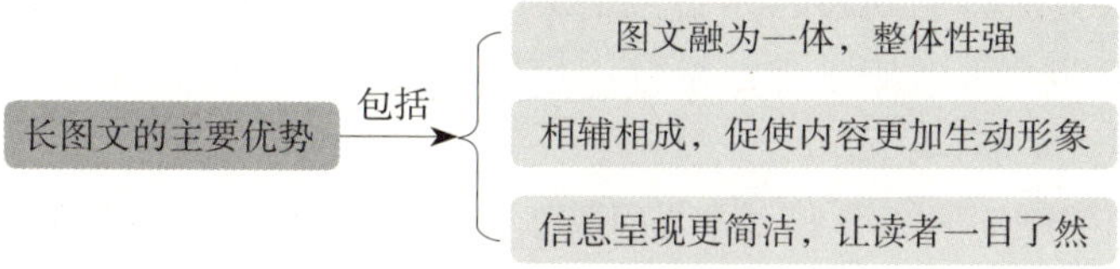

长图文的主要优势
包括
图文融为一体，整体性强
相辅相成，促使内容更加生动形象
信息呈现更简洁，让读者一目了然

图 7-14　长图文的主要优势

一张图告诉你什么是智能工厂！
果壳网 果壳网 前天
一张图告诉你
什么是智能工厂
如果有人有兴趣
举办个词语圈C位出道大赛
本AI一定毫不犹豫的
pick “智能” 这个词！
今天我们就来聊一聊这个号称是工业革命4.0版本的“智能工厂”，各种长篇大论简直看的瓦特和爱迪生都直挠头。
抛去“智能”的外衣，工厂的本质仍然是为了提高生产力的集约化生产。
果壳网
下面我们就来讲讲
智能工厂到底分为哪些流程？
05 工厂管控层
04 智能车间层
03 智能流水线
02 智能装备层
01 基础设施层
1 基础设施层
指的就是工厂用网络覆盖，实现指令自动下达和设备产线信息的自动采集；解决各种设备、机器人、传感器和工控之间的联网问题。
简单来说就是建立一个全网络覆盖的工厂。这就好比新装修的办公室通了Wi-Fi，满格信号才能拥有强大的工作动力！
2 智能装备层
它主要包含生产设备、检测设备和物流设备。智能化的加工中心能够边检测边

图 7-15　“果壳网”公众号推送的长图文消息

7.2 封面选择：打造完美的第一印象

封面图片决定着用户对新媒体平台的最初印象，影响着新媒体平台上文章的阅读量与点击率。好的封面图片能起到激发用户好奇心、提高文章关注度的作用。封面图片的选择是新媒体运营者打造好的视觉效果的重要条件之一。本节主要介绍如何做好封面图片的选择。

7.2.1 优质图片：3 大基本特征符合审美

新媒体用户在搜索关键词之后，跳转的页面中会出现一系列文章的封面图片，而图片质量的高低直接影响到新媒体平台推送的相关文章的阅读量与点击率的高低。如果封面图片制作切合推送的主题，符合用户的审美标准，就能激发用户的好奇心，提高文章的阅读量。

优质的封面好图应具备哪些基本特征呢？具体特征如图 7-16 所示。

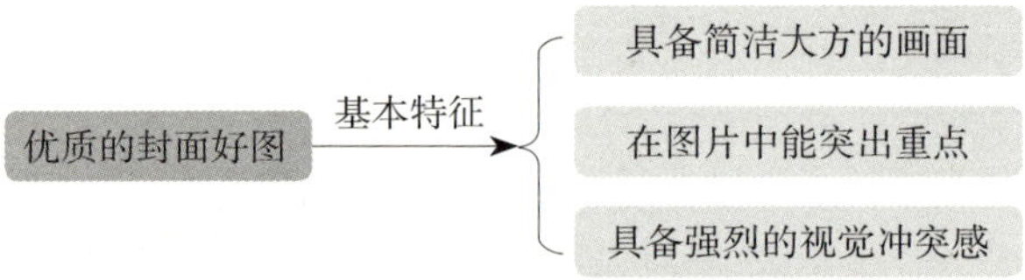
优质的封面好图
基本特征
具备简洁大方的画面
在图片中能突出重点
具备强烈的视觉冲突感

图 7-16　优质的封面好图的基本特征

一张优质的图片能对新媒体用户产生强烈的视觉冲击感，在一定程度上节约了平台推广的成本支出。对新媒体平台的运营者来说，好的封面会让用户眼前一亮，向用户传递产品的重要信息，从而能引发用户的阅读兴趣。

7.2.2 流量转化：遵循图片的制作规范

在对图片进行设计时，还要遵守一定的图片制作规范，从而提高图片的质感，保证图片最佳的视觉效果。值得注意的是，在设计的图片中切忌标注过多杂乱无章的产品信息。因为杂乱无章的信息标注只会让图片看起来价值感低且较为廉价。

目前，很多商家都借助各种新媒体平台不断加大促销推广的力度，因此常常会在商品主图上大做文章，但有时因为没有把握好分寸，效果往往适得其反。有的商家在主图上无限放大促销、优惠、商品特色等信息，甚至占据了比产品本身还要大的面积，不仅影响了搜索页面的美观，还降低了商品的视觉效果。

如果商品主图没有按照规范进行制作，就会使得流量难以转化为销量，对视觉营销而言是较大的阻碍。因此，商品主图的制作规范需要在设计商品主图前就考虑好，以达到商品主图视觉效果设计的较好水平。

因此，根据商品的类目进行主图制作的规范对流量的转化而言相当重要，特别是对一些已经具有影响力的品牌而言，主图的设计会在固定的区域放置品牌的标志，如图 7-17 所示。

图 7-17　根据商品类目制作的标准主图

7.2.3 品牌宣传：不断强化用户记忆点

随着新媒体平台的不断蓬勃发展，在线销售的商品越来越多，如何进行更为出色的视觉营销也成为许多商家都在思考的问题。

于是，全力打造品牌成为许多商家的首要选择，他们不再拘泥于简单的商品销售，而是致力于品牌的宣传和推广。因为只有通过记忆强化，才能使得消费者对商品所属品牌记忆犹新，把新老客户都留住。但品牌的宣传和推广需要付出的代价比较大，商家需要面对如图 7-18 所示的几大问题。

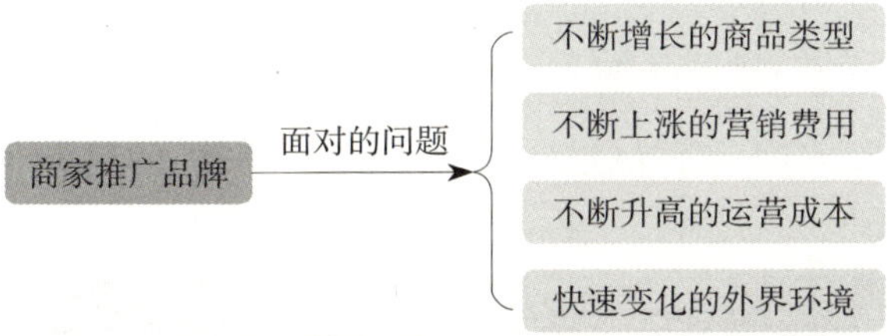

图 7-18　商家推广品牌需要面对的问题

传统企业在树立品牌时，花费了不少心血，投入的资本也不容小觑，而新媒体平台要想对品牌进行宣传和推广，就不要从资金上与传统企业较劲，通过商品主图展示品牌标志倒是一个不错的方法。

如图 7-19 所示为红袖、UR、太平鸟和欧时力的商品主图，它们有一个共同的特点，就是品牌标志都统一位于画面的左上侧。这样一来，不仅可以吸引新顾客的注意力，还可以让老顾客产生熟悉感，进而促进商品的销售，为品牌的宣传和推广打下良好的基础。

HOPESHOW
¥259.00 包邮
182人付款
UR URBAN REVIVO
¥129.00
114人付款
PEACEBIRD
¥799.00
52人付款
ochirly
¥132.00
44人付款

图 7-19　放在固定位置的品牌标志

7.2.4 质感彰显：无形中影响用户心理

新媒体运营者在进行图文设计、选择相关图片时，应注重体现图片的质感。高质感的图片更容易抓住新媒体用户的眼球，带给用户最佳的视觉感受和体验。

不同质感的商品主图会在无形之中影响消费者的心理感受，使他们从不同的角度关注商品，如图 7-20 所示。

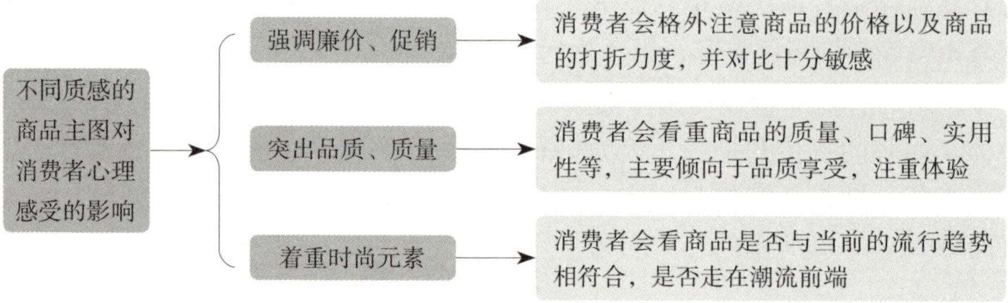
不同质感的商品主图对消费者心理感受的影响
强调廉价、促销
消费者会格外注意商品的价格以及商品的打折力度，并对比十分敏感
突出品质、质量
消费者会看重商品的质量、口碑、实用性等，主要倾向于品质享受，注重体验
着重时尚元素
消费者会看商品是否与当前的流行趋势相符合，是否走在潮流前端

图 7-20　不同质感的商品主图对消费者心理感受的影响

以瓷质盘子为例，作为一种注重质感的商品，在图片的设计上更要格外用心。如图 7-21 所示为 3 种不同的商品衬托展示。

（1）光线偏暗的商品展示　（2）背景色与产品色接近的商品展示　（3）质感良好的商品展示

图 7-21　3 种不同的商品衬托展示

从图片上来看，虽然展示的商品都是瓷质盘子，属于相同的类型，但体现出来的商品质感却有所不同，关于上述几种商品衬托展示的相关分析如图 7-22 所示。

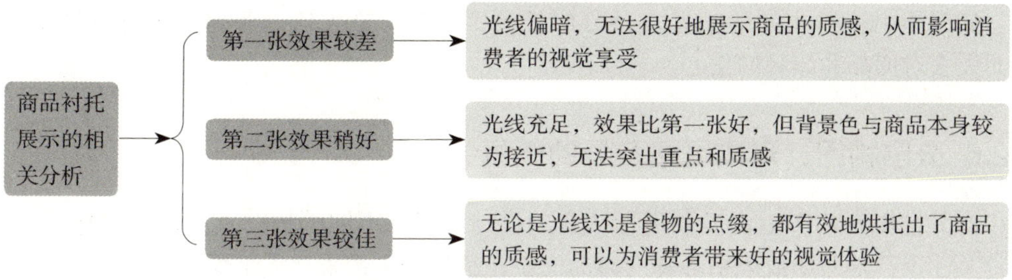
商品衬托展示的相关分析
第一张效果较差
光线偏暗，无法很好地展示商品的质感，从而影响消费者的视觉享受
第二张效果稍好
光线充足，效果比第一张好，但背景色与商品本身较为接近，无法突出重点和质感
第三张效果较佳
无论是光线还是食物的点缀，都有效地烘托出了商品的质感，可以为消费者带来好的视觉体验

图 7-22　商品衬托展示的相关分析

7.2.5 分层处理：信息展示要有主次之分

无论是新媒体平台上的宣传广告，还是各类推送文案中的图片，在信息的展示上都应该有主次之分，而不是随意分布、杂乱无章。对商品信息进行分层处理的优势有很多，主要内容如图 7-23 所示。

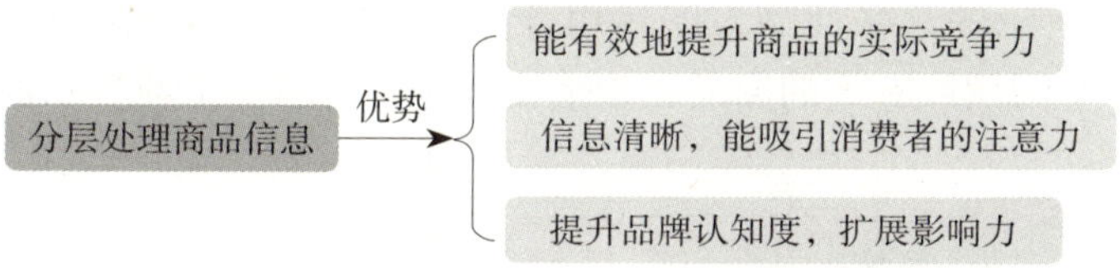
分层处理商品信息
优势
能有效地提升商品的实际竞争力
信息清晰，能吸引消费者的注意力
提升品牌认知度，扩展影响力

图 7-23　对商品信息进行分层处理的优势

一般而言，商品主图的信息比较简单，只有商品图、品牌标志和简单的文案，如图 7-24 所示为美肤宝护肤品的主图。

有的商品主图会加上促销等信息，这时就需要在页面设计中对各种信息内容进行分层处理。如图 7-25 所示为一叶子面膜的主图，在第一位表现的自然是商品本身，然后是促销活动的信息——“活动价”“买就送面膜 10 片”，最后就是品牌标志的展示，位于画面的左上角。

美肤宝
MEIFUBAO
官方旗舰店
MEIFUBAO
精萃透白美肌水
EXTRACT
WHITENING SKIN TONER
抹出美肌 水感亮白

图 7-24　美肤宝护肤品的主图

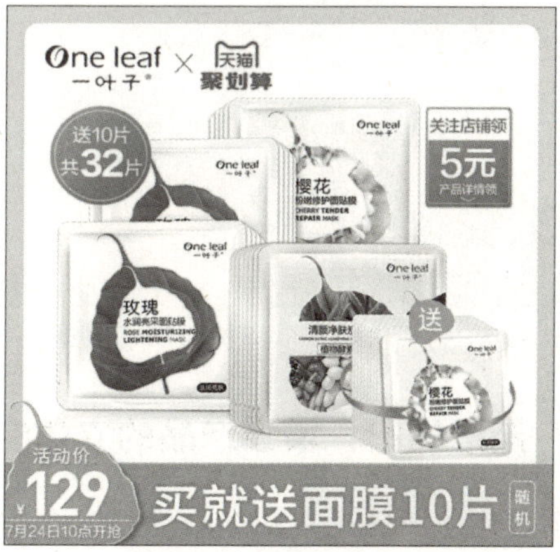
One leaf
一叶子
天猫
聚划算
送10片
共32片
关注店铺领
5元
樱花
玫瑰
送
活动价
¥129
7月24日10点开抢
买就送面膜10片
随机

图 7-25　一叶子面膜的主图

如果不对商品主图的信息进行分层处理，消费者就无法一眼抓住视觉营销重点，继而失去对商品和品牌的信心。

7.2.6 分隔构图：形成风格各异的气氛

商品主图在构图上也需要进行认真的设计，因为不同的构图方法可以打造不同的视觉关注点，从而形成风格各异的商品气氛，给消费者带来视觉享受。

例如，在服装类商品的视觉营销中，运用得比较多的是分隔构图法。新媒体平台运营者采用分隔构图法时，因为平台页面的限制，为了全面展示商品的面貌，就需要将画面分割成几个部分。如图 7-26 所示为视觉设计中采用的分隔构图法。

采用分隔构图法的好处：一是可以全方位展示商品的特点，让消费者买得放心；二是可以呈现出产品的不同颜色和款式，从而吸引消费者的注意力。虽然分隔构图法主要用于服装类商品的视觉设计中，但也不排除有其他类别的产品可以采用这种构图法。如图 7-27 所示的这张商品主图运用分隔构图法将主图分割成 3 个部分，然后每个部分展示了不同摆放方式的商品，让消费者能够清晰明了地看到商品的特征及多样性。

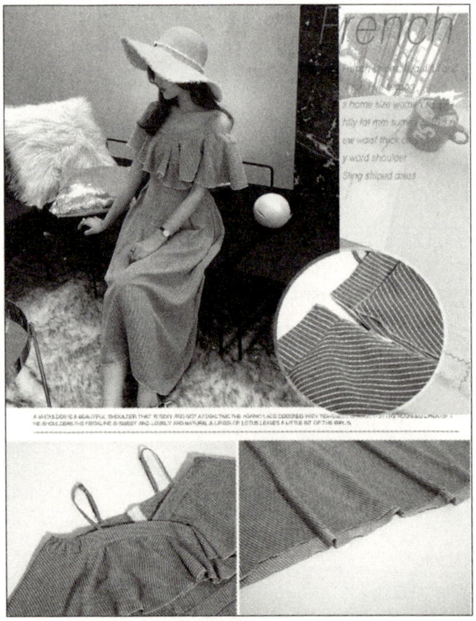

图 7-26　视觉设计中采用的分隔构图法

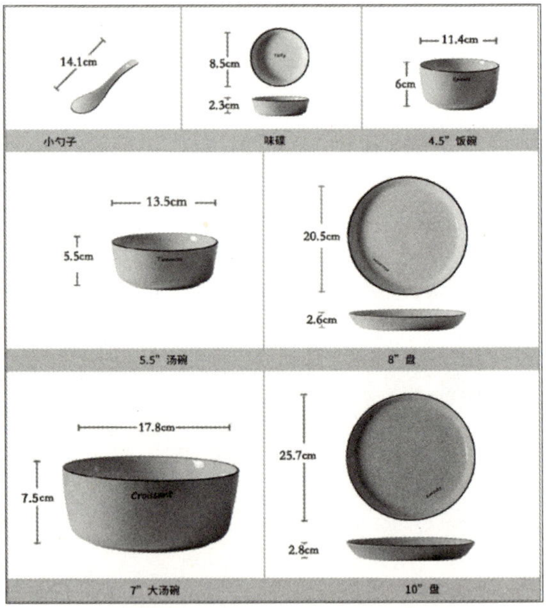

图 7-27　商品主图的分隔构图法

7.2.7 渐进构图：增强产品的立体空间感

渐进构图法就是对商品有组织、有顺序地进行排列，比如由大到小、由远及近，其优势有很多，主要体现在如图 7-28 所示的几个方面。

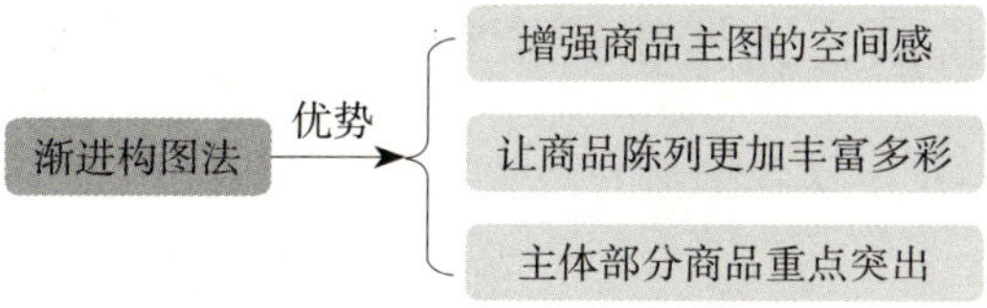
渐进构图法
优势
增强商品主图的空间感
让商品陈列更加丰富多彩
主体部分商品重点突出

图 7-28　渐进构图法的优势

如图 7-29 所示为商品主图的渐进构图法，立体感和空间感都很明显。

图 7-29　商品主图的渐进构图法

7.2.8 直线构图：充分多样展示易于对比

直线构图法能够充分展示商品的种类和颜色，而且使得消费者更容易在视觉效果上对商品进行比较，从而对商品的选择也更加多样化。如图 7-30 所示为运用直线构图法呈现的商品主图。

创意
创意
创意
创意

图 7-30　运用直线构图法呈现的商品主图

7.2.9 发散构图：扩展目光聚集视觉焦点

发散构图法一般适用于比较细长的商品类型，其构图优势如图 7-31 所示。

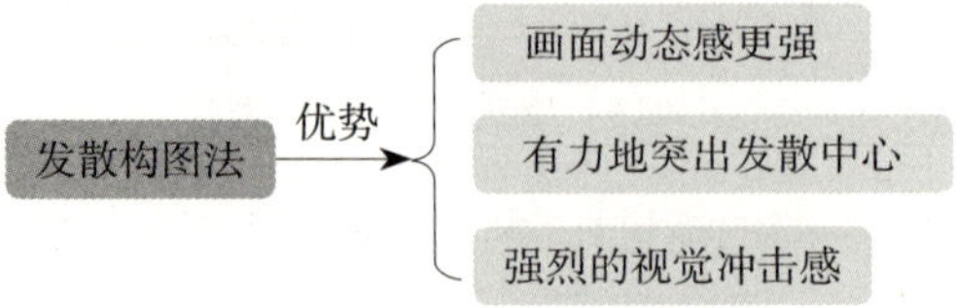
发散构图法
优势
画面动态感更强
有力地突出发散中心
强烈的视觉冲击感

图 7-31　发散构图法的优势

如图 7-32 所示为商品主图的发散构图法，圆珠笔呈发散状向四周扩散，既能够扩展消费者的目光，又可以聚集视觉的焦点。如果想要让消费者注意到商品的品牌，还可以在焦点处放置品牌的标志，以达到宣传推广的作用。

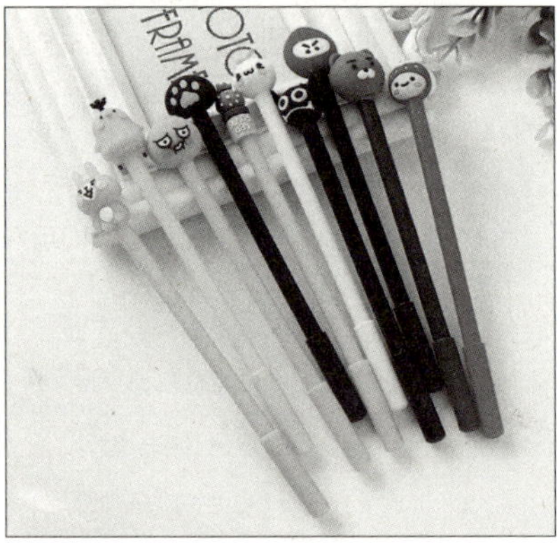

图 7-32　商品主图的发散构图法

7.3　图片处理：挖掘蕴藏的视觉灵魂

掌握一定的图片处理技巧，挖掘图片深处蕴含的视觉灵魂，是一个出色的新媒体运营者应该具备的技能。在新媒体运营中要想打造好的视觉效果，离不开视觉图片的支持。本节主要以微信公众号为例，介绍新媒体平台运营中常用的图片处理技巧。

7.3.1 符号化：扩大宣传影响促进营销

在新媒体平台文案中，产品形象主要通过 3 种形式呈现出来，如图 7-33 所示。

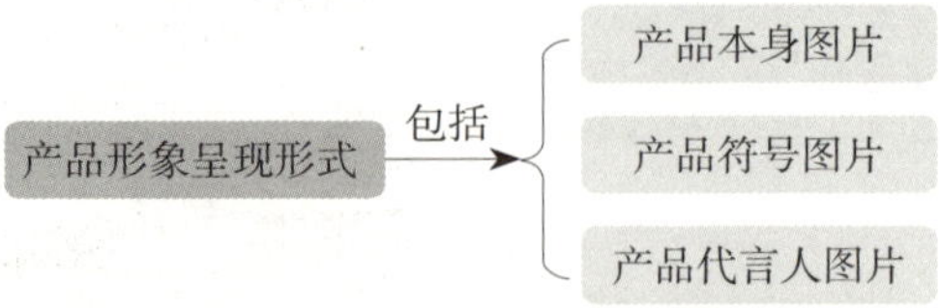
产品形象呈现形式
包括
产品本身图片
产品符号图片
产品代言人图片

图 7-33　产品形象呈现形式

图 7-33 中所提及的 3 种产品形象呈现形式中，后两种是建立在符号和象征的基础之上的，它们是利用产品品牌标志、企业 LOGO 和代表性人物形象来推送产品的形式。

利用图片实现产品形象符号化，可以让产品在进入市场的过程中，能够让消费者在一看到与该符号形态相同或相似的标志时产生一种联想，既能扩大产品的宣传影响力，还能促进产品营销的实现。

消费者之所以能够产生联想，就在于产品的符号形象在流通传播过程中产生了一种文化意义和社会生命力，并与社会中的某一文化元素相契合，于是无形中就在消费者心目中形成了一定的形象地位，这是产品形象化的真实意义所在。

7.3.2 真实感：直观感受获取读者的信任

新媒体平台在发布文章时，配上图片能够给读者最直观的视觉感受，增强真实感。由此可见，在新媒体平台发送产品广告的文章时，配上图片是进行产品推广最为有效的方法。

为了营造出文章中所推送的商品的真实感，可以在平台推送的产品广告文章中配上购买者对产品的使用感受图或者效果图。因为大部分新媒体用户愿意相信自己所看见的，有时候商家说再多产品的好，也抵不过买家的一句使用感受。

如图 7-34 所示为微信公众平台发布的关于某品牌驱蚊液的广告推文，在推文中插入产品使用效果对比图，注重产品细节，通过真实图片的呈现，刺激读者的视觉感官，给其带来视觉冲击，从而让读者更多地感受到其中的真实感，并产生信任感。

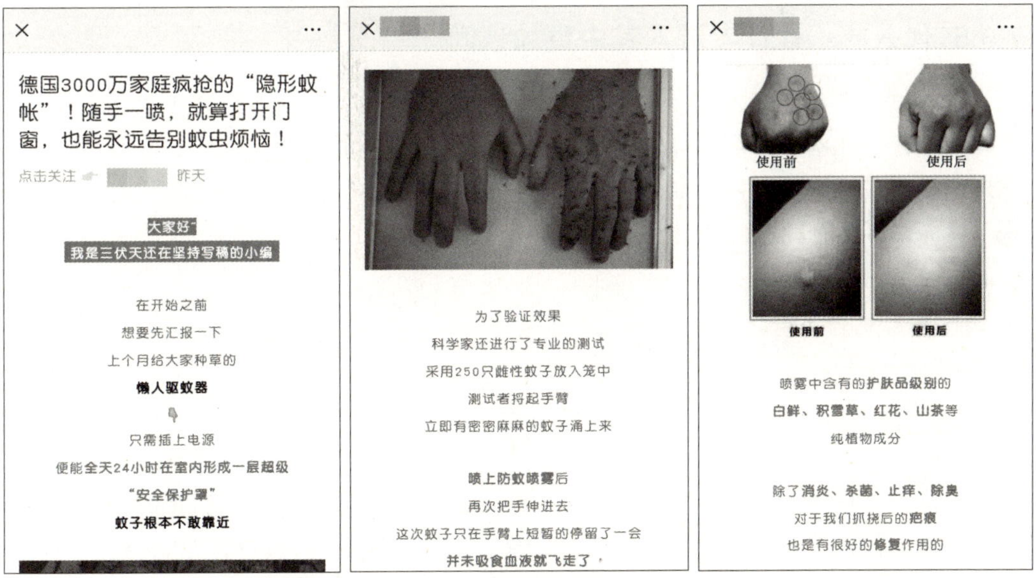

德国3000万家庭疯抢的“隐形蚊帐”！随手一喷，就算打开门窗，也能永远告别蚊虫烦恼！
点击关注
昨天
大家好~
我是三伏天还在坚持写稿的小编
在开始之前
想要先汇报一下
上个月给大家种草的
懒人驱蚊器
只需插上电源
便能全天24小时在室内形成一层超级
“安全保护罩”
蚊子根本不敢靠近
为了验证效果
科学家还进行了专业的测试
采用250只雌性蚊子放入笼中
测试者将手臂
立即有密密麻麻的蚊子涌上来
喷上防蚊喷雾后
再次把手伸进去
这次蚊子只在手臂上短暂的停留了一会
并未吸食血液就飞走了
使用前
使用后
使用前
使用后
喷雾中含有的护肤品级别的
白鲜、积雪草、红花、山茶等
纯植物成分
除了消炎、杀菌、止痒、除臭
对于我们抓挠后的疤痕
也是有很好的修复作用的

图 7-34　微信公众平台中图片增强真实感的部分案例

7.3.3 认同感：让读者对产品更加认可

新媒体平台上的文章如果不搭配图片，内容再好，其吸引力也会大打折扣。因为过长的纯文字会显得比较枯燥，使得读者容易产生阅读疲劳，人们对长篇幅的纯文字会选择性跳过，不阅读。

然而，在文章中配上图片会使得文章变得更加形象，这一点对带有广告性的新媒体文章来说同样非常重要。因为图片能让读者视觉感官和思维受到影响，从而达到影响读者阅读心理的效果，使得读者对产品的认可度有一定的改变。

7.3.4 创意感：用新意激活读者注意力

所谓“创意”，就是在现实存在的理解和认知基础上，赋予事物一种新的思维和意识。在创意范畴内，通过形成的新的思维和意识，人们可以很好地发掘资源深层次的价值。

在新媒体平台运营中，以图片的形式让产品和品牌的中心关注点充满创意，能够立刻吸引读者的注意力。那么，如何利用图片体现产品的创意是新媒体平台运营者在进行图文设计时需要思考的问题。

关于新媒体平台的产品图片创意化，可通过两种形式来实现：一种是利用产品的新包装；另一种是利用产品的细节图。在新包装、细节图等多种形式的创意武装下，企业产品和品牌能够吸引更多的消费者，促成营销目标的实现。

7.3.5 代入感：让读者融入其中更加认同

在新媒体平台文案中，如果企业或商家放入其中的是有着消费者或其他人物身影存在的图片，那么该产品和品牌可以让读者产生身份认同感和代入感。这一过程也在无形中实现了读者对产品、品牌的了解，从而更信赖和信任产品或品牌。而想要实现这一目标，可以通过在文案中植入相关图片。

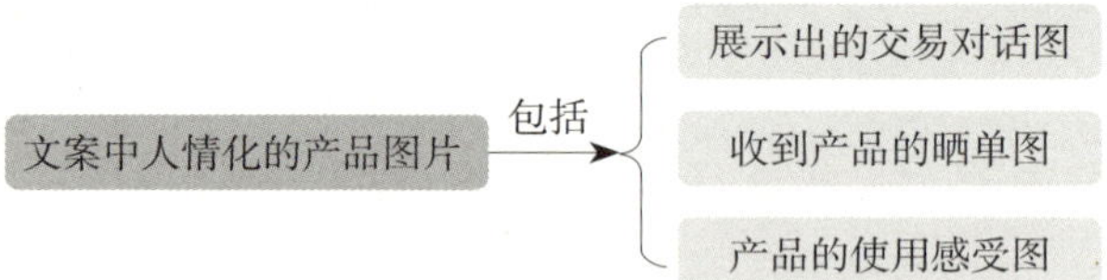

图 7-35　文案中人情化的产品图片

通过图 7-35 中所提及的 3 种图片类型，可以让其他读者融入商品营销过程中并产生一种角色代入感，将自己当作其中的顾客，想象成是自己在进行产品购买前的咨询或者使用产品后在诉说对产品的感受，可以充分体验到顾客的心情。其实这就是图片让读者产生代入感的功效，而代入感的产生是建立在图片能够表达充满人情意味的产品的基础之上的，因此，可以说，图片在表达上除了能够让产品创意化，还具有让文字人情化的作用。

7.3.6 场景感：让读者身临其境增强说服力

如果想要完美、形象地呈现一个真实的活动场景，除了利用视频外，没有比使用图片更合适的方法了。有些人会想，有时候文字描述也能真实地再现场景，能够让读者在脑海中呈现真实的生活场景，然而这种形式是比较含蓄和富有韵味的，从直观、形象的角度来说，其效果还是略逊图片一筹的。如图 7-36 所示为“故宫淘宝”公众号在推送的文案中利用图片将真实的场景呈现出来，推文的标题为《中国最美的颜色在紫禁城》。为了使标题与内容一致，在推文中插入人们熟悉的各种场景的图片，在增加文章说服力的同时，打造自身品牌的亮点。

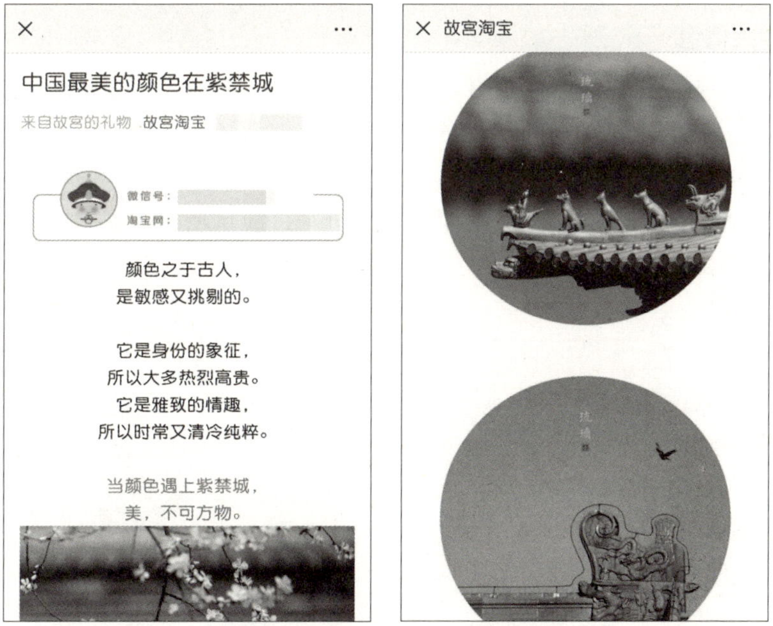
中国最美的颜色在紫禁城
来自故宫的礼物 故宫淘宝
微信号：
淘宝网：
颜色之于古人，
是敏感又挑剔的。
它是身份的象征，
所以大多热烈高贵。
它是雅致的情趣，
所以时常又清冷纯粹。
当颜色遇上紫禁城，
美，不可方物。
故宫淘宝

图 7-36 利用图片呈现出场景感

因此，在文案中以图片的形式让读者在阅览图文时可以很直观地感受到真实的生活场景，那么，文案的推送也就具有了它的意义和价值。

7.3.7 趣味感：增加可读性形成鲜活感

在新媒体平台推广的文案中通过添加图片，可增强文案的趣味性与可读性，打造出趣味式文案。

所谓“趣味式文案”，就是能让读者感受到其中的趣味、引人发笑的软文。对文章的构成元素而言，文字在引发趣味方面是在读者集中注意力关注的情况下才能产生的，不能让读者在第一时间就引发自身的笑点。而图片恰恰相反，基于其丰富的表现力和生动性，读者往往在看到图片中有趣的部分时就会感受到其中的趣味点，从而继续阅读和关注。

通过阅读植入趣味式图片的文案，读者能够很容易地发觉，似乎整篇文案都生动和鲜活起来了。形成鲜活感的图片主要表现在如下两个方面：

1. 注意图文相符

无论是什么文案，在植入图片时都必须抓住一个基本原则，那就是图文相符。也就是说，植入的图片必须符合文章主题。只有图片能够很好地表现软文内容才能称之为合适的图片，否则图片不仅不能起到画龙点睛的优化作用，往往还会适得其反。趣味式文案的图片植入同样如此。

2. 多用表情包

表情包是一种既能很好地体现自身心情和感受的表现形式，也是增强表达的趣味性的主要手段。在趣味式文案的创作过程中，把人们熟知的表情包植入进去，有利于读者更好地把握撰写者表达的所有感情。

奉送能让人感到轻松、活泼和逗趣的表情包，是撰写趣味式文案的主要方法，它能让文案内容更加生动、有趣。如图 7-37 所示为“故宫淘宝”公众号文案中的表情包图片植入。

朕再不许别人说你土！
2018年6月4日
分享图片
2018年5月25日
朕为什么只下六次江南?
2018年5月24日
一不小心，把古画放大了看
2018年3月22日

故宫淘宝
故宫淘宝的设计师很危险!!!
果不其然。
设计师昨天还只是一抹微笑，
今天已经变成手舞足蹈了。
之前的设计画风是这样的：
大头豆眼、身高9.5cm的明清帝后。

图 7-37 “故宫淘宝”公众号文案中的表情包图片植入

7.3.8 吸引力：体现平台隐藏的情怀

要创作一篇出色的新媒体文案，图片的力量是不可忽视的。一篇图文结合的文章对读者的吸引力肯定是一篇纯文字的文章所不能比拟的，在文案中灵活运用图片来表达内容是吸引粉丝流量的重要途径。

如果选择的图片能够向读者传递一个新媒体平台隐藏的情怀，那么这类平台只用图片就可以胜过千言万语。

如图 7-38 所示是“油画 Artclub”公众号发布的一篇油画作品集文章中的一部分作品图。整篇文章中除了作品名称用了文字表达，其余的内容都是油画图片，但它却能体现该公众号的高雅情怀。

图 7-38 “油画 Artclub”公众号中图片体现情怀的部分案例

7.3.9 凝聚力：加强平台与读者的互动交流

各个商家在进行新媒体平台运营时，根据自己平台的文章内容选择合适的图片，能够使得文章与图片之间搭配得很和谐，从而达到借助图片加深与读者之间的互动和交流的目的。这种互动可以帮助平台凝聚读者，从而培养出平台的忠实粉丝。

如图 7-39 所示为“手机摄影构图大全”公众号发布的两篇文案，一篇是投稿影展的文案，另一篇是有关投稿照片点评的文案。

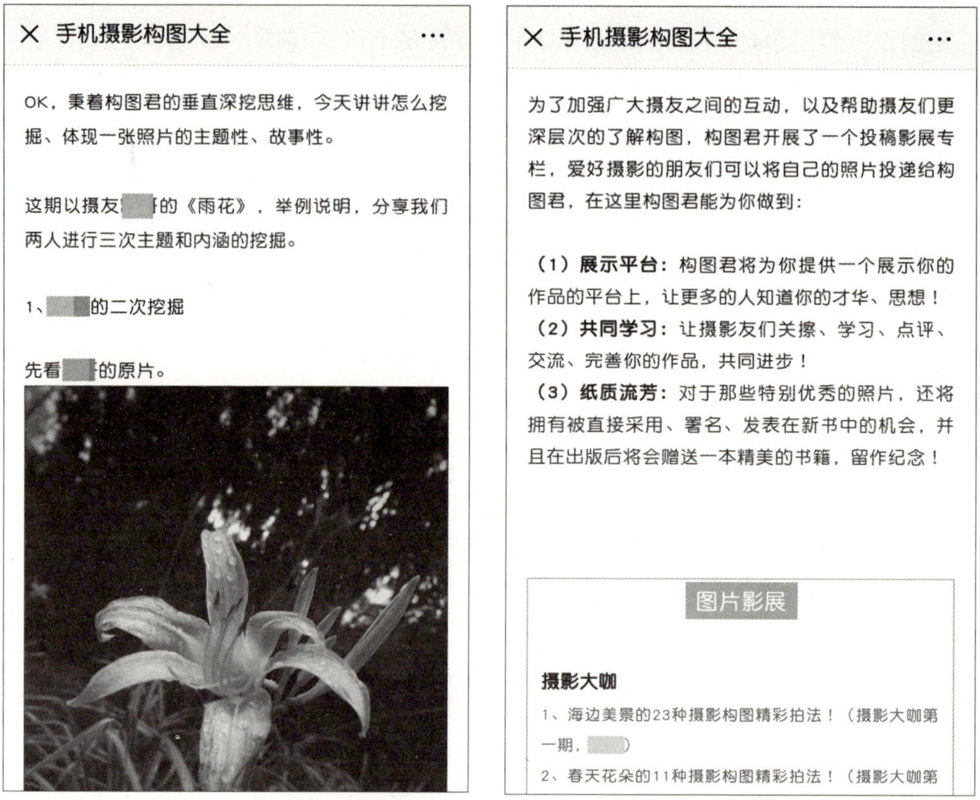

手机摄影构图大全
OK，秉着构图君的垂直深挖思维，今天讲讲怎么挖掘、体现一张照片的主题性、故事性。
这期以摄友的《雨花》，举例说明，分享我们两人进行三次主题和内涵的挖掘。
1、的二次挖掘
先看的原片。
手机摄影构图大全
为了加强广大摄友之间的互动，以及帮助摄友们更深层次的了解构图，构图君开展了一个投稿影展专栏，爱好摄影的朋友们可以将自己的照片投递给构图君，在这里构图君能为你做到：
（1）展示平台：构图君将为你提供一个展示你的作品的平台上，让更多的人知道你的才华、思想！
（2）共同学习：让摄影友们关擦、学习、点评、交流、完善你的作品，共同进步！
（3）纸质流芳：对于那些特别优秀的照片，还将拥有被直接采用、署名、发表在新书中的机会，并且在出版后将会赠送一本精美的书籍，留作纪念！
图片影展
摄影大咖
1、海边美景的23种摄影构图精彩拍法！（摄影大咖第一期，）
2、春天花朵的11种摄影构图精彩拍法！（摄影大咖第

图 7-39　微信公众平台发布的名单公示和照片征集活动的互动软文案例

从图 7-39 中可知，平台订阅者可以向“手机摄影构图大全”公众平台投稿，而在有用户投稿的情况下，“手机摄影构图大全”公众平台对这一活动的结果做了回应和点评。这种类型的活动能够加深平台与读者的互动，提高读者的黏性。

第8章 排版设置：实用攻略教你优化阅读体验

学前提示

各类新媒体平台的栏目设置与版式设计是否科学美观，对用户的视觉感受的好坏将产生重要影响。因此，只有做好新媒体平台的栏目与版式设计工作，才能给予用户最佳的阅读体验。本章主要介绍各类新媒体平台栏目设置与版式设计的相关知识。

要点展示

- 栏目设置：让你一眼锁定用户视线
- 版式区隔：掌握各部分的版式元素
- 文字版式：一致性与美观性相结合
- 搭配配色：保持协调，形成个人风格

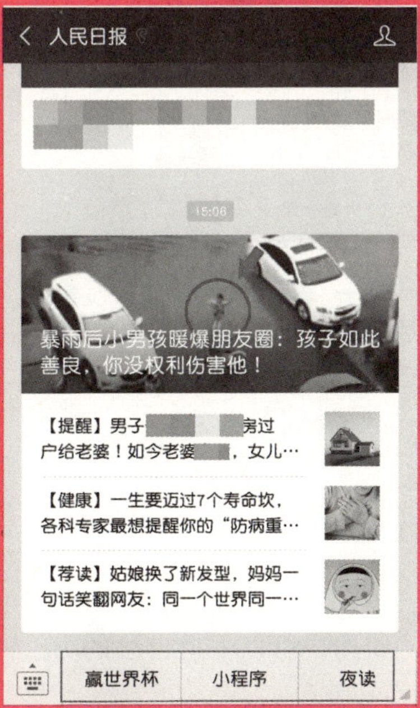

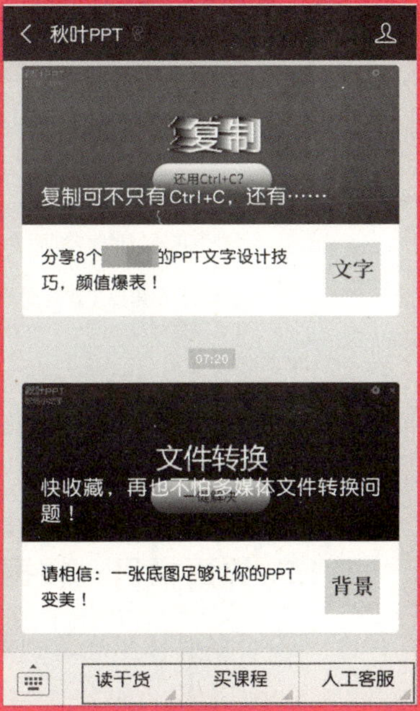

8.1 栏目设置：让你一眼锁定用户视线

企业或者个人要想运营新媒体平台，首先需要对平台界面进行栏目设置，以便对平台推送的文案进行分类处理。在进行平台栏目设置时，应注意在吻合新媒体用户视觉习惯的同时，还要满足平台各类文案的推送与分类需求，为用户的阅读提供便利。本节介绍新媒体平台栏目设置的相关知识。

8.1.1 界面设置：简洁明了，便于查看

平台界面简洁才方便用户查看。在新媒体平台上，平台的栏目设置都很简单，特别是在微信公众平台上，一般的自定义菜单栏由 3 个栏目组成。为了保证界面简洁，主栏目下的其他子栏目一般进行了隐藏设置，点击主栏目即可弹出子栏目，如图 8-1 所示。

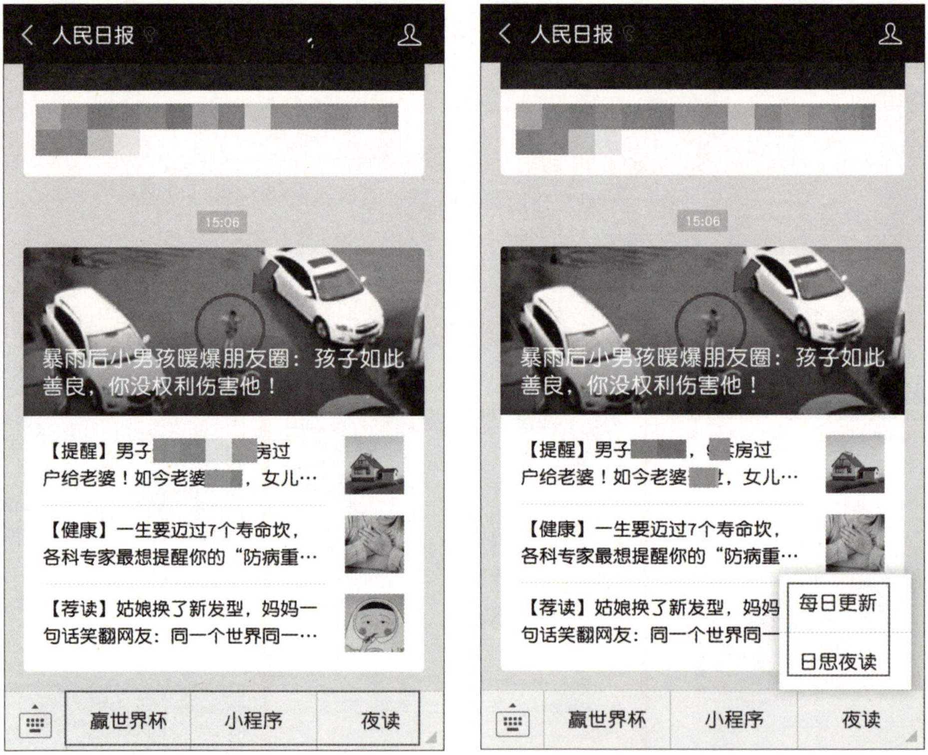

图 8-1 自定义菜单的主栏目与子栏目

8.1.2 界面栏目：根据兴趣自行设置

不少新媒体平台在进行栏目设置时，注重人性化设计，使用户可以根据自己的习

惯和兴趣设置令自己满意的界面，这一人性化特征在 APP 平台上体现得尤为明显。如图 8-2 所示为网易新闻界面的栏目和设置。在该平台上，用户可以根据自己的喜好和阅读习惯选择增减栏目和调换栏目顺序。

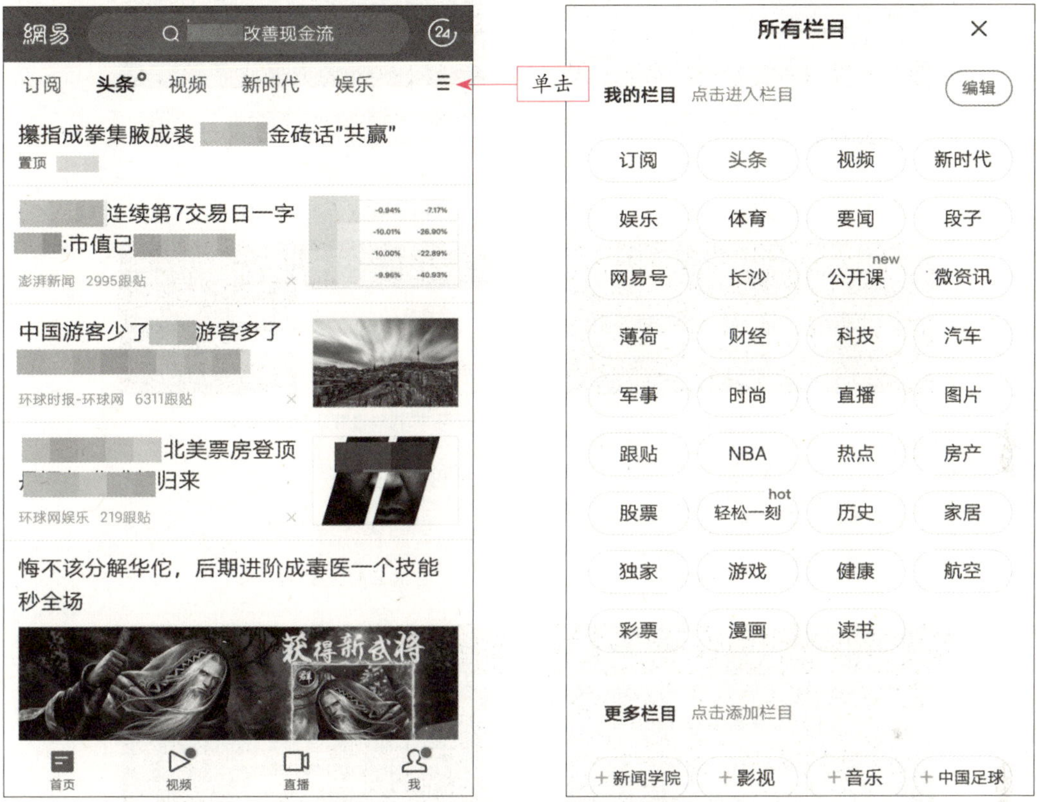

图 8-2　网易新闻界面的栏目和设置

8.1.3 排列有序：突出平台要点内容

在新媒体平台上，无论是主栏目还是子栏目，都是按照一定的顺序进行排列的，而不是杂乱无章地呈现出来。如图 8-3 所示为“秋叶 PPT”公众平台的主栏目和子栏目设置。

从图 8-3 中可以看出，在主栏目的设置上，该平台把构成运营主体的干货内容——“读干货”栏目放在第一位，传播知识，通过干货吸引读者。设置第二个栏目为“买课程”，这是在读者被吸引后与平台的进一步接触。设置第三个栏目为“人工客服”，这一栏目有利于加强读者与平台的互动，进一步实现吸粉引流。其子栏目同样是按照其栏目的有序性来进行设置的。

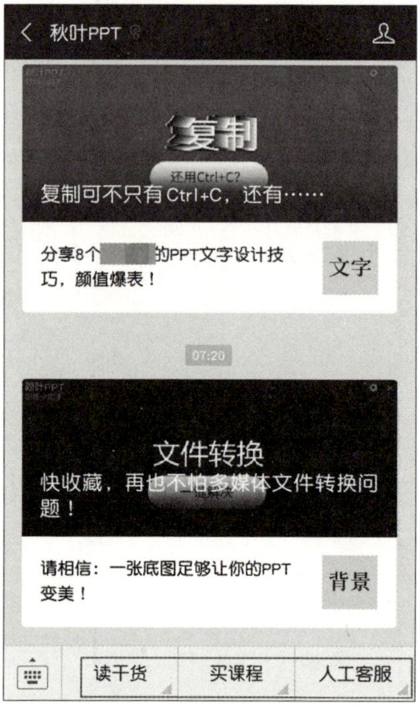

（1）主栏目

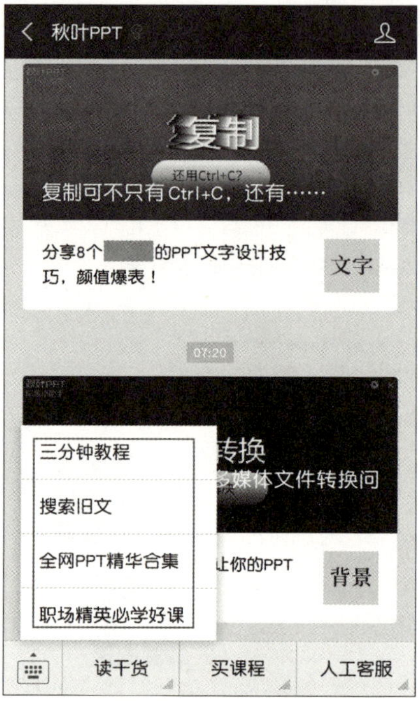

（2）子栏目（a）

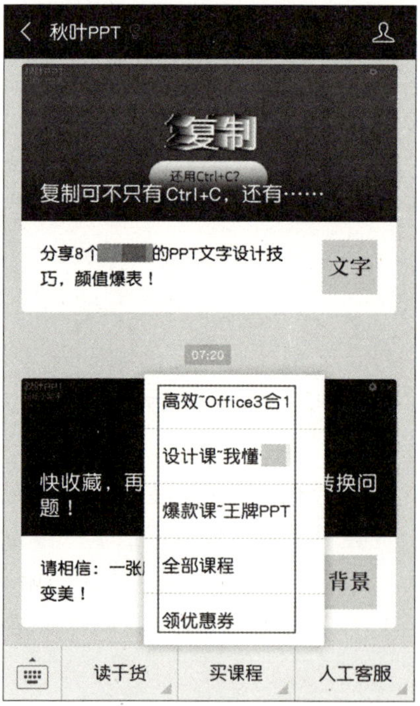

（3）子栏目（b）

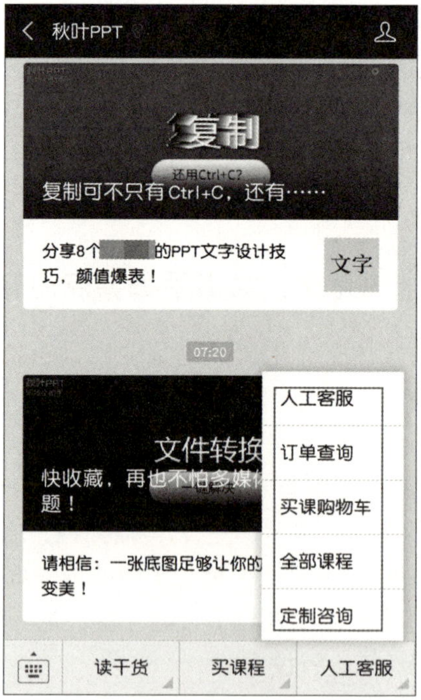

（4）子栏目（c）

图 8-3 “秋叶 PPT”公众平台的主栏目和子栏目设置

8.1.4 横向排列：打造舒适的视觉效果

人们通过视觉可以获取信息、观察事物，在视线所及的范围内，人们利用视觉能力所察觉到的结果是极具选择性的，这是因为在大脑意识的支配下，眼睛能够对所看到的事物和信息依据一定的习惯进行信息和注意力的分类、筛选，最终形成一定的视觉效果。

栏目设置作为艺术设计的一部分，是“眼睛”的艺术，读者在阅读文案时，会根据一定的视觉习惯对平台首页的栏目进行有目的性的选择。对视觉习惯而言，主要是能让用户便于理解、便于使用。

就栏目设置的文本方向来说，人的眼睛在横向上的移动相对于纵向移动明显要迅速和不易疲惫。因此，大部分栏目设置是横向排列的。如图 8-4 所示为新媒体平台的横向栏目设置。

图 8-4　新媒体平台的横向栏目设置

8.1.5 上下左右：吻合用户视觉习惯

从视觉习惯上来说，人们的视线转移路径一般是从左至右、从上至下的。因此，在不同的平台上，由于其包含的信息和界面不同，其整体栏目的设置位置也不同。

在新媒体平台上，由于手机屏幕所展示的信息有限，因此，进入新媒体平台界面，首先需要设置一些容易吸引读者注意的信息，只有吸引了读者注意，才能使得他们有耐心关注平台内容，也就是通过栏目设置进入各个内容界面。在界面上部设置容易引导读者的图文内容，而把栏目设置放在下方，如图 8-5 所示，这是因为在视区内上部的注目程度比下部高。

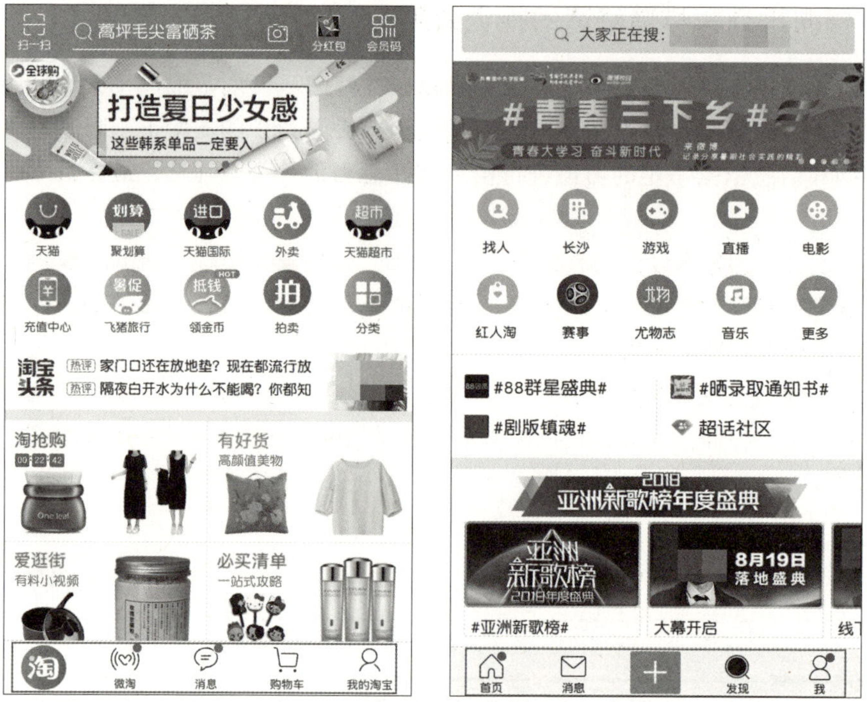

图 8-5　新媒体平台的栏目设置

当然，在新媒体平台上，其栏目设置的位置也要视信息多少而定。新媒体平台的运营者在进行平台页面设计时，除了要合理地配置资源，突出页面主要信息之外，也应注重吻合读者的视觉习惯，从而为读者带来舒适的视觉体验。如果在平台页面加入的信息比较多，栏目设置一般位于读者关注程度高的位置，如界面的上部和左侧，如图 8-6 所示。

图 8-6　新媒体平台的栏目设置

8.1.6 活动栏目：加强互动，吸粉引流

企业或个人在新媒体平台上运营，其最终目的还是吸粉引流。为了实现这一目的，

平台运营者不仅要在文案内容上提供干货和进行巧妙设置，还要积极地通过平台的栏目设置来通过平台进行互动，以及最大限度地获取读者的关注。首先，在主栏目的设置上，很多平台都设置了提供平台与读者互动的活动栏目，如图 8-7 所示。

图 8-7　微信公众平台的互动栏目设置

其次，在新媒体平台的后台，还提供了自动回复功能，如图 8-8 所示。通过这一功能与自定义菜单的结合，可以引导读者浏览信息，提升平台的主动性和用户体验，最终实现吸粉引流。

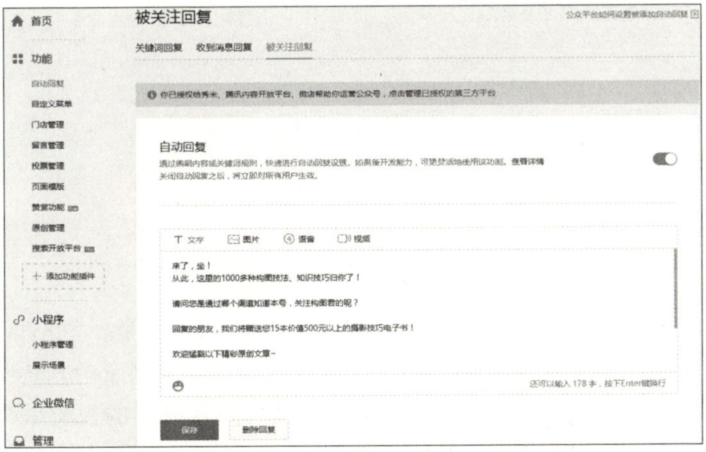

图 8-8　微信公众平台自动回复功能设置

8.1.7 分类取名：呈现内容清楚、全面

在新媒体平台上，设置分类栏目的目的在于清楚、全面地呈现内容。

所谓“清楚”，即读者在看到栏目名称时，就可以分辨出该栏目的主要内容是什么，所要寻找的内容在哪一个栏目中可以快速地找到。

所谓“全面”，即栏目的分类和取名既要保证全面呈现平台的运营内容，使其能够在栏目的分类中可以全部找到，又要保证其栏目名称的设置具有概括性，不能让其中的某些内容出现在所有栏目下无法有序查找的情况。

如图 8-9 所示为“湖南邮政 EMS”微信公众平台栏目，从其名称设置上可以明显得知，该公众平台的运营主要集中在在线的业务受理、各项福利及综合便民等。其中，“综合便民”这一主栏目的名称设置明显是能体现其栏目内容的，且它所包含的 4 个子栏目囊括了一般的综合便民业务。

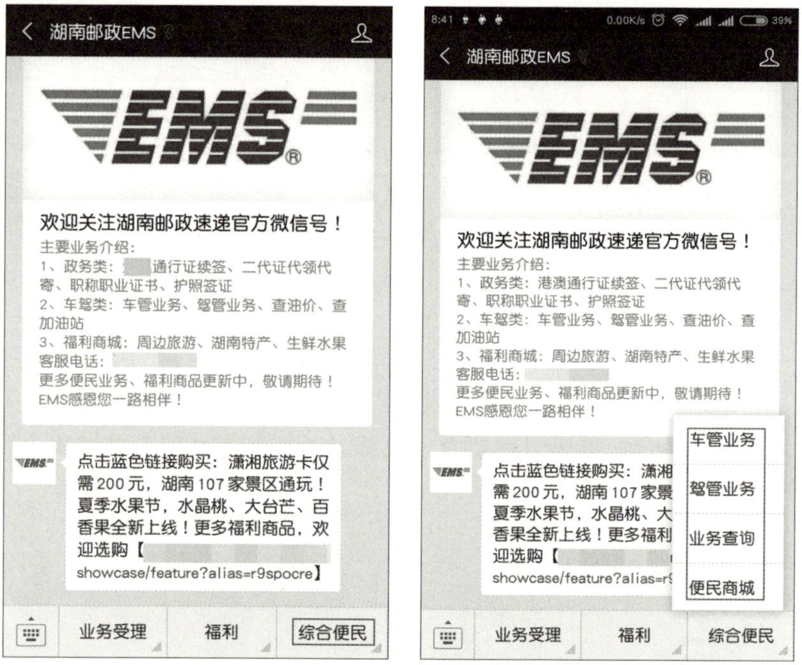

湖南邮政EMS
EMS
欢迎关注湖南邮政速递官方微信号！
主要业务介绍：
1、政务类：通行证续签、二代证代领代寄、职称职业证书、护照签证
2、车驾类：车管业务、驾管业务、查油价、查加油站
3、福利商城：周边旅游、湖南特产、生鲜水果
客服电话：
更多便民业务、福利商品更新中，敬请期待！
EMS感恩您一路相伴！
点击蓝色链接购买：潇湘旅游卡仅需200元，湖南107家景区通玩！夏季水果节，水晶桃、大台芒、百香果全新上线！更多福利商品，欢迎选购【
showcase/feature?alias=r9spocre】
业务受理
福利
综合便民
车管业务
驾管业务
业务查询
便民商城

图 8-9 “湖南邮政 EMS”微信公众平台栏目

8.2 版式区隔：掌握各部分的版式元素

各新媒体平台运营者要想使推送的文章获得较高的访问量，就不得不注重文章版面的美观性。要做好所推送文章的排版，首先应弄清楚文章各部分所需要的版式元素，只有具备相应的版式元素，才能使推送的文章带给读者最佳的视觉效果与阅读体验。本节主要介绍文章各个部分所需的版式元素。

8.2.1 开头：积极引导读者关注

只有了解文章开头应具备的版式要素，才能使平台推送的文章在排版上具备科学性与美观性，从而让文章开头更吸引人。对于新媒体平台上的每篇文章，运营者都会在文章的开头放上如图 8-10 所示的一段邀请读者关注平台的话语或者图片。这是为了让读者在点开文章的时候就能够点击关注新媒体平台，增加平台的关注度。

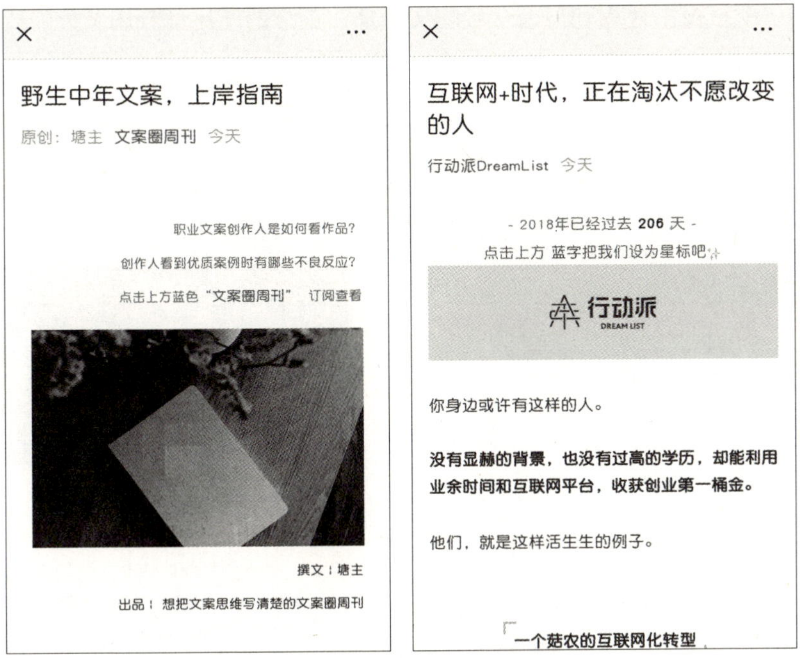

图 8-10　文章开头排版的案例

对新媒体平台的账号而言，在排版上也应注意把最能吸引读者关注的和最新推送的信息放在前面显眼的位置，抑或是宣传作者与企业信息等，如图 8-11 所示，以便引导读者关注和阅读，增强用户黏性。

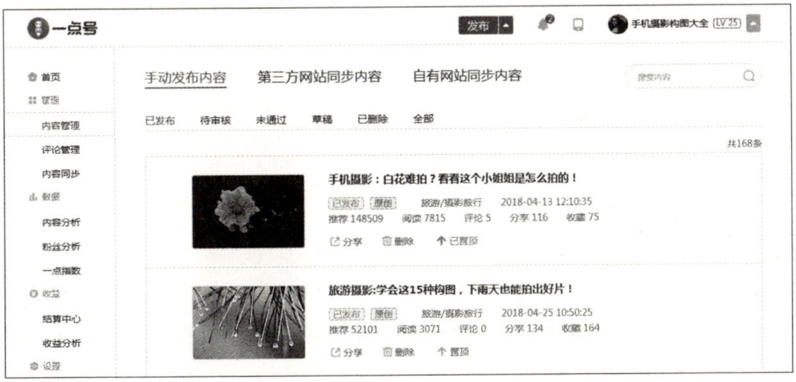

图 8-11　平台账号首页的引导关注案例

8.2.2 中间：用分隔线区分内容

分隔线是在文章中将两个不同的部分分隔开来的一条线。虽然它被称为分隔线，但是它并非只有线条这种形式，还可以是图片或者其他的分隔符号。用户可以根据自身需要任意选择。

分隔线可用于文章的开头部分，也可用于文章的结尾部分，如图 8-12 所示，“中国教育报”和“新京报书评周刊”公众号的文章都在正文的结尾部分用了分隔线。

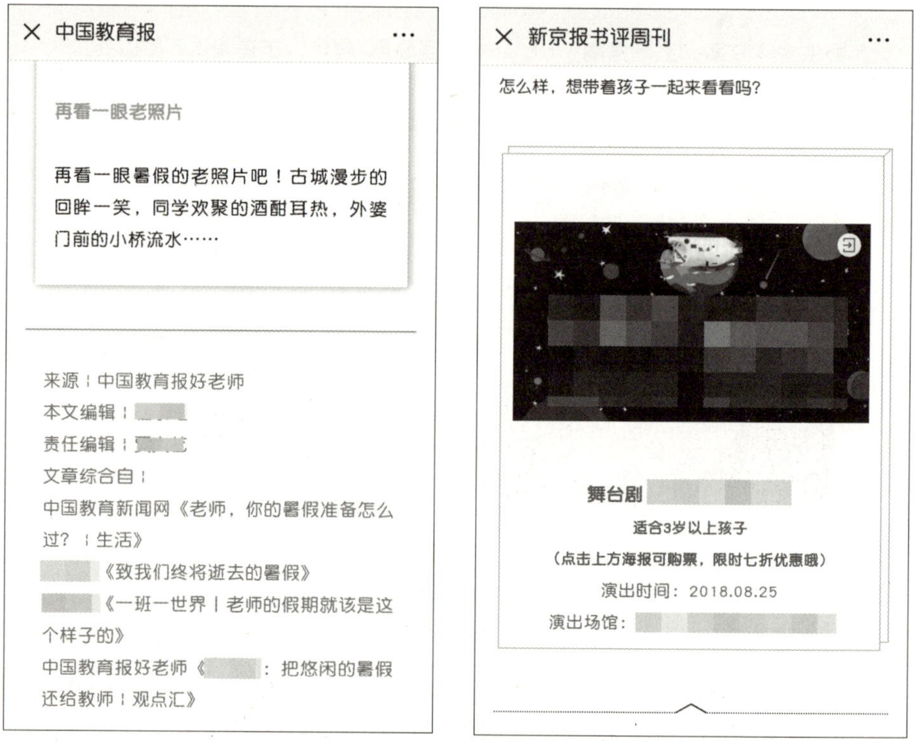
中国教育报
再看一眼老照片
再看一眼暑假的老照片吧！古城漫步的回眸一笑，同学欢聚的酒酣耳热，外婆门前的小桥流水……
来源：中国教育报好老师
本文编辑：
责任编辑：
文章综合自：
中国教育新闻网《老师，你的暑假准备怎么过？｜生活》
《致我们终将逝去的暑假》
《一班一世界｜老师的假期就该是这个样子的》
中国教育报好老师《 ：把悠闲的暑假还给教师｜观点汇》
新京报书评周刊
怎么样，想带着孩子一起来看看吗？
舞台剧
适合3岁以上孩子
（点击上方海报可购票，限时七折优惠哦）
演出时间：2018.08.25
演出场馆：

图 8-12　将分隔线用于文章结尾处的案例

新媒体平台运营者可以借助分隔线将文章的内容分隔开来，这样能给读者提供一种提醒功能，同时也能增加文章版面的舒适感，给读者带来更好的阅读体验。对于微信公众平台提供的分隔线形式少的问题，商家可以借助其他的软件来设计更多的分隔线类型。

8.2.3 结尾：往期推文 + 阅读原文

很多新媒体平台会在文章的结尾留一块版面对平台上之前已经推送的文章进行推荐，一般以“查看更多精彩文章”“更多原创文章”等方式来进行设置。如图 8-13 所示为微信公众号文章结尾处的设置。

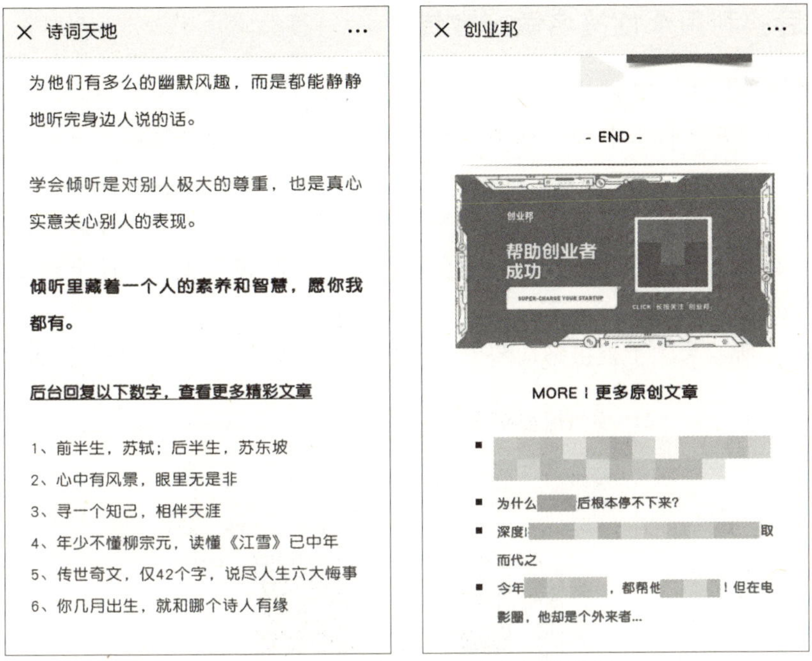
诗词天地
为他们有多么的幽默风趣，而是都能静静地听完身边人说的话。
学会倾听是对别人极大的尊重，也是真心实意关心别人的表现。
倾听里藏着一个人的素养和智慧，愿你我都有。
后台回复以下数字，查看更多精彩文章
1、前半生，苏轼；后半生，苏东坡
2、心中有风景，眼里无是非
3、寻一个知己，相伴天涯
4、年少不懂柳宗元，读懂《江雪》已中年
5、传世奇文，仅42个字，说尽人生六大悔事
6、你几月出生，就和哪个诗人有缘
创业邦
- END -
创业邦
帮助创业者成功
SUPER-CHARGE YOUR STARTUP
MORE！更多原创文章
为什么 后根本停不下来?
深度 取而代之
今年 ，都帮他 ！但在电影圈，他却是个外来者...

图 8-13　微信公众号文章结尾处的设置

还有的公众号拥有自己的网站，运营者会在文章的最下方设置一个“阅读原文”的按钮，如图 8-14 所示，即可引导读者关注企业网站。

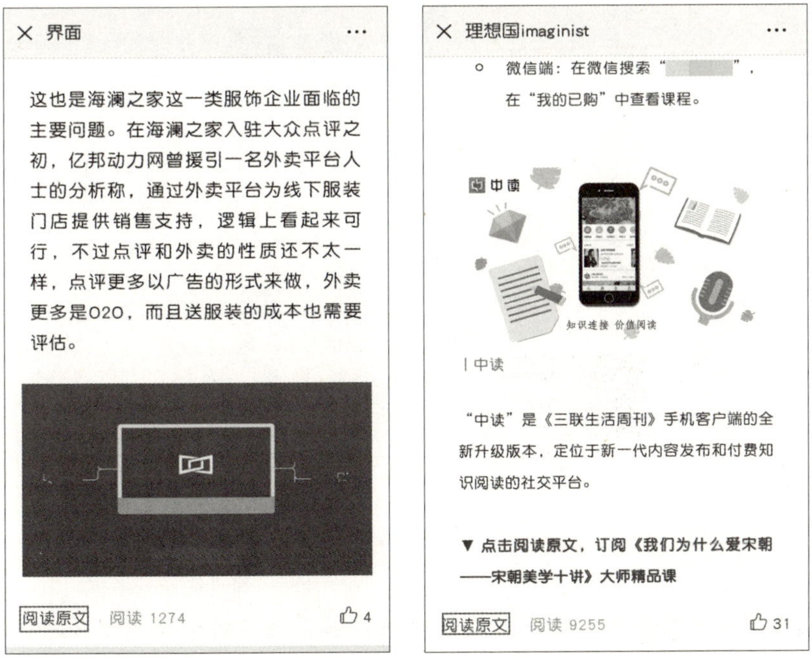
界面
这也是海澜之家这一类服饰企业面临的主要问题。在海澜之家入驻大众点评之初，亿邦动力网曾援引一名外卖平台人士的分析称，通过外卖平台为线下服装门店提供销售支持，逻辑上看起来可行，不过点评和外卖的性质还不太一样，点评更多以广告的形式来做，外卖更多是O2O，而且送服装的成本也需要评估。
阅读原文　阅读 1274　4
理想国imaginist
微信端：在微信搜索“ ”，在“我的已购”中查看课程。
中读
知识连接 价值阅读
中读
“中读”是《三联生活周刊》手机客户端的全新升级版本，定位于新一代内容发布和付费知识阅读的社交平台。
▼ 点击阅读原文，订阅《我们为什么爱宋朝——宋朝美学十讲》大师精品课
阅读原文　阅读 9255　31

图 8-14　在文章的最下方设置一个“阅读原文”的按钮

8.2.4 文后：利用个性签名做好宣传

在新媒体平台中，个性签名在添加关注时尤为重要，会给人留下第一印象，所以要特别注意不要在个性签名中直接列出产品广告，可以在个性签名中展示自己的优势和正能量。

只有做好个性签名的设计工作，才能使读者通过这一信息，了解该新媒体平台的基本情况，最终决定是否对该新媒体平台进行关注，归根结底，设计个性签名的最终目的是吸引粉丝。

如图 8-15 所示为“手机摄影构图大全”微信公众平台文章末尾的个性签名展示。

手机摄影构图大全
构图专家：300多种构图原创细分，构图分享数量与深度挖掘第一人。
摄影作家：20多本摄影书作者，清华大学、人民邮电出版社特约作家。
摄影讲师：京东、千聊、简书、、湖南芒果等平台摄影讲师。
长按识别二维码，可添加构图君个人微信
构图君
喜欢作者
阅读原文
阅读 1362
27
广告

图 8-15 “手机摄影构图大全”微信公众平台文章末尾的个性签名展示

8.3 文字版式：一致性与美观性相结合

对推送文章进行排版时，除了要明确文章各部分应具备的版式要素之外，还应注重整篇文章文字版式的一致性与美观性，慎重对待文章中的一字一句一段，使推送文章的文字版式符合相应的标准。本节主要介绍各新媒体平台推送文章的文字版式相关知识。

8.3.1 突出设置：重点内容一目了然

平台运营者在对新媒体平台推送的文章进行排版时，为了体现出文章的层次感，突出文章的重点内容，可以采取一定的突出设置。突出设置的对象主要是指正文的内容。

在此，以搜狐公众平台为例介绍文字突出设置的相关知识。在搜狐公众平台上编辑文案正文时，提供了两种字体形式。下面以图示的形式介绍搜狐公众平台常见的两种字体形式，如图 8-16 所示。

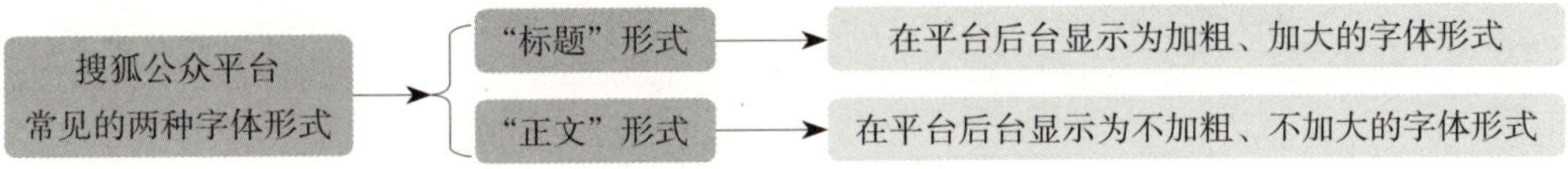

图 8-16　搜狐公众平台常见的两种字体形式

如图 8-17 所示为搜狐公众平台正文字体和标题字体的设置效果。通过这样的设置，读者在阅读的过程中能够很容易地分辨出突出的重点内容。

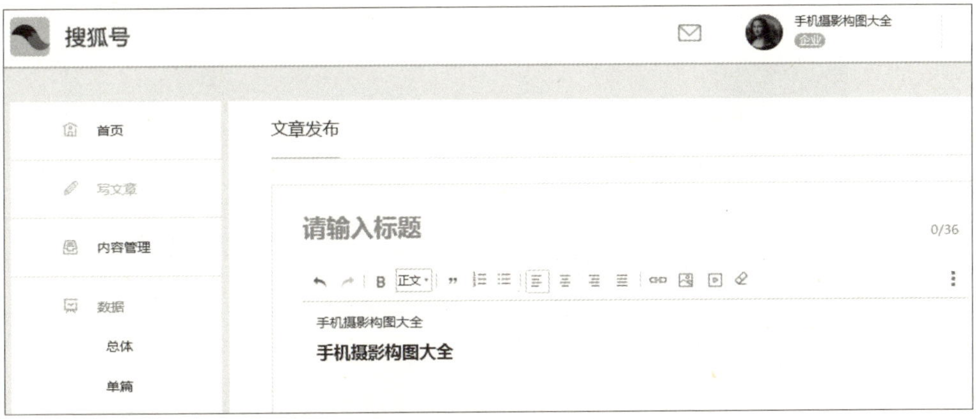

图 8-17　搜狐公众平台正文字体的设置效果

8.3.2 字号合适：提高阅读舒适度

给文章的内容选择合适的字体大小，也是新媒体平台运营者在排版工作中需要考虑的一个事项。

合适的字体大小能让读者在阅读文章时不用将手机离自己的眼睛太近或太远，而且合适的字体大小能让版面看起来更和谐。在微信公众平台后台群发功能中的新建图文消息的图文编辑栏中设有字体大小的选择功能，如图 8-18 所示。

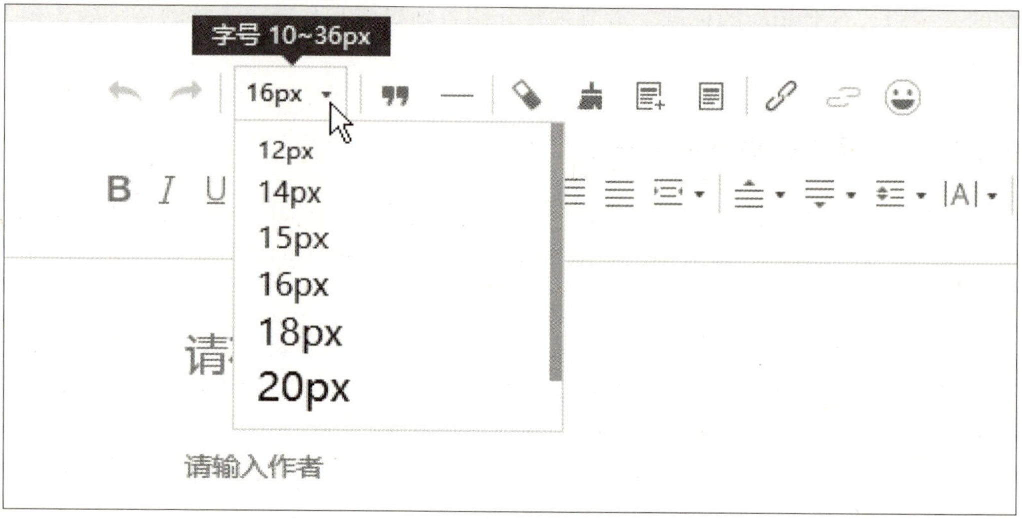

图 8-18　微信公众平台的字体大小设置功能

微信公众平台为运营者提供了 7 种不同大小的字体设置选项。接下来笔者将为大家展示同一段文字在微信公众号后台被设置成不同字号后的效果，字号从上到下为从 12px 到 24px，如图 8-19 所示。

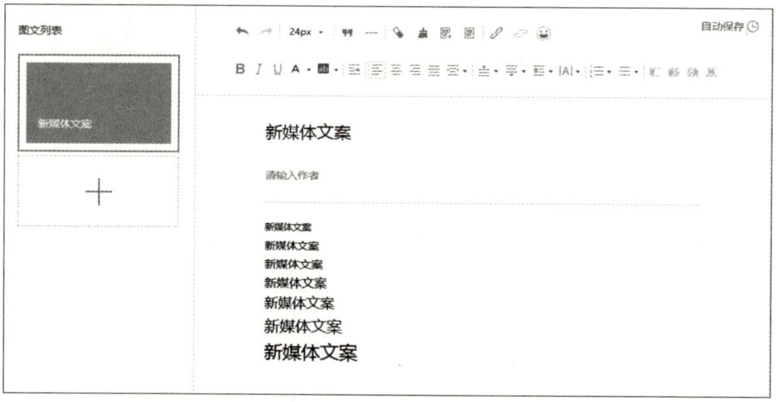

图 8-19　将同一段文字设置为不同字号的效果

从图 8-19 中可以看出，16px、18px、20px 这 3 种字号看起来会让人觉得比较舒服，因此运营者在设置文字字体大小时，可以在这 3 种字号中进行选择。

▶ 专家提醒

值得注意的是，在图8-18中单击“字号”按钮之后显示的是10~36px，但实际上在弹出的下拉列表中可供选择的字号却是12~24px。

8.3.3 字体加粗：标注突出要点

在新媒体平台上，在后台编辑框中的文案字体要求是宋体，这对于需要利用其他字体来进行区分和突出重点的文案来说，是一个亟待解决的问题。在此种情况下，新媒体平台运营者可以通过字体加粗来体现要点。

以微信公众号为例，平台运营者可以通过在微信公众号编辑后台单击“加粗”按钮，来加粗字体，如图 8-20 所示。

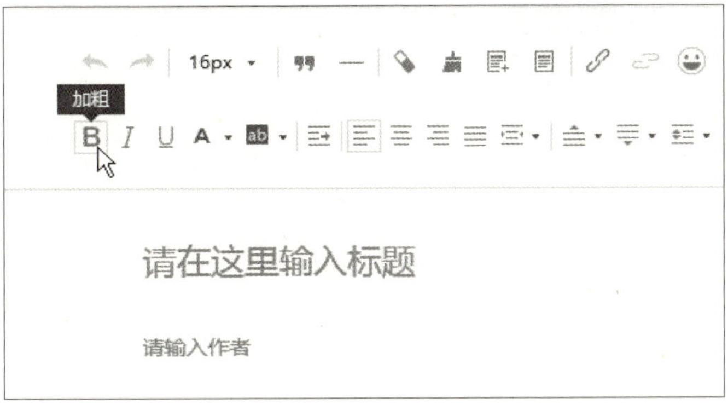
16px
加粗
请在这里输入标题
请输入作者

图 8-20　在微信公众号编辑后台加粗字体的方法

字体加粗是一种比较常用的方法。在一般的文本编辑中，采用这种方法来标注要点的文案有很多，在微信公众平台上更是比比皆是，如图 8-21 所示。

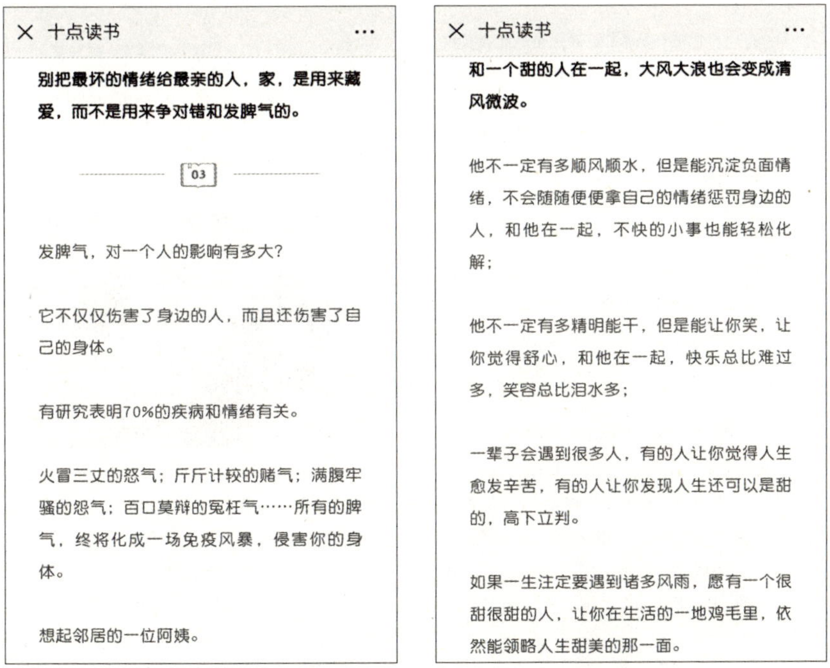
十点读书
别把最坏的情绪给最亲的人，家，是用来藏爱，而不是用来争对错和发脾气的。
03
发脾气，对一个人的影响有多大？
它不仅仅伤害了身边的人，而且还伤害了自己的身体。
有研究表明70%的疾病和情绪有关。
火冒三丈的怒气；斤斤计较的赌气；满腹牢骚的怨气；百口莫辩的冤枉气……所有的脾气，终将化成一场免疫风暴，侵害你的身体。
想起邻居的一位阿姨。
十点读书
和一个甜的人在一起，大风大浪也会变成清风微波。
他不一定有多顺风顺水，但是能沉淀负面情绪，不会随随便便拿自己的情绪惩罚身边的人，和他在一起，不快的小事也能轻松化解；
他不一定有多精明能干，但是能让你笑，让你觉得舒心，和他在一起，快乐总比难过多，笑容总比泪水多；
一辈子会遇到很多人，有的人让你觉得人生愈发辛苦，有的人让你发现人生还可以是甜的，高下立判。
如果一生注定要遇到诸多风雨，愿有一个很甜很甜的人，让你在生活的一地鸡毛里，依然能领略人生甜美的那一面。

图 8-21　微信公众平台上加粗字体标注要点的文案

8.3.4 字体颜色：合理搭配丰富视觉

除可以通过加粗字体的方式外，还可以通过调节字体颜色的方式实现文案要点的标注。同样以微信公众号为例，平台运营者可以通过在微信公众号编辑后台单击“字体颜色”按钮，来更改字体颜色，如图 8-22 所示，在弹出的面板中选择相应的颜色即可完成操作。

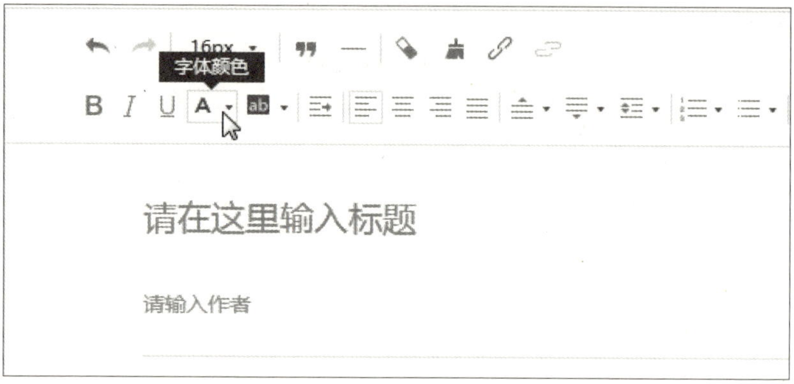
16px
字体颜色
请在这里输入标题
请输入作者

图 8-22　在微信公众号编辑后台更改字体颜色的方法

字体调色作为一种突出文案要点的方法，在非官方的新媒体平台上比较常见，如图 8-23 所示。

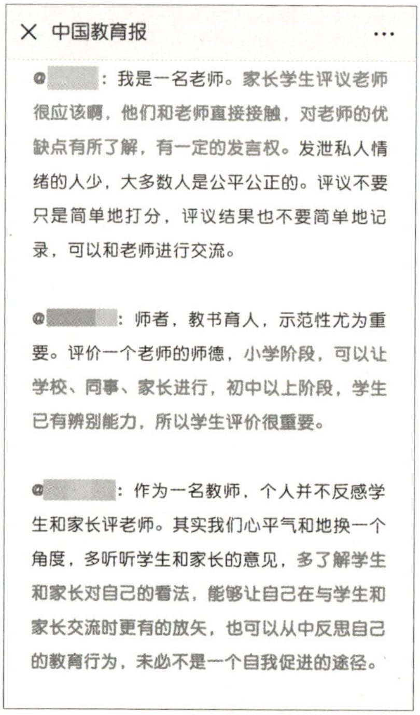
中国教育报
@　　：我是一名老师。家长学生评议老师很应该啊，他们和老师直接接触，对老师的优缺点有所了解，有一定的发言权。发泄私人情绪的人少，大多数人是公平公正的。评议不要只是简单地打分，评议结果也不要简单地记录，可以和老师进行交流。
@　　：师者，教书育人，示范性尤为重要。评价一个老师的师德，小学阶段，可以让学校、同事、家长进行，初中以上阶段，学生已有辨别能力，所以学生评价很重要。
@　　：作为一名教师，个人并不反感学生和家长评老师。其实我们心平气和地换一个角度，多听听学生和家长的意见，多了解学生和家长对自己的看法，能够让自己在与学生和家长交流时更有的放矢，也可以从中反思自己的教育行为，未必不是一个自我促进的途径。

书单来了
开本：
《皮特猫》每一册都是近A4大开本，
锁线胶订，可以让宝宝看得更清晰、更舒服，
跨页插图也能看得完完整整。
皮特猫
棕色
字体：
每个字都是设计师手写，诚意满满。
精心安排的大字号更好读，
手写字体更贴近插图风格和儿童的品味，

图 8-23　微信公众平台上通过给字体调色来标注要点的文案

8.3.5 字符间距：影响篇幅长短

字符间距是指横向的字与字的间距，字符间距的宽与窄会影响到读者的阅读感觉，也会影响到整篇文章篇幅的长短。

在某些新媒体平台的后台并没有可以调节字符间距的功能按钮，所以平台运营者想要对公众平台上的文字进行字符间距设置，可以先在其他的编辑软件中编辑好，然后再复制到新媒体平台的文章编辑栏中。以 Word 为例，简单介绍一下文字字符间距的种类。在 Word 中，字符间距的标准有 3 种，分别是标准、加宽和紧缩，如图 8-24 所示。

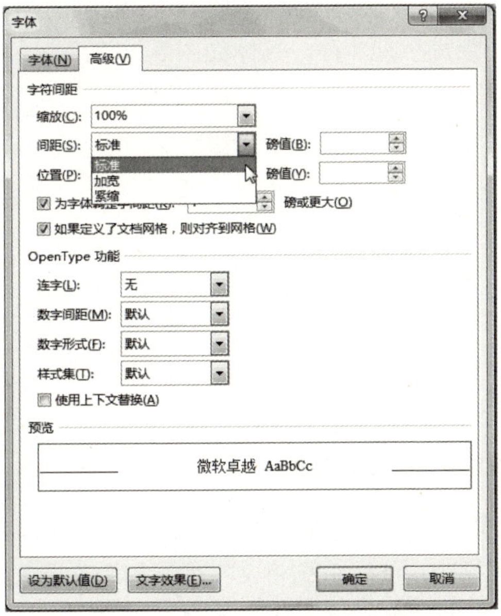

图 8-24　Word 中字符间距的标准

如果字符间距宽，对于同样字数的一段话，它所占的行数就会多，相反则会少。同一段文字在 Word 中选择的字符间距的标准不同，最终呈现给用户的视觉效果也会存在较大差异。接下来，为大家展示将字数相同的一段文字按 Word 中标准、加宽 1.5 磅、紧缩 1.5 磅 3 种形式，分别复制 / 粘贴到微信公众平台后台群发功能中的新建图文消息中，最终在图文编辑栏中所呈现出的文字效果如图 8-25 所示。

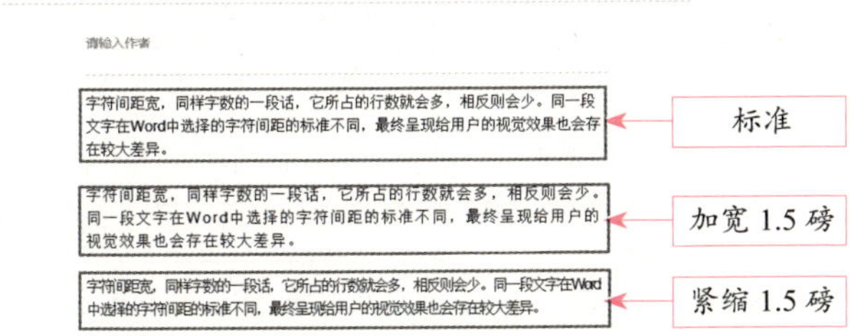

图 8-25　图文编辑栏中所呈现出的文字效果

从图 8-25 中可以看出，文字的字符间距对新媒体平台上文章的排版是有一定影响的，并且会影响到读者的阅读体验，所以新媒体平台的运营者一定要重视对字符间距的调整。

8.3.6 行间距：1.5 倍到 2 倍效果好

行间距是指文字的行与行之间的距离，行间距的大小决定了每行文字纵向间的距离，行间距的宽窄也会影响到文章的篇幅长短。不少平台后台设有行间距排版功能，以微信公众号为例，在其后台群发功能中，新建图文消息的图文编辑栏中设有行间距排版功能，其提供的行间距宽窄有 7 种，具体如图 8-26 所示。

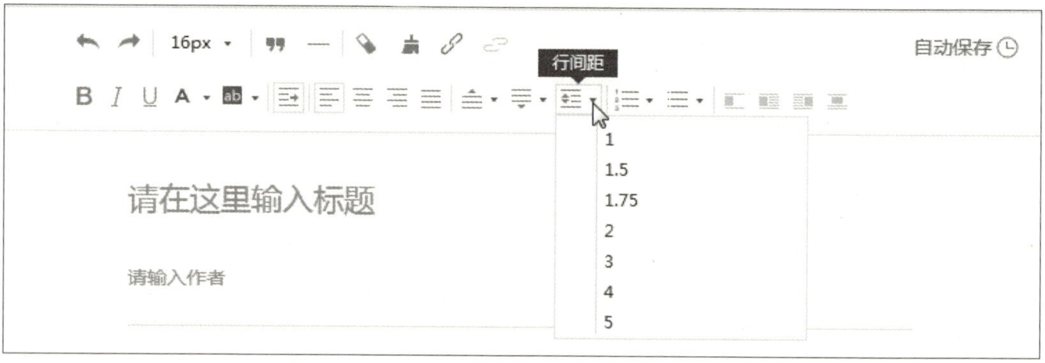

图 8-26　微信公众平台后台的行间距排版功能

如图 8-27 所示为将同一段文字复制 / 粘贴到微信公众平台后台，利用新建图文消息的图文编辑栏中行间距排版功能，分别将文字的行间距设置为 1 倍、1.5 倍、1.75 倍、2 倍和 3 倍之后，最终呈现的效果对比。从图 8-27 中可以看出，将行间距设置在 1.5 倍到 2 倍，其排版效果视觉体验会较好。

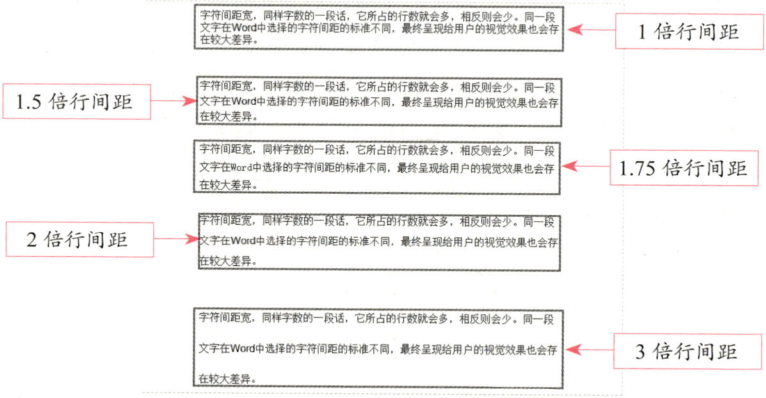

图 8-27　同一段文字设置不同行间距的效果对比

8.3.7 段间距：依据读者喜好选择

文字的段间距是指段与段之间的距离。平台运营者在设置文章段间距时，可借助平台后台中自带的段间距排版功能。

以微信公众号为例，在后台群发功能中，在新建图文消息的图文编辑栏中，设有段间距排版功能，且分为段前距和段后距两种。运营者可以根据自己平台读者的喜好去选择合适的段间距，从而为其带来最佳的视觉体验，进而提高用户对公众号的关注度，扩大微信公众号的影响。微信公众平台后台的这两种段间距功能都提供了 5 种间距范围选择，如图 8-28 所示。

（1）段前距

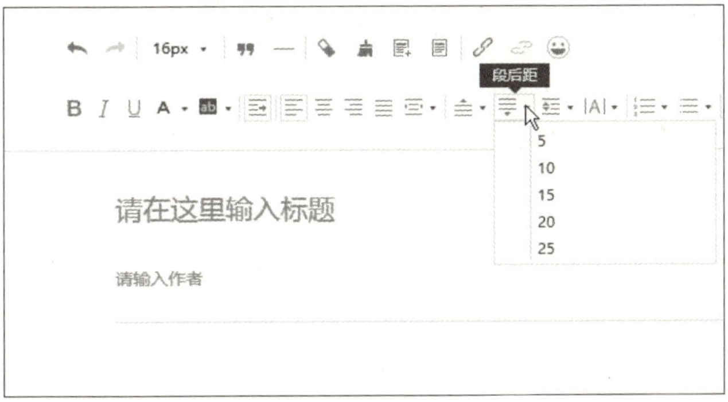

（2）段后距

图 8-28　微信公众平台后台的段前距与段后距排版功能提供了 5 种间距范围选择

运营者要弄清楚读者喜好的段间距风格，可以通过给读者提供几种间距版式的文章让读者进行投票选择的方法来得到。

8.3.8 首行缩进：结构区分方便阅读

新媒体平台运营者在对文章进行排版时，时常需要用到首行缩进这一排版功能。在对新媒体平台推送的文章进行排版时，平台运营者可以直接在平台后台利用相应的首行缩进功能。以微信公众号为例，在后台群发功能的新建图文消息编辑栏中，设有首行缩进的功能，如图 8-29 所示。

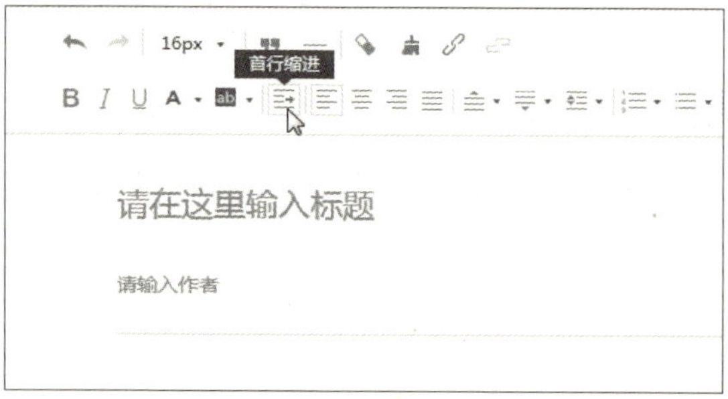
16px
首行缩进
请在这里输入标题
请输入作者

图 8-29　微信公众号后台的首行缩进功能

微信运营者在编辑内容时，会遇到对一段文字在排版时已经设置了首行缩进，但在手机上，显示的却是左对齐的情况，这不免让人觉得很奇怪。

其实这个问题是很容易解决的，运营者只要将要在 Word 中编辑好的文本内容先“清除格式”，之后再进行“首行缩进”的设置操作，这样就不会出现已经进行过首行缩进设置但显示在手机上依然是向左对齐的情况了。

8.4　搭配配色：保持协调，形成个人风格

新媒体平台运营者在对推送的文章进行排版时，除要注重文章中文字版式的美观性要求之外，还应注重文章中各类元素的搭配是否协调，形成自己的排版风格。本节主要介绍新媒体平台运营者在对推送文章排版时所涉及的搭配工作。

8.4.1 图文搭配：呈现最佳的视觉效果

虽然现在文章的内容形式有语音、视频等多种样式，但是大多数平台推送的文章还是以图文结合型的为主。说到新媒体平台文章的排版，就不得不提文章的图文排版。新媒体平台运营者在进行文章图文排版的时候，如果要想让版式看起来舒适就需要注意一点，即文章中的图片与文字之间应存在间距。图文之间要有间距，具体可分为两种情况。下面以图示的形式介绍图文间距的两种情况，如图 8-30 所示。

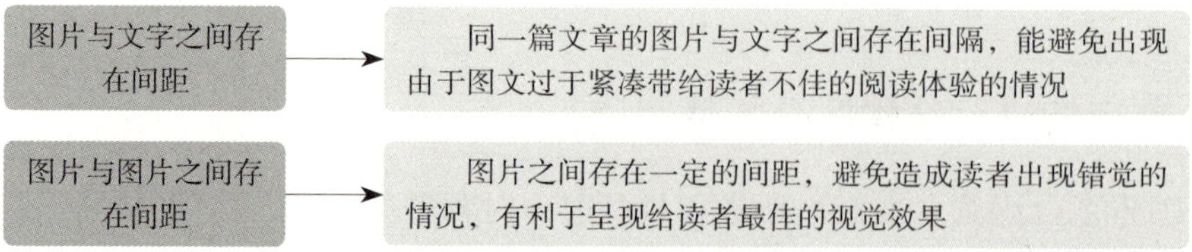
图片与文字之间存在间距
同一篇文章的图片与文字之间存在间隔，能避免出现由于图文过于紧凑带给读者不佳的阅读体验的情况
图片与图片之间存在间距
图片之间存在一定的间距，避免造成读者出现错觉的情况，有利于呈现给读者最佳的视觉效果

图 8-30　图文间距的两种情况

8.4.2 图片搭配：版式一致、整体性强

新媒体平台推送的文章在图片搭配上要保证图片版式一致，这样给读者的感觉就会比较统一，有整体性。图片版式一致指的是如果新媒体平台运营者在文章内容的开始处用的是圆形图，那么后面的图片也要用圆形的。同样地，如果第一张是矩形，后面的也都用矩形。

以公众号“手机摄影构图大全”为例，它在《手机摄影之美，这 7 种你是否有意识去拍过》这篇文章中使用的图片版式跟图片大小就是一致的，如图 8-31 所示，这样能给读者整体感。

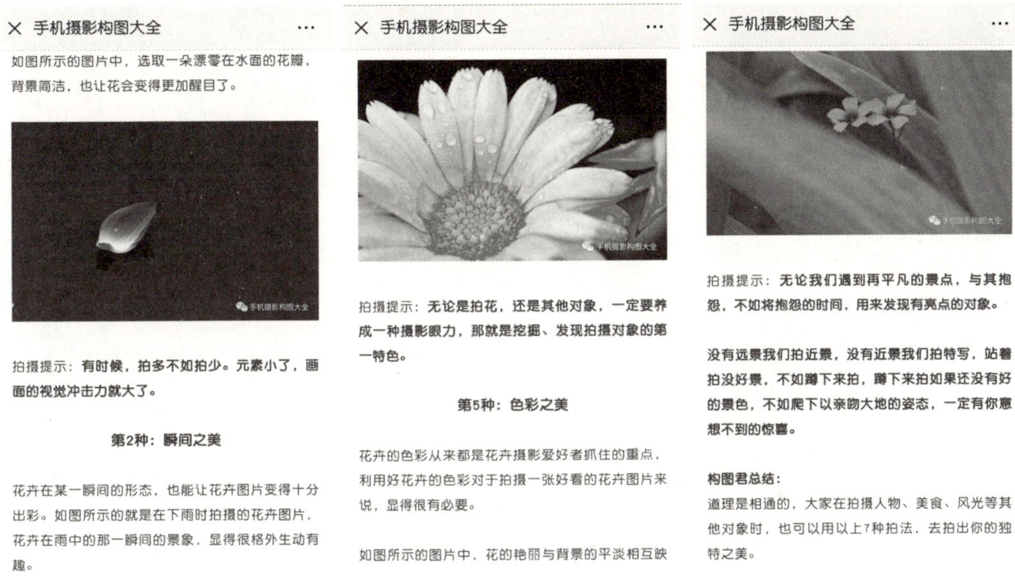

× 手机摄影构图大全 …
如图所示的图片中，选取一朵漂零在水面的花瓣，背景简洁，也让花会变得更加醒目了。
手机摄影构图大全
拍摄提示：有时候，拍多不如拍少。元素小了，画面的视觉冲击力就大了。
第2种：瞬间之美
花卉在某一瞬间的形态，也能让花卉图片变得十分出彩。如图所示的就是在下雨时拍摄的花卉图片，花卉在雨中的那一瞬间的景象，显得很格外生动有趣。
× 手机摄影构图大全 …
手机摄影构图大全
拍摄提示：无论是拍花，还是其他对象，一定要养成一种摄影眼力，那就是挖掘、发现拍摄对象的第一特色。
第5种：色彩之美
花卉的色彩从来都是花卉摄影爱好者抓住的重点，利用好花卉的色彩对于拍摄一张好看的花卉图片来说，显得很有必要。
如图所示的图片中，花的艳丽与背景的平淡相互映
× 手机摄影构图大全 …
手机摄影构图大全
拍摄提示：无论我们遇到再平凡的景点，与其抱怨，不如将抱怨的时间，用来发现有亮点的对象。
没有远景我们拍近景，没有近景我们拍特写，站着拍没好景，不如蹲下来拍，蹲下来拍如果还没有好的景色，不如爬下以亲吻大地的姿态，一定有你意想不到的惊喜。
构图君总结：
道理是相通的，大家在拍摄人物、美食、风光等其他对象时，也可以用以上7种拍法，去拍出你的独特之美。

图 8-31　图片版式、图片大小一致的公众号文章案例

8.4.3 文字配色：符合读者的阅读习惯

新媒体平台运营者在进行文章内容排版时，要特别注意色彩的搭配。人的眼睛对色彩非常敏感，不同的颜色能够向人们传递各种感觉。例如，人们经常会说“红色给人以热情、奔放的感觉，而蓝色给人以深沉、忧郁的感觉”。

对于大部分文章而言，文字是一篇文章的重要组成部分，它们是读者接收文章信息的重要渠道。

文章的文字颜色是可以随意设置的，并不是只允许出现单一的色调。从读者的阅读效果角度出发，将文章中的文字颜色设置为符合读者阅读习惯和兴趣的最佳颜色是非常有必要的。文字的颜色搭配适宜是让文章获得吸引力的一个重要因素，其作用如图 8-32 所示。

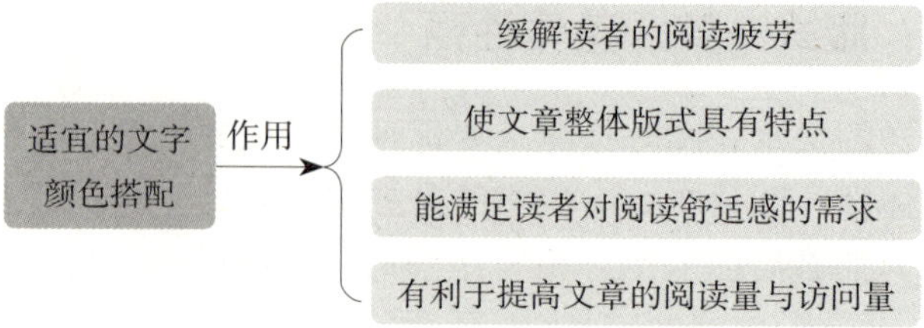
适宜的文字颜色搭配
作用
缓解读者的阅读疲劳
使文章整体版式具有特点
能满足读者对阅读舒适感的需求
有利于提高文章的阅读量与访问量

图 8-32　适宜的文字颜色搭配的作用

新媒体平台运营者在进行字体颜色设置时，要以简单、清新为主，尽量不要在一篇文章中使用多种颜色的字体，这样会让版面看起来非常花哨，使得整篇文章缺少一种舒适、整齐的感觉。同时，文字的颜色要以清晰可见为主，尽量以黑色或者灰黑色为主。

如图 8-33 所示为微信公众号中文字颜色搭配得比较舒适的案例。

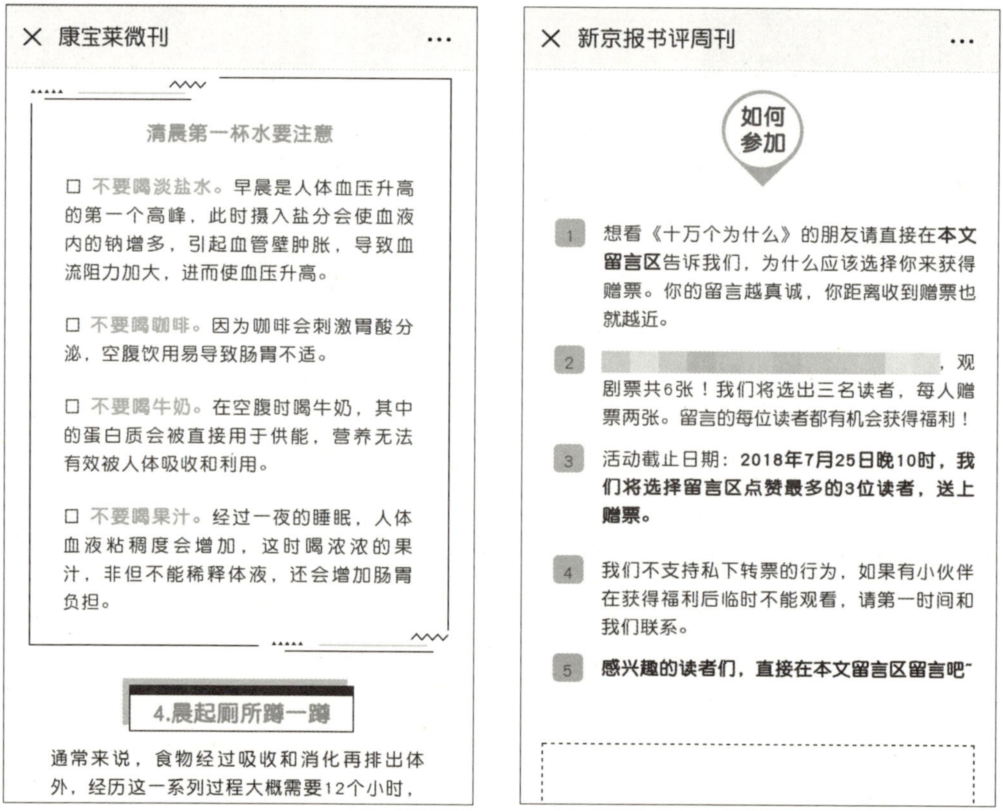
康宝莱微刊
清晨第一杯水要注意
不要喝淡盐水。早晨是人体血压升高的第一个高峰，此时摄入盐分会使血液内的钠增多，引起血管壁肿胀，导致血流阻力加大，进而使血压升高。
不要喝咖啡。因为咖啡会刺激胃酸分泌，空腹饮用易导致肠胃不适。
不要喝牛奶。在空腹时喝牛奶，其中的蛋白质会被直接用于供能，营养无法有效被人体吸收和利用。
不要喝果汁。经过一夜的睡眠，人体血液粘稠度会增加，这时喝浓浓的果汁，非但不能稀释体液，还会增加肠胃负担。
4.晨起厕所蹲一蹲
通常来说，食物经过吸收和消化再排出体外，经历这一系列过程大概需要12个小时，
新京报书评周刊
如何参加
1 想看《十万个为什么》的朋友请直接在本文留言区告诉我们，为什么应该选择你来获得赠票。你的留言越真诚，你距离收到赠票也就越近。
2 ，观剧票共6张！我们将选出三名读者，每人赠票两张。留言的每位读者都有机会获得福利！
3 活动截止日期：2018年7月25日晚10时，我们将选择留言区点赞最多的3位读者，送上赠票。
4 我们不支持私下转票的行为，如果有小伙伴在获得福利后临时不能观看，请第一时间和我们联系。
5 感兴趣的读者们，直接在本文留言区留言吧~

图 8-33　微信公众号中文字颜色搭配得比较舒适的案例

8.4.4 图片配色：色彩饱和、清晰度高

图片同样也是各新媒体平台推送文章的重要组成部分，甚至有的新媒体平台在推

送的文章中，就只有一张图片或者全篇都是图片。图片色彩搭配适宜的要求如图 8-34 所示。

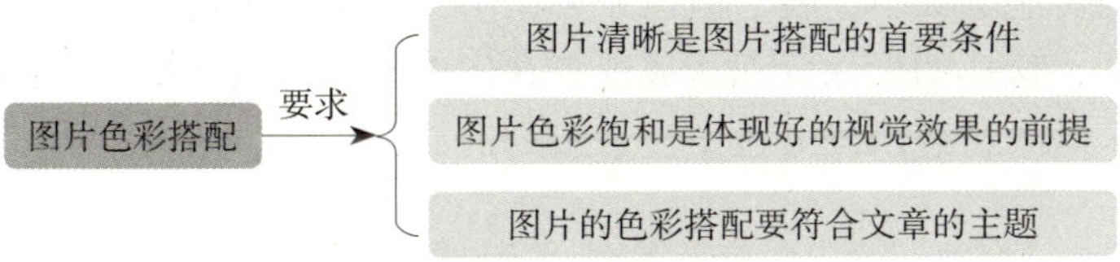
图片色彩搭配
要求
图片清晰是图片搭配的首要条件
图片色彩饱和是体现好的视觉效果的前提
图片的色彩搭配要符合文章的主题

图 8-34　图片色彩搭配适宜的要求

8.4.5 主体文字：黑灰结合，略显庄重

黑灰结合，略显庄重，主要是指文字的颜色，而非图片或其他文案元素的颜色。在新媒体平台上可以看到，有些账号的文案版式明显呈现出略微庄重的特色，其官方账号上文案主要内容的文字颜色上有别于个人账号、娱乐账号等，大都是在黑和灰两种颜色间选择。如图 8-35 所示为“中华书局 1912”微信公众平台推送的文案主要内容的文字颜色。

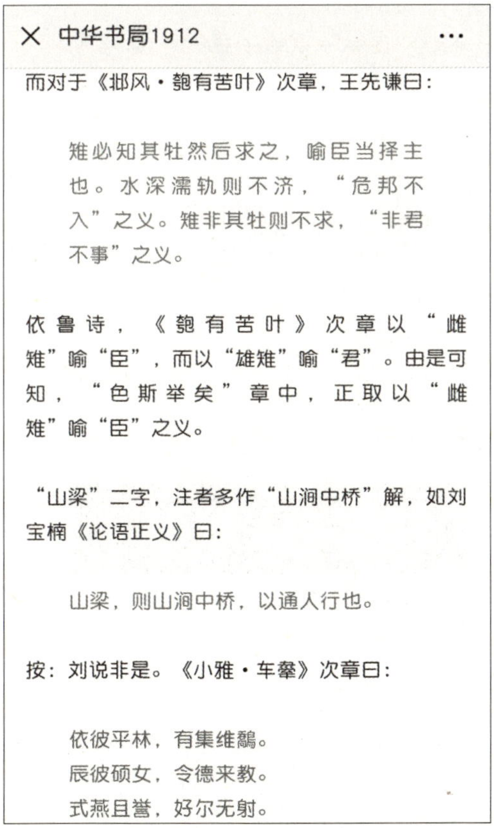

× 中华书局1912 ···

而对于《邶风・匏有苦叶》次章，王先谦曰：

雉必知其牡然后求之，喻臣当择主也。水深濡轨则不济，“危邦不入”之义。雉非其牡则不求，“非君不事”之义。

依鲁诗，《匏有苦叶》次章以“雌雉”喻“臣”，而以“雄雉”喻“君”。由是可知，“色斯举矣”章中，正取以“雌雉”喻“臣”之义。

“山梁”二字，注者多作“山涧中桥”解，如刘宝楠《论语正义》曰：

山梁，则山涧中桥，以通人行也。

按：刘说非是。《小雅・车舝》次章曰：

依彼平林，有集维鷮。
辰彼硕女，令德来教。
式燕且誉，好尔无射。

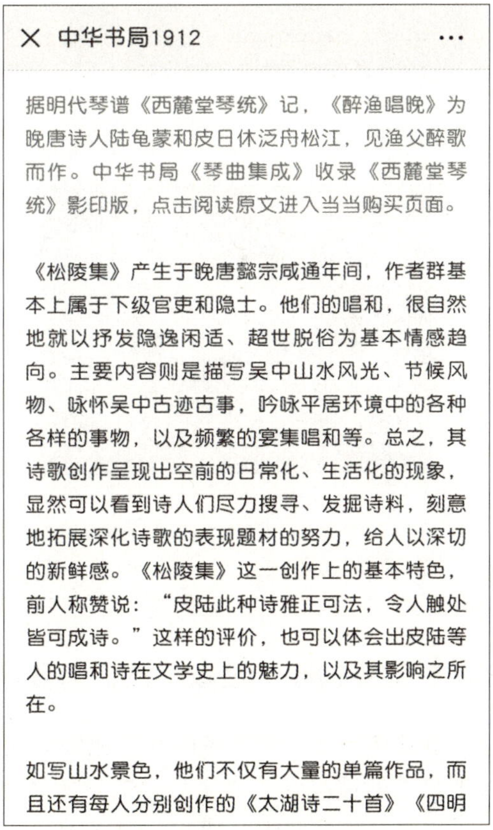

× 中华书局1912 ···

据明代琴谱《西麓堂琴统》记，《醉渔唱晚》为晚唐诗人陆龟蒙和皮日休泛舟松江，见渔父醉歌而作。中华书局《琴曲集成》收录《西麓堂琴统》影印版，点击阅读原文进入当当购买页面。

《松陵集》产生于晚唐懿宗咸通年间，作者群基本上属于下级官吏和隐士。他们的唱和，很自然地就以抒发隐逸闲适、超世脱俗为基本情感趋向。主要内容则是描写吴中山水风光、节候风物、咏怀吴中古迹古事，吟咏平居环境中的各种各样的事物，以及频繁的宴集唱和等。总之，其诗歌创作呈现出空前的日常化、生活化的现象，显然可以看到诗人们尽力搜寻、发掘诗料，刻意地拓展深化诗歌的表现题材的努力，给人以深切的新鲜感。《松陵集》这一创作上的基本特色，前人称赞说：“皮陆此种诗雅正可法，令人触处皆可成诗。”这样的评价，也可以体会出皮陆等人的唱和诗在文学史上的魅力，以及其影响之所在。

如写山水景色，他们不仅有大量的单篇作品，而且还有每人分别创作的《太湖诗二十首》《四明

图 8-35　“中华书局 1912”微信公众平台推送的文案主要内容的文字颜色

8.4.6 版式简洁：特色鲜明，自成一派

版式多样确实能够吸引读者，但是如果在同一篇文章中使用过多的版式就会让版面显得非常杂乱，这样的做法反而造成读者在阅读文章时的不适感。因此，新媒体平台运营者在追求版式特色的同时也要注意版式的简洁，在一篇文章中不要使用太多的版式。

有时简洁的版式反而会在众多杂乱的版式中自成一股清流，拥有自己的特色，吸引更多的读者。以“秋叶 PPT”公众号为例，其文章的版式就非常简单，但是又有自己的特色。下面就来欣赏一下该公众号中某篇文章的版式，如图 8-36 所示。

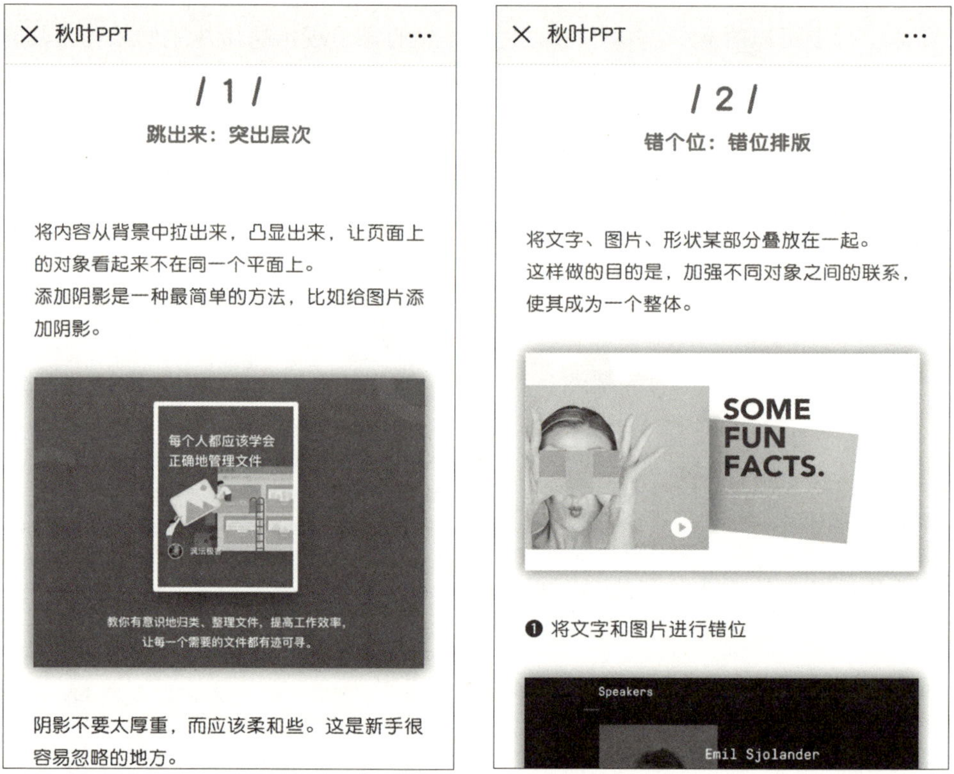

秋叶PPT
/ 1 /
跳出来：突出层次
将内容从背景中拉出来，凸显出来，让页面上的对象看起来不在同一个平面上。
添加阴影是一种最简单的方法，比如给图片添加阴影。
每个人都应该学会
正确地管理文件
教你有意识地归类、整理文件，提高工作效率，
让每一个需要的文件都有迹可寻。
阴影不要太厚重，而应该柔和些。这是新手很容易忽略的地方。
秋叶PPT
/ 2 /
错个位：错位排版
将文字、图片、形状某部分叠放在一起。
这样做的目的是，加强不同对象之间的联系，使其成为一个整体。
SOME
FUN
FACTS.
❶ 将文字和图片进行错位
Speakers
Emil Sjolander

图 8-36 “秋叶 PPT”公众号文章的版式

8.4.7 借鉴创新：汲取优点，为我所用

新媒体平台运营者可以从其他版面优秀的文章中总结经验，汲取它们的优点，再根据自己的情况建立属于自己的排版体系。同时，在看见新颖、好看的版式素材时，也可以将其收藏起来，建立一个属于自己的素材库，这样不仅丰富了版式资源，还可以节省很多寻找版式素材的时间，提高了工作效率。

第 9 章 推广营销：加强宣传力度提高平台知名度

学前提示

一则文案仅内容优质、针对人群精确是不够的，还需要加强推广和营销，这样才能传播得更广，提高平台的知名度。本章将从文案营销、优化搜索和文案推广这 3 个方面来介绍。

要点展示

- 文案营销：多种角度增加新鲜感
- 优化搜索：使文案排名更加靠前
- 文案推广：5 种方式达到理想效果

逛码
国产手机续航能力top
100%
75%
50%
25%
40%
手机续航能力通俗地讲就是手机在正常工作时的待机时间。它与手机本身的耗电量和所配电池容量的大小有关。在电池容量相同的情况下，耗电量越小，则续航能力越强；在耗电量相同的情况下，电池容量越大，待机时间越长。手机发展到现在已经越来越智能，配置也越来越高，就在这样的情况下，耗电也不得不随之大大增加。你知道谁才是手机界的续航王么？
top：7
华为 Mate8

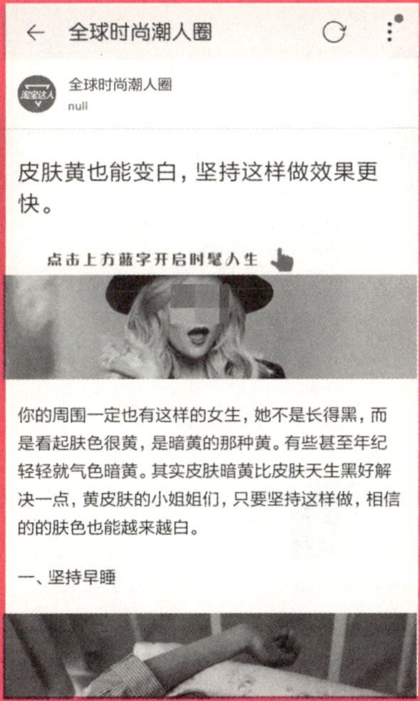

全球时尚潮人圈
全球时尚潮人圈
null
皮肤黄也能变白，坚持这样做效果更快。
点击上方蓝字开启时髦人生
你的周围一定也有这样的女生，她不是长得黑，而是看起肤色很黄，是暗黄的那种黄。有些甚至年纪轻轻就气色暗黄。其实皮肤暗黄比皮肤天生黑好解决一点，黄皮肤的小姐姐们，只要坚持这样做，相信的的肤色也能越来越白。
一、坚持早睡

ZOL中关村在线
—1—
千元机选它最合适 长续航实力不俗
360 N7
千元价位我为大家推荐的手机为360 N7，不管怎么说，这款手机能够满足我三个痛点，也是我想为大家推荐的理由。

9.1 文案营销：多种角度增加新鲜感

企业通过文案从不同的角度进行营销运作，可以增加消费者的新鲜感，普通消费者看到不常见的事物，往往会花费一点时间来“摸清底细”。编写文案无非是为了促进相关产品的销售，那么，在这个过程中，运营者又应该怎么做呢？

9.1.1 对比产品：了解对手不断调整

当企业想通过文案来推广企业新出的产品时，比较适用的方法就是向竞争对手学习，不仅要学习文案的写法，还要学习产品的特点。具体的学习方法如图 9-1 所示。

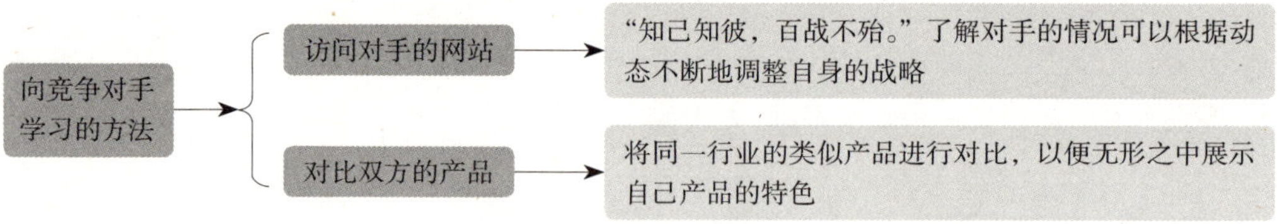

向竞争对手学习的方法
访问对手的网站
“知己知彼，百战不殆。”了解对手的情况可以根据动态不断地调整自身的战略
对比双方的产品
将同一行业的类似产品进行对比，以便无形之中展示自己产品的特色

图 9-1　向竞争对手学习的方法

在打造文案的过程中，首先从客观的角度进行对比，其次尽量选择价格相当的产品，最后避免通过贬低其他产品来提升自己的格调。以“逛码”在淘宝头条平台推送的文案为例，就是将国产手机的续航能力进行了对比，如图 9-2 所示。

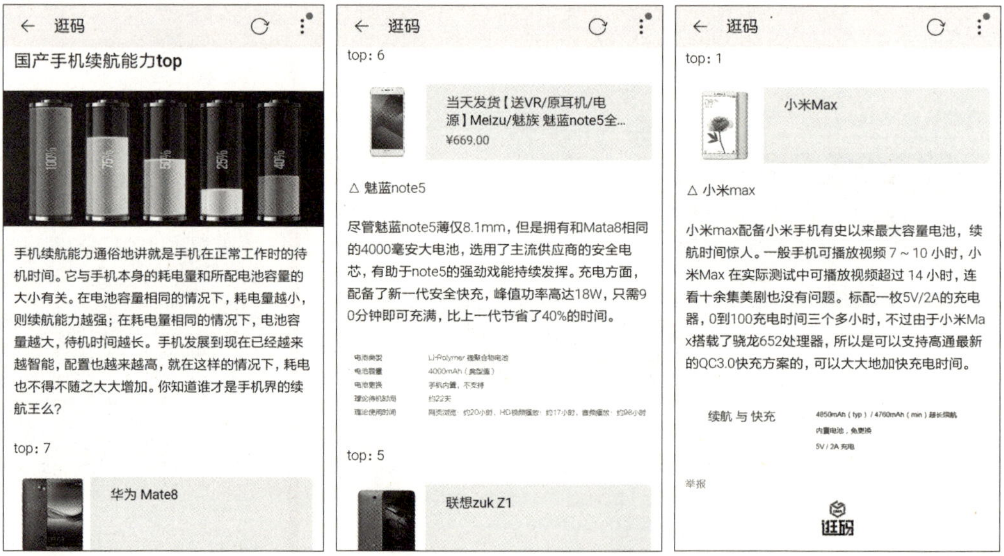

逛码
国产手机续航能力top
手机续航能力通俗地讲就是手机在正常工作时的待机时间。它与手机本身的耗电量和所配电池容量的大小有关。在电池容量相同的情况下，耗电量越小，则续航能力越强；在耗电量相同的情况下，电池容量越大，待机时间越长。手机发展到现在已经越来越智能，配置也越来越高，就在这样的情况下，耗电也不得不随之大大增加。你知道谁才是手机界的续航王么？
top：7
华为 Mate8
逛码
top：6
当天发货【送VR/原耳机/电源】Meizu/魅族 魅蓝note5全...
¥669.00
△ 魅蓝note5
尽管魅蓝note5薄仅8.1mm，但是拥有和Mata8相同的4000毫安大电池，选用了主流供应商的安全电芯，有助于note5的强劲戏能持续发挥。充电方面，配备了新一代安全快充，峰值功率高达18W，只需90分钟即可充满，比上一代节省了40%的时间。
top：5
联想zuk Z1
逛码
top：1
小米Max
△ 小米max
小米max配备小米手机有史以来最大容量电池，续航时间惊人。一般手机可播放视频 7～10 小时，小米Max 在实际测试中可播放视频超过 14 小时，连看十余集美剧也没有问题。标配一枚5V/2A的充电器，0到100充电时间三个多小时，不过由于小米Max搭载了骁龙652处理器，所以是可以支持高通最新的QC3.0快充方案的，可以大大地加快充电时间。
续航 与 快充
举报
逛码

图 9-2　对比产品的文案

这种对比文案的目的只有一个，那就是让读者看了之后对测评效果倍加信任，继而提升对推荐产品的好感度，产生购买产品的欲望。

9.1.2 强调利益：充分激发消费者的购买欲

在通过文案进行营销时，为了使对方愿意购买商家所推出的商品，必须要花大量的时间和精力来激发其购买欲，具体方法如图 9-3 所示。

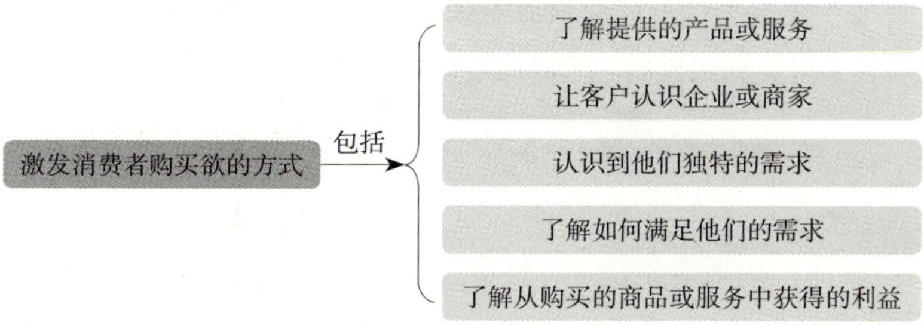

激发消费者购买欲的方式
包括
了解提供的产品或服务
让客户认识企业或商家
认识到他们独特的需求
了解如何满足他们的需求
了解从购买的商品或服务中获得的利益

图 9-3　激发读者消费欲望的方式

在了解对方需求和购买力的基础上，要激发其购买欲，除上述方法以外，还可从所推出的产品或服务能够给客户带来的利益角度进行介绍，重点围绕“读者的需求和利益”来写，突出显示他们能够获得的实际好处。如图 9-4 所示为淘宝头条平台上发布的针对皮肤偏黄的读者来写的文案，同时还提到了相关产品带给读者的利益。

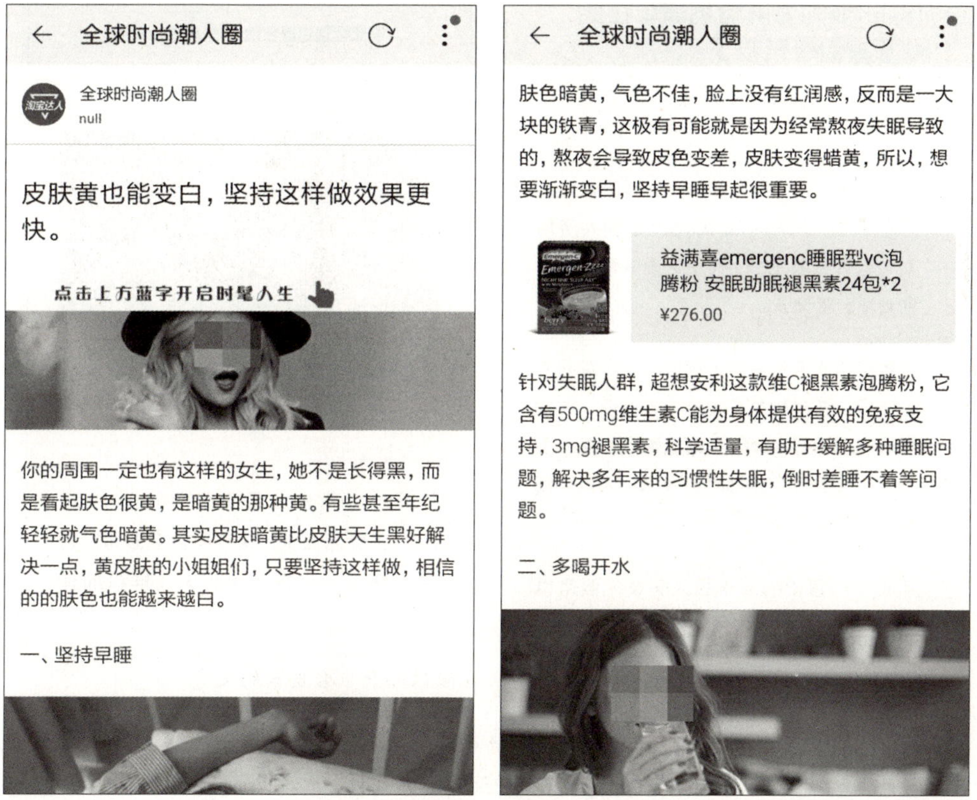

全球时尚潮人圈
全球时尚潮人圈
null
皮肤黄也能变白，坚持这样做效果更快。
点击上方蓝字开启时髦人生
你的周围一定也有这样的女生，她不是长得黑，而是看起肤色很黄，是暗黄的那种黄。有些甚至年纪轻轻就气色暗黄。其实皮肤暗黄比皮肤天生黑好解决一点，黄皮肤的小姐姐们，只要坚持这样做，相信的的肤色也能越来越白。
一、坚持早睡
全球时尚潮人圈
肤色暗黄，气色不佳，脸上没有红润感，反而是一大块的铁青，这极有可能就是因为经常熬夜失眠导致的，熬夜会导致皮色变差，皮肤变得蜡黄，所以，想要渐渐变白，坚持早睡早起很重要。
益满喜emergenc睡眠型vc泡腾粉 安眠助眠褪黑素24包*2
¥276.00
针对失眠人群，超想安利这款维C褪黑素泡腾粉，它含有500mg维生素C能为身体提供有效的免疫支持，3mg褪黑素，科学适量，有助于缓解多种睡眠问题，解决多年来的习惯性失眠，倒时差睡不着等问题。
二、多喝开水

图 9-4　针对读者需求撰写的文案

9.1.3 利用权威：收获认可做出好口碑

利用权威，一方面容易获得消费者的认可，另一方面容易做出好的口碑，这两个方面相互作用，相互支撑。权威一般代表不可推翻、值得信赖，因此比较适合在文案中使用这一因素，来提升读者的好感度和信任度，从而顺利推销相关产品。企业在进行文案营销时，如果要利用权威，可以通过两种方式进行，如图 9-5 所示。

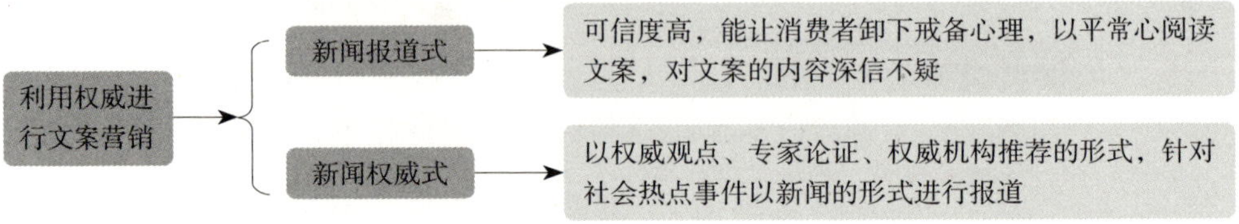

利用权威进行文案营销
新闻报道式
可信度高，能让消费者卸下戒备心理，以平常心阅读文案，对文案的内容深信不疑
新闻权威式
以权威观点、专家论证、权威机构推荐的形式，针对社会热点事件以新闻的形式进行报道

图 9-5　利用权威进行文案营销

先来看新闻报道式的文案，以“ZOL 中关村在线”在微信公众平台发布的文案为例进行介绍，如图 9-6 所示。

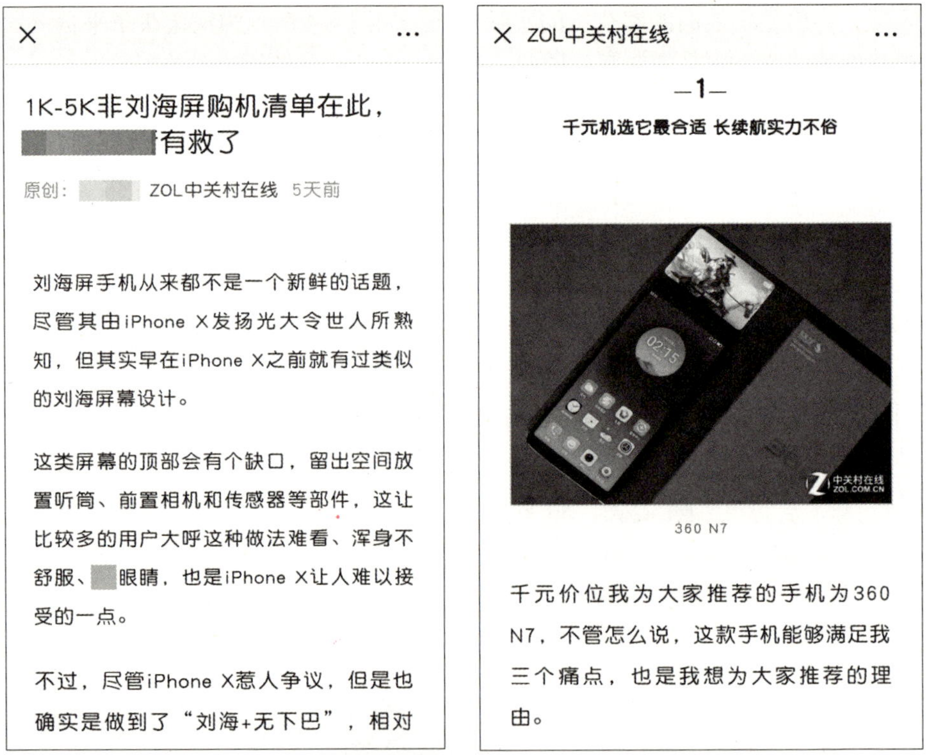

1K-5K非刘海屏购机清单在此，
有救了
原创：
ZOL中关村在线 5天前
刘海屏手机从来都不是一个新鲜的话题，尽管其由iPhone X发扬光大令世人所熟知，但其实早在iPhone X之前就有过类似的刘海屏幕设计。
这类屏幕的顶部会有个缺口，留出空间放置听筒、前置相机和传感器等部件，这让比较多的用户大呼这种做法难看、浑身不舒服、眼睛，也是iPhone X让人难以接受的一点。
不过，尽管iPhone X惹人争议，但是也确实是做到了“刘海+无下巴”，相对
ZOL中关村在线
—1—
千元机选它最合适 长续航实力不俗
中关村在线
ZOL.COM.CN
360 N7
千元价位我为大家推荐的手机为360 N7，不管怎么说，这款手机能够满足我三个痛点，也是我想为大家推荐的理由。

图 9-6　“ZOL 中关村在线”在微信公众平台发布的文案

再来看新闻权威式文案。如图 9-7 所示为“人民日报”在微信公众平台发布的关于爱心冰箱的文案。其中，主要通过纪实性强的图片表现了人们的善举，提升了文案内容的权威性。

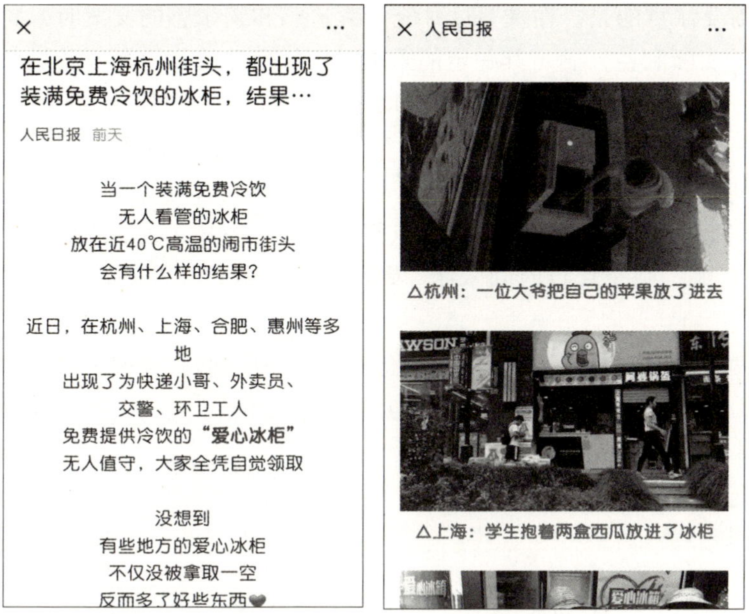
在北京上海杭州街头，都出现了装满免费冷饮的冰柜，结果…
人民日报 前天
当一个装满免费冷饮
无人看管的冰柜
放在近40℃高温的闹市街头
会有什么样的结果？
近日，在杭州、上海、合肥、惠州等多地
出现了为快递小哥、外卖员、
交警、环卫工人
免费提供冷饮的“爱心冰柜”
无人值守，大家全凭自觉领取
没想到
有些地方的爱心冰柜
不仅没被拿取一空
反而多了好些东西
人民日报
△杭州：一位大爷把自己的苹果放了进去
△上海：学生抱着两盒西瓜放进了冰柜
图 9-7 “人民日报”在微信公众平台发布的文案

9.1.4 制造稀缺性：让客户充满紧迫感

中国有一句古话：“物以稀为贵。”意思就是越紧缺的资源价值越大。很多时候，当某项资源比较丰富时，人们对它的需求量相对比较少；相反的，当资源稀缺时，人们会更想得到它，积累价值。比如黄金、紫檀木等，这些东西在资源供给方面有一定的限制性，而正是这种限制性，激发了人们想要购买它们的欲望。因为资源紧缺的东西永远不会失去它本身的价值，换句话说就是，这些稀缺的东西是“值钱”的。

文案撰写者其实也可以把这种心理用在文案的写作中，一是可以促使读者第一时间阅读文章内容，二是制造产品供不应求的状态会让购买者对这种商品充满好奇心，并且想尝试购买，一探究竟。

那么，在具体的撰写过程中，为了成功引起读者和客户的紧迫感，到底应该怎么做呢？下面将其方法主要总结为如图 9-8 所示的 3 点。

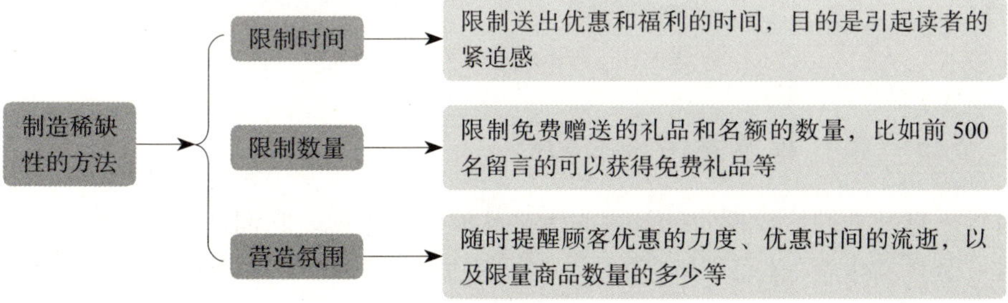
制造稀缺性的方法
限制时间
限制送出优惠和福利的时间，目的是引起读者的紧迫感
限制数量
限制免费赠送的礼品和名额的数量，比如前 500 名留言的可以获得免费礼品等
营造氛围
随时提醒顾客优惠的力度、优惠时间的流逝，以及限量商品数量的多少等
图 9-8 制造稀缺性的方法

当然，需要注意的是，在撰写这种充满紧迫感和紧张感的文案时，同样也要给读者提供相应的实际利益，满足其一定的需求，比如赠送礼物、名额及机会等。既然写了出来，就一定要兑现，这也是使读者长期关注你写的文案并购买推荐产品的保证。

以“泊美”和“SOFINA 苏菲娜”在微信公众平台推送的文案为例，两者都是通过一边送福利，一边制造紧张氛围的方式来获取读者的关注的。如图 9-9 所示，“泊美”是通过限制名额的方式吸引读者留言、点赞的，从而提升文案的传播率和阅读率；而“SOFINA 苏菲娜”则是通过时间限制、数量限制及名额限制等结合起来制造紧张氛围的。

虽然这两篇文案出自不同品牌的微信公众号，但它们有相似之处，那就是都是为了吸引读者、推荐产品、传达品牌理念而努力打造紧迫感。

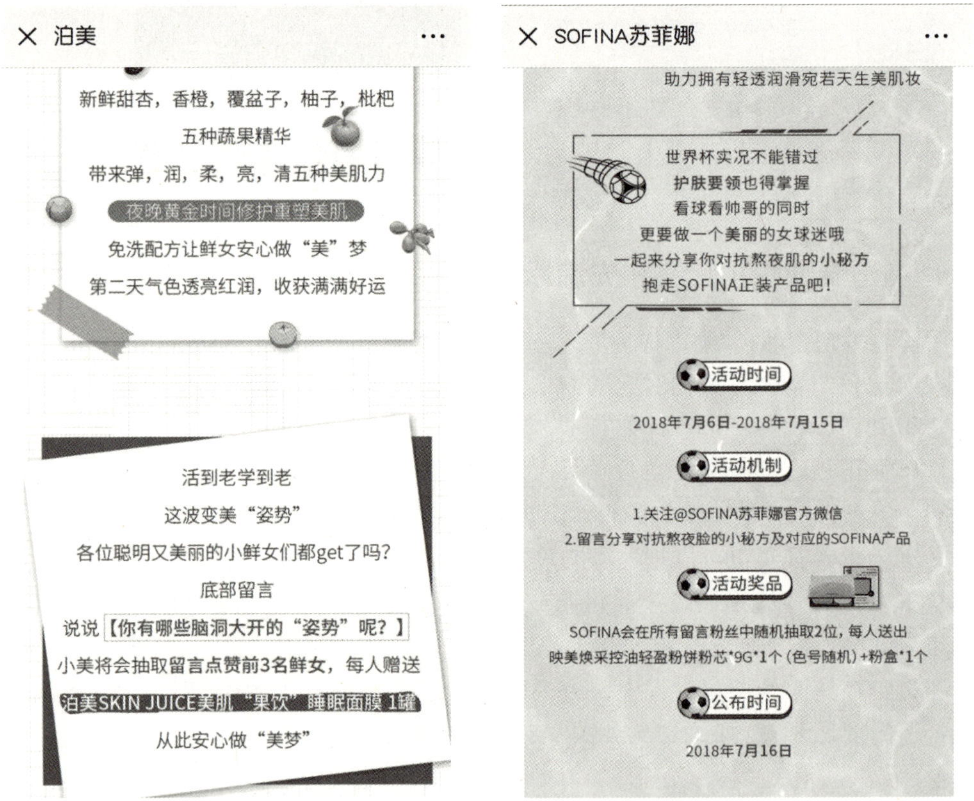

泊美
新鲜甜杏，香橙，覆盆子，柚子，枇杷
五种蔬果精华
带来弹，润，柔，亮，清五种美肌力
夜晚黄金时间修护重塑美肌
免洗配方让鲜女安心做“美”梦
第二天气色透亮红润，收获满满好运
活到老学到老
这波变美“姿势”
各位聪明又美丽的小鲜女们都get了吗?
底部留言
说说【你有哪些脑洞大开的“姿势”呢？】
小美将会抽取留言点赞前3名鲜女，每人赠送
泊美SKIN JUICE美肌“果饮”睡眠面膜 1罐
从此安心做“美梦”
SOFINA苏菲娜
助力拥有轻透润滑宛若天生美肌妆
世界杯实况不能错过
护肤要领也得掌握
看球看帅哥的同时
更要做一个美丽的女球迷哦
一起来分享你对抗熬夜肌的小秘方
抱走SOFINA正装产品吧！
活动时间
2018年7月6日-2018年7月15日
活动机制
1.关注@SOFINA苏菲娜官方微信
2.留言分享对抗熬夜脸的小秘方及对应的SOFINA产品
活动奖品
SOFINA会在所有留言粉丝中随机抽取2位，每人送出
映美焕采控油轻盈粉饼粉芯*9G*1个（色号随机）+粉盒*1个
公布时间
2018年7月16日

图 9-9　制造稀缺性的文案展示

9.1.5 节日气氛：给读者带来亲切感

节日一直是人们比较期盼的，因为无论从哪方面来说，它们都是有“利”的：对工作而言，节日意味着“休息”和“放假”；对于生活而言，节日意味着“团聚”和“优惠”。

基于节日的上述含义，在新媒体平台运营的过程中，有必要在文案中进行描述和提及，并进行相关的说明和活动，这样很容易调动读者的阅读积极性，并成功吸引到读者关注。

在文案中营造节日气氛除了能够带给读者喜悦之感外，还会给读者带来亲切感，引起读者的情感共鸣，为促销相关产品打好基础。如图 9-10 所示的 3 种方法有助于营造节日的气氛。

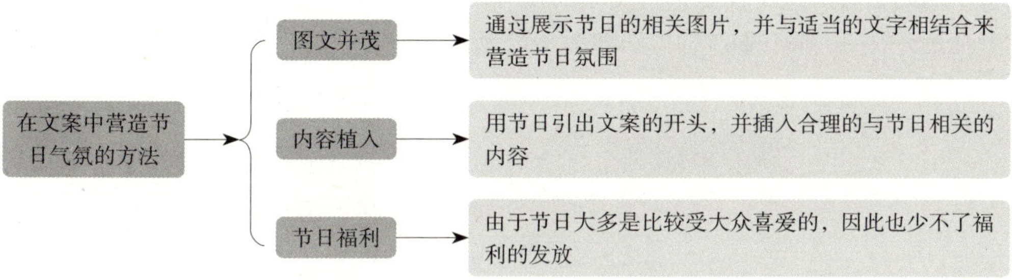

在文案中营造节日气氛的方法
图文并茂
通过展示节日的相关图片，并与适当的文字相结合来营造节日氛围
内容植入
用节日引出文案的开头，并插入合理的与节日相关的内容
节日福利
由于节日大多是比较受大众喜爱的，因此也少不了福利的发放

图 9-10　在文案中营造节日气氛的方法

以“大宝天天见”在微信公众平台上发布的“三八”节文案为例，标题就明显指出了“三八”节，如图 9-11 所示。

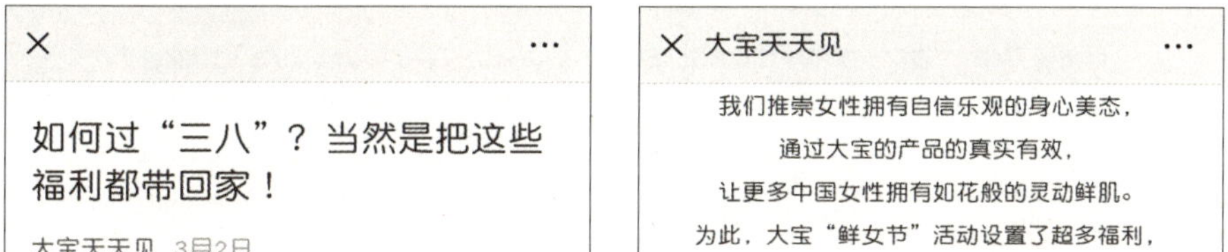

如何过“三八”？当然是把这些福利都带回家！
大宝天天见 3月2日
大宝
鲜女节
灵动花漾鲜肌
高能预警！！！
3月8日快要到啦！
这一次，让我们做点不一样的事情，
和大宝一起来过“鲜女节”。
关于“鲜女”，大宝有话说：
大宝天天见
我们推崇女性拥有自信乐观的身心美态，
通过大宝的产品的真实有效，
让更多中国女性拥有如花般的灵动鲜肌。
为此，大宝“鲜女节”活动设置了超多福利，
让各位“鲜女”们度过一个收获满满的鲜女节。
花漾空间：测肌肤，拍美照，惊艳
朋友圈
活动现场设有“鲜女指数测试”区域，为大家提供高科技、专业的肌肤测试仪，还邀请美妆博主与权威护肤专家一起为大家讲解护肤小建议。鲜女们还可以试用大宝女士系列产品，亲身体验花漾鲜肌。
大宝

图 9-11　图文并茂式营造节日氛围

营造节日氛围之后，就可以开始围绕自家的产品和活动进行介绍了，如“鲜女指数测试”等，目的都是吸引读者的注意，促进产品的销售。

9.1.6 揭开面纱：先吸引读者，再娓娓道来

企业在做文案营销时，可以运用揭开面纱的方法，抓住读者的心理，营造神秘面纱即将被揭开的气氛，给读者一种不看的话定会后悔的感觉。

揭开面纱其实就是从不同的角度设置悬念，最大限度地引起读者的注意力，从而促进产品的销售。这不仅是撰写文案的技巧，也是提升产品销售率的法宝，对大多数读者都是奏效的。揭开面纱的方法如图 9-12 所示。

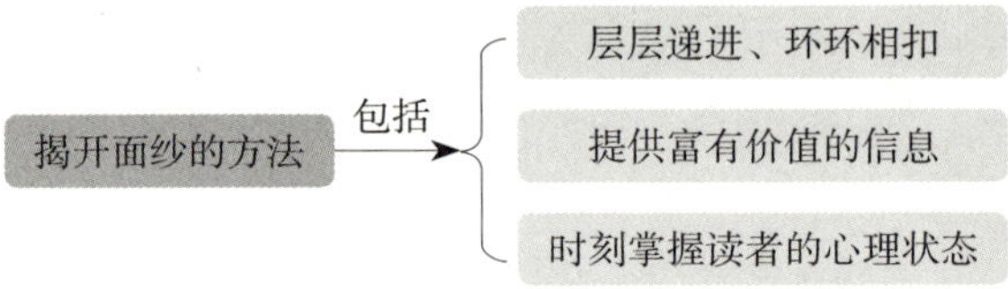

揭开面纱的方法
包括
层层递进、环环相扣
提供富有价值的信息
时刻掌握读者的心理状态

图 9-12　揭开面纱的方法

如图 9-13 所示的“玄霄科技”在淘宝头条平台发布的文案就采用了这种方法。

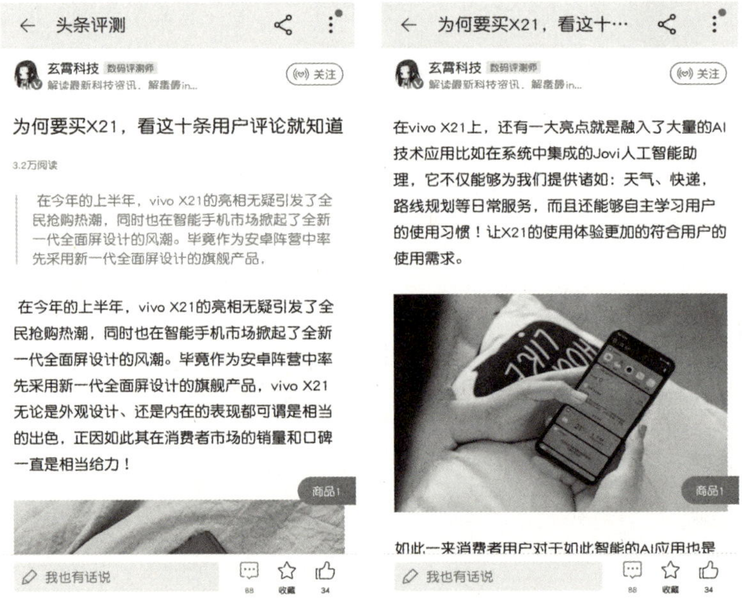

头条评测
玄霄科技
关注
为何要买X21，看这十条用户评论就知道
3.2万阅读
在今年的上半年，vivo X21的亮相无疑引发了全民抢购热潮，同时也在智能手机市场掀起了全新一代全面屏设计的风潮。毕竟作为安卓阵营中率先采用新一代全面屏设计的旗舰产品，
在今年的上半年，vivo X21的亮相无疑引发了全民抢购热潮，同时也在智能手机市场掀起了全新一代全面屏设计的风潮。毕竟作为安卓阵营中率先采用新一代全面屏设计的旗舰产品，vivo X21无论是外观设计、还是内在的表现都可谓是相当的出色，正因如此其在消费者市场的销量和口碑一直是相当给力！
商品1
我也有话说
收藏
为何要买X21，看这十…
玄霄科技
关注
在vivo X21上，还有一大亮点就是融入了大量的AI技术应用比如在系统中集成的Jovi人工智能助理，它不仅能够为我们提供诸如：天气、快递、路线规划等日常服务，而且还能够自主学习用户的使用习惯！让X21的使用体验更加的符合用户的使用需求。
商品1
我也有话说
收藏

图 9-13　揭开面纱式文案案例

从标题开始蒙上神秘的面纱——“为何要买 X21，看这十条用户评论就知道”读者肯定会产生疑问，然后继续往下看，文章后面则会娓娓道来，将给标题蒙上的面纱一层一层地揭开，最后引出宣传和推广的产品。

9.1.7 亲情诱导：巧妙植入，引起情感共鸣

企业在做文案营销时，可以利用亲情来打动读者，传播文案主题。从读者的角度

出发，表达读者的心声，引起读者的亲情共鸣，让读者在温馨亲情的驱动下认同并购买产品。

这样的文案营销主要是通过引起情感共鸣来实现的，而它也有专门针对的人群，即孝敬长辈的子孙辈、疼爱丈夫的家庭主妇、呵护子女的父母和爱惜妻子的丈夫。

如果是女儿买给父亲的产品，那么最好用女儿的角色去说话，从女儿的角度表达对父亲的敬爱，以便激起女儿对父亲的关爱和体贴；如果瞄准的目标消费群体是丈夫，那么就表达出妻子对产品的期待，让爱情和亲情共同作用，从而促使目标受众对文章感兴趣，并进一步购买产品。

值得注意的是，在利用亲情或者感情的因素来吸引读者的眼球时，为了达到理想的营销效果，还要注意如图 9-14 所示的 3 个问题。

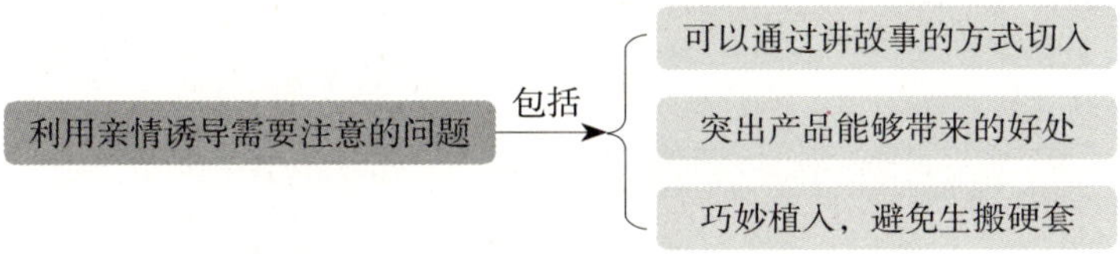
利用亲情诱导需要注意的问题
包括
可以通过讲故事的方式切入
突出产品能够带来的好处
巧妙植入，避免生搬硬套

图 9-14　利用亲情诱导需要注意的问题

以“强生婴儿新妈帮”在微信公众平台推送的《夏至已至，潮湿炎热的天气，宝宝皮肤状态不好？强妈来支招》一文为例，就是从妈妈关心自己孩子的角度出发倾心打造的，该文案用来推销宝宝用的护肤品，如图 9-15 所示。

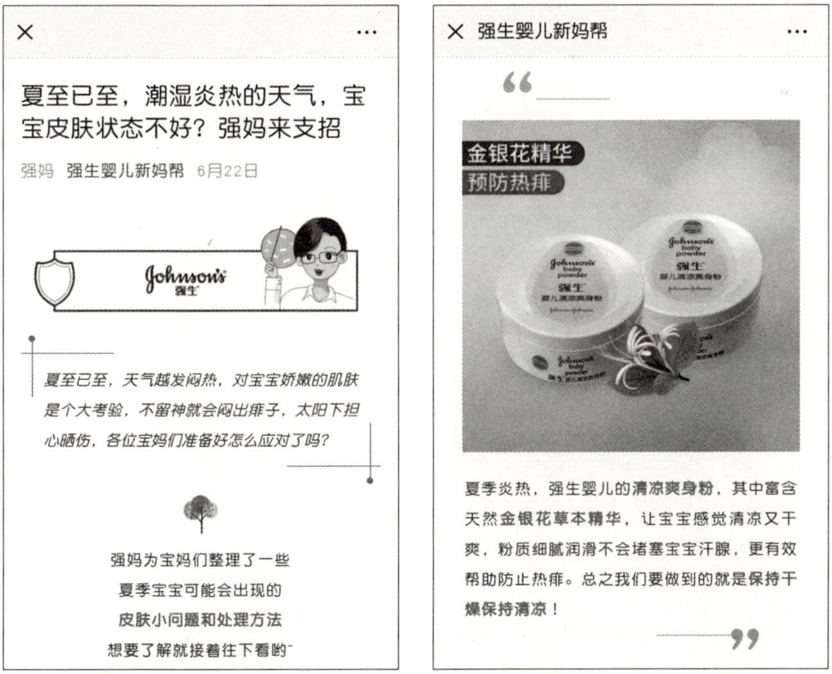
夏至已至，潮湿炎热的天气，宝宝皮肤状态不好？强妈来支招
强妈　强生婴儿新妈帮　6月22日
Johnson's
强生
夏至已至，天气越发闷热，对宝宝娇嫩的肌肤是个大考验，不留神就会闷出痱子，太阳下担心晒伤，各位宝妈们准备好怎么应对了吗？
强妈为宝妈们整理了一些
夏季宝宝可能会出现的
皮肤小问题和处理方法
想要了解就接着往下看哟~
强生婴儿新妈帮
金银花精华
预防热痱
夏季炎热，强生婴儿的清凉爽身粉，其中富含天然金银花草本精华，让宝宝感觉清凉又干爽，粉质细腻润滑不会堵塞宝宝汗腺，更有效帮助防止热痱。总之我们要做到的就是保持干燥保持清凉！

图 9-15　“强生婴儿新妈帮”在微信公众平台推送的亲情诱导式文案

9.1.8 明星效应：带动读者的积极性

文案的撰写不能忽视明星效应，这种效应不仅可以吸引强烈的人气，而且还会带动广大人群的积极性，特别容易引起粉丝的追捧和支持。但需要注意的是，明星效应是利弊兼具的。因此，文案的撰写应重点选择正面形象的明星作为主角，这样才不会有谩骂声或质疑声。

巧妙利用明星效应是营销的常用手段，如果要通过文案进行营销，那么这也是一种不可错过的方法。因为这种方法有很多方面的好处，比如能吸引粉丝，保证基础的阅读量和带动产品销量。

在创作的过程中，究竟应该如何将明星效应发挥得恰到好处、淋漓尽致呢？笔者将其主要方法总结为如图 9-16 所示的 3 种。

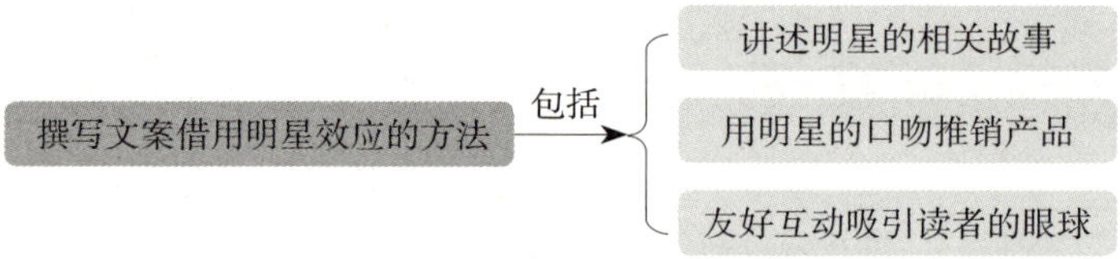
撰写文案借用明星效应的方法
包括
讲述明星的相关故事
用明星的口吻推销产品
友好互动吸引读者的眼球

图 9-16　撰写文案借用明星效应的方法

“Sir 电影”在微信公众平台推送的关于新电影的文案，借助的是明星沈某的人气效应，如图 9-17 所示。一方面展示了沈某个人的努力，另一方面又突出了电影中沈某饰演的角色的特点，两者的巧妙结合形成了营销之势。

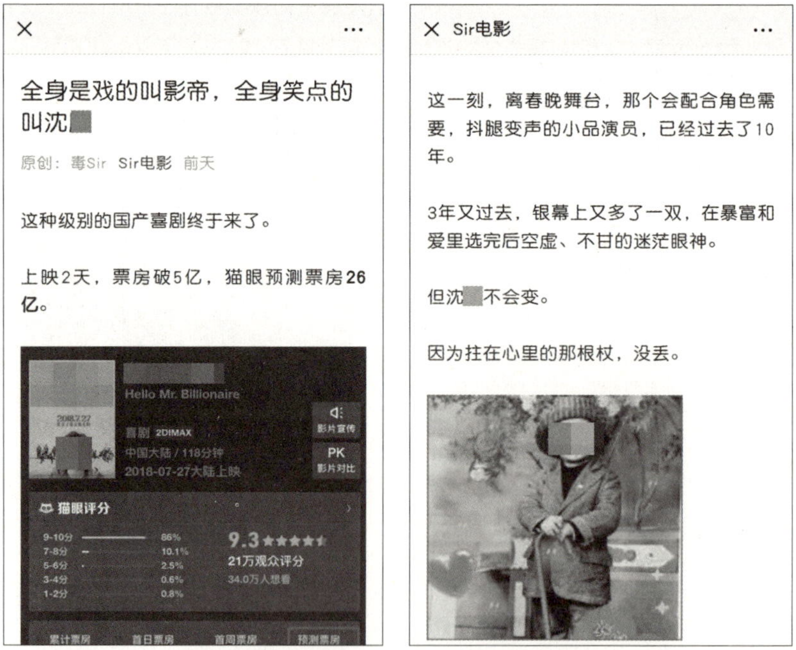
全身是戏的叫影帝，全身笑点的叫沈[redacted]
原创：毒Sir Sir电影 前天
这种级别的国产喜剧终于来了。
上映2天，票房破5亿，猫眼预测票房26亿。
Hello Mr. Billionaire
喜剧 2DIMAX
中国大陆 / 118分钟
2018-07-27大陆上映
PK
影片对比
猫眼评分
9.3
21万观众评分
Sir电影
这一刻，离春晚舞台，那个会配合角色需要，抖腿变声的小品演员，已经过去了10年。
3年又过去，银幕上又多了一双，在暴富和爱里选完后空虚、不甘的迷茫眼神。
但沈[redacted]不会变。
因为拄在心里的那根杖，没丢。

图 9-17　“Sir 电影”借用明星效应文案

9.1.9 制造热销场面：利用读者的从众心理

人们都会觉得产品的销量越高，证明人气和品质越好，所以经常在淘宝购物时选择销量最高的产品。因此运营者一定要学会制造热销场面。

那么，应该如何制造出产品的热销场面呢？根据笔者的经验，常用的方法有如图 9-18 所示的 3 种。

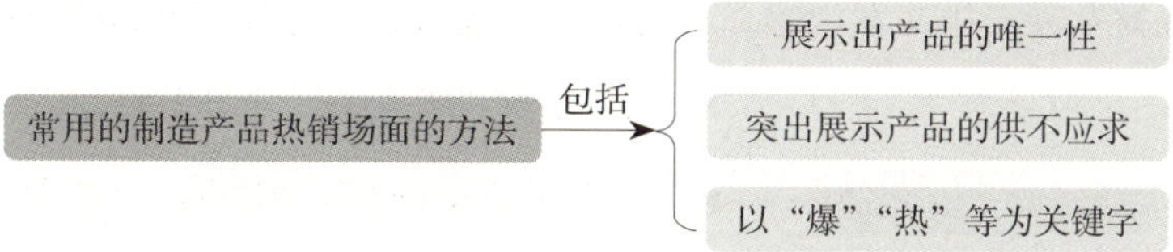

常用的制造产品热销场面的方法
包括
展示出产品的唯一性
突出展示产品的供不应求
以“爆”“热”等为关键字

图 9-18　常用的制造产品热销场面的方法

通常在实体店中，为了制造商品热卖的场面，会采用播放音乐、喊口号及招揽顾客等方式，而事实也证明，大多数人爱去氛围比较热烈的店铺购物。因此，在撰写文案时，营造热销的氛围也是十分有必要的，这不仅能够吸引读者的眼球，而且还可以提升产品的销售量。

如图 9-19 所示的文案通过数据和图片展示了商品的火爆性，大力吸引读者购买商品，最终实现利用文案营销的目的。

连夜排队！200多套房源引千人争抢，港城一品再续热销传奇！
港城一品 2017-07-08
点击蓝字，轻松关注
7月8日，港城一品二期11#楼荣耀开盘，开盘当日气温高达32度，但酷暑丝毫抵挡不了购房者的热情。近千组客户汇聚于营销中心，现场人头攒动，气氛热烈。在这火热七月，港城一品又一次引爆了港城楼市。
澳洋集团
中国500强
港城一品
8:00整，开盘活动正式开始，随着选房的进行，现场气氛持续升温，争分夺秒之间，“抢房大战”已然拉开了帷幕，人山人海，人来人往，人头攒动，似乎都不足以形容场面的声势浩大。看看现场众人的眼神，紧握手中的号码牌，不知道的还以为是准备上战场呢！
全力选房 气氛紧张

图 9-19　制造商品热销场面的文案

制造商品的热销场面最重要的就是懂得读者的心理，知道他们想得到什么——是高质量的产品还是贴心的服务，或者两者都想得到。只有这样，文案营销的效果才能得以实现。

9.1.10 利用连载：形成具有代表性的专题

人们在阅读时，总是趋向于寻找同一类型或主题的文章，力图全方面了解和熟悉关于该类型的知识。因此，在撰写文案时，可以从这方面着手，着力打造一些经典的、具有代表性的专题，迎合读者的阅读兴趣和习惯。值得一提的是，这样的连载内容更容易使读者沉浸其中，从而有效地促进产品的销售。

利用连载类专题安排文案内容，有着极大的优势，具体如图 9-20 所示。

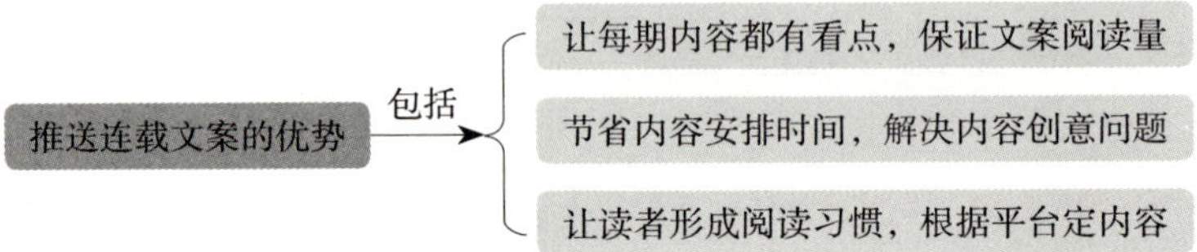
推送连载文案的优势
包括
让每期内容都有看点，保证文案阅读量
节省内容安排时间，解决内容创意问题
让读者形成阅读习惯，根据平台定内容

图 9-20　推送连载文案的优势

“手机摄影构图大全”公众号编辑了一系列介绍将墙壁上的画拍平整的两种构图方法的文章，如图 9-21 所示。

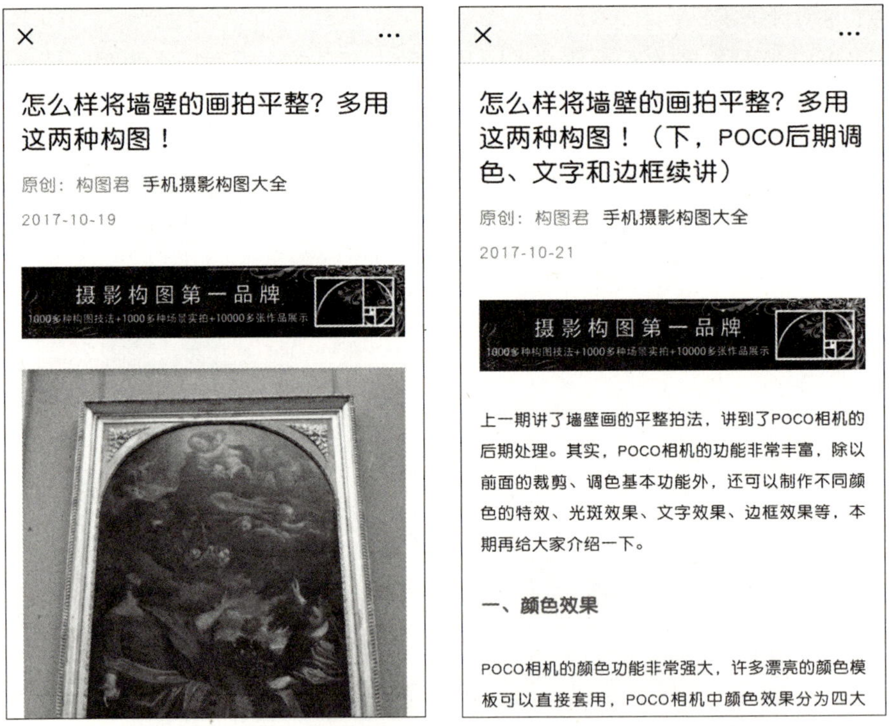
怎么样将墙壁的画拍平整？多用这两种构图！
原创：构图君 手机摄影构图大全
2017-10-19
摄影构图第一品牌
怎么样将墙壁的画拍平整？多用这两种构图！（下，POCO后期调色、文字和边框续讲）
原创：构图君 手机摄影构图大全
2017-10-21
摄影构图第一品牌
上一期讲了墙壁画的平整拍法，讲到了POCO相机的后期处理。其实，POCO相机的功能非常丰富，除以前面的裁剪、调色基本功能外，还可以制作不同颜色的特效、光斑效果、文字效果、边框效果等，本期再给大家介绍一下。
一、颜色效果
POCO相机的颜色功能非常强大，许多漂亮的颜色模板可以直接套用，POCO相机中颜色效果分为四大

图 9-21　“手机摄影构图大全”公众号推送的连载性文案

从图 9-21 来看，正因为这一知识点包含的内容比较多，且含金量高，所以才采用了连载推送的方式。这一方式不仅详细介绍了相关知识，而且吸引了读者的持续关注，起到了比较好的作用，这也是文案营销的绝佳形式。

9.2 优化搜索：使文案排名更加靠前

在互联网时代，各个企业、各个商家总是想尽办法在搜索引擎上进行优化，提高自己的排名和点击率。那么，应该从哪些角度掌握优化搜索的技巧，才能使得文案的排名更加靠前，从而传播得更加广泛呢？本节将介绍 9 种优化搜索的方式，帮助大家提升文案阅读量。

9.2.1 网络关键词：利用好热门事件

基于互联网和移动互联网迅速发展环境中的大数据应用，网络上能搜集到无数个关键词，企业对于在新媒体平台上主要推广的文案，应该把握好网络关键词的推广。

因为网络上的关键词一般是关于当时网民所关注的热门事件的，如果企业及时地利用热门事件进行文案营销，把网络上的关键词融入其中，一定能引起很多网民的注意，达到文案营销的较高境界。

一般情况下，可以利用搜狗浏览器的微信搜索进行关键词的认真挑选，它会把微信最新的订阅关键词和热点关键词显示出来，企业可以快捷地找到适合自己产品的新媒体平台关键词。

如果想通过热点推广产品，可以借助这些热门关键词来撰写文案内容。不过需要注意的是，不可生搬硬套，要软性植入，让人读起来没有违和感。

以“美白”一词为例，在搜狗搜索的微信页面进行搜索后，会出现如图 9-22 所示的页面。相关搜索的关键词会展示出来，比如“美白的方法”“全身美白”以及“美白面膜”等。

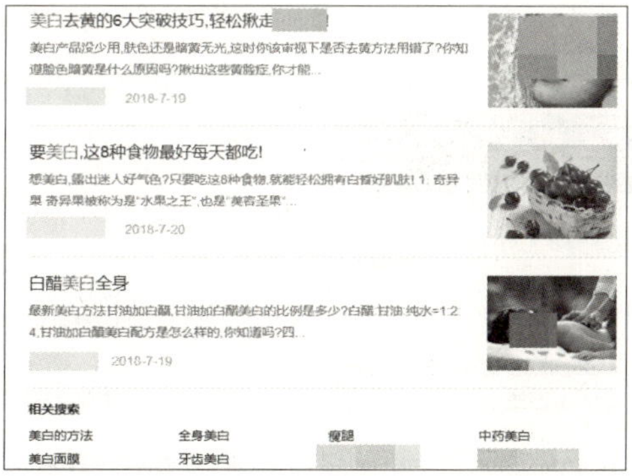
美白去黄的6大突破技巧,轻松揪走
美白产品没少用,肤色还是暗黄无光,这时你该审视下是否去黄方法用错了?你知道脸色暗黄是什么原因吗?揪出这些黄脸症,你才能...
2018-7-19
要美白,这8种食物最好每天都吃!
想美白,露出迷人好气色?只要吃这8种食物,就能轻松拥有白皙好肌肤! 1. 奇异果 奇异果被称为是"水果之王",也是"美容圣果"...
2018-7-20
白醋美白全身
最新美白方法甘油加白醋,甘油加白醋美白的比例是多少?白醋:甘油:纯水=1:2:4,甘油加白醋美白配方是怎么样的,你知道吗?四...
2018-7-19
相关搜索
美白的方法
全身美白
瘦腿
中药美白
美白面膜
牙齿美白

图 9-22 “美白”关键词的展示页面

9.2.2 文案关键词：文案中关键词的设置

文案可以恰当完整地把商品信息展现在读者面前，能够起到正面描述与推广产品的作用。这不得不归功于新媒体文案中关键字的设置，如果文案中没有嵌入与产品信息相关的字眼，那么是很难起到推广和宣传的作用的。下面以微信公众平台为例进行介绍。

在微信公众平台上，文案的关键词主要针对微信上的文章。通过微信搜索，用关键词进行搜索定位，用户往往会选择打开在搜索排行榜前列的公众号和文章。

那么，应该如何计算关键词的搜索排名呢？企业可以利用“SEO”（搜索引擎优化）来获取关键词搜索排名。“SEO”是专门利用搜索引擎搜索规则，提高目前网站在有关搜索引擎内自然排名的方式。

那么，具体应该怎么做呢？优化搜索引擎的方法如图 9-23 所示。

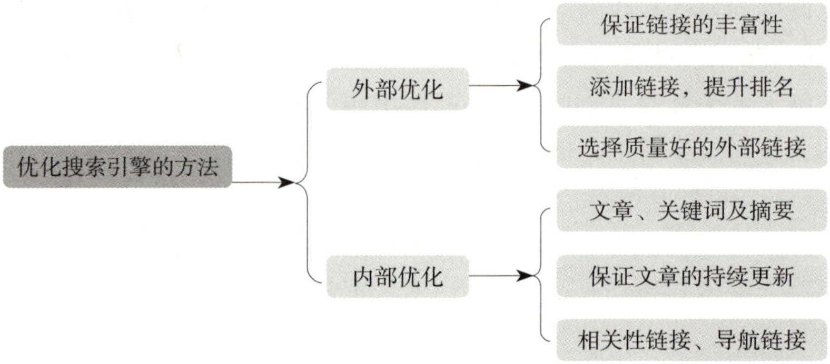

优化搜索引擎的方法
外部优化
内部优化
保证链接的丰富性
添加链接，提升排名
选择质量好的外部链接
文章、关键词及摘要
保证文章的持续更新
相关性链接、导航链接

图 9-23 优化搜索引擎的方法

以“手机摄影构图大全”公众号为例，如图 9-24 所示为优化搜索引擎的案例展示。

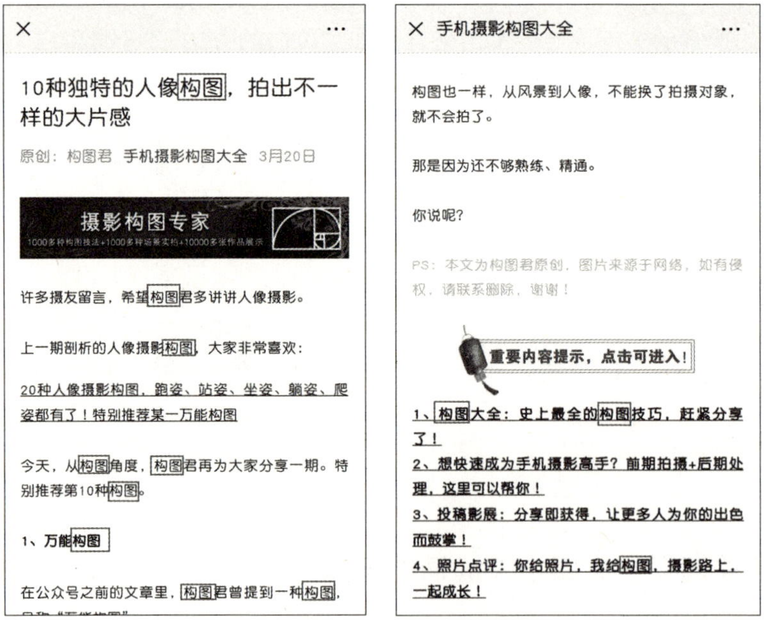

10种独特的人像构图，拍出不一样的大片感
原创：构图君 手机摄影构图大全 3月20日
摄影构图专家
许多摄友留言，希望构图君多讲讲人像摄影。
上一期剖析的人像摄影构图，大家非常喜欢：
20种人像摄影构图，跑姿、站姿、坐姿、躺姿、爬姿都有了！特别推荐某一万能构图
今天，从构图角度，构图君再为大家分享一期。特别推荐第10种构图。
1、万能构图
在公众号之前的文章里，构图君曾提到一种构图，
手机摄影构图大全
构图也一样，从风景到人像，不能换了拍摄对象，就不会拍了。
那是因为还不够熟练、精通。
你说呢？
PS：本文为构图君原创，图片来源于网络，如有侵权，请联系删除，谢谢！
重要内容提示，点击可进入！
1、构图大全：史上最全的构图技巧，赶紧分享了！
2、想快速成为手机摄影高手？前期拍摄+后期处理，这里可以帮你！
3、投稿影展：分享即获得，让更多人为你的出色而鼓掌！
4、照片点评：你给照片，我给构图，摄影路上，一起成长！

图 9-24 优化搜索引擎的案例展示

从图 9-24 中可以看到它的标题、内容及链接都设置了“构图”这一关键词，这是搜索引擎优化的表现。

9.2.3 排名优化：9 种技巧提升排名

以微信公众号为例，微信搜索的排名优化主要是对微信文章及公众号排名做优化的，优化的方法有很多，但是能够带来显著排名变化的优化方法却很少。不过，值得庆幸的是，还是有一些技巧可以让排名有明显改观的。

这里总结了一些经验，在对排名进行优化时，有如图 9-25 所示的 9 种技巧可以学习和参考。

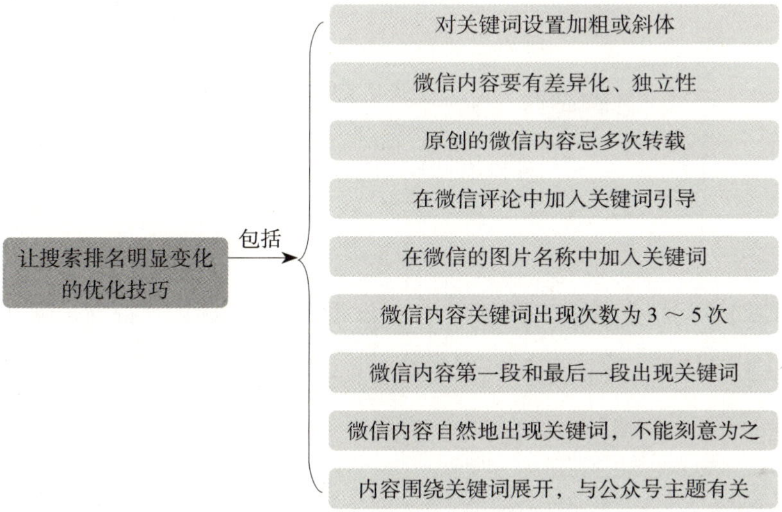

让搜索排名明显变化的优化技巧
包括
对关键词设置加粗或斜体
微信内容要有差异化、独立性
原创的微信内容忌多次转载
在微信评论中加入关键词引导
在微信的图片名称中加入关键词
微信内容关键词出现次数为 3 ～ 5 次
微信内容第一段和最后一段出现关键词
微信内容自然地出现关键词，不能刻意为之
内容围绕关键词展开，与公众号主题有关

图 9-25　让搜索排名明显变化的优化技巧

9.2.4 搜索优化：用符号提升关键词搜索

以微信公众号为例，用户在微信文章搜索中使用关键词搜索时，通常搜索结果中用于连接关键词的“( )”“【 】”等符号也会显示出来。因此，运营者在发布公众号文章时，可以采用符号连接关键词的方法来提高排名。

在优化关键词搜索时，可能会遇到各种各样的符号，那么，这些符号究竟对关键词分隔有哪些影响和意义呢？下面分别介绍 6 种标题中的特殊符号，如图 9-26 所示。再来看运用不同符号设置标题的文章案例。如图 9-27 所示为“【 】”分隔标题关键词的案例展示中使用的符号。

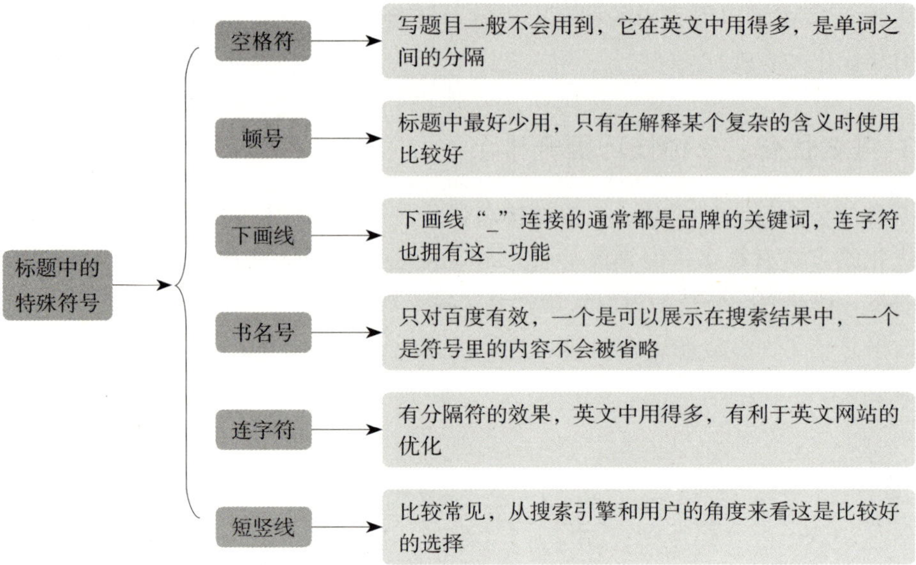
标题中的特殊符号
空格符
写题目一般不会用到，它在英文中用得多，是单词之间的分隔
顿号
标题中最好少用，只有在解释某个复杂的含义时使用比较好
下画线
下画线“_”连接的通常都是品牌的关键词，连字符也拥有这一功能
书名号
只对百度有效，一个是可以展示在搜索结果中，一个是符号里的内容不会被省略
连字符
有分隔符的效果，英文中用得多，有利于英文网站的优化
短竖线
比较常见，从搜索引擎和用户的角度来看这是比较好的选择

图 9-26　标题中的特殊符号

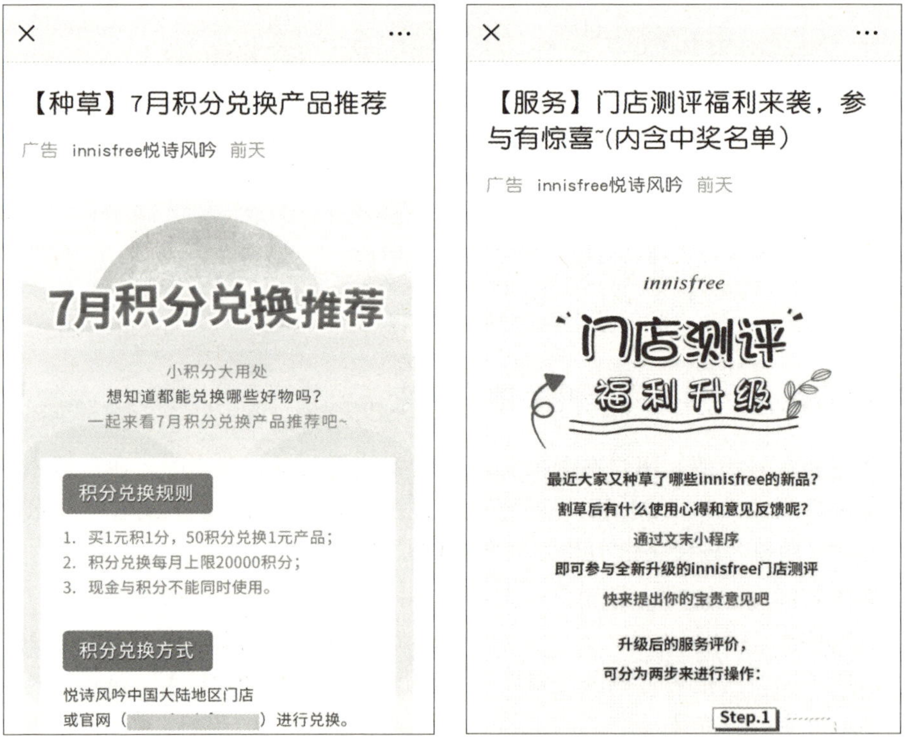
【种草】7月积分兑换产品推荐
广告　innisfree悦诗风吟　前天
7月积分兑换推荐
小积分大用处
想知道都能兑换哪些好物吗？
一起来看7月积分兑换产品推荐吧~
积分兑换规则
1. 买1元积1分，50积分兑换1元产品；
2. 积分兑换每月上限20000积分；
3. 现金与积分不能同时使用。
积分兑换方式
悦诗风吟中国大陆地区门店
或官网（　）进行兑换。
【服务】门店测评福利来袭，参与有惊喜~(内含中奖名单)
广告　innisfree悦诗风吟　前天
innisfree
门店测评
福利升级
最近大家又种草了哪些innisfree的新品？
割草后有什么使用心得和意见反馈呢？
通过文末小程序
即可参与全新升级的innisfree门店测评
快来提出你的宝贵意见吧
升级后的服务评价，
可分为两步来进行操作：
Step.1

图 9-27　“【 】”分隔标题关键词的案例展示

从图 9-27 中可以看出，特意用“【 】”将关键词“种草”和“服务”分隔开来，目的就是搜索优化，提升文章的曝光率，让更多的读者看到这篇文章，购买产品。

9.2.5 应对方法：排名下降快找原因

关键词排名下降和上升是很正常的事情，比如，排名下降幅度在个位到十位之间，一般从连续记录的关键词排名数据汇总中可以看出哪些关键词下降了。若大部分的关键词排名同时下降，运营者该如何应对？

当关键词排名明显下降时，运营者肯定不能坐视不理，而是应想出相关的对策来解决。

以“手机摄影构图大全”公众号为例，为了应对一段时间内排名下降的问题，运营者对相关的公众号进行了调查研究，得出了排名靠前的摄影类公众号的特征，具体如图 9-28 所示。

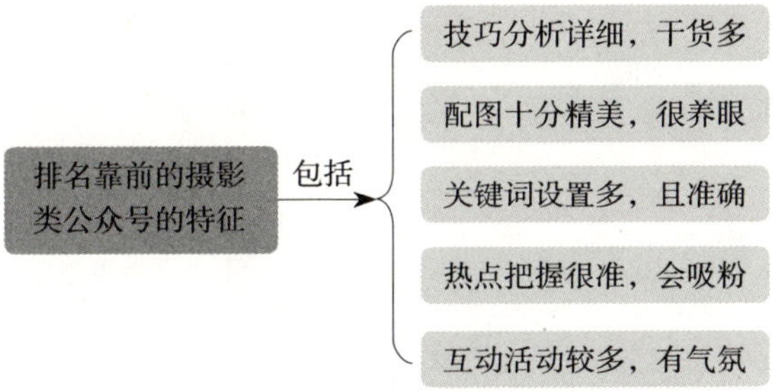
排名靠前的摄影类公众号的特征
包括
技巧分析详细，干货多
配图十分精美，很养眼
关键词设置多，且准确
热点把握很准，会吸粉
互动活动较多，有气氛

图 9-28　排名靠前的摄影类公众号的特征

为了弥补自己的不足，“手机摄影构图大全”公众号的运营者对各大人气摄影公众号进行了考察，重点的考察对象是“玩转手机摄影”公众号，如图 9-29 所示为其推送的相关内容。

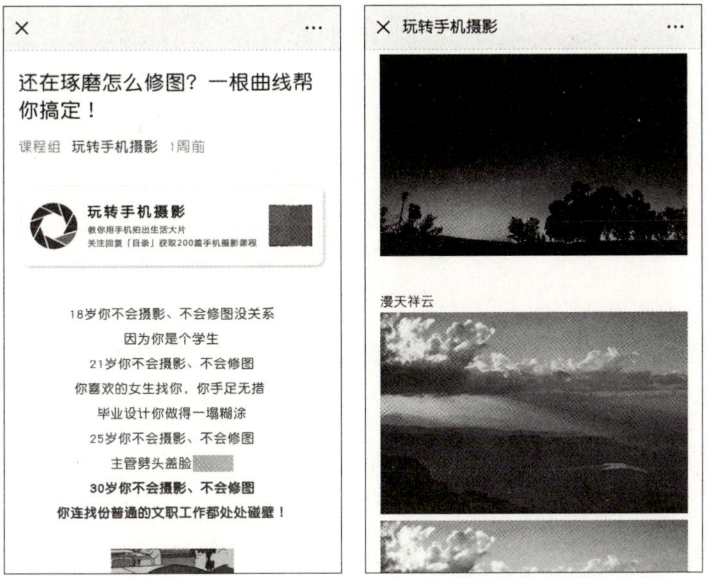
还在琢磨怎么修图？一根曲线帮你搞定！
课程组　玩转手机摄影　1周前
玩转手机摄影
教你用手机拍出生活大片
关注回复「目录」获取200篇手机摄影课程
18岁你不会摄影、不会修图没关系
因为你是个学生
21岁你不会摄影、不会修图
你喜欢的女生找你，你手足无措
毕业设计你做得一塌糊涂
25岁你不会摄影、不会修图
主管劈头盖脸
30岁你不会摄影、不会修图
你连找份普通的文职工作都处处碰壁！
玩转手机摄影
漫天祥云

图 9-29　“玩转手机摄影”公众号推送的相关内容

从图 9-29 中不难看出，这个手机摄影的公众号非常具有自己的特色。在看到竞争对手的特色之后，“手机摄影构图大全”公众号运营者找到了能够脱颖而出的技巧，即“构图”。从“构图”出发，紧扣热点，采用更加精美的图片来作为陪衬，利用“构图技巧”和“深度构图”这两个关键词来充实文章内容。如此一来，就可以有效地解决排名下降的问题了。

如图 9-30 所示为“手机摄影构图大全”公众号调整关键词后的搜索页面，不难看出，在微信搜索界面中，它的排名明显上升了。用绿色的字眼是关键词，同时也是读者找到文章的重要依据。

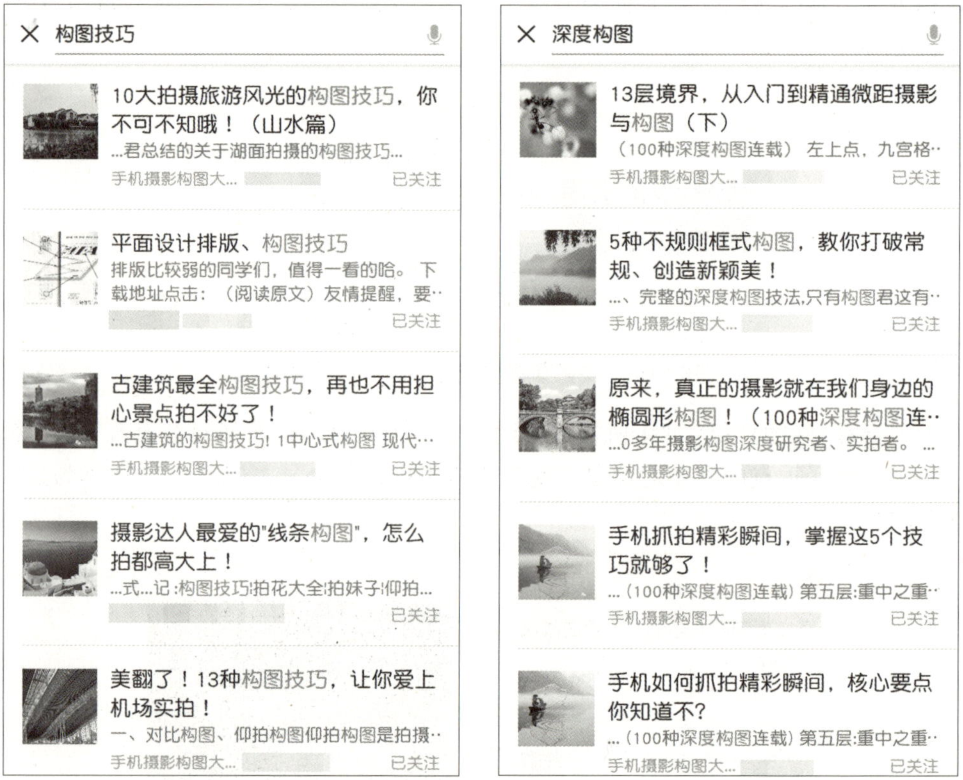

构图技巧
10大拍摄旅游风光的构图技巧，你不可不知哦！（山水篇）
...君总结的关于湖面拍摄的构图技巧...
手机摄影构图大...
已关注
平面设计排版、构图技巧
排版比较弱的同学们，值得一看的哈。下载地址点击：（阅读原文）友情提醒，要··
已关注
古建筑最全构图技巧，再也不用担心景点拍不好了！
...古建筑的构图技巧！1中心式构图 现代···
手机摄影构图大...
已关注
摄影达人最爱的"线条构图"，怎么拍都高大上！
...式...记:构图技巧|拍花大全|拍妹子|仰拍...
已关注
美翻了！13种构图技巧，让你爱上机场实拍！
一、对比构图、仰拍构图仰拍构图是拍摄··
手机摄影构图大...
已关注
深度构图
13层境界，从入门到精通微距摄影与构图（下）
（100种深度构图连载） 左上点，九宫格··
手机摄影构图大...
已关注
5种不规则框式构图，教你打破常规、创造新颖美！
...、完整的深度构图技法,只有构图君这有··
手机摄影构图大...
已关注
原来，真正的摄影就在我们身边的椭圆形构图！（100种深度构图连··
...0多年摄影构图深度研究者、实拍者。 ...
手机摄影构图大...
已关注
手机抓拍精彩瞬间，掌握这5个技巧就够了！
...（100种深度构图连载）第五层:重中之重··
手机摄影构图大...
已关注
手机如何抓拍精彩瞬间，核心要点你知道不?
...（100种深度构图连载）第五层:重中之重··
手机摄影构图大...
已关注

图 9-30 “手机摄影构图大全”公众号的关键词搜索结果页面

9.2.6 八卦热点：用明星八卦做关键词

谈论八卦是人们生活中不可缺少的娱乐方式，不论是明星的服装搭配、妆容技巧，还是有关名人的娱乐新闻、结婚生子等消息，都能引起广大普通老百姓的关注，而且形成了“粉丝”这一固定的追星群体。

因此，在设置文案关键词时，完全可以紧贴时尚热点，时刻关注八卦新闻，进而将娱乐与文案营销结合起来，达到理想的营销效果。

一般八卦新闻类的新媒体账号比较容易吸引广大微信用户，如果想通过八卦新闻来选择关键词，则需要注意八卦的选择方向，过于负面的明星八卦会引起明星粉丝的不满，也不利于正能量的传播，不利于新媒体账号的持续发展。

在借用时尚热点、明星八卦设置关键词时，为了达到吸引人们注意力的目的，需要掌握如图 9-31 所示的 3 个要点。

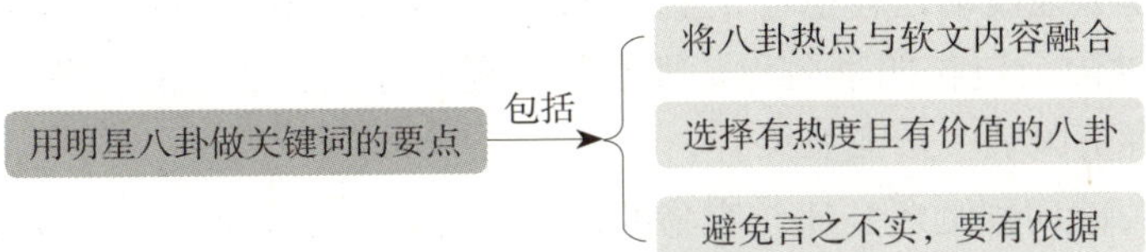
用明星八卦做关键词的要点
包括
将八卦热点与软文内容融合
选择有热度且有价值的八卦
避免言之不实，要有依据

图 9-31 用明星八卦做关键词的要点

以“一条”在微信公众平台推送的一则文案为例，如图 9-32 所示，借助的就是明星效应。

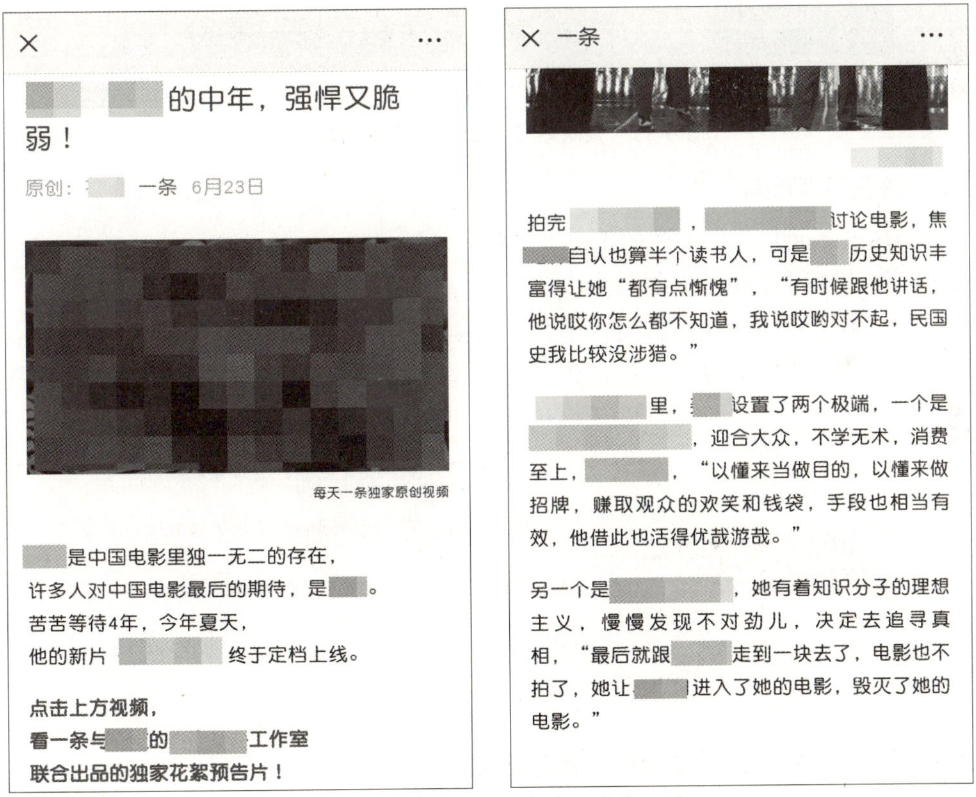
×
的中年，强悍又脆弱！
原创：
一条 6月23日
每天一条独家原创视频
是中国电影里独一无二的存在，
许多人对中国电影最后的期待，是 。
苦苦等待4年，今年夏天，
他的新片 终于定档上线。
点击上方视频，
看一条与 的 工作室
联合出品的独家花絮预告片！
× 一条
拍完 ， 讨论电影，焦
自认也算半个读书人，可是 历史知识丰富得让她“都有点惭愧”，“有时候跟他讲话，他说哎你怎么都不知道，我说哎哟对不起，民国史我比较没涉猎。”
里， 设置了两个极端，一个是 ，迎合大众，不学无术，消费至上， ，“以懂来当做目的，以懂来做招牌，赚取观众的欢笑和钱袋，手段也相当有效，他借此也活得优哉游哉。”
另一个是 ，她有着知识分子的理想主义，慢慢发现不对劲儿，决定去追寻真相，“最后就跟 走到一块去了，电影也不拍了，她让 进入了她的电影，毁灭了她的电影。”

图 9-32 用明星八卦做关键词的案例展示

9.2.7 预测关键词：两大方面教你预测

许多关键词都会随着时间的变化而具有不稳定的升降趋势。因此，学会关键词的预测相当重要。这样就能够随时对关键词进行调整，以争取获得更多阅读量，扩大文案的传播范围。

那么，要从哪些方面学习关键词的预测呢？下面将从两个角度进行分析。

1．季节性的节日

关键词的季节性波动比较稳定，主要体现在“季节”和“节日”两个方面，如服装产品的季节关键词会包含四季名称，即春装、夏装等；服装产品的节日关键词会包含节日名称，即春节服装、圣诞装等。

季节性的关键词预测还是比较容易的，除了可以从季节和节日名称上进行预测外，还可以从 4 个方面进行预测，如图 9-33 所示。

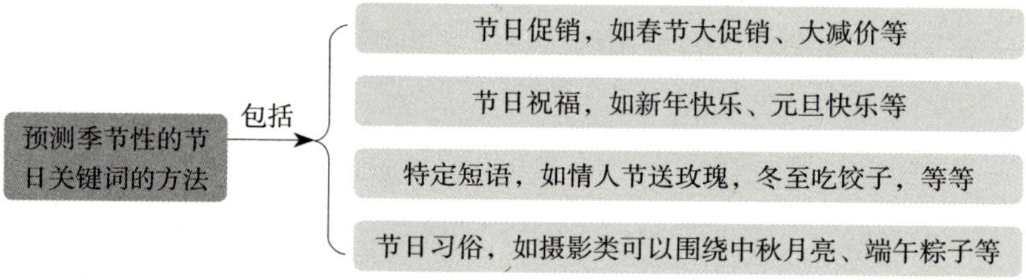
预测季节性的节日关键词的方法
包括
节日促销，如春节大促销、大减价等
节日祝福，如新年快乐、元旦快乐等
特定短语，如情人节送玫瑰，冬至吃饺子，等等
节日习俗，如摄影类可以围绕中秋月亮、端午粽子等

图 9-33　预测季节性的节日关键词的方法

2．社会热点新闻

社会热点新闻是人们关注的重点，当社会新闻出现后，会出现一大波新的关键词，搜索量高的关键词就叫热点关键词。

因此，不仅要关注社会新闻，还要会预测热点，抢占最有力的时间预测出热点关键词。如此一来才能够得到流量，获得关注。预测社会热点关键词的方法，如图 9-34 所示。

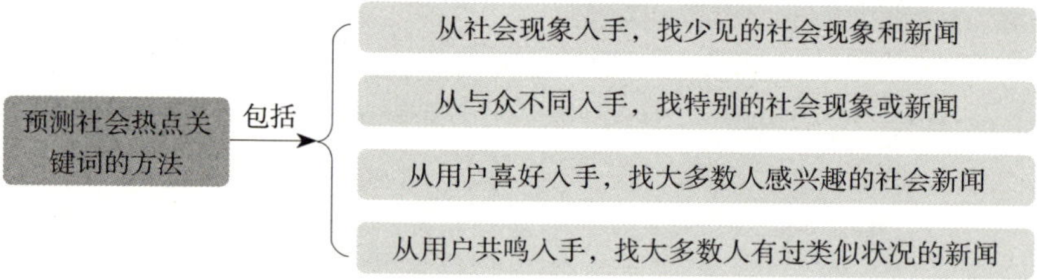
预测社会热点关键词的方法
包括
从社会现象入手，找少见的社会现象和新闻
从与众不同入手，找特别的社会现象或新闻
从用户喜好入手，找大多数人感兴趣的社会新闻
从用户共鸣入手，找大多数人有过类似状况的新闻

图 9-34　预测社会热点关键词的方法

9.2.8 设置关键词：有效嵌入推送信息

在新媒体平台上，推送信息是平台运营的主要目的，而要把企业、商家信息精准地传达给目标消费者，就有必要把与信息相关的关键词进行重点展示。其中，在文案标题中把关键词嵌入进去是比较有效的方法。

那么，在推送内容的标题中设置关键词时，应该怎么做呢？或者说，应该注意哪些问题呢？下面将对其主要方法进行总结，如图 9-35 所示。

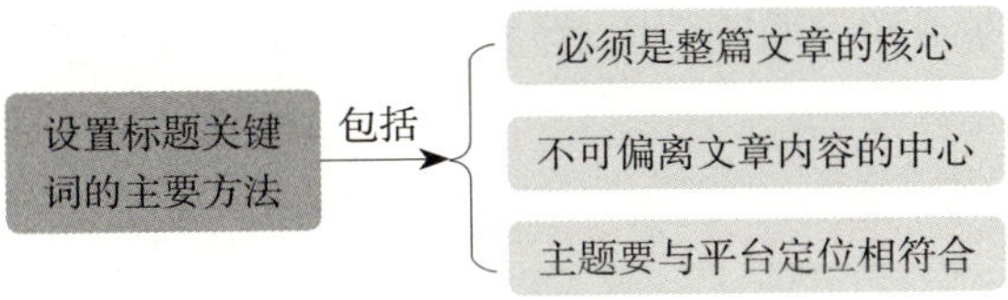
设置标题关键词的主要方法
包括
必须是整篇文章的核心
不可偏离文章内容的中心
主题要与平台定位相符合

图 9-35　设置标题关键词的主要方法

以“手机摄影构图大全”公众号推送的文章标题为例，如图 9-36 所示的两篇文章，其中都含有“构图”这一关键词。

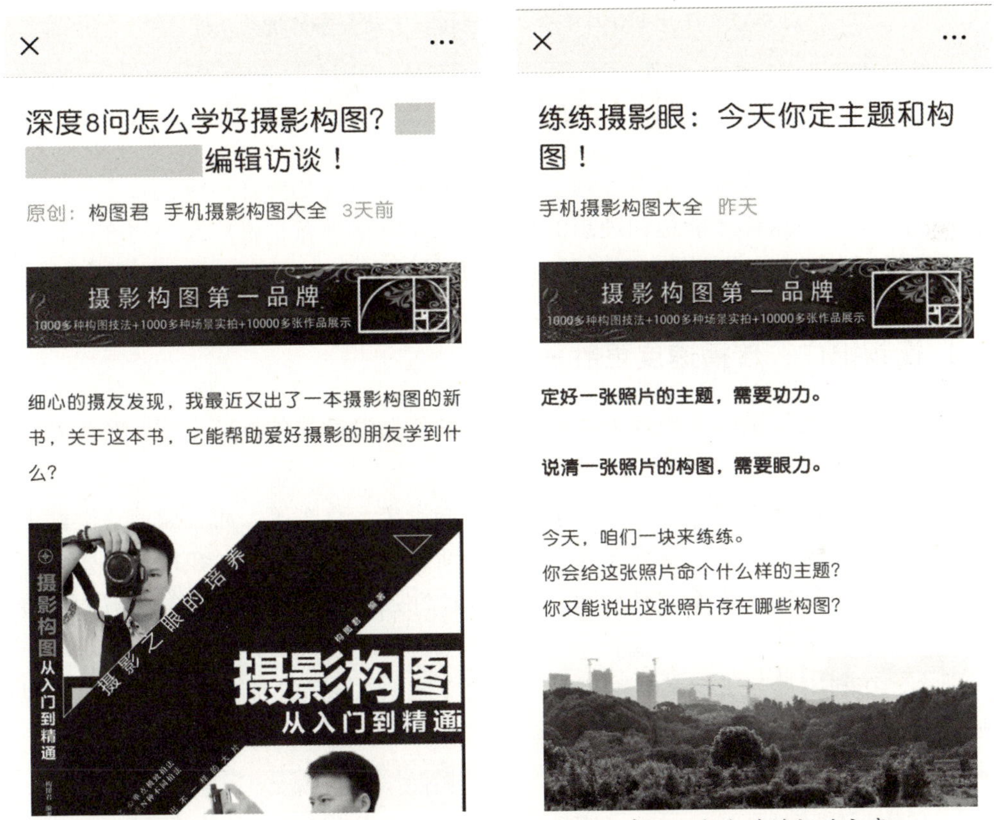
深度8问怎么学好摄影构图？
编辑访谈！
原创：构图君 手机摄影构图大全 3天前
摄影构图第一品牌
1000多种构图技法+1000多种场景实拍+10000多张作品展示
细心的摄友发现，我最近又出了一本摄影构图的新书，关于这本书，它能帮助爱好摄影的朋友学到什么？
摄影之眼的培养
摄影构图
从入门到精通
练练摄影眼：今天你定主题和构图！
手机摄影构图大全 昨天
摄影构图第一品牌
1000多种构图技法+1000多种场景实拍+10000多张作品展示
定好一张照片的主题，需要功力。
说清一张照片的构图，需要眼力。
今天，咱们一块来练练。
你会给这张照片命个什么样的主题？
你又能说出这张照片存在哪些构图？

图 9-36　“手机摄影构图大全”公众号推送的文章标题包含关键词的文案

在加入辅助关键词的情况下，在其他媒体平台中进行搜索时，可以让读者通过标题了解文案内容，又能精准地推送信息，即使改换了文案名称，也能进行查询。

9.2.9 互动频率：加强粉丝互动提升排名

在新媒体平台上，针对具体的某一篇文案，粉丝互动频率主要体现在用户对该篇文章的评论数，评论越多，文案的互动频率也就越高，也间接地表明了新媒体平台的粉丝黏性越好。

那么，怎样才能提升平台与平台文案的粉丝互动频率呢？这一问题可以从 4 个方面着手，如图 9-37 所示。

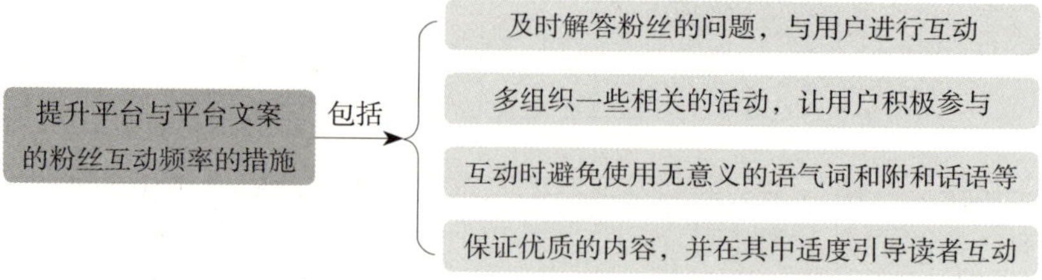
提升平台与平台文案的粉丝互动频率的措施
包括
及时解答粉丝的问题，与用户进行互动
多组织一些相关的活动，让用户积极参与
互动时避免使用无意义的语气词和附和话语等
保证优质的内容，并在其中适度引导读者互动
图 9-37　提升平台与平台文案的粉丝互动频率的措施分析

9.3　文案推广：5 种方式达到理想效果

虽然在撰写文案时就已经考虑到了传播的问题，但还是要在后续的过程中对文案进行专门的推广，这样才能达到理想的传播效果。众多的营销推广技巧将在后面的内容中进行详细介绍，在此介绍 5 种比较特别的营销推广方法。

9.3.1 视频推广：传播速度更胜一筹

想要达到文案营销的理想效果，就需要借助传播速度快的推广方式，视频就是其中之一。

视频推广通常会出现在各大电商平台，诸如淘宝、京东等，而且微信、微博上也不乏通过视频营销推广的。视频作为一种更加新鲜、快捷的媒介，在推广的效果上往往更胜一筹，不仅生动形象、成本低，而且互动性强，更能吸引人们的注意力，传播速度更快且难以复制。

那么，在利用视频进行文案推广时，究竟应该怎么做呢？有哪些经验技巧可以借鉴呢？如图 9-38 所示为视频推广的方法。

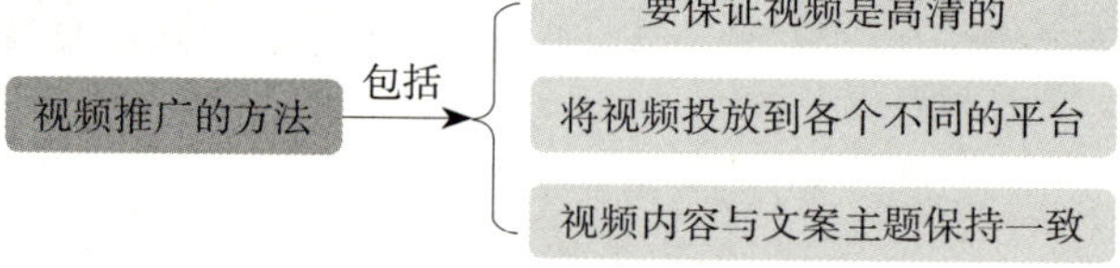
视频推广的方法
包括
要保证视频是高清的
将视频投放到各个不同的平台
视频内容与文案主题保持一致
图 9-38　视频推广的方法

以微信公众平台为例，如图 9-39 所示为“一条”公众号推送的“短视频 + 文字”形式的文章，这也是“一条”的特色所在。不仅如此，它还设立了自己的微信小程序，来直接售卖商品。

厌恶社交，他每天下班后做这个，坚持10年，无人能敌！
原创：点击右边置顶 一条 1周前
【福利】参与活动，一条请你住最美避暑民宿！
GO>>
03:05
每天一条独家原创视频
一条
一条
四川有位美术老师，用蓝、绿、灰，打造200㎡复式大宅！点击图片来看看
一条社区
#寻找最美的家 活动
火热征集中，欢迎围观！
小程序
一条
日用之美
这里有十万件来自全球的好东西
一条生活馆夏日大促进行中.

图 9-39 微信公众平台视频推广的案例展示

> ▶ 专家提醒
>
> 基于移动互联网和移动设备逐渐成熟，短视频推广已经越来越火热，在各大新媒体平台呈蔓延之势，在营销推广的市场中占据了一席之地。

9.3.2 @ 推广：借助名人扩大影响力

“@”在微博里的作用非常重要，企业可以在微博中巧用 @，但不要滥用，有时候在博文中能“@”明星、媒体及企业等。@ 推广，是微博比较有价值的推广方式之一，学会 @ 推广，可以借助公众人物的粉丝扩大自己的影响力，从而更有力地推广产品和品牌。

如果企业在某个领域有一定的知名度，那么可以 @ 知名媒体和明星。如行业名人微博或企业微博，在有一定影响力的前提下，这些媒体或名人会考虑回复你的内容，从而借助他们的粉丝扩大自己的影响力。但大多数微博用户是不具备这个条件的，普通微博用户可以选择 @ 如图 9-40 所示的 3 类用户。

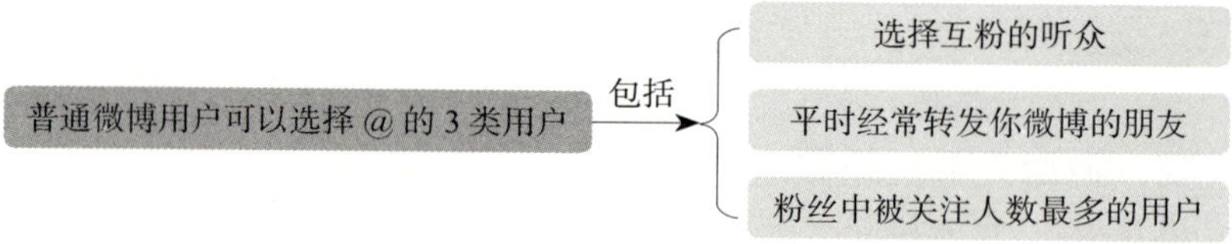
普通微博用户可以选择 @ 的 3 类用户
包括
选择互粉的听众
平时经常转发你微博的朋友
粉丝中被关注人数最多的用户
图 9-40　普通微博用户可以选择 @ 的 3 类用户

此外，在微博进行 @ 推广时，也要注意一些相关的问题，具体的注意要点如图 9-41 所示。

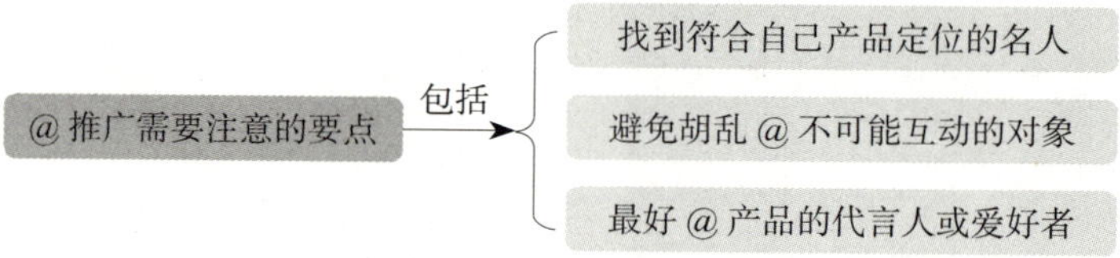
@ 推广需要注意的要点
包括
找到符合自己产品定位的名人
避免胡乱 @ 不可能互动的对象
最好 @ 产品的代言人或爱好者
图 9-41　@ 推广需要注意的要点

如图 9-42 所示为“水密码”微博账号的 @ 推广案例。

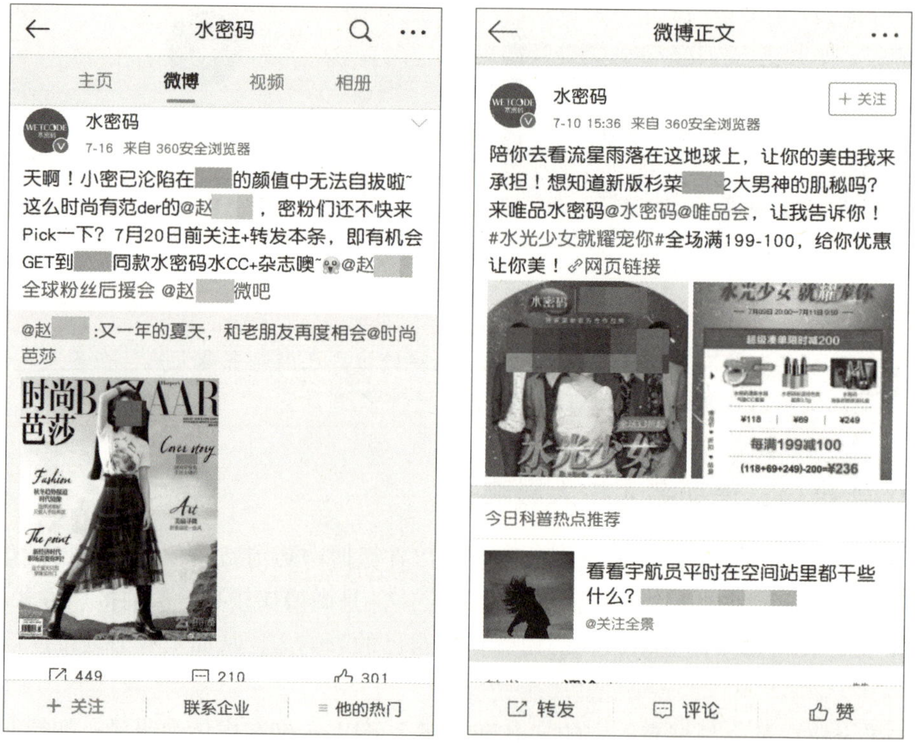
水密码
主页
微博
视频
相册
水密码
7-16 来自 360安全浏览器
天啊！小密已沦陷在
的颜值中无法自拔啦~
这么时尚有范der的@赵
，密粉们还不快来
Pick一下？7月20日前关注+转发本条，即有机会
GET到
同款水密码水CC+杂志噢~
@赵
全球粉丝后援会 @赵
微吧
@赵
:又一年的夏天，和老朋友再度相会@时尚芭莎
时尚BAZAAR
芭莎
449
210
301
+ 关注
联系企业
他的热门
微博正文
水密码
+ 关注
7-10 15:36 来自 360安全浏览器
陪你去看流星雨落在这地球上，让你的美由我来
承担！想知道新版杉菜
2大男神的肌秘吗？
来唯品水密码@水密码@唯品会，让我告诉你！
#水光少女就耀宠你#全场满199-100，给你优惠
让你美！网页链接
水光少女就耀宠你
每满199减100
今日科普热点推荐
看看宇航员平时在空间站里都干些
什么？
@关注全景
转发
评论
赞
图 9-42　“水密码”微博账号的 @ 推广案例

为了营造产品的热销氛围及推广产品，“水密码”的官方微博账号在推送的消息中分别 @ 了明星赵某和“唯品会”。

可以说，“水密码”的 @ 推广是比较成功的，一方面涉及比较出名的明星，吸引了

人气；另一方面还通过赠送福利等方式让消费者关注自己的产品，从而提升产品的销量，聚集人气。

9.3.3 直播推广：前卫的营销方式

直播的优势数不胜数，不仅传统的视频网站开设了此项功能，还出现了专门的视频直播平台。从 2012 年起，视频直播就开始慢慢兴起，直到现在它还在以稳健的势头发展着。

直播推广的方式之所以能够为大众所接受，是因为它具备别的推广方式所不具备的特色和亮点，边播边卖，可以提升商品转化率，提升产品影响力，降低营销成本，展现商品信息，更加真实可信。

那么，具体应该怎么推广呢？直播推广的方式，如图 9-43 所示。

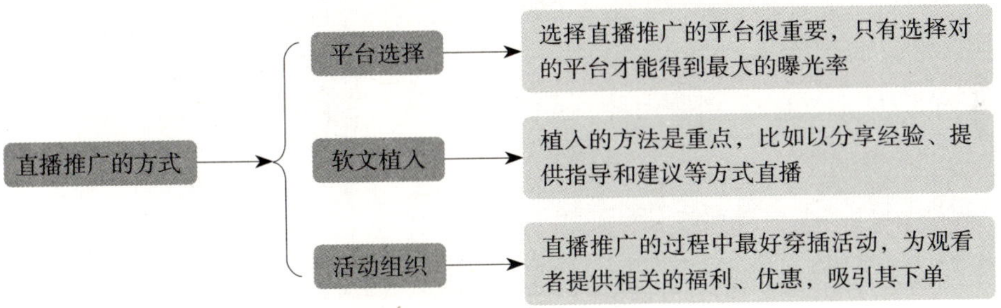
直播推广的方式
平台选择
选择直播推广的平台很重要，只有选择对的平台才能得到最大的曝光率
软文植入
植入的方法是重点，比如以分享经验、提供指导和建议等方式直播
活动组织
直播推广的过程中最好穿插活动，为观看者提供相关的福利、优惠，吸引其下单

图 9-43　直播推广的方式

9.3.4 H5 推广：宣传便捷，营销效果好

“H5”即 HTML 5，也指一切用 H5 语言制作而成的数字产品，通俗地说，就相当于移动端的 PPT，常用于微信中。

通过 H5 进行文案推广，主要是借助其形式上的新颖和便捷，能够为读者带来非同一般的视觉效果，进而实现营销目的。

H5 推广有着明显的优势，即推广成本低、传播力度大及宣传效果好，如果想充分利用它的优势，就要做到对其特点了解得十分透彻。与此同时，还要注意如图 9-44 所示的 3 个问题。

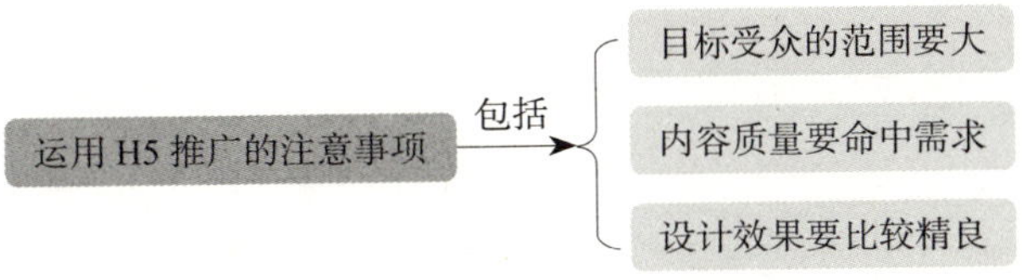
运用 H5 推广的注意事项
包括
目标受众的范围要大
内容质量要命中需求
设计效果要比较精良

图 9-44　运用 H5 推广的注意事项

如图 9-45 所示为“北京出版集团招聘信息”的 H5 案例。

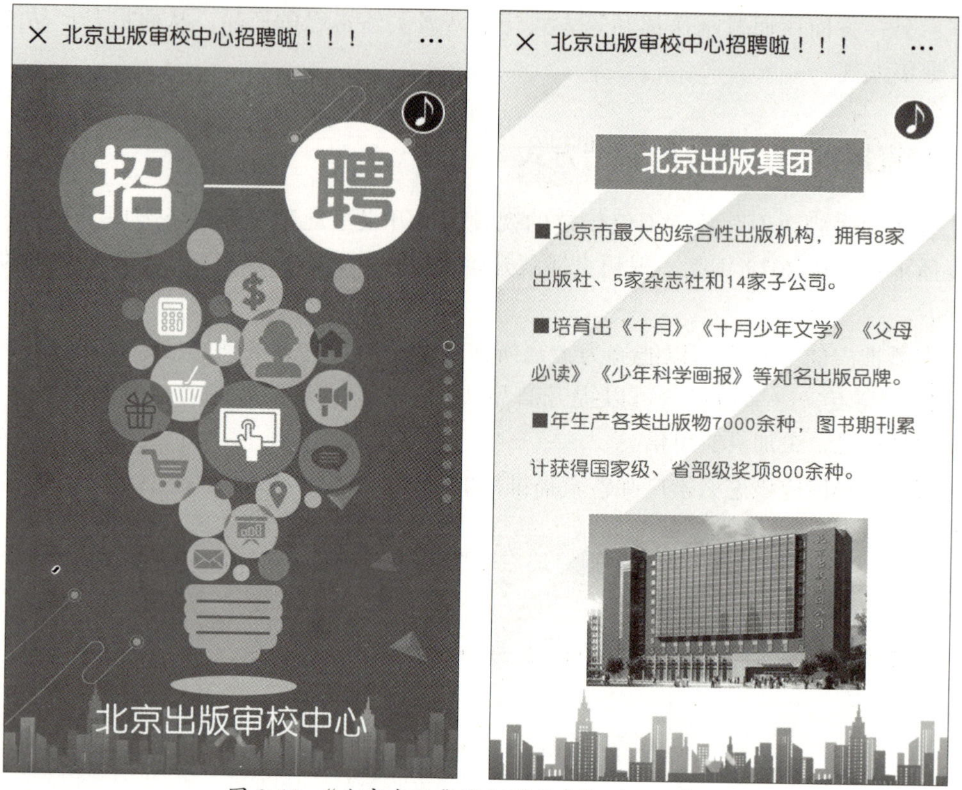
× 北京出版审校中心招聘啦！！！
招
聘
北京出版审校中心
× 北京出版审校中心招聘啦！！！
北京出版集团
■北京市最大的综合性出版机构，拥有8家出版社、5家杂志社和14家子公司。
■培育出《十月》《十月少年文学》《父母必读》《少年科学画报》等知名出版品牌。
■年生产各类出版物7000余种，图书期刊累计获得国家级、省部级奖项800余种。

图 9-45 “北京出版集团招聘信息”的 H5 案例

9.3.5 论坛推广：利用炒帖吸引人气

论坛推广是最早兴起，也是比较成熟的网络推广手法之一，因为简单好上手、实用性强等优势一直沿用至今。但由于论坛推广比较耗费精力，而且需要一定的文字功底，因此对运营者和创作者的要求比较高。

既然论坛推广这么麻烦，那么人们为什么还要选择这种营销推广方式呢？笔者总结了 5 点选择论坛推广的原因，如图 9-46 所示。

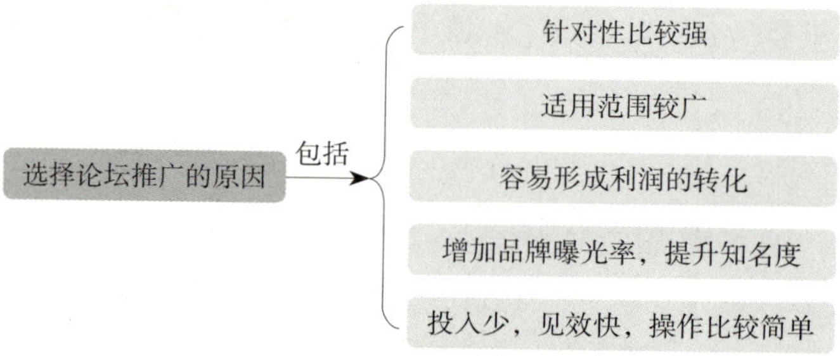
选择论坛推广的原因
包括
针对性比较强
适用范围较广
容易形成利润的转化
增加品牌曝光率，提升知名度
投入少，见效快，操作比较简单

图 9-46 选择论坛推广的原因

值得注意的是，利用论坛进行营销推广时，一定要对论坛进行有标准的挑选，具体的标准：论坛要具备较高的权重，论坛本身要有价值和影响力，论坛的内容最好与产品相关。

论坛推广看起来很简单，但是想要做好、做出效果却是有难度的，很多人以为写篇文章不停地复制 / 粘贴就行了，这是错误的想法。如何才能完成一次成功的论坛推广呢？这也是有一定的技巧和方法的。笔者就论坛推广总结了一些方法，如图 9-47 所示。

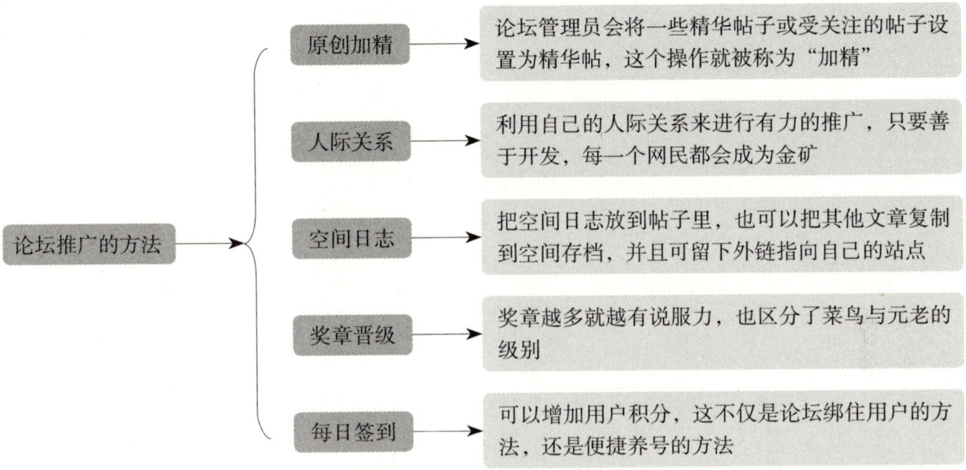
论坛推广的方法
原创加精
论坛管理员会将一些精华帖子或受关注的帖子设置为精华帖，这个操作就被称为“加精”
人际关系
利用自己的人际关系来进行有力的推广，只要善于开发，每一个网民都会成为金矿
空间日志
把空间日志放到帖子里，也可以把其他文章复制到空间存档，并且可留下外链指向自己的站点
奖章晋级
奖章越多就越有说服力，也区分了菜鸟与元老的级别
每日签到
可以增加用户积分，这不仅是论坛绑住用户的方法，还是便捷养号的方法

图 9-47　论坛推广的方法

以豆瓣小组为例，在其中发布文案也是一种比较实用的营销推广手段，如图 9-48 所示为某用户发布的关于保养脾胃的文章。

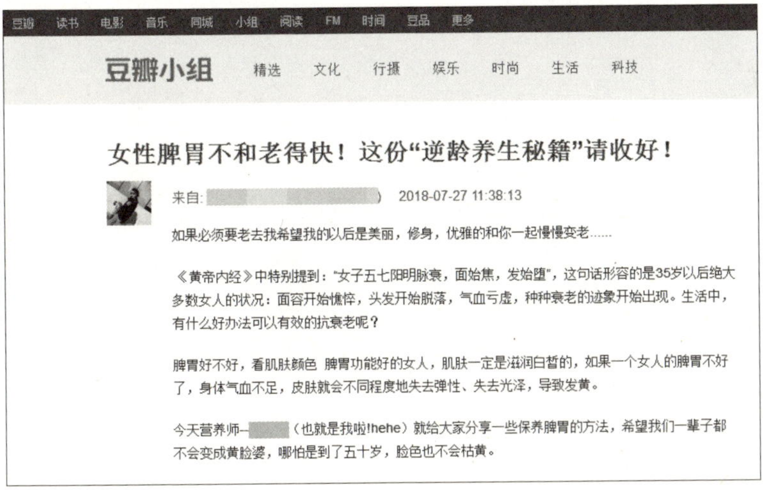
豆瓣　读书　电影　音乐　同城　小组　阅读　FM　时间　豆品　更多
豆瓣小组　精选　文化　行摄　娱乐　时尚　生活　科技
女性脾胃不和老得快！这份“逆龄养生秘籍”请收好！
来自:　2018-07-27 11:38:13
如果必须要老去我希望我的以后是美丽，修身，优雅的和你一起慢慢变老……
《黄帝内经》中特别提到："女子五七阳明脉衰，面始焦，发始堕"，这句话形容的是35岁以后绝大多数女人的状况：面容开始憔悴，头发开始脱落，气血亏虚，种种衰老的迹象开始出现。生活中，有什么好办法可以有效的抗衰老呢？
脾胃好不好，看肌肤颜色 脾胃功能好的女人，肌肤一定是滋润白皙的，如果一个女人的脾胃不好了，身体气血不足，皮肤就会不同程度地失去弹性、失去光泽，导致发黄。
今天营养师—（也就是我啦!hehe）就给大家分享一些保养脾胃的方法，希望我们一辈子都不会变成黄脸婆，哪怕是到了五十岁，脸色也不会枯黄。

图 9-48　某用户在豆瓣小组发布的文案营销

这样的推广方法不仅能够吸引众多目标受众的眼光，还能够勾起部分读者的购买欲望，让那些本来不感兴趣的读者成为品牌的忠实粉丝。

第 10 章 商业平台：电商和微商文案的不传之秘

学前提示

电商和微商是时下非常热门的商业形式，所以学习电商平台和微商平台的文案写作是十分必要的。本章主要介绍了电商平台和微商平台文案的写作方法，希望大家可以学以致用。

要点展示

- 电商文案：增强商品销售力和美誉度
- 微商文案：远距离无障碍实时沟通

华为
基于之前的创新积累，[redacted]宣布华为云国内首家发布可以提供完整公有云容灾备份的Multi Cloud混合云灾备解决方案。该方案是国内首个涵盖跨云备份、跨云容灾以及云上容灾三大场景，提供完整的公有云备份容灾能力的解决方案。
华为云EI产品部总经理[redacted]
Multi Cloud混合云灾备解决方案

实锤！苹果秋季要发布3款iPhone
这些型号似乎被分成了三组，分别是A19XX、A209XX和A210X，很有可能属于三个不同的苹果设备。之前就有爆料称拥有6.1英寸屏幕的新款iPhone将使用A19XX编码，Phone X和iPhone X Plus将分别使用A209X和A210X编码。
极果
iPhone 9将配备一块6.1英寸的液晶显示屏，也是唯一一款仍然使用液晶屏的设备。并且，iPhone 9将只配备一个后置摄像头，会是一款很便宜的iPhone。iPhone 9 Plus很有可能会有一块超大的屏幕，极有可能达到6.5英寸。而2018版本的iPhone X将配备升级之后的内部设备和一些新功能，价格很有可能会下调。
距苹果秋季发布会大约还有2个月的时间，网上各种爆料不断，极果君将持续关注苹果最新资讯。

百草味
和普通山楂相比，铁山楂的果实更加紧密，果胶含量更高，含有的一些营养成分也更高，所以健胃消食的效果也更明显。
优质的食材，就是柠檬果粒山楂条一口就能让人胃口大开的重要原因之一。
#新品特惠#
山楂遇柠檬

10.1 电商文案：增强商品销售力和美誉度

电商企业通过电商文案营销，用较少的投入，吸引潜在消费者的眼球，增强产品的销售力和美誉度，提升网站的品牌度，在文案潜移默化的影响之下，完成产品的策略性战术，引导消费群购买。但电商企业在撰写电子商务文案时，还需要掌握一些方法，这样才能有事半功倍的效果。

10.1.1 宣传企业：从行业趋势切入

在电商文案中切入行业趋势是一个非常不错的文案撰写手法。在文案中通过行业趋势来突出产品自身的优势、性能和特点，实际上就是借助行业趋势的宣传，打造能够被消费者接受的软性广告。这种文案写作手法的好处有 4 点，如图 10-1 所示。

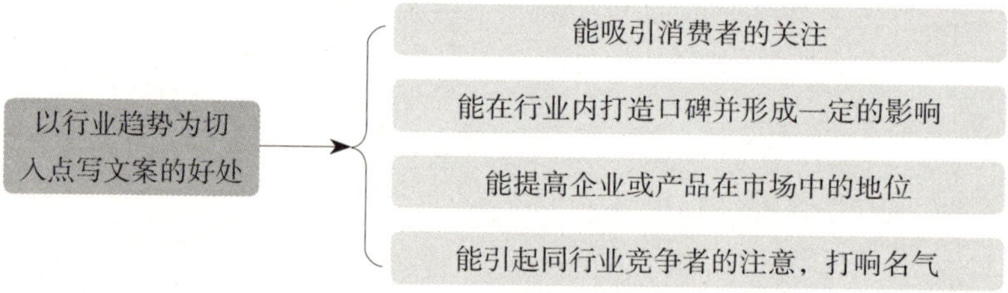

以行业趋势为切入点写文案的好处
能吸引消费者的关注
能在行业内打造口碑并形成一定的影响
能提高企业或产品在市场中的地位
能引起同行业竞争者的注意，打响名气

图 10-1　以行业趋势为切入点写文案的好处

华为的微信公众平台就以人工智能这个未来发展趋势为切入点，撰写了一篇文案，宣传自己的品牌，如图 10-2 所示。

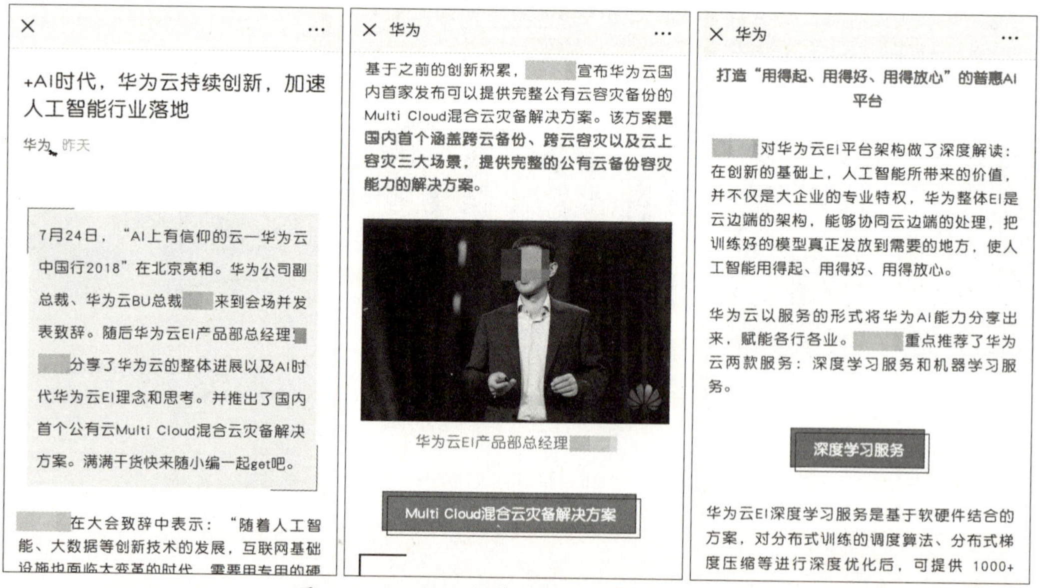

+AI时代，华为云持续创新，加速人工智能行业落地
华为 昨天
7月24日，“AI上有信仰的云—华为云中国行2018”在北京亮相。华为公司副总裁、华为云BU总裁来到会场并发表致辞。随后华为云EI产品部总经理分享了华为云的整体进展以及AI时代华为云EI理念和思考。并推出了国内首个公有云Multi Cloud混合云灾备解决方案。满满干货快来随小编一起get吧。
在大会致辞中表示：“随着人工智能、大数据等创新技术的发展，互联网基础
华为
基于之前的创新积累，宣布华为云国内首家发布可以提供完整公有云容灾备份的Multi Cloud混合云灾备解决方案。该方案是国内首个涵盖跨云备份、跨云容灾以及云上容灾三大场景，提供完整的公有云备份容灾能力的解决方案。
华为云EI产品部总经理
Multi Cloud混合云灾备解决方案
华为
打造“用得起、用得好、用得放心”的普惠AI平台
对华为云EI平台架构做了深度解读：在创新的基础上，人工智能所带来的价值，并不仅是大企业的专业特权，华为整体EI是云边端的架构，能够协同云边端的处理，把训练好的模型真正发放到需要的地方，使人工智能用得起、用得好、用得放心。
华为云以服务的形式将华为AI能力分享出来，赋能各行各业。重点推荐了华为云两款服务：深度学习服务和机器学习服务。
深度学习服务
华为云EI深度学习服务是基于软硬件结合的方案，对分布式训练的调度算法、分布式梯度压缩等进行深度优化后，可提供 1000+

图 10-2　以行业趋势为切入点的文案案例

企业以行业趋势为切入点撰写文案，可以让读者很清楚地知道企业未来发展的前景，再通过与本行业其他企业的优势对比，可以让读者清楚企业在行业中的地位，让企业的品牌更加深入人心。

10.1.2 抓住需求：从消费者生活出发

在为电商企业撰写电商文案时，所谓的要从消费者生活出发，就是指在文案中利用客观现象，巧妙地突出产品的功效。这样的做法有如下两点好处：一是吸引读者的注意力，二是大大地提高读者对产品的依赖感。

这里就有一篇发表在 QQ“兴趣部落”连衣裙部落板块的文案，抓住了消费者对“气质”的追求来宣传连衣裙，如图 10-3 所示。

返回
连衣裙
简约连衣裙,简约甜美,少女感十足
2018-6-7 14:52 · 连衣裙部落
举报
想要穿出浓浓的气质范儿，就一定要学会穿简约的连衣裙。连衣裙可以很好地衬托出一个人的气质，而且也能让整个人的气场发生改变。
想穿成韩剧女主角吸引眼球，那就来些不一样的设计感吧，一件解锁少女风连衣裙，很符合优雅大方的简约本性；整体是比较修身的版型，简单搭配就可以美美哒出门了！
春夏里看最常见的搭配离不开人人都爱的连衣
想买裙子，不知道怎么买，联系谁，不会操作
52楼 · 6月7日
60楼 · 6月7日
62楼 · 6月7日
不错
64楼 · 6月7日
美女！
69楼 · 6月7日
漂亮
发表评论
178条评论
276

图 10-3　从消费者需求出发撰写电商文案

作者在撰写电商文案时要抓住客户需求，站在消费者的角度，从消费者的生活出发，将产品的功效不突兀地表现出来，会起到很不错的效果。

10.1.3 连载故事：制造期待感，增加曝光率

写电商文案可以像写连载故事一样，具体的操作方法是在撰写的过程中，留下伏笔。伏笔的作用就是为下一篇文案作铺垫。这样写下来，就会像一个连载短篇故事一样，为读者制造可想象的空间及期待感。这样，文案撰写者就无须害怕没有曝光率了。

如图 10-4 所示为“极果”在京东商城平台上，通过连载的形式宣传 iPhone 手机。

X 实锤！苹果秋季要发布3款iPhone

这些型号似乎被分成了三组，分别是A19XX、A209XX和A210X，很有可能属于三个不同的苹果设备。之前就有爆料称拥有6.1英寸屏幕的新款iPhone将使用A19XX编码，Phone X和iPhone X Plus将分别使用A209X和A210X编码。

iPhone 9将配备一块6.1英寸的液晶显示屏，也是唯一一款仍然使用液晶屏的设备。并且，iPhone 9将只配备一个后置摄像头，会是一款很便宜的iPhone。iPhone 9 Plus很有可能会有一块超大的屏幕，极有可能达到6.5英寸。而2018版本的iPhone X将配备升级之后的内部设备和一些新功能，价格很有可能会下调。

距苹果秋季发布会大约还有2个月的时间，网上各种爆料不断，极果君将持续关注苹果最新资讯。

X 苹果发布会在即，iPhone X零部…

昨日爆出iPhone X零件库存太大。从苹果供应链厂商得到消息，由于苹果之前对iPhone X的销量预计过高，导致如今供应链厂商手中仍然库存了大量iPhone X零件。

距离苹果秋季发布会还有两个月的时间，目前已经确认将发布3台新iPhone，但iPhone X零件仍然大量库存，到今天都没消化完毕，这让人难免怀疑iPhone X的销量没能达到预期。供应链厂商还称，截至6月底，iPhone X零部件库存量仍高达实际出货量的3倍。

图 10-4　连载形式的文案

需要注意的是，下篇文案的内容要与留伏笔的文案相衔接，且下篇文案还要有新的内容，不能与上篇重复，要多制造一些新鲜感。

10.1.4 卖点营销：点燃读者的购买欲望

卖点营销文案是利用产品卖点来吸引消费者的，让消费者看到具有卖点的图文内容后，就能找到购买这个产品的理由。

卖点营销文案一定要语句简练，千万不要用过多的文字去诠释卖点，这样会让消费者失去耐心，也不会产生过多的购买欲望。要做到用少量的文案，直接点燃消费者的购买欲望。

对电商企业的卖点视觉营销方案来说，一次性不要放置太多的卖点，最好放置一个最吸引人与最核心的卖点，这样才不会显得杂乱，力量集中、主题明确，还能具有一定的说服力。

很多电商企业在创作卖点营销文案时，常常以“第一”或“最好”等词汇来突出产品的卖点，这样并不能冲击到消费者的心理防线，只会让消费者产生“真的是最好的吗”的疑问。因此在进行文案创作时，最好不要用这种“最”与“第一”之类的词汇，那么，如何撰写卖点营销文案呢？笔者给出了如下 3 点建议。

1．善用励志故事

人们总是习惯性地去注意一些成功人士的故事，或者对一些不可思议的事情感到好奇，如果电商企业制造励志文案，则会很容易引起消费者的关注，如“他 60 岁开始考清华，成效惊人”，以及“1 天，迅速拿到外企 offer”等。

2．巧用修辞手法

电商企业可以运用比喻、夸张和拟人等修辞手法，将某一事物的特点与另一事物自然不生硬地关联起来，产生新鲜的视觉效果，博得消费者会心一笑，也是一种使消费者记住的文案创作手法。

例如，“遮成‘白眼圈’不如大胆晒，防晒‘小金瓶’有它不用躲！”“1 280 元的暑假住宿班，空前火热，打架报名中……”“如果买卖厚道是犯 2，我以 2 为荣”，这三则用修辞手法衔接的文案，前两则利用了夸张手法，体现出了防晒霜的防晒效果，以及暑假住宿班报名的人很多，后一则利用了拟人手法，以“犯 2”来突出“2 天”“2 折”，以“买卖厚道”突出“促销诚信原则”。

3．妙用提问形式

对电商企业的文案策划小组人员来说，可以通过提问的形式进行电商文案的撰写，通常来说，选择人们熟悉的话题进行发问，更能引起消费者对品牌的共鸣和思考，同时也更能给消费者留下深刻的印象。

例如，“一块钱人民币在今天还能买点什么？可以到老罗英语听 5 次课”。这就是典型的提出问题，然后在图片的某一处回答问题的文案营销形式。

10.1.5 展示细节：最大化体现产品亮点

对电商来说，利用产品细节也可以写出出色的文案。在详情页中，细节展示是必不可少的，并且需要将产品细节真实地呈现出来，需要产品各个角度的特写，并且最大化展示产品优势，同时配上细节文案，一篇细节图的文案就出来了。

细节文案写得好，能够为电商商家带来不可估量的价值。下面就来看某品牌产品的详情页细节展示示例，如图 10-5 所示。

案例中的文案向读者宣传了一款东方元素的连衣裙，从款式、材料、衣领、袖口及颜色等方面切入，向读者展示产品细节，赢得读者对产品质量的信任。

设计特点
Design features
领口设计
Collarband design
通过合理的裁剪手法
将领口处的比例更贴合都市女性的脖颈
一展优雅风采
腰部设计
Waist design
选用质感缎带，轻盈富有光泽感
经过科学裁切
让腰部线条更为自然

图 10-5　某品牌产品的详情页细节展示示例

10.1.6 制造紧迫感：让读者立即购买

从古至今，人们对于东西价值的判断都有着这样的看法：“物以稀为贵。”消费者同样喜欢稀缺性的产品，如果电商企业抓住这一点，在详情页上给消费者制造紧迫感，体现产品的稀缺性，那么很有可能会促使消费者滋生购买产品的想法，从而获取销量。

到底该怎样才能制造出紧迫感呢？其实很简单，只需将“活动”与“促销”搭配起来使用即可，利用活动抛出促销内容，并设定活动规则，在规则上体现出活动时间不长、需要消费者抓紧时间购买等，来刺激消费者，让他们产生如果这次不买就亏了的感觉。

下面就来看制造紧迫感的文案示例，如图 10-6 所示。

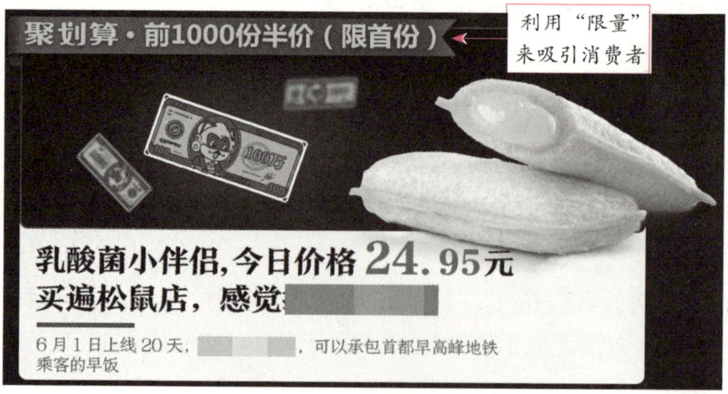
聚划算·前1000份半价（限首份）
利用“限量”
来吸引消费者
乳酸菌小伴侣，今日价格 24.95元
买遍松鼠店，感觉
6月1日上线20天，
，可以承包首都早高峰地铁
乘客的早饭

图 10-6　制造紧迫感的文案示例

通过上述示例可以看出，运用图片 + 文案的视觉效果，再以“限量”和“价格”等方面的限制刺激消费者，可以使他们产生紧迫感，让他们感到产品的稀缺性，从而激发其购买欲。

10.1.7 关联销售：提高流量利用率

关联销售是一种将营销内容与其他事物进行关联构想，从而实现全方位、多层次营销的手段。而对电商企业来说，关联销售不仅是一种营销手段，还是一种提升电商文案等级的方法。关联销售的模型有 7 种，分别是互补关联、场景关联、行为关联、延伸关联、替代关联、单纯曝光和潜在关联。下面来看关联销售的文案案例，如图 10-7 所示。

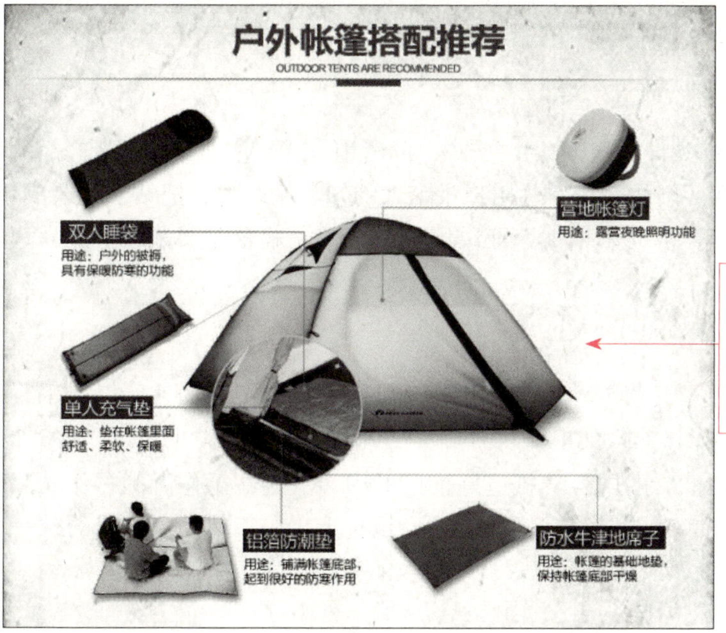
户外帐篷搭配推荐
OUTDOOR TENTS ARE RECOMMENDED
双人睡袋
用途：户外的被褥，具有保暖防寒的功能
单人充气垫
用途：垫在帐篷里面舒适、柔软、保暖
营地帐篷灯
用途：露营夜晚照明功能
铝箔防潮垫
用途：铺满帐篷底部，起到很好的防寒作用
防水牛津地席子
用途：帐篷的基础地垫，保持帐篷底部干燥

场景关联是一种利用露营场景和相关的文案将需要的露营装备搭配场景进行露营产品营销的策略

图 10-7　关联销售的文案案例

运用关联销售可以提高流量的利用率。电商企业通过关联销售为客户提供多层次、多功能的同类型产品，让客户有更多的对比并作出选择。另外，在一种畅销商品的界面，插入相关联的其他商品，可以增加关联产品的曝光率，提高订单的成交价位。

10.1.8 论坛文案：营销推广优势多

随着微信和微信公众平台的出现，文案营销中论坛营销所占据的比例相对于以前小了很多，不过仍旧不要小看论坛的力量，论坛本身的开放性讨论问题的性质，仍然是文案营销的主流平台。论坛文案营销的特点如图 10-8 所示。

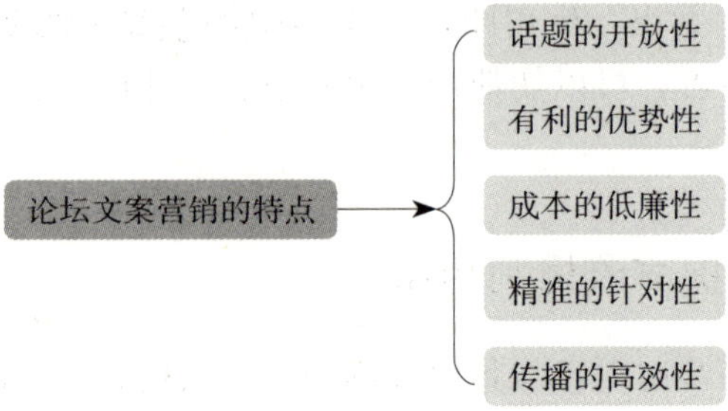

图 10-8　论坛文案营销的特点

1．话题的开放性

很多有名的论坛都具备很高的人气，企业利用论坛的超高人气，进行文案营销传播，可以获得不错的效果，而且由于论坛具备话题开放性的特点，所以论坛的文案种类非常丰富，几乎可以满足任何企业的营销诉求。

2．有利的优势性

运用论坛进行文案营销，可以采用“借势”的营销方式来增加品牌或者产品的曝光率，提升企业的知名度。例如，在一些用户量庞大的知名论坛上，把帖子打造成热帖，从而提升用户的关注率，以此来增加企业的曝光率，树立起企业网站、企业品牌的光辉形象。

3．成本的低廉性

企业在论坛上进行文案营销，无论是注册还是发帖都是免费的，所以几乎不需要成本，而且论坛推广的操作非常简单，只需要发帖、顶贴和回复就可以了。

论坛推广难就难在推广的内容，打造好推广的内容关键在于作者的写作功底和文章的质量，如果商家或者企业能够在一些大型论坛打造出一篇热帖，推广的效果会从几十倍扩大成几百万倍。

4．精准的针对性

论坛推广可以让商家或者企业针对特定的目标群体有针对性地进行文案营销活动。因为论坛中有很多分类，比如，可以在数码板块中放置电子产品，在女性板块中撰写连衣裙或高跟鞋类的文案，等等，每一个板块都有其特定的人群，企业只要把文案放置在正确的板块中，就会很容易获取目标人群。

5．传播的高效性

在论坛中，专业的文案帖子通常能够实现高效率的传播，具备传播性的帖子包括置顶帖、连环帖、论战帖、多图帖和视频帖等。

现在很多人都不喜欢看广告，一看见广告就立刻掉头走，为了避免出现这种情况，企业只要在论坛发挥一些创意，让文案广告不那么直白，就能让产品宣传有一定的深度，容易激起消费者的认同，在心理上引起共鸣，从而采取购买行动。

论坛作为一个人流量比较庞大的网络平台，聚集了世界各地的目光，只要企业的帖子能让网民积极参与，那么利润转化就会很简单。

论坛推广也要讲究一定的流程和推广策略。企业想要在论坛将帖子炒起来，就必须寻找合适的论坛。因此，对于电商企业来说，淘宝论坛是他们最合适的选择。

论坛与贴吧都可以发帖，楼主都可以评论，但在不同的地方论坛有专门的板块，这样在论坛上发表的文案的目标群体更集中。目前，最火的论坛有猫扑社区、天涯社区和新浪论坛等。在论坛上发表文案进行营销，要注意的是论坛是有管理者的，所以撰写的文案一定要根据板块来发布，文案归根结底还是广告，位置没发对可能会被管理者删除甚至处罚，具体要看论坛的规则。

淘宝论坛是以淘宝网为基石，对淘宝店铺进行推广的高人气社区论坛，这基本上是为电商量身定做的论坛。淘宝论坛下有行业板块、热门板块和聚焦热点等板块。商家可以在其中发帖，或者通过对热帖的评论来进行店铺推广，可以同其他人交流学习，还可以通过分享创业小故事的方法，打出店铺的名号。

10.1.9 商城文案：京东商城营销案例

社会的发展让人们的生活变得更简单。就像人们买东西，线下消费身边有购物超市，而在互联网上消费则有网上商城。网上商城有很多模式，商家对商家，商家对买家，以及买家对买家等。有了网上商城，人们足不出户就可以买到想要的东西。

随着互联网的移动化，各个平台的流量都在往移动端走，网上商城也一样。但是移动端遇到的一个最大的难题就是碎片化，大量的登录时间，给了大量的平台，每个平台获得的流量特别分散。

网上商城的流量也特别碎片化，手机购物平台的打开率降低，首页停留时间比较短，跳转率非常高，购物时间很短。每个人都有了个性化的选择平台，而原有的流量也不够更多的商家去分，但京东以其较好的信誉，还是在电商平台中占据很大的比重。因此下面主要介绍在京东商城进行文案营销的案例。

京东商城有很多商商经营了店铺，其中不乏优秀的营销文案。下面介绍一家经营大闸蟹的店铺，如图 10-9 所示。

案例文案的内容不是很长，但是涵盖的范围很广，首先介绍了产品的产地和包装，以及产品的优势和特色；然后将产品为什么好而不贵，分 3 个方面来讲述，清晰明了；最后再讲品质保障、提货方式和死蟹赔付，同样简洁、直观。

在网上商城发布的营销文案，对产品和企业文化的叙述要准确而简洁，图片要恰当而美观，简单而明了地表现产品特色，不要用隐晦而又难懂的语句，消费者连产品是什么样的都不能了解，又怎么能认同产品呢？

图 10-9 京东商城文案部分内容展示

10.2 微商文案：远距离无障碍实时沟通

随着微信进入人们的生活，微商也乘风而来。据统计，2017 年从事微商的人数已达 2 000 万人，由此可见微商的火热程度。而微商如何推广产品，如何进行高质量的营销，就体现了文案的重要性。文案呈现的内容和方式是整个产品的形象与气质，本节将讲解微商文案的写作技巧等内容。

10.2.1 微商的特点：5 大特点助你全面了解

文案营销可以说是网络营销中不可或缺的一种营销方式，所以许多行业都不会放过文案营销，微商行业也渐渐加入文案营销的阵列中，从而使得很多优秀的微商文案诞生。本节讲解微商文案的 5 大特点。

1．沟通便捷

微商能够通过 QQ、微博和微信等软件与用户实现远距离且无障碍的沟通，发布的文案信息也能够及时地传递给用户。

因此，与传统行业相比，微商能够实现更加便捷的沟通。具体而言，其沟通的便捷性主要表现在两方面，如图 10-10 所示。

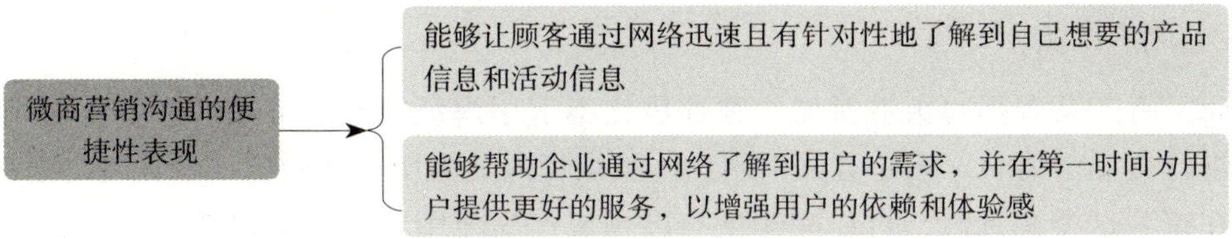
微商营销沟通的便捷性表现
能够让顾客通过网络迅速且有针对性地了解到自己想要的产品信息和活动信息
能够帮助企业通过网络了解到用户的需求，并在第一时间为用户提供更好的服务，以增强用户的依赖和体验感

图 10-10　微商营销沟通的便捷性表现

2．用户广泛

微信、微博和 QQ 等通信软件如今已有上亿多用户群体，已经成为人们联系与交友不可缺少的工具。基于这样的特点，微信、微博和 QQ 等通信软件为商商带来了更为有利的营销环境。商家在这些平台上进行相应的文案营销，只要文案内容符合用户的口味，那么感兴趣的用户自然会自动查看。

3．病毒传播

病毒式营销法就是商家将一篇比较好的文案上传到 QQ 群、QQ 空间、微信朋友圈或者微博，让别人一旦看到文案内容就对商家的产品产生兴趣的一种营销方式。在进行文案营销时，如果文案内容非常好，就很有可能引起病毒式的传播和转载效果。

4．多元展示

商家在运用文案进行产品营销时，可以通过活泼的网络语言来吸引用户的注意力。同时内容的形式也非常多元化，可以是文字形式，也可以是图片形式，还可以是视频形式。

5．成本低廉

商家在微信、微博和 QQ 等软件上进行文案营销，基本上不用什么成本，他们在空间、朋友圈发布信息完全是免费的，而他们的好友却能够随时看到他们发布的文案信息，可以说，这种营销方式是高效而划算的。

10.2.2 表现技巧：6 点切入提高文案质量

在了解了微商文案的 5 个特点后，要写好微商营销文案，还需掌握文案正文的表现技巧，找到微商文案的 6 个切入点。

1．新闻报道

在撰写微商文案时，不妨换个身份，通过媒体记者的视角来撰写新闻报道，直接介绍企业实力、品牌形象等。微商通过将这些新闻报道发布到门户网站，再进行截图或分享链接到朋友圈，从而赋予文案一定的权威性。这样的文案具有真实、权威、不可辩驳的特点，能够有力提升企业品牌形象，赋予企业正面意义。但是新闻类文案发布渠道比较狭窄，必须要发布到门户网站上才有效益，成本较高。

2. 用户体验

商家将产品夸得再天花乱坠，往往也比不上用户反馈所能带来的效应。因此，商家在进行文案营销时，不妨尝试由用户体验来切入。由用户体验切入的文案写法简单，商家在撰写这类文案时，可以完全把自己当成产品使用者，以消费者试用产品的口吻来撰写。这类文案更容易获取读者的信任。

这种形式的文案，在文案中以第三方或者普通用户的切身体验作为切入点，客观全面地介绍品牌或产品的优点与服务质量，在悄无声息中对消费者和潜在客户产生积极的心理暗示，宣传企业，打造企业正面形象。

3. 讲述故事

相比于广告，文案营销可以让读者在不知不觉间，接受商家传递的产品信息。这时就需要用到讲故事的方法了，通过讲故事的方式娓娓道来，把要介绍的品牌、产品都藏在故事里，往往能够获得意想不到的效果。

以讲故事的形式来切入文案，写写品牌故事，将产品品牌的起源、创始过程等娓娓道来，就是一篇绝佳的故事文案。

4. 访谈

商家在撰写文案时，还可以采用访谈的形式，通过采访行业大拿或者相关的专家等，来进行文案撰写的切入，这种一对一访谈的形式，可以深入、全面地进行品牌信息的宣传。

值得注意的是，如果要采用访谈的形式来进行文案撰写，切记访谈对象需要有一定的知名度，或者在行业内站在一定的高度上，有一定的感染力与宣传力。否则，贸然使用访谈的形式撰写文案，采访的却是名不见经传、无人问津的对象，这样的文案不但没有说服力，还会造成相反的效果，让人觉得商家为了炒作而不择手段，很容易引起读者的反感。

5. 网络事件

商家需要具有敏锐的洞察力，从而将网络热点事件作为切入点来撰写文案，能够获得较好的效果。当然，在借用网络热点事件时，务必要注意，自身业务需要与该网络热点事件具有关联性，至少要能够自圆其说。

这种写法其实就是结合热门事件，比如化妆品、护肤品等行业可以贴合大热的韩剧；而运动类品牌可以贴合火热的奥运会等；甚至护肤品与手工私房菜等都可以贴合奥运会。使用这种方法撰写文案，需要商家具有发散性思维，能够从热门事件中找到与自家产品贴合的地方。

6. 模仿热帖

在创作文案时，通过搜集网络上传播范围极大的热帖，加工以后再进行二次上传，这样的文案，传播速度通常极快。

值得注意的是，在“加工”模仿热帖的文案时，需要做到巧妙、不露痕迹，在修改时必须自然而然，不能太过牵强。

撰写文案的方法和切入点自然不局限于这 6 种方式，通过多看别人的文案，多学习、多总结，文案的质量自然而然就提高了。总而言之，世界上没有不劳而获的晚餐，文案需要作者勤学多练，用心来撰写。

10.2.3 写作步骤：4 步让结构更加合理

无论是微商文案，还是其他行业的文案，作者在撰写文案时，都需要按部就班，遵循撰写步骤来写作。微商文案的撰写步骤可分为 4 步，如图 10-11 所示。

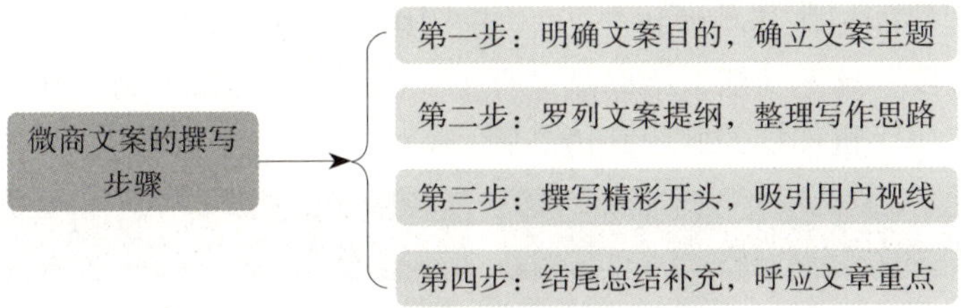

微商文案的撰写步骤
第一步：明确文案目的，确立文案主题
第二步：罗列文案提纲，整理写作思路
第三步：撰写精彩开头，吸引用户视线
第四步：结尾总结补充，呼应文章重点

图 10-11 微商文案的撰写步骤

掌握撰写文案的 4 个步骤，可以让微信文案的写作变得简单，也让微信文案营销的力量更加集中，结构更加合理，如图 10-12 所示。

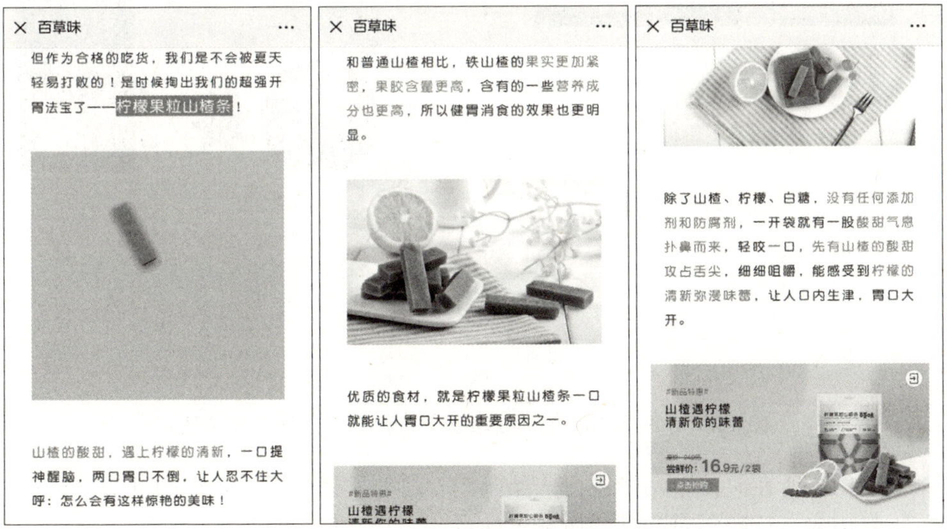

百草味
但作为合格的吃货，我们是不会被夏天轻易打败的！是时候掏出我们的超强开胃法宝了——柠檬果粒山楂条！
山楂的酸甜，遇上柠檬的清新，一口提神醒脑，两口胃口不倒，让人忍不住大呼：怎么会有这样惊艳的美味！
百草味
和普通山楂相比，铁山楂的果实更加紧密，果胶含量更高，含有的一些营养成分也更高，所以健胃消食的效果也更明显。
优质的食材，就是柠檬果粒山楂条一口就能让人胃口大开的重要原因之一。
山楂遇柠檬
百草味
除了山楂、柠檬、白糖，没有任何添加剂和防腐剂，一开袋就有一股酸甜气息扑鼻而来，轻咬一口，先有山楂的酸甜攻占舌尖，细细咀嚼，能感受到柠檬的清新弥漫味蕾，让人口内生津，胃口大开。
山楂遇柠檬
清新你的味蕾
16.9元/2袋

图 10-12 按照步骤来撰写文案的案例

案例中的“百草味”公众号运营者向读者介绍了一款柠檬果粒山楂条，目的很明确，就是进行产品销售。文案思路清晰，通过与其他产品的对比，突出了柠檬果粒山楂条的特点和优势所在，最后在结尾处放上产品的购买链接，让读者可以直接购买产品。

围绕 4 个步骤撰写文案，首先要明确文案主题是什么。只有主题明确了，才能清楚哪些内容是必须要写的，而哪些内容是可以删减的。为了适应现在这一快速阅读的时代，不要写长篇累牍没有主题的文案。

10.2.4 我的位置：最佳的广告位增加信任

商家通过发朋友圈对产品进行文案营销时，朋友圈有一个特别的功能叫作“所在位置”，如果利用得当，可以说是给微商的文案营销又免费开了一个最佳广告位，同时也能增加用户的信任值。

商家可以利用这个功能定位其门店地址，还可以将地理位置名称更名为门店名称，让朋友圈的人很快能记住其品牌和产品。如图 10-13 所示，这条朋友圈下方的文字就是利用了“所在位置”这一功能，给商品又打了一次广告。该商家将所在地址和商品广告信息叠加起来，向手机那端的客户宣传品牌。

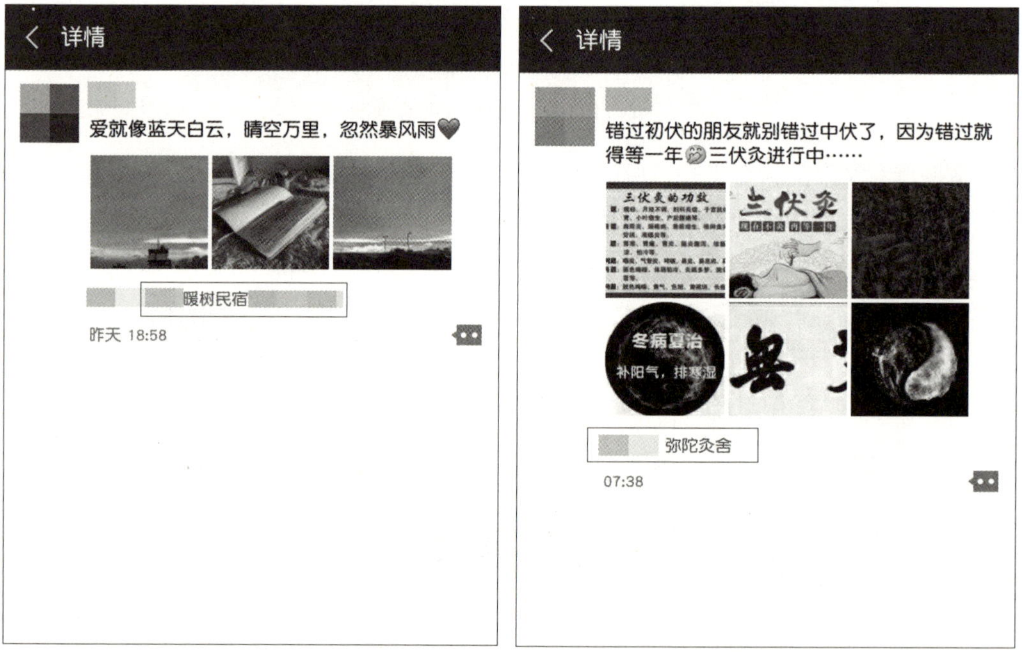

详情
爱就像蓝天白云，晴空万里，忽然暴风雨
暖树民宿
昨天 18:58
详情
错过初伏的朋友就别错过中伏了，因为错过就得等一年三伏灸进行中……
三伏灸
冬病夏治
补阳气，排寒湿
弥陀灸舍
07:38

图 10-13　用“所在位置”功能给商品打广告的微商营销技巧

案例运用“所在位置”功能进行产品营销，证明了微商拥有正规的进货渠道和完整的线下交易模式，让顾客对产品的质量更加放心。

10.2.5 巧妙晒单：适度、真实，刺激消费

商家在公众号、朋友圈、微信群或者微博中进行产品营销活动推广的过程中，除了发布相关的产品营销文案以外，还需要配上产品的图片和基本信息，为了让顾客信任，也可以晒一些成功的交易订单或者好的评论，但是在晒单过程中有两个问题值得注意，那就是适度和真实。

1．广告要适度

在晒单的过程中必须要适度，因为不管在哪个营销平台，人们对于无谓的刷屏是十分抗拒的，所以万万不能犯了这一营销之大忌。但是对商家来说，晒单其实是非常有必要的，任何人看到大量的成交量都会对商品本身产生心动和行动，所以运营者在这一点上需要把握好尺度。

2．信息要真实

商家在晒单的过程中，必须要在单据上显示真实的信息，将所有真实信息尽可能多地展现给好友看，以诚信为本，实事求是，否则会让消费者觉得不真实，从而产生排斥的情绪。

从营销角度来说，适度地晒一些交易单之类的营销信息，可以大大地刺激消费。那么晒交易单究竟有什么好处呢？在笔者看来，适度的晒单可以让买家放心，增强买家对微商的信任感，还可以吸引客户的好奇心，对产品产生兴趣。

关于晒单还有一个小妙招。在一张照片中，商家可以放几个快递单，并且将它们叠加起来再拍照，这时卖家应该尽量将照片凑成 9 张，并且强调，这是一天或者两天发出的产品。

这样就会让消费者觉得，这家店的产品是真的特别受欢迎，于是自己也想尝试购买品尝一下，可以在某种程度上推动销量。

10.2.6 晒好评：用使用效果说话

在进行微商文案营销活动的过程中，文案中除了需要发表产品的文字与图片以外，为了让顾客更充分地信任自己的产品，还需要把其他客户对产品的好评拿出来“晒一晒”。

通常来说，提到“好评”，人们立刻就会想到淘宝，但是对微商行业而言，就不完全是针对这一块儿了。商家晒好评渠道，主要体现在两点，如图 10-14 所示。

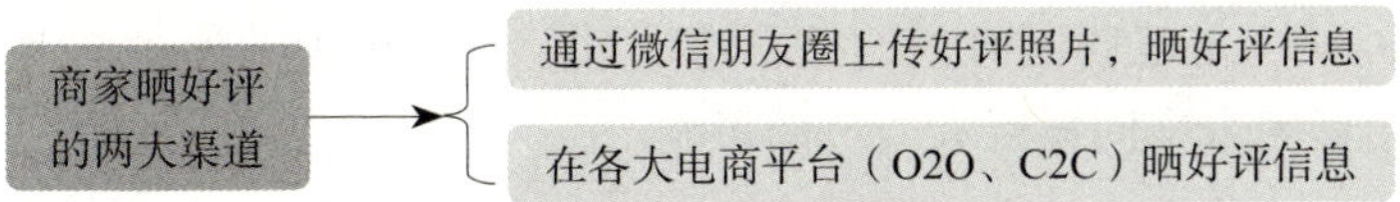
商家晒好评的两大渠道
通过微信朋友圈上传好评照片，晒好评信息
在各大电商平台（O2O、C2C）晒好评信息

图 10-14　商家晒好评的两大渠道

接下来介绍微商在两大平台晒好评的一些详细内容。

1．微信朋友圈晒好评

如今微信已成为国内最大的社交软件，消费者会通过微信平台向商家咨询相关的产品信息，有时候买单也会通过微信支付，有些消费者也会在微信中对产品进行认可、表扬，商家可以将这些信息进行截屏操作，然后将评价晒到各大网络社交平台。

如图 10-15 所示为两组微信对话形式的好评，商家可以将这些好评信息通过截图的方式存入手机照片库，然后再发表到各大社交平台。

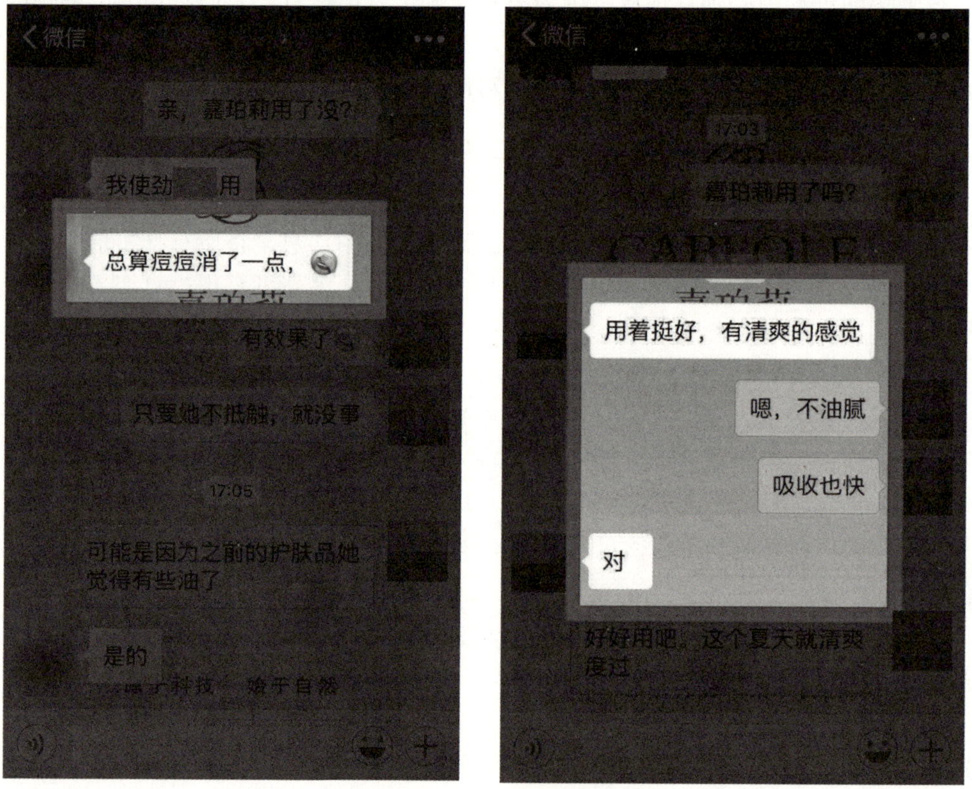

总算痘痘消了一点，
用着挺好，有清爽的感觉
嗯，不油腻
吸收也快
对

图 10-15　微信对话好评截图

2．电商平台晒好评

在微店、淘宝、当当、美团等 O2O、C2C 电商平台中，买家的评价十分重要。如果将晒好评比喻成“晒谷子”，那么微信的“晒”是掌握在自己手里的，而电商平台就是大家一起晒。下面对其优缺点进行分析。电商平台的好评对比微信好评，前者影响力大过后者，但缺点是互联网时代的公开透明性，一旦出现差评，前者一般情况下难以清除，从而给商家带来同样巨大的负面影响。

下面以图解的形式介绍打造良好评论环境的方法，如图 10-16 所示。

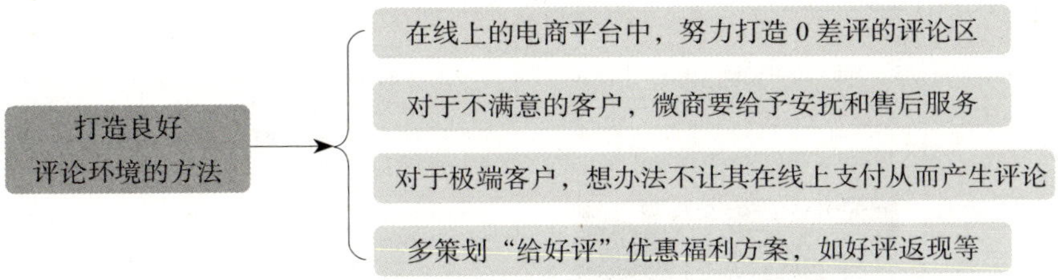
打造良好
评论环境的方法
在线上的电商平台中，努力打造 0 差评的评论区
对于不满意的客户，微商要给予安抚和售后服务
对于极端客户，想办法不让其在线上支付从而产生评论
多策划“给好评”优惠福利方案，如好评返现等

图 10-16　打造良好评论环境的方法

商家可以将这些电商平台中的好评信息截图保存，然后通过文案的形式转发到其他社交平台中，比如在淘宝中售卖某款产品时，在产品的详情介绍中就可以附上这些好评信息，让买家更加放心，如图 10-17 所示。

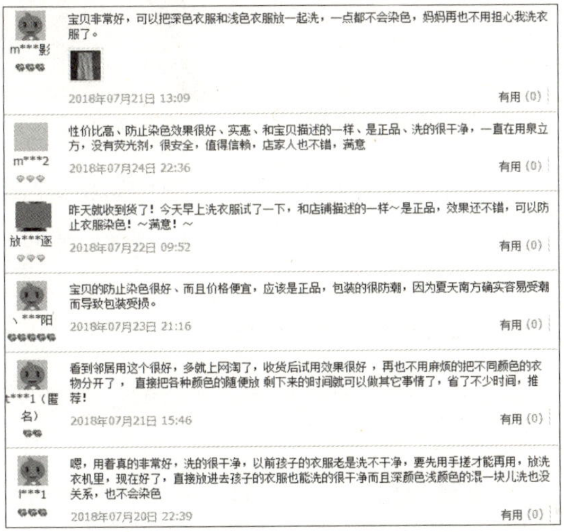
m***影
宝贝非常好，可以把深色衣服和浅色衣服放一起洗，一点都不会染色，妈妈再也不用担心我洗衣服了。
2018年07月21日 13:09　有用（0）

m***2
性价比高、防止染色效果很好、实惠、和宝贝描述的一样、是正品、洗的很干净，一直在用泉立方，没有荧光剂，很安全，值得信赖，店家人也不错，满意
2018年07月24日 22:36　有用（0）

放***逐
昨天就收到货了！今天早上洗衣服试了一下，和店铺描述的一样~是正品，效果还不错，可以防止衣服染色！~满意！~
2018年07月22日 09:52　有用（0）

、***阳
宝贝的防止染色很好、而且价格便宜，应该是正品，包装的很防潮，因为夏天南方确实容易受潮而导致包装受损。
2018年07月23日 21:16　有用（0）

t***1（匿名）
看到邻居用这个很好，多就上网淘了，收货后试用效果很好，再也不用麻烦的把不同颜色的衣物分开了， 直接把各种颜色的随便放 剩下来的时间就可以做其它事情了，省了不少时间，推荐！
2018年07月21日 15:46　有用（0）

l***1
嗯，用着真的非常好，洗的很干净，以前孩子的衣服老是洗不干净，要先用手搓才能再用，放洗衣机里，现在好了，直接放进去孩子的衣服也能洗的很干净而且深颜色浅颜色的混一块儿洗也没关系，也不会染色
2018年07月20日 22:39　有用（0）

图 10-17　在电商平台中晒好评信息

商家还可以将这些好评信息转发至微信朋友圈、微信群、QQ 群等社交平台，扩大产品的品牌知名度。

10.2.7 感动读者：真人真事引起共鸣

利用微信，很多人通过真人真事感动了一大批读者。例如，“韩曰”公众号发布的一篇文章《对不起，我只过 1% 的生活》，讲述了一个真实的故事。作者陈安妮（笔名：伟大的安妮）是一位 90 后微创业女生，出版了多部作品。这个故事讲述的是作者自己的奋斗历程，里面充满了心酸和感动，文章一经发布，瞬间吸引了众多粉丝的关注，该文案一天内引发了超过 40 万人次的惊人转发量，而通过这篇文案，安妮推出了一款 APP——《快看漫画》，获得了巨大成功。

真人真事容易引起人的共鸣。例如 DA 姐，从一个不会穿搭被人嘲笑的女孩成为时尚造型师，通过讲述自己的真实故事来宣传自己的课程，如图 10-18 所示。

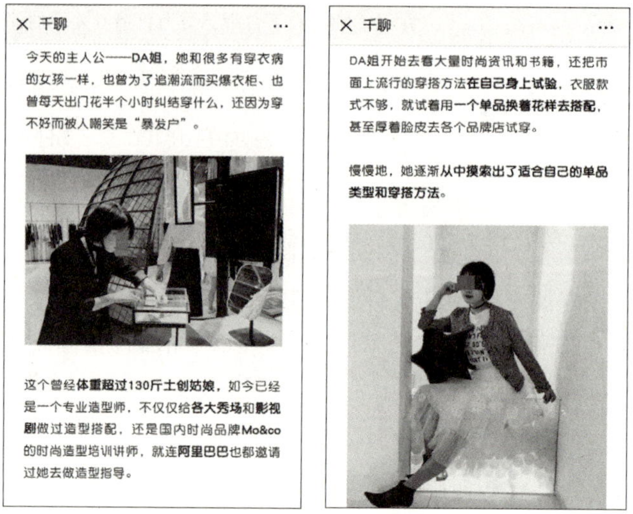
千聊
今天的主人公——DA姐，她和很多有穿衣病的女孩一样，也曾为了追潮流而买爆衣柜、也曾每天出门花半个小时纠结穿什么，还因为穿不好而被人嘲笑是“暴发户”。
这个曾经体重超过130斤土创姑娘，如今已经是一个专业造型师，不仅仅给各大秀场和影视剧做过造型搭配，还是国内时尚品牌Mo&co的时尚造型培训讲师，就连阿里巴巴也都邀请过她去做造型指导。
千聊
DA姐开始去看大量时尚资讯和书籍，还把市面上流行的穿搭方法在自己身上试验，衣服款式不够，就试着用一个单品换着花样去搭配，甚至厚着脸皮去各个品牌店试穿。
慢慢地，她逐渐从中摸索出了适合自己的单品类型和穿搭方法。

图 10-18　分享自己的故事宣传品牌

分享真实情感，能够体现分享者的人性品格，案例中这种对改变的热忱和坚持，很容易感动对生活同样充满热忱和坚持的人，会引起人们的共鸣，从而得到认可，获取信任。

10.2.8 单刀直入：直观地表现产品功能

单刀直入的写作方法，可以直观地表现产品的功能，吸引人的眼球，抓住客户需求，从而达到营销的目的。

很多微商企业都是直接在微信公众号里发布产品广告来推销产品的，例如“不止读书”公众号发布的《我们把最美的诗与画，做成了本子》，如图 10-19 所示。

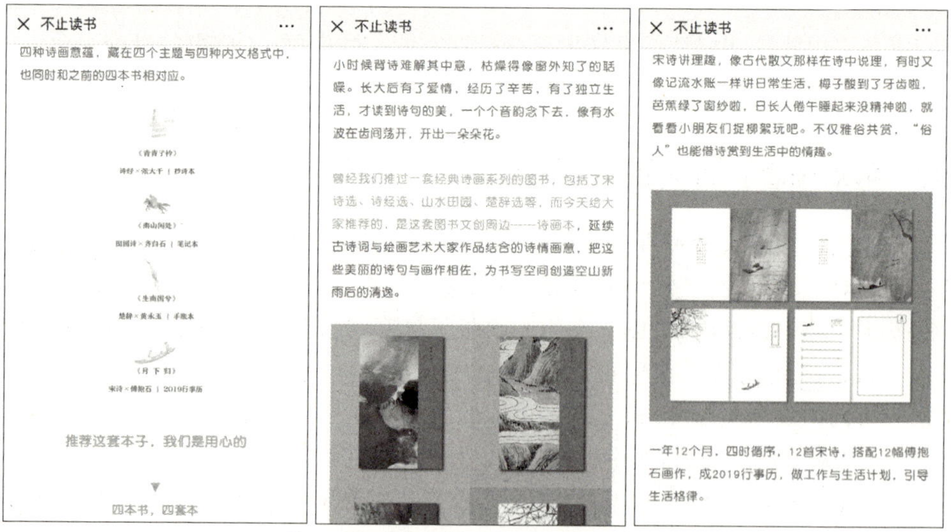
不止读书
四种诗画意蕴，藏在四个主题与四种内文格式中，也同时和之前的四本书相对应。
推荐这套本子，我们是用心的
四本书，四套本
不止读书
小时候背诗难解其中意，枯燥得像窗外知了的聒噪。长大后有了爱情，经历了辛苦，有了独立生活，才读到诗句的美，一个个音韵念下去，像有水波在齿间荡开，开出一朵朵花。
曾经我们推过一套经典诗画系列的图书，包括了宋诗选、诗经选、山水田园、楚辞选等，而今天给大家推荐的，是这套图书文创周边——诗画本，延续古诗词与绘画艺术大家作品结合的诗情画意，把这些美丽的诗句与画作相佐，为书写空间创造空山新雨后的清逸。
不止读书
宋诗讲理趣，像古代散文那样在诗中说理，有时又像记流水账一样讲日常生活，梅子酸到了牙齿啦，芭蕉绿了窗纱啦，日长人倦午睡起来没精神啦，就看看小朋友们捉柳絮玩吧。不仅雅俗共赏，“俗人”也能借诗赏到生活中的情趣。
一年12个月，四时循序，12首宋诗，搭配12幅傅抱石画作，成2019行事历，做工作与生活计划，引导生活格律。

图 10-19　直接推广产品的文案案例

10.2.9 粉丝经济：打造个人营销模式

在微商界，有很多优秀的书籍。例如，在“世界微商大会”上获得“最佳人气畅销书”的《深度微信》，在发行后的 4 个月内，就达到了 6 万册销量的好成绩，为此，很多新闻媒体争相报道，通过各类文案来推广此书。

该书的作者为韩曰田（笔名：田夫、梅竹），拥有自己的微信公众号，而且取得过巨大的成绩，例如，百天内聚集粉丝超过 10 万人；最高日阅读人数超过 100 万人；最大转发次数超过 10 万次。作者将自己的产品和微信公众号相结合，打造出了属于自己的营销模式。

利用粉丝来进行产品营销是很有效果的，如 OPPO 公众号为新品手机 Find X 进行的宣传，如图 10-20 所示。

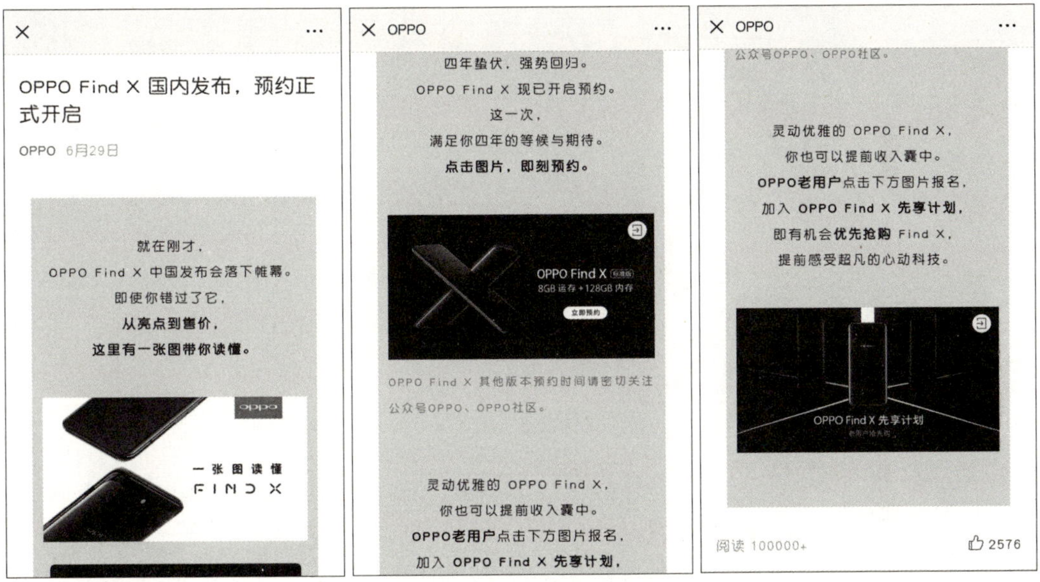
OPPO Find X 国内发布，预约正式开启
OPPO 6月29日
就在刚才，
OPPO Find X 中国发布会落下帷幕。
即使你错过了它，
从亮点到售价，
这里有一张图带你读懂。
oppo
一张图读懂
FIND X
OPPO
四年蛰伏，强势回归。
OPPO Find X 现已开启预约。
这一次，
满足你四年的等候与期待。
点击图片，即刻预约。
OPPO Find X
8GB 运存 +128GB 内存
立即预约
OPPO Find X 其他版本预约时间请密切关注
公众号OPPO、OPPO社区。
灵动优雅的 OPPO Find X，
你也可以提前收入囊中。
OPPO老用户点击下方图片报名，
加入 OPPO Find X 先享计划，
OPPO
公众号OPPO、OPPO社区。
灵动优雅的 OPPO Find X，
你也可以提前收入囊中。
OPPO老用户点击下方图片报名，
加入 OPPO Find X 先享计划，
即有机会优先抢购 Find X，
提前感受超凡的心动科技。
OPPO Find X 先享计划
阅读 100000+
2576

图 10-20　通过粉丝宣传产品的文案

在图 10-20 所示的案例中，OPPO 公众号因为粉丝众多，因此其发布的文案就能拥有庞大的阅读量和点赞量，能够在很大程度上打出产品的知名度，营造很好的营销效果。

第 11 章 社交平台：微信、微博+QQ 文案写作技巧

学前提示

微信、微博和 QQ 作为用户众多的社交平台，都是常见的文案写作和推广平台，本章通过对这 3 大平台文案的写作方法和营销方法的详细讲解，让大家了解这 3 大平台，以便更好地运营自己的品牌。

要点展示

- 微信文案：网络经济时代的重要媒介
- 微博文案：便捷、快速的信息分享方式
- QQ 文案：充分利用亿级平台扩大影响

11.1 微信文案：网络经济时代的重要媒介

微信营销是网络经济时代企业或个人营销模式的一种，伴随着微信的兴起而出现，在微信公众平台推出之后更是达到了巅峰。

微信不存在距离的限制，用户注册微信后，可与周围同样注册微信的“朋友”形成一种联系，订阅自己所需的信息。商家则可以通过这种方式，推出商品或者企业的信息，将产品推广出去，从而实现点对点的营销。

其中最重要的媒介——微信软文的写作显得非常重要，如何写出高转发、高评论、高点赞的爆文呢？这就是下面要介绍的内容。

11.1.1 微信特点：3 大特点潜力无穷

微信文案营销的特点非常明显，也正是因为这些特点，才让微信文案营销有了发展的潜力，那么微信文案营销都有哪些特点呢？

1. 精准营销

微信拥有庞大的用户群，借助移动终端、天然的社交和位置定位等优势，每条信息都是可以推送的，能够让每个个体都有机会接收到这条信息，继而帮助商家实现点对点精准化文案营销。

2. 功能多样实用

漂流瓶：用户可以发布语音或者文字然后投入“大海”中，如果有其他用户“捞”到这些信息则可以展开对话，很多企业经常使用这种微信文案营销方法，虽然效果不是特别好，但不需要什么费用。

位置签名：商家可以利用“用户签名档”这个免费的广告位为自己做宣传，搜索到的用户通过签名档就可以看到商家的信息。例如，饿的神、K5 便利店等就采用了微信签名档的营销方式。

二维码：用户可以通过扫描识别二维码来添加朋友，关注企业账号。不仅如此，企业也可以为品牌设置二维码，利用优惠或者折扣来吸引关注，从而开拓 O2O 的营销模式。

开放平台：通过微信开放平台，应用开发者可以接入第三方应用，还可以将应用的 LOGO 放入微信附件栏，使用户可以方便地在会话中调用第三方应用进行内容选择与分享。

公众平台：在微信公众平台上，每个人都可以用一个 QQ 号码，打造自己的微信公众账号，并在微信平台上实现和特定群体的文字、图片、语音等全方位的沟通和互动。

微信公众平台在出现之后，凭借其强大的推广功能，已经迅速获得各大企业和商家的青睐。

3．方便互动

微信的点对点产品形态注定了其能够通过互动的形式将普通关系发展成强关系，从而产生更大的价值。通过互动的形式与用户建立联系，互动就是聊天，可以解答疑惑，可以讲故事甚至可以“卖萌”，用所有的形式让企业与消费者成为朋友，用户对陌生人很难相信，但是一定会相信“朋友”。

11.1.2 营销方法：6 大方法扩大影响

微信文案对微信营销来说是一种有效的方式，它是根据企业产品的功效、特色等方面的内容进行深度分析，进一步引导读者购买产品的文章。

优秀的微信营销文案，将最大限度地宣传产品特点，提升企业形象，从而从根本上实现最佳盈利。由此可以看出，现阶段在企业文案营销中，微信营销文案占据举足轻重的地位。那么，一篇好的微信营销文案是如何诞生的呢？下面就来讲解撰写微信营销文案的 6 个方法。

1．拓展思维法

作者在撰写微信文案时，若实在不知道如何撰写，则可以围绕核心产品从 3 个方面出发，进行思维的拓展，具体内容如图 11-1 所示。

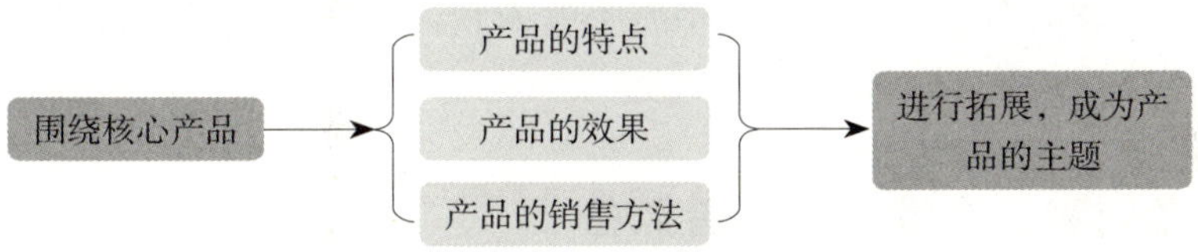

图 11-1　拓展思维法图解

2．要点击破法

要点击破法在微信营销文案中是常见的方法之一，主要通过对产品基本特点的介绍，实现产品推广。在这一过程中，文案撰写者可以结合图片，为文案增添色彩，从而更好地引导阅读者阅读。从产品特点下手，从卖点上吸引消费者和用户，要点击破法这种文案营销方式可以更加直观地表现产品，内容较严谨，主题明确，上手难度不大，熟练度不高的撰写者也可以驾驭。

3．倒三角法叙事

微信营销文案篇幅都较长，会降低对阅读者的吸引力，而倒三角撰写法则的出现，就在很大程度上解决了这一困境。倒三角法则是指软文作者在撰写微信营销文案的过程中，达到要点集合与重点浓缩的效果，同时尽量控制文章篇幅。

另外，还可以将重点和精华安排在文章首段和其他显眼的位置，调动读者胃口，引发其兴趣，同时在软文结尾处重点强调产品的优势和成效，也将进一步增加企业产品的销售量。

4．撰写点睛标题

不管是哪个方面的文案，标题都是重点撰写的对象。一个幽默风趣的标题，能大大地吸引人们点击；一个平淡无奇的标题，只会收到用户的余光。由此可见，微信文案的标题也非常重要，一定要根据文案内容进行标题的撰写，千万不要做“标题党”，那样只会让人厌恶。

对微信营销文案而言，标题的撰写技巧有很多，不同种类和特色的标题都将达到不同的效果。文案撰写者在提炼文章标题时，可以贴近产品特点和关键词，这也将进一步增强消费者和阅读者对其产品的好奇心理。

5．晒出成功案例

在微信文案的写作过程中，不妨晒出成功的案例，更能让顾客信服。例如，一篇宣传企业产品的微信文案，宣传产品的工艺特点之余，可以晒出产品的成交量与受欢迎程度。同时，可以参考市场上同类型产品的销售情况，加以补充说明，通过直观强烈的对比，说出自己产品的优势，以增添说服力。

6．选择精美配图

发布在朋友圈的微信文案，篇幅最好不要太长，且配上一些精美的图片，既能提高读者的阅读感，又能为软文增添趣味性。

11.1.3 文案内容：个性价值二者兼备

新媒体平台文案营销的内容非常重要，在内容方面要把握好两个要点，下面具体介绍。

1．表现个性化内容

说到个性化内容，也许是企业最难把握的一个要点，因为企业在发布微信文案内容时，无论是在报道方式上，还是在内容形式上，都倾向于长期保持一致性，这样才能给用户一种系统而直观的感受。

长期的个性化往往很难做到，做得不好还容易让企业的自成体系失去平衡。但是，如果企业想要让自己的微信公众号与他人的微信公众号“划清界限”，变得更加容易被用户识别，那么个性化的微信内容是必不可少的。个性化的内容不仅可以增强用户的黏性，使之持久关注，还能让企业微信公众号在众多公众账号中脱颖而出。

2．体现实用价值

在利用微信公众号进行文案营销的过程中，企业一定要注意内容的价值性和实用性，这里的实用是指符合用户需求，对用户有利、有用、有价值。

如“汽车之家”公众号就发布了一篇与人们生活息息相关的文案，指导人们花小钱买车的方法，并列举了几款价格不是很高的车，如图 11-2 所示。

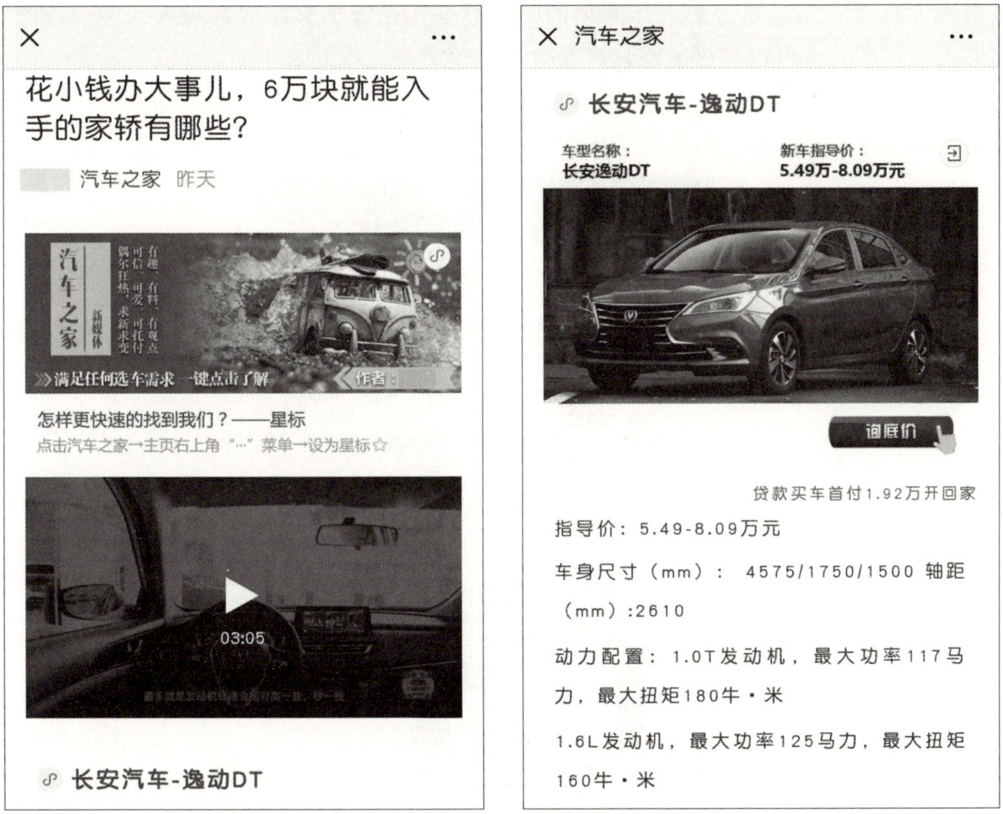
花小钱办大事儿，6万块就能入手的家轿有哪些?
汽车之家 昨天
汽车之家
新媒体
有趣、有料、有观点
可信、可爱、可托付
偶尔狂热，求新求变
满足任何选车需求 一键点击了解
作者：
怎样更快速的找到我们？——星标
点击汽车之家→主页右上角“…”菜单→设为星标☆
03:05
长安汽车-逸动DT
汽车之家
长安汽车-逸动DT
车型名称：
长安逸动DT
新车指导价：
5.49万-8.09万元
询底价
贷款买车首付1.92万开回家
指导价：5.49-8.09万元
车身尺寸（mm）： 4575/1750/1500 轴距（mm）:2610
动力配置：1.0T发动机，最大功率117马力，最大扭矩180牛·米
1.6L发动机，最大功率125马力，最大扭矩160牛·米

图 11-2　关于实用价值的文案案例

其实，不论是哪方面的文案，只要能够帮助用户解决困难，就是好的文案，而且，只有有价值和实用的内容，才能留住用户。有价值的微信文案，内容方面有 4 个表现形式，如图 11-3 所示。

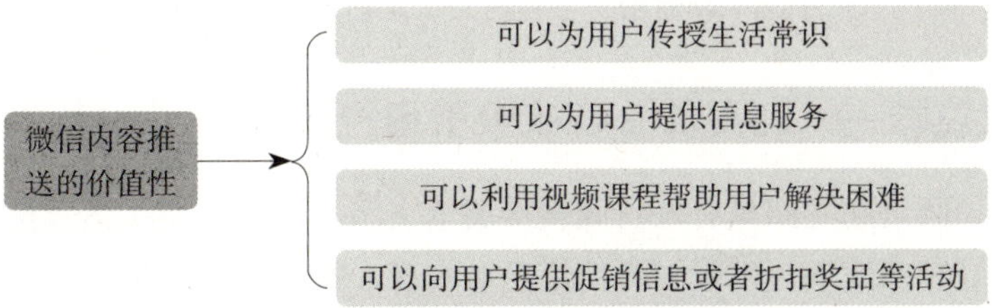
微信内容推送的价值性
可以为用户传授生活常识
可以为用户提供信息服务
可以利用视频课程帮助用户解决困难
可以向用户提供促销信息或者折扣奖品等活动

图 11-3　微信内容推送的价值性

11.1.4 图文结合：朋友圈惹人关注

在朋友圈发布的文案有 3 种方式，一种是纯文字，一种是图文并茂，还有一种是视频。朋友圈文案营销肯定是和文字有关的，因此在微信朋友圈进行文案写作，可以选择前面两种形式。

最好是采用图文结合的方式，图文结合的朋友圈文案，会比单纯的文字更加醒目、吸引人，蕴含的信息量也更大。漂亮的图片总是比枯燥的文字更加惹人关注。以图文的形式展示产品，可以尽可能地让产品背景比较清爽，看起来干净。

例如，一位从事化妆品销售的运营者，可以通过在朋友圈发布产品信息，配合精美的产品图片，对产品进行营销，如图 11-4 所示。

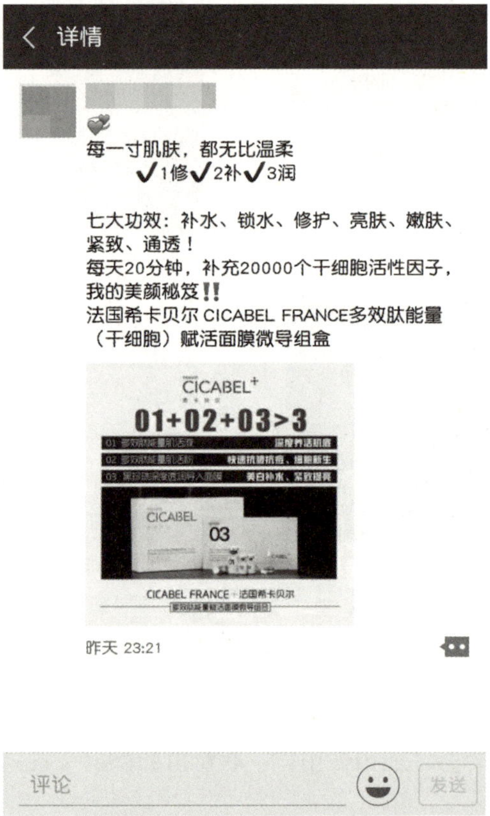
详情
每一寸肌肤，都无比温柔
✔1修✔2补✔3润
七大功效：补水、锁水、修护、亮肤、嫩肤、紧致、通透！
每天20分钟，补充20000个干细胞活性因子，
我的美颜秘笈‼
法国希卡贝尔 CICABEL FRANCE多效肽能量（干细胞）赋活面膜微导组盒
CICABEL+
01+02+03>3
CICABEL
03
CICABEL FRANCE · 法国希卡贝尔
昨天 23:21
评论
发送

图 11-4　撰写图文并茂的文案在朋友圈进行营销

11.1.5 文章篇幅——利用前 3 行来吸引用户流量

一般来说，微信朋友圈只有 6 行能直接展示文字的功能，对文案营销而言虽没有字数限制，但最好利用前 3 行来吸引微信用户的目光，将重点提炼出来，使人们有继续看下去的欲望。

发布的内容太多，就会发生“折叠”，只显示前几行文字，而读者必须点击“全文”才能看余下的内容，所以在朋友圈发布的文字要精简。

如图 11-5 所示为文字篇幅精简的案例。

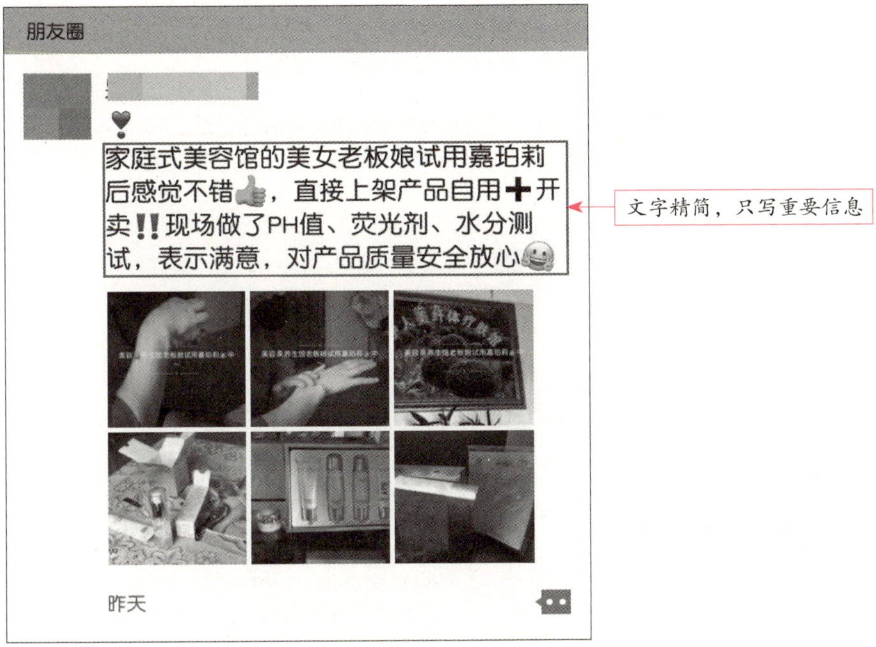
朋友圈
家庭式美容馆的美女老板娘试用嘉珀莉后感觉不错，直接上架产品自用开卖!!现场做了PH值、荧光剂、水分测试，表示满意，对产品质量安全放心
文字精简，只写重要信息
昨天

图 11-5 文字篇幅精简的案例

运营者通过对产品特点关键字的提炼，如酸甜可口和新鲜健康等，可以在很大程度上缩减微信文案的篇幅，更加直接，让人一目了然。

11.1.6 文章评论——通过评论功能传递更多信息

如果要在朋友圈发布的内容多到没有办法精简、提炼，还可以利用另外一个功能，即评论功能，通过评论功能可以将更多的信息传递给受众。

评论区域是没有折叠的，无论发多长的评论，都会全部展现在好友面前，因此微信营销人员要善于利用朋友圈的评论功能，将一些需要强调的重点内容写上去，如图 11-6 所示。

商家可以通过评论的方式，对产品的相关信息加以补充说明。因为文章简洁也是微信文案写作的一个要素，但文案的简洁意味着能表达的东西会减少，只能有所取舍地表现产品特色。

但没写上去的内容又很重要，或者忘了把重要的内容写上去，怎么办呢？重新写一篇是不可取的，这时就可以用到评论的功能。利用评论可以对文案加以补充，甚至对要点做一个鲜明的标注，以加深顾客的印象。

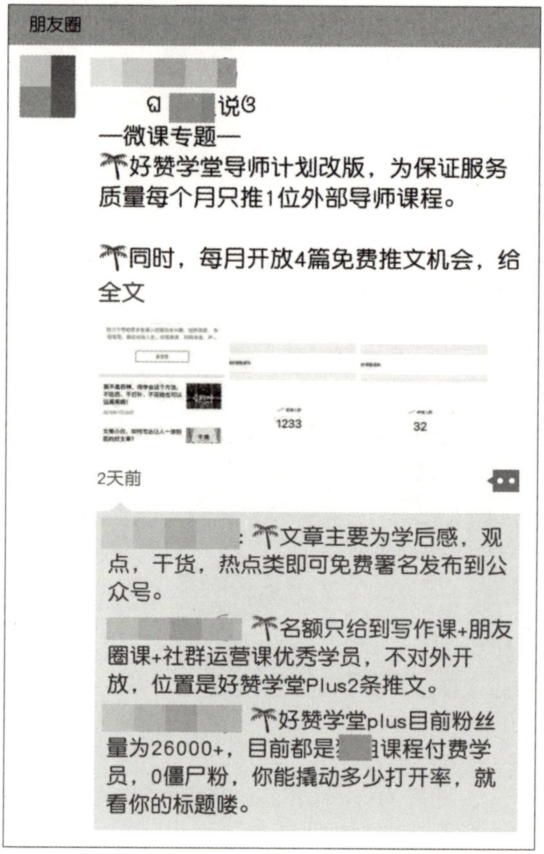
朋友圈
说
—微课专题—
好赞学堂导师计划改版，为保证服务质量每个月只推1位外部导师课程。
同时，每月开放4篇免费推文机会，给
全文
1233
32
2天前
：文章主要为学后感，观点，干货，热点类即可免费署名发布到公众号。
名额只给到写作课+朋友圈课+社群运营课优秀学员，不对外开放，位置是好赞学堂Plus2条推文。
好赞学堂plus目前粉丝量为26000+，目前都是
课程付费学员，0僵尸粉，你能撬动多少打开率，就看你的标题喽。

图 11-6　利用评论功能强调重点内容

11.2　微博文案：便捷、快速的信息分享方式

微博营销是指通过微博平台为商家和个人等创造价值而采用的一种营销方式，也是指商家或个人通过微博平台发现并满足用户各类需求的商业行为方式。微博相对于强调版面布置的博客来说，其内容由简单的语言组成，对用户的技术要求门槛很低，而且在语言组织的编辑要求上也没有博客高。

在微博平台，用户只需要用很短的一段文字就能反映自己的心情或者发布信息，这样便捷、快速的信息分享方式使得大多数企业与商家开始抢占微博营销平台，利用微博“微营销”开启网络营销市场的新天地。

11.2.1　140 字打造精华：精简内容吸引网友眼球

企业在微博上进行文案营销，最好的方法是写 140 字的文案内容，虽然企业可以发长微博，但人们不会花费太多的时间去仔细查看长篇大论的微博，因为人们对精简的

微博文案会更感兴趣一些。发 140 字微博文案需要注意如下 3 点技巧。

1. 40 字以内吸引观者注意

企业在进行文案营销时，要在 40 字以内就吸引住网民的眼球，这样才会有效果，比如很多企业或组织者在发布加盟开店的微博文案时，就会用短短的两行字，直接说明主题，将能够提供给加盟者的好处直接说出来，让有意向的人一眼就被吸引住。就算没有意向去网上开店的人，也会忍不住多留意两眼，而且很多人看到这样的文字就会很容易被吸引，所以即使开始没有意向，也会忍不住产生意向，然后咨询具体事项。

2. 疑问结尾

在微博文案的最后，可以用一个疑问句来结尾，这样就相当于抛出一个话题来供消费者讨论，引起更多人的共鸣。

3. 举办活动

提升用户体验和用户参与感是微博经营中吸引粉丝与获得粉丝好感的必然途径，而类似于转发就能抽取什么礼品这样的活动，是最能够达到低成本高成效的，微博活动能激发用户积极参与达到推广的效果。

11.2.2 热门话题：借助热搜话题进行营销

在当今信息化飞速发展的时代，无话题不营销，也就说要利用人们俗称的“炒作”，即使是有身份、有地位的大企业家也不免被拿出来博眼球、炒话题，比如小米董事长雷军。

企业家炒话题最后都会把焦点落实到产品上，比如雷军在两会上的一次自拍，各大媒体都争相报道，与此同时雷军“自拍”的那款手机也成了热门。

另外，热门话题的产生，可以是季节变化或节日的来临。有纪念意义的节日往往伴随着热门话题的产生，这样的话题传播性更广，几乎覆盖全部网民。

企业在微博热门话题中可以找到热门微博、热门话题与综合热搜榜等方面的内容，因此企业可以借助时下的热门话题来吸引人们的关注，将文案和热门话题相结合，可以有效地提高用户的关注度。

微博的“热门话题”是一个制造热点信息的地方，也是聚集网民数量最多的地方，运营者要利用好这些话题，发表自己的看法和感想，提高阅读量和浏览量。还可以利用内容连载的形式来发表话题，引起一部分人的关注。

如图 11-7 所示为“丹姿”的微博运营者根据“端午节”这一热门话题开展的品牌营销。

案例中的“丹姿”官方微博利用端午节这个纪念性节日，围绕“端午节”这个热门话题展开品牌营销，运用富有创意的文案，很好地完成了品牌的宣传。

微博正文
丹姿
6-18 11:00 来自 微博 weibo.com
+ 关注
#端午节# 打卡，滴~小长假最后一天，除了吃粽子，还要记得敷我们的黑米面膜噢
DANZ丹姿
端
转发
评论
赞
图 11-7　根据热门话题展开营销的案例

11.2.3 制造新闻：自己给自己增加曝光度

面对微博这个人流量庞大的即时性平台，企业要学会自己给自己制造新闻。虽然发布新闻的方式不多，但是新闻的内容形式却可以有很多。例如，企业年中与年底的经销座谈会；商家获得企业融资；接待社会知名人士，以及企业领导对外参加知名的活动等。

这样就能保证企业的新闻永不间断，让消费者随时都能看到企业的消息。当然，制造新闻还要讲究一定的原则，如图 11-8 所示。

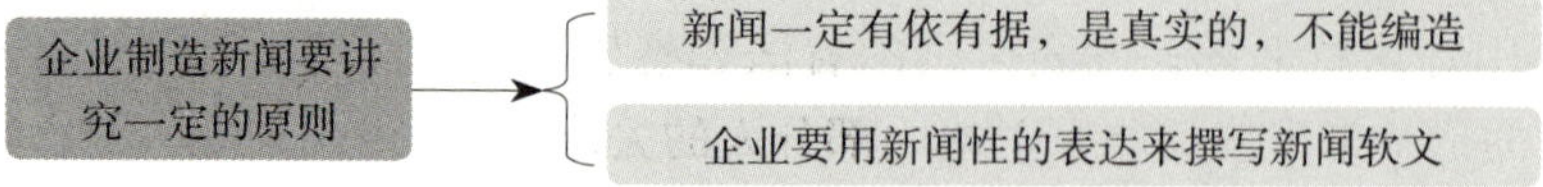
企业制造新闻要讲究一定的原则
新闻一定有依有据，是真实的，不能编造
企业要用新闻性的表达来撰写新闻软文
图 11-8　企业制造新闻要讲究一定的原则

例如，蒙牛乳业就发布了赢得世界杯营销战役的新闻，并获得世界知名人士梅西的代言，如图 11-9 所示。

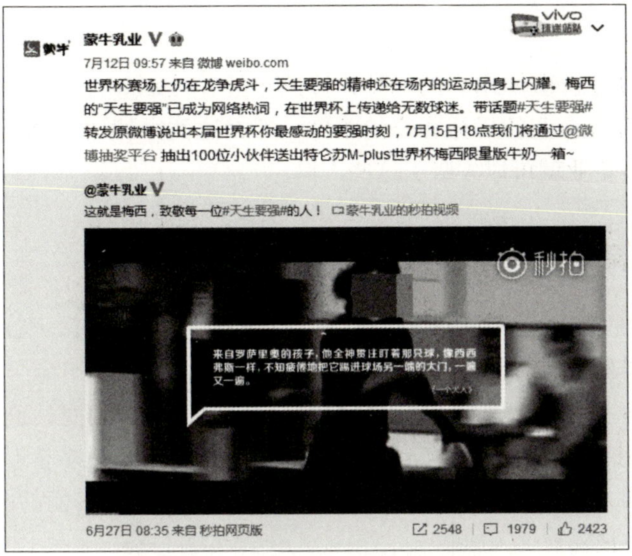
vivo 球迷站队
蒙牛乳业
7月12日 09:57 来自 微博 weibo.com
世界杯赛场上仍在龙争虎斗，天生要强的精神还在场内的运动员身上闪耀。梅西的"天生要强"已成为网络热词，在世界杯上传递给无数球迷。带话题#天生要强#转发原微博说出本届世界杯你最感动的要强时刻，7月15日18点我们将通过@微博抽奖平台 抽出100位小伙伴送出特仑苏M-plus世界杯梅西限量版牛奶一箱~
@蒙牛乳业
这就是梅西，致敬每一位#天生要强#的人！ 蒙牛乳业的秒拍视频
秒拍
来自罗萨里奥的孩子，他全神贯注盯着那只球，像西西弗斯一样，不知疲倦地把它踢进球场另一端的大门，一遍又一遍。
6月27日 08:35 来自 秒拍网页版
2548
1979
2423

图 11-9　企业制造新闻的文案案例

案例通过微博文案的形式发布企业动态新闻，让网友不至于淡忘企业品牌。企业经常制造新闻可以让大众了解企业最近的发展状况和所取得的成绩，还能保持品牌热度。

11.2.4 培养精准客户群：让微博营销更具针对性

企业在微博进行文案营销时，需要寻找需要自己的产品和服务的客户及潜在客户群，这样才能体现出文案营销针对性强的特点。那么企业如何在微博上获得精准客户呢？下面一起来了解下在微博上获得精准客户的 3 种方法，包括相关话题、微群交流和用户标签。

1. 相关话题

微博上常常会出现各种各样的话题，企业可以根据自己公司的经营定位，通过这些话题，搜索到参与该话题的人群，这样就能找到自己的精准客户群。

如果某些用户经常参与"# 带着微博去旅行 #""# 一起去看海 #""# 欢乐亲子时光 #"这样的话题进行讨论，而企业恰好又是经营旅游的，那么企业就可以通过这样的方法去寻找客户，积极参与此类话题，就会得到很多评论、点赞和转发。另外，企业也可自己创建话题，引导网友参与话题互动。

2. 微群交流

微群是一个供兴趣爱好相同的人一起交流互动的平台，企业可以在微群中建立与企业经营范围相关的话题，进入微群的用户就是企业的目标用户。

3．用户标签

企业可以通过分析微博用户的标签，按照年龄、性别等方式对他们进行归类。如果某一人群正好符合企业的目标客户的条件，那么这类微博用户就会是企业的目标客户或者潜在客户，企业就可以去吸引这些人群。

11.2.5 分享式微博：分享技巧获取关注

在微博上撰写文案，很多企业或者产品如涉及软件操作和摄影技巧方面，则非常适合用分享式文案来推广。

一般来说，分享技巧的文案好写又好用，在网络中随处可见。它内容虽少，但拥有成文迅速、使用率高、阅读量高和传播率高的优点，因此很多企业很喜欢这种类型的写作方法。例如，网上就有大量的内容是类似于“如何拍出绚丽的图片”与“巧用 5 招度过夏天”的小技巧。

这些和生活息息相关的小技巧，或者与专业知识的讲解相关的文案，往往都是经久不衰的，不管何时都会引起一部分人群的注意。所以，该类软文的转载量与传播率都是属于长期的，而在其中很好地插入一些与企业相关的信息或者产品功能，都能达到很好的营销效果。

例如，名为“智慧女人课堂”的微博运营者发布了两条微博，就采用了分享式的文案写作方法，如图 11-10 所示。

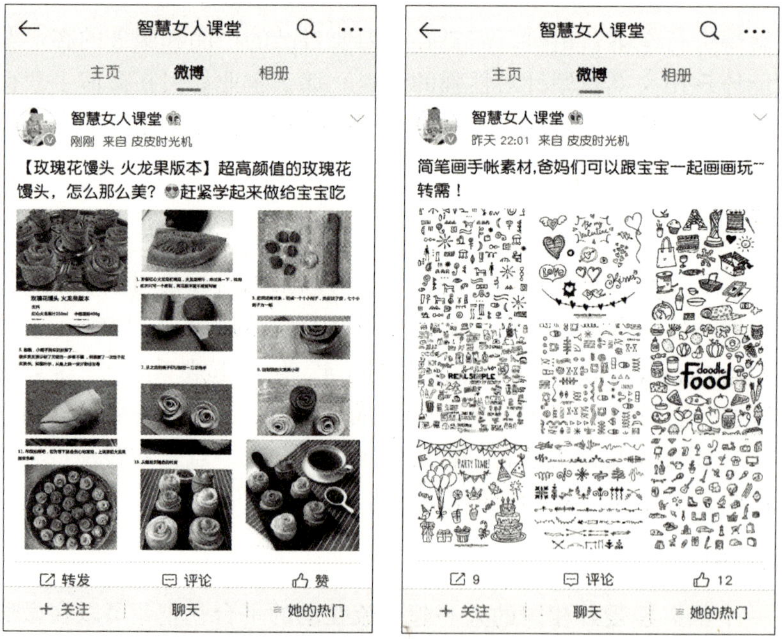

图 11-10　分享式微博文案案例

11.2.6 事件式微博：赚取眼球引发议论

事件式微博文案是以某个热点事件为基础来创作的。也就是说，抓住热点事件进行创作，包括对事件的拓展、加工和深入分析，在其中很好地融入自己的品牌或产品。

当然，这些热点事件一般具有很强的新闻特点，在事件发生之后的短时间内会引发大量的关注，对需要做软文推广的企业来说，事件发生后的这段时间会是一个机会，可以借助事件迅速提高曝光率、扩大知名度，如图 11-11 所示。

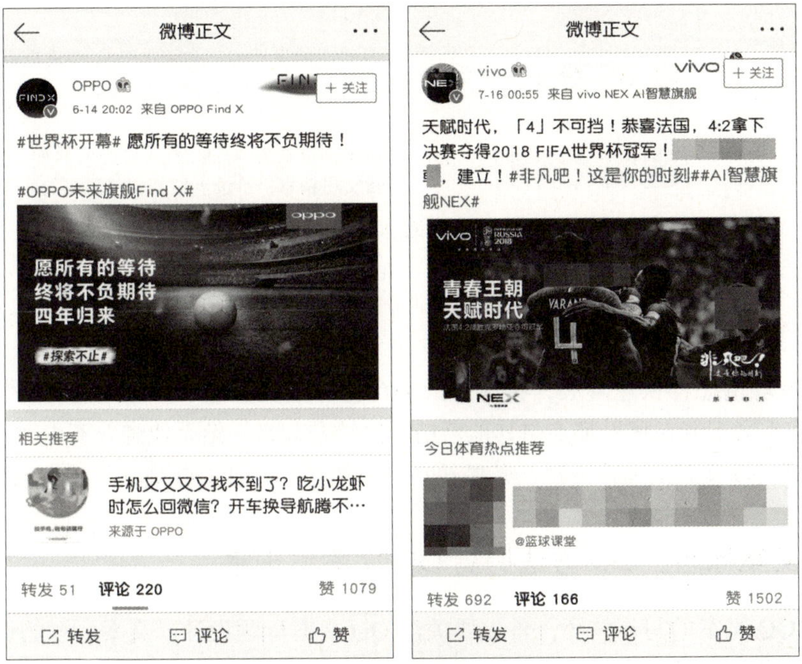

图 11-11　事件式微博文案案例

事件式微博文案中的“事件”更多的是网络自发的，而不是企业刻意为之的。这些事件具有很强的随机性，也具有很强的时效性，而依托于此的事件类文案撰写者，就需要一定的敏锐眼光。另外，企业在撰写事件式文案时，一定要把握时机对品牌进行营销，因为时间一过就没什么效果了。

11.2.7 创意式微博：既出人意料又合乎情理

创意式微博文案，顾名思义，就是文案的内容要出人意料且合乎情理。创意式微博文案往往能引发转载浪潮，一个好的创意能让人赞叹，打消人们对文案广告的抵触心理。

其实微博文案的撰写涉及创意性，不管是 140 字的微博文案，还是图文并茂的头条文章，抑或是微博活动，都需要创意的存在，而创意是需要商家花足够的时间巧妙地构思的。

届时，商家应该尽量让微博文案营销的博文给用户带来既有趣、好玩，又有利可图的感觉。商家最好还要促使用户产生互动评论及转发，那样能增加与用户的黏度和互动性。

创意式微博文案写作可以从 3 个方面着手，如图 11-12 所示。

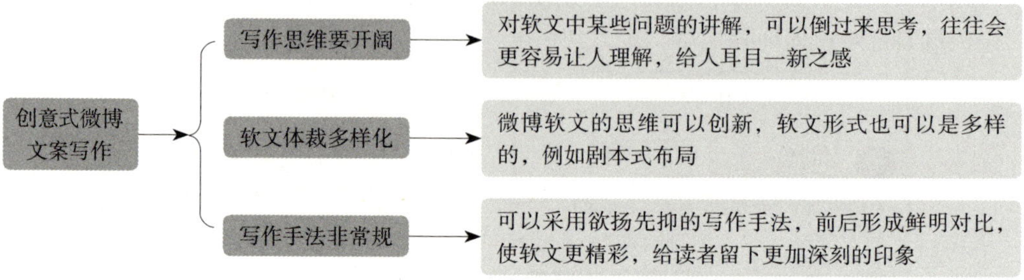
创意式微博文案写作
写作思维要开阔
对软文中某些问题的讲解，可以倒过来思考，往往会更容易让人理解，给人耳目一新之感
软文体裁多样化
微博软文的思维可以创新，软文形式也可以是多样的，例如剧本式布局
写作手法非常规
可以采用欲扬先抑的写作手法，前后形成鲜明对比，使软文更精彩，给读者留下更加深刻的印象
图 11-12　创意式微博文案写作

11.3 QQ 文案：充分利用亿级平台扩大影响

不管互联网怎样快速发展，企业营销平台怎样繁多，都不会让人们将 QQ 文案给替换掉，QQ 文案不管在哪里都能与其他营销手段结合起来，给企业赚取不少财富。因此本节主要讲述 QQ 文案的写作方法、营销技巧和营销平台，让 QQ 文案发挥它独特的作用。

11.3.1 文案标题：4 种方法提高 QQ 文案点击量

对于 QQ 文案的写作技巧，首先要关注 QQ 文案标题设计。文案标题的作用主要有呼应正文和画龙点睛。下面主要介绍标题写作的 4 种方法，如图 11-13 所示。

企业在撰写 QQ 文案标题时，可以围绕人们想要的东西，展开设定。思考文案的受众需要什么，给他们看他们想看的。只有这样，文案营销才会无往不利。

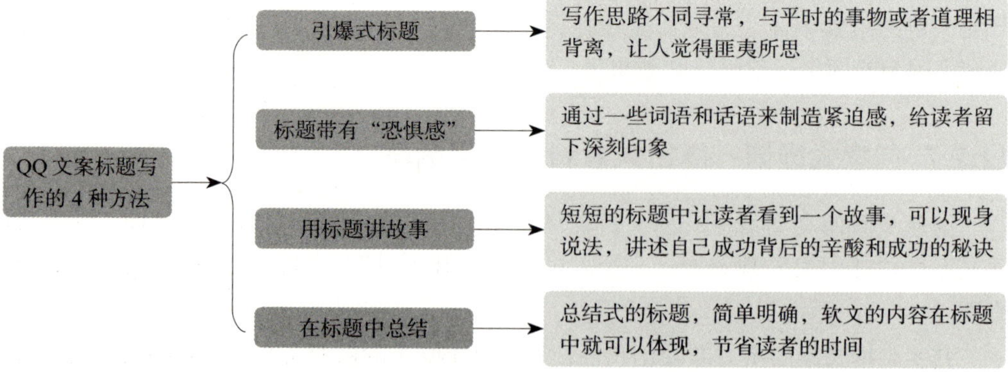
QQ 文案标题写作的 4 种方法
引爆式标题
写作思路不同寻常，与平时的事物或者道理相背离，让人觉得匪夷所思
标题带有“恐惧感”
通过一些词语和话语来制造紧迫感，给读者留下深刻印象
用标题讲故事
短短的标题中让读者看到一个故事，可以现身说法，讲述自己成功背后的辛酸和成功的秘诀
在标题中总结
总结式的标题，简单明确，软文的内容在标题中就可以体现，节省读者的时间
图 11-13　QQ 文案标题写作的 4 种方法

11.3.2 内容创作：3 种 QQ 文案写作技巧

当人们掌握了越来越多的 QQ 文案写作技巧之后，有时候也需要问一下自己：这样做的理由是什么？下面就来看看文案写作中常用到的一些实用性技巧，如图 11-14 所示。

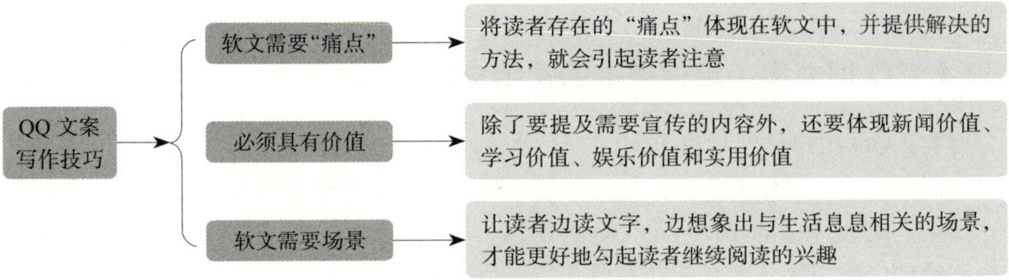
QQ 文案写作技巧
软文需要“痛点”
将读者存在的“痛点”体现在软文中，并提供解决的方法，就会引起读者注意
必须具有价值
除了要提及需要宣传的内容外，还要体现新闻价值、学习价值、娱乐价值和实用价值
软文需要场景
让读者边读文字，边想象出与生活息息相关的场景，才能更好地勾起读者继续阅读的兴趣

图 11-14　QQ 文案写作技巧

11.3.3 病毒式营销：好文案引发转载浪潮

病毒式营销具有超强的传播能力。在 QQ 这个用户数量众多的平台，病毒式营销最好的阵地就是传播信息速度极快的 QQ 空间。

在 QQ 空间，一条有创意的精彩说说和日志，往往能获得极高的转发率。而且通过转发到好友空间影响好友的好友，一传十，十传百，扩散程度就会呈几何倍数放大。

即使每天写不出有价值的文案，商家也可以去网站找一些有价值的文案复制在 QQ 的日志里。在日志的最后加上文案的链接，然后去发帖，留下自己的 QQ，这样才会每天都有人来加。

例如，发布在 QQ 空间的一篇名为《分享只为铭记、青春尽在 QQ 空间》的日志，利用情怀与饱含情感的文字，获得了巨量的转载和点赞，很好地完成了对产品的宣传，如图 11-15 所示。

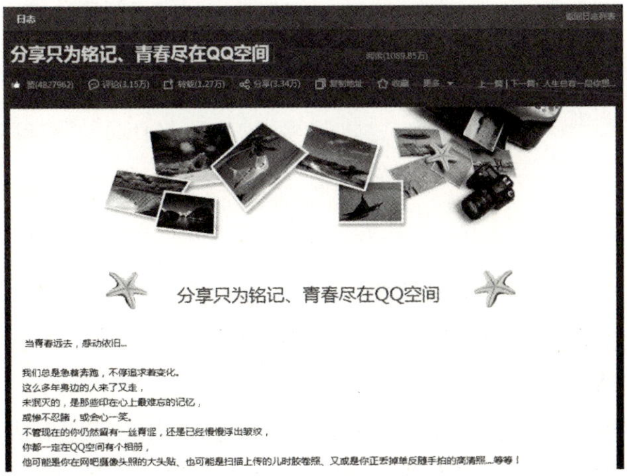
日志
分享只为铭记、青春尽在QQ空间
分享只为铭记、青春尽在QQ空间
当青春远去，感动依旧...
我们总是急着奔跑，不停追求着变化。
这么多年身边的人来了又走，
未泯灭的，是那些印在心上最难忘的记忆，
或惨不忍睹，或会心一笑。
不管现在的你仍然留有一丝青涩，还是已经慢慢浮出皱纹，
你都一定在QQ空间有个相册，
他可能是你在网吧摄像头照的大头贴、也可能是扫描上传的儿时胶卷照、又或是你正丢掉单反随手拍的高清照...等等！

图 11-15　病毒式营销文案案例

案例用很真挚的感情讲述了作者与 QQ 空间之间的故事，赢得了同样使用 QQ 空间的读者的共鸣；也讲述了 QQ 空间的发展历程，从十多人的小团队发展到现在几百人的大团体，为 QQ 空间进行了很好的宣传。这篇日志被大量的用户转载，形成了病毒式的宣传，达到了营销的目的。

11.3.4 QQ 群文案：定位精准的营销市场

目前，QQ 用户已经超过了 10 亿人，同时在线人数更是超过 1.9 亿人，可谓当之无愧的互联网霸主。腾讯 QQ 推出的 QQ 群，是通过关键词来聚集有共同需求和爱好的用户，供他们聊天讨论的场所。而 QQ 群的这一特效，吸引了企业的注意，利用腾讯 QQ 进行营销推广成为运营者常用的手段。

QQ 群在推广营销中的地位就像是一个大市场，并且卖主和买主之间可以互换，彼此之间互相推销又互相照顾，因为很多群里的用户都在推销自己，不会一打广告就被拉黑。QQ 群是一个非常具有包容性的地方。

但是，想要利用 QQ 群推广做长期营销，就需要掌握 QQ 群文案营销的技巧，撰写适当的文案。QQ 群营销到底应该如何操作才能获得成功呢？

1. 加 QQ 群注意事项

建立一个 QQ 群是需要非常丰厚的人脉的，若把 QQ 比作一个单位集团，则 QQ 好友在 100 人以下的只能称作小作坊，好友在 500 人以上的才能算上市公司，好友在 1 000 人以上的才能称为集团公司，QQ 群就是集团附属的子公司。一般人从其拥有的 QQ 好友数来看只够凑合当个小作坊老板，但是小作坊老板可以主动寻求和大企业老板合作，站在巨人的肩膀上进入市场，这就需要加入别人的 QQ 群。下面对加入其他 QQ 群需要注意的细节进行分析，如图 11-16 所示。

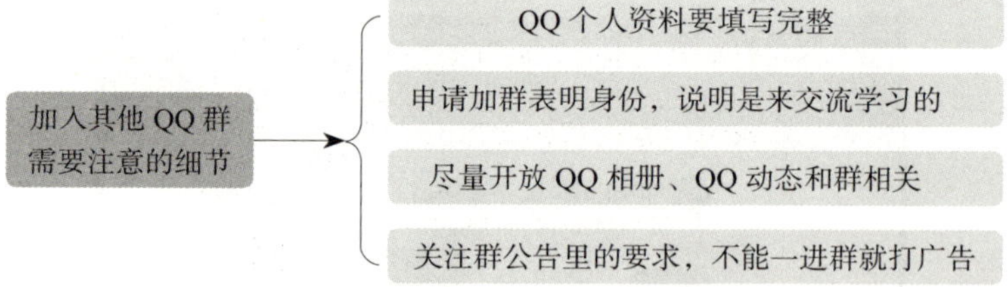
加入其他 QQ 群需要注意的细节
QQ 个人资料要填写完整
申请加群表明身份，说明是来交流学习的
尽量开放 QQ 相册、QQ 动态和群相关
关注群公告里的要求，不能一进群就打广告

图 11-16　加入其他 QQ 群需要注意的细节

申请加群前要记得对这个群的情况做一些了解，有一些群虽然人数很多，但可能是“僵尸群”，完全没有加入的必要，所以在选择群的时候除了要看群成员数，还要看群成员的在线率和活跃度。

成功加入 QQ 群之后，也不要迫不及待地打广告或者和其他群成员攀关系，先静观其变，找到适当的时机和适当的话题再表现自己也不迟，不懂规矩就很容易被踢出群。

进入 QQ 群之后，想要更懂群里的规则，就多去看看群公告和群主要求，明白哪些规则是不能违反的，避免一时不注意给自己和别人造成麻烦。

2．确定目标客户所在群

在传统的市场营销中存在着一个很难解决的问题，即需要精准定位目标受众，以此来做营销计划。因此，针对网络营销的营销人员在加群以前，需要明晰企业产品的目标受众，以及目标受众的兴趣爱好和关注点等，从而有针对性地加群，进行 QQ 群营销。

最简单的举例，做孕妇服装的运营者，其目标受众很明显，就是备孕或者怀孕阶段的年轻准妈妈。因此，运营者需要加入的QQ群主要就是以怀孕交流为主题的QQ群，包括孕期瑜伽和婴儿奶粉等。加入这些 QQ 群后，运营者便可以在其中进行更加精准的文案营销，同时文案的阅读量也会比其他 QQ 群更高。

精准定位目标受众，从传统市场营销到新时代网络营销，都是营销人员所必须面对的一个难点。但只有有了精准的定位，营销才有方向。没有方向的营销就像无头苍蝇一样，只能徒费力气而没有任何成果。

3．通过互动进行推广

在现在的生活中，人们都很反感营销与广告，所以，营销人员在加入 QQ 群以后，一定不要直接打广告，否则很可能被直接踢出去。如果条件允许，在加入 QQ 群以后，应该通过问好、打招呼、自我介绍等混个脸熟，等到两三天以后，再开始不露痕迹地进行营销。

营销人员在 QQ 群里进行营销时，手边需要准备好一个 TXT 文档，其中应该包含以下词条：

- “大家都是 ×××× 行业的吗？”
- “我遇到了这样的问题，大家都有这样的烦恼吗？”
- “朋友给我推荐了 ×××× 产品，大家用过吗？有效果吗？”

营销人员需要随时准备在群里发送词条，引起群友的讨论，并参与进去，与用户进行探讨，等等。营销人员整理好相关营销词条以后，可以随时准备在群里发送，但是在发送信息时需要注意节奏的把握，不能显得太过急躁，否则容易被群成员看穿广告意图，因而适得其反。

在发出一句话以后，需要留出时间，供群友进行讨论与反馈，再根据实际情况，进行下一步。

正因为大家对于广告的反感，所以在 QQ 群里进行营销时，必须要用到的就是文案。但 QQ 群是用来聊天讨论的场所，所以长篇大论是禁忌。运营者的 QQ 群营销文案篇幅最好不要超过 50 字。通过精炼语言，用最简单的话，来表达想要表达的东西。

4．结合其他手段精准营销

在经过有创意的策划，撰写了精彩的文案以后，运营者往往会发现，QQ 营销最大的难点在于，群消息流动太快，文案容易被覆盖。想要达到好的营销效果，就需要让营销文案被更多人看见，而如果在群里频繁发送文案广告，则很容易被踢出群。

因此，QQ 群营销的效果有时候是很有限的，运营者想要获得更好的营销成果，可以采用与其他营销手段结合的方式。

11.3.5 QQ 邮件文案：实惠有效的营销手段

有些企业为了求得生存，为了避开广告营销的停止投入就停止广告收益的弊端，开始寻找更好的营销方式，寻求能够做到一劳永逸的营销手段。于是有效且实惠的 QQ 邮件文案营销手段应运而生。

下面来看看进行 QQ 邮件文案营销的几个要点，如图 11-17 所示。

运营者发送的邮件，一定要有价值，让用户阅读之后不会后悔，所以标题、段首和正文中的内容都要再三斟酌，这样做的效果还是很明显的。有价值的邮件用户也喜欢看，而且还有二次传播的可能性。

在撰写邮件文案和进行邮件营销时，要注意总结经验，不断完善和修改调整邮件营销的策略，才能够将邮件营销越做越好。

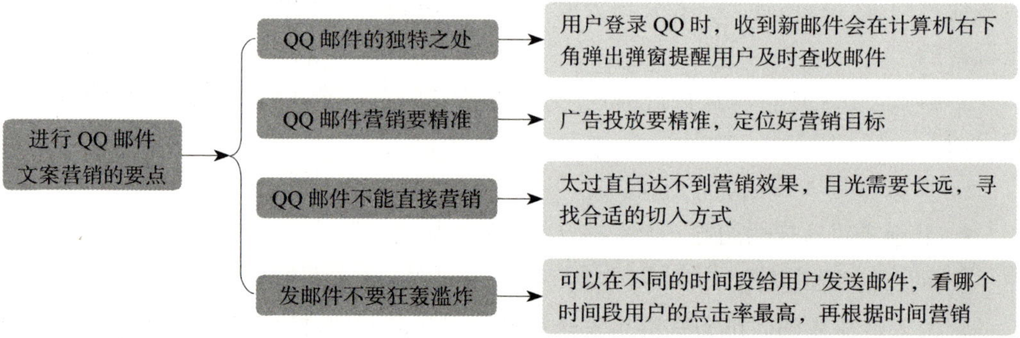

进行 QQ 邮件文案营销的要点
QQ 邮件的独特之处
用户登录 QQ 时，收到新邮件会在计算机右下角弹出弹窗提醒用户及时查收邮件
QQ 邮件营销要精准
广告投放要精准，定位好营销目标
QQ 邮件不能直接营销
太过直白达不到营销效果，目光需要长远，寻找合适的切入方式
发邮件不要狂轰滥炸
可以在不同的时间段给用户发送邮件，看哪个时间段用户的点击率最高，再根据时间营销

图 11-17　进行 QQ 邮件文案营销的要点

11.3.6 QQ 空间文案：通过转载获取关注

QQ 空间是 QQ 文案营销另一个非常重要的阵地，特别是百度对某些文案进行屏蔽时，通过 QQ 空间来进行文案营销的作用就显得更大了。

1．推广优势

QQ 空间功能的完整性奠定了在 QQ 空间运营自媒体的优势基础，了解这些功能主要运用在什么方面，就能顺藤摸瓜获取好友来源。

2. 创作建议

QQ 空间说说和日志一直是空间转载的热点，下面提 5 点创作建议，如图 11-18 所示。

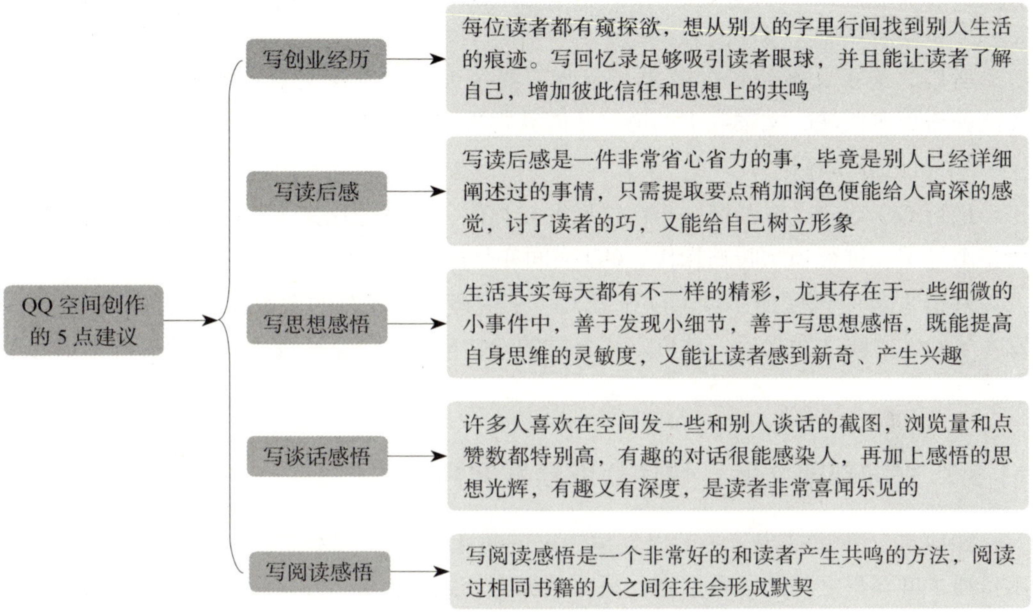

QQ 空间创作的 5 点建议
写创业经历
每位读者都有窥探欲，想从别人的字里行间找到别人生活的痕迹。写回忆录足够吸引读者眼球，并且能让读者了解自己，增加彼此信任和思想上的共鸣
写读后感
写读后感是一件非常省心省力的事，毕竟是别人已经详细阐述过的事情，只需提取要点稍加润色便能给人高深的感觉，讨了读者的巧，又能给自己树立形象
写思想感悟
生活其实每天都有不一样的精彩，尤其存在于一些细微的小事件中，善于发现小细节，善于写思想感悟，既能提高自身思维的灵敏度，又能让读者感到新奇、产生兴趣
写谈话感悟
许多人喜欢在空间发一些和别人谈话的截图，浏览量和点赞数都特别高，有趣的对话很能感染人，再加上感悟的思想光辉，有趣又有深度，是读者非常喜闻乐见的
写阅读感悟
写阅读感悟是一个非常好的和读者产生共鸣的方法，阅读过相同书籍的人之间往往会形成默契

图 11-18　QQ 空间创作的 5 点建议

QQ 空间的经营最好偏向生活化，这是 QQ 空间一直以来的特色和优势，编写 QQ 空间文章内容最好抓住人情味和美好回忆这两点。

3. 营销技巧

企业做 QQ 空间文案营销，其实就相当于在打造一个自媒体，每天都分享自己的原创文章，并且内容还要有可取之处。下面一起来看看进行 QQ 空间文案营销时常用的一些小技巧。

1）内容提供价值

做 QQ 空间文案营销时，每天上午 10 点到下午 2 点左右是最好的时间，将文案发布到 QQ 空间日志或说说里面，而且要经过多次检查和修改。

文章的内容最好是有价值的，不论是娱乐价值还是行业价值，只要有价值就行。另外，每篇文章的底部都加上 SEO 诊断业务的链接，不过这不是重点，如果用户点击了链接自然最好。

如果用户阅读之后不点击链接也不要失望，只要阅读了，就会有一些效果，而且很多用户一般会在文章后面给予一些评论。

2）每天多次发送

有些运营者每次写完文案日志直接发布后就不管了，没有什么后续的工作，这是非常不好的习惯。大多数用户的 QQ 使用了许多年，其好友列表中有同学、同事以及其他志同道合的朋友。因此 QQ 空间的信息量也是巨大的，企业的文案可能很快就沉没在空间海量动态当中。

所以，为了文案营销的效果，企业需要每天多次发送文案，增加文章的曝光率，才能获得更多关注，文案底下的链接才能获得更多的点击。

3）自己分享评论

进行 QQ 空间文案营销，与在论坛发帖类似，进行论坛文案营销时需要营销人员注册多个马甲，进行顶贴暖贴操作，QQ 空间亦是如此。

营销人员应该注册多个 QQ 账号，一来规避 QQ 好友的人数上限设置。二来，在发布了 QQ 空间文案之后，就可以用自己的 QQ 来进行分享和评论，从而提高文案的曝光率。

11.3.7 兴趣部落文案：快速获取精准客户

2014 年，腾讯推出了一款以兴趣为定位的社区平台，这就是“兴趣部落”。兴趣部落打通了群与群之间的联系壁垒，只要是拥有相同 QQ 群兴趣标签的 QQ 群，都可以通过 QQ 部落相联结，对于单个的 QQ 用户个体，其既可以在“兴趣部落”的部落里和同兴趣的人进行交流，还可以加入部落下相联结的 QQ 群进行群聊天。

下面以“军事迷”QQ 部落为例，展示部落主页与相关群入口，如图 11-19 所示；以及相关群的主界面，如图 11-20 所示。

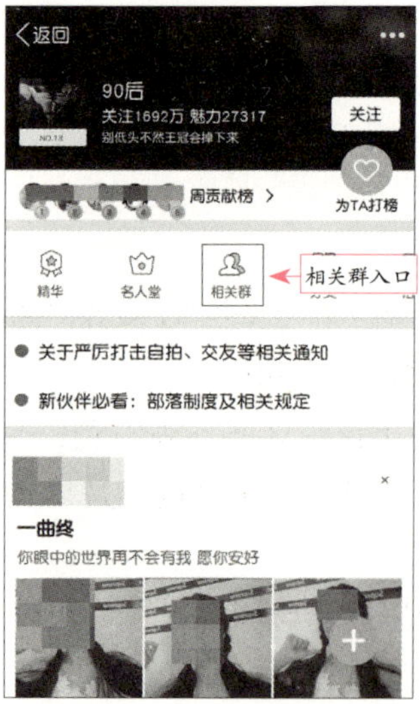

图 11-19 部落主页与相关群入口

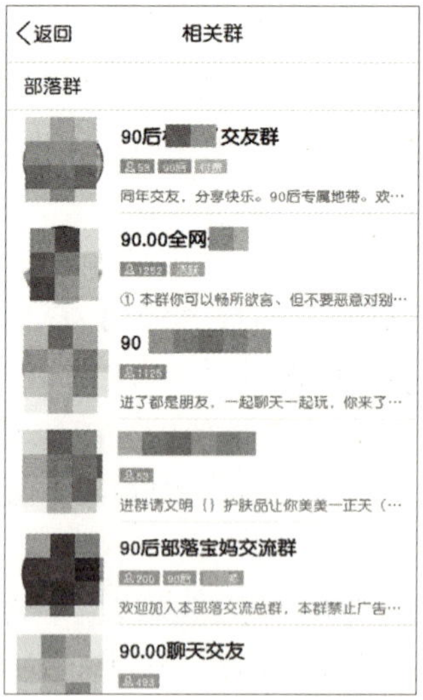

图 11-20 相关群的主界面

QQ 兴趣部落有很多板块，其中有包括明星、游戏和影视娱乐在内的 12 个大板块，每个大板块下面有很多相关的小板块，如图 11-21 所示。

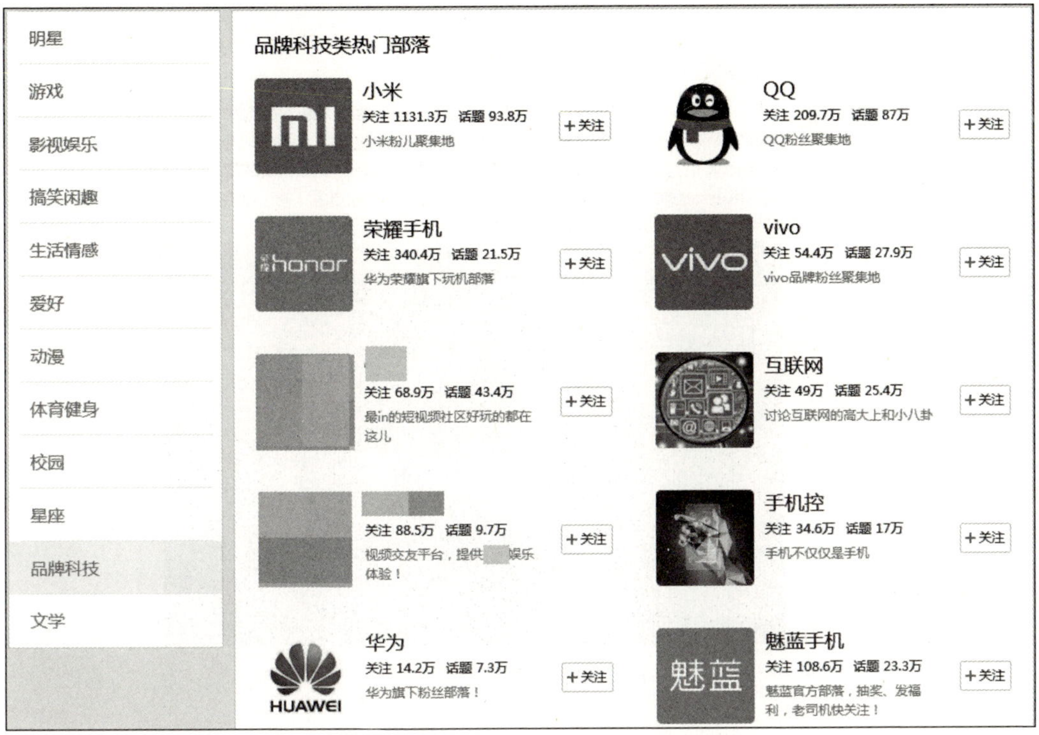

图 11-21 QQ 兴趣部落板块展示

精准营销是每个运营者都应思考的事情，把对的产品推送给需要的人，做到精准营销，能最大限度地提高营销成功率。

在前面讲过，通过 QQ 群文案可以做到精准营销，通过 QQ 邮件文案也可以做到，但是对 QQ 兴趣部落来说，这两者是存在一定局限的。

可以发现，在这三者之间，有这么一层关系：通过 QQ 兴趣部落可以找到精准的 QQ 群；通过 QQ 群，可以找到精准的 QQ 号码，也就意味着精准的 QQ 邮件地址。之后就有了精准的 QQ 邮件文案发送。

通过这层关系，可以看到 QQ 兴趣部落这个平台对于 QQ 文案营销的重要性。但要知道，在 QQ 兴趣部落找 QQ 群，只是其中很小的一部分功能罢了，运营者可以通过直接在兴趣部落里发布文案进行文案营销，能省去很多程序，也因平台中有大量的活跃用户，可以让产品得到很大的关注度。

例如，一个名为“光阴逆流”的运营者，在品牌科技部落发布了一篇文案，为 vivo 新机做宣传，如图 11-22 所示。

vivo新机逆天！有骁龙845，跟10G运存，还有屏下指纹

7-27 15:31 查看 8455 回复 106

光阴逆流

自从6月12日vivo发布vivo NEX年度旗舰以来，真全面屏带来的视觉冲击力和升降摄像头带来的惊艳震撼了每一个人，能够与之相提并论的恐怕只有OPPO的FInd X了。这一次，OV两兄弟一齐发力，彻底改变了手机市场的格局，引领手机设计的新潮流，同时也对竞争对手提出了更高的要求，对于OV主要的竞争对手小米来说，唯有尚未发布的小米MIX3还有希望与之一战。

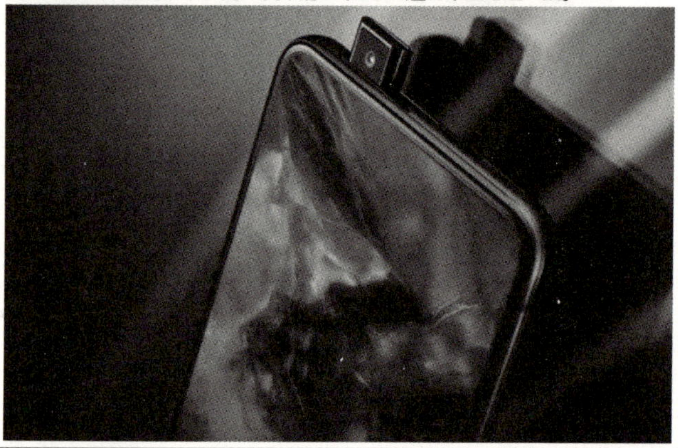

图 11-22 QQ 兴趣部落文案营销

第 12 章 资讯平台：百度和各大 APP 文案速成秘籍

学前提示

随着移动互联网的不断发展，各大 APP 的用户也越来越多，这些资讯平台为文案提供了很好的宣传场所，百度作为其中最大的资讯平台是发布文案的不二之地。不同的资讯平台有不同的文案写作推广方式，学完本章对这些平台都会有一定了解。

要点展示

- 百度文案：让营销更有效率
- APP 文案：提高用户覆盖率

详情
孩子一岁多了，正是家庭教育矛盾频发的育儿阶段，我收到了60分妈妈月华的新作《别等孩子长大了，才后悔你现在做的太多》，正是这本书，让我和老公的这场育儿理念争论大战终于和平解决。
别等孩子长大了
才后悔
你现在做得太多
60分妈妈月华 著

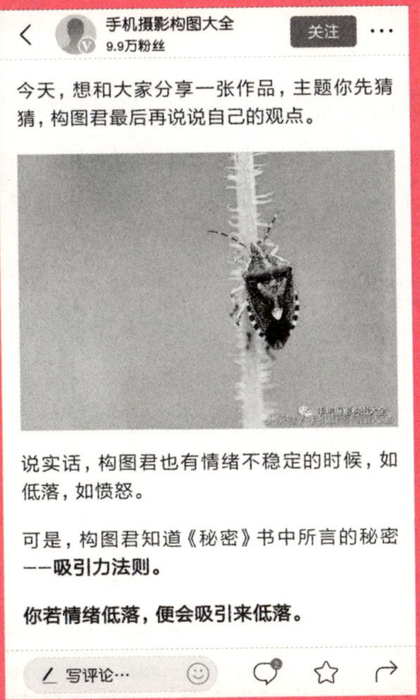
手机摄影构图大全
9.9万粉丝
关注
今天，想和大家分享一张作品，主题你先猜猜，构图君最后再说说自己的观点。
说实话，构图君也有情绪不稳定的时候，如低落，如愤怒。
可是，构图君知道《秘密》书中所言的秘密——吸引力法则。
你若情绪低落，便会吸引来低落。
写评论…

0跟贴
龙的传人足球赛开赛倒计时！
小球星大集合！
APP全程提供赛事数据支持！
+订阅
青少年足球邀请赛
龙的传人
抢沙发

12.1　百度文案：让营销更有效率

百度是由每天 2.5 亿次访问构筑起来的商务交易平台，每天有超过 6 000 万人次访问百度或查询信息，是网民最常使用和使用量最大的中文搜索引擎。企业想要通过文案营销拓展新客户，提升网站传播度，提升企业品牌的影响力，让产品营销更加有效率，可以尝试百度这一重要平台。本节将介绍百度文案的相关内容。

12.1.1　百度百科：提高产品的权威性

百度百科是向所有人开放的一个免费获取知识的大平台，其具有偌大的知识库，里面的文档成千上万，都是网友的知识结晶。它是一个内容开放、自由的网络百科全书平台，可以满足大部分网民迅速获取知识的需求，为网民提供权威、可信的知识。

那么，企业该如何利用百度百科进行文案营销呢？其实很简单，企业可以通过百度百科介绍企业品牌、产品等信息，让广告打得理所当然。

企业在百度百科上放置企业信息，既可以树立企业相关信息的公共形象，也可以增加传播机会，并且只要企业内容没有更新，就无须打理百度百科内发布的文章，只要等着文案自己被消费者搜索即可。

例如，百雀羚就通过百度百科收录的方式，进行了产品品牌和信息的宣传，如图 12-1 所示。

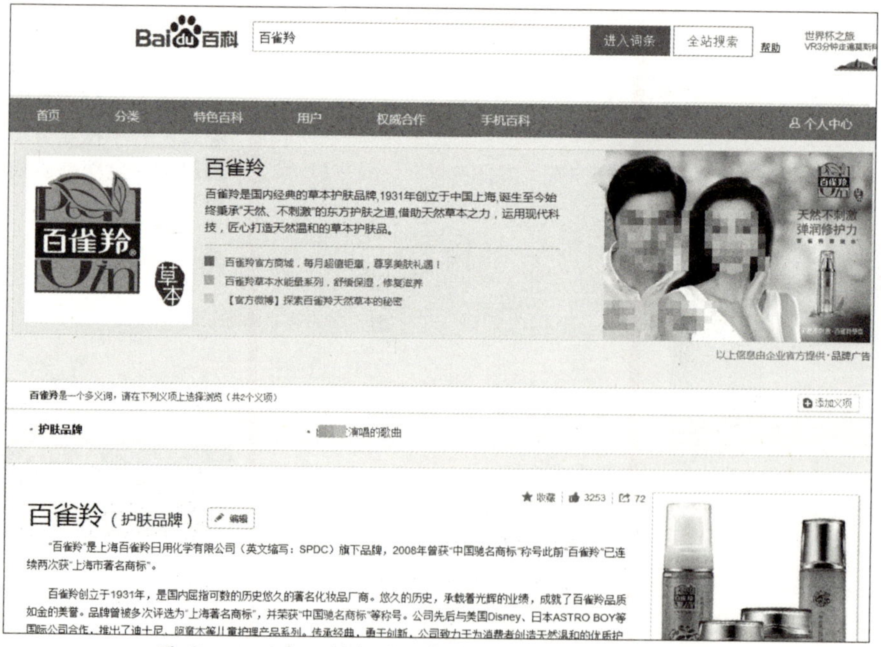

Bai du 百科
百雀羚
进入词条
全站搜索
帮助
世界杯之旅
首页
分类
特色百科
用户
权威合作
手机百科
个人中心
百雀羚
百雀羚是国内经典的草本护肤品牌,1931年创立于中国上海,诞生至今始终秉承"天然、不刺激"的东方护肤之道,借助天然草本之力，运用现代科技，匠心打造天然温和的草本护肤品。
百雀羚官方商城，每月超值钜惠，尊享美肤礼遇！
百雀羚草本水能量系列，舒缓保湿，修复滋养
【官方微博】探索百雀羚天然草本的秘密
百雀羚
草本
天然不刺激
弹润修护力
以上信息由企业官方提供·品牌广告
百雀羚是一个多义词，请在下列义项上选择浏览（共2个义项）
添加义项
· 护肤品牌
· 演唱的歌曲
收藏
3253
72
百雀羚（护肤品牌）
编辑
"百雀羚"是上海百雀羚日用化学有限公司（英文缩写：SPDC）旗下品牌，2008年曾获"中国驰名商标"称号此前"百雀羚"已连续两次获"上海市著名商标"。
百雀羚创立于1931年，是国内屈指可数的历史悠久的著名化妆品厂商。悠久的历史，承载着光辉的业绩，成就了百雀羚品质如金的美誉。品牌曾被多次评选为"上海著名商标"，并荣获"中国驰名商标"等称号。公司先后与美国Disney、日本ASTRO BOY等国际公司合作，推出了迪士尼、阿童木等儿童护理产品系列。传承经典，勇于创新，公司致力于为消费者创造天然温和的优质护

图 12-1　百度百科上"百雀羚"品牌的软文部分内容

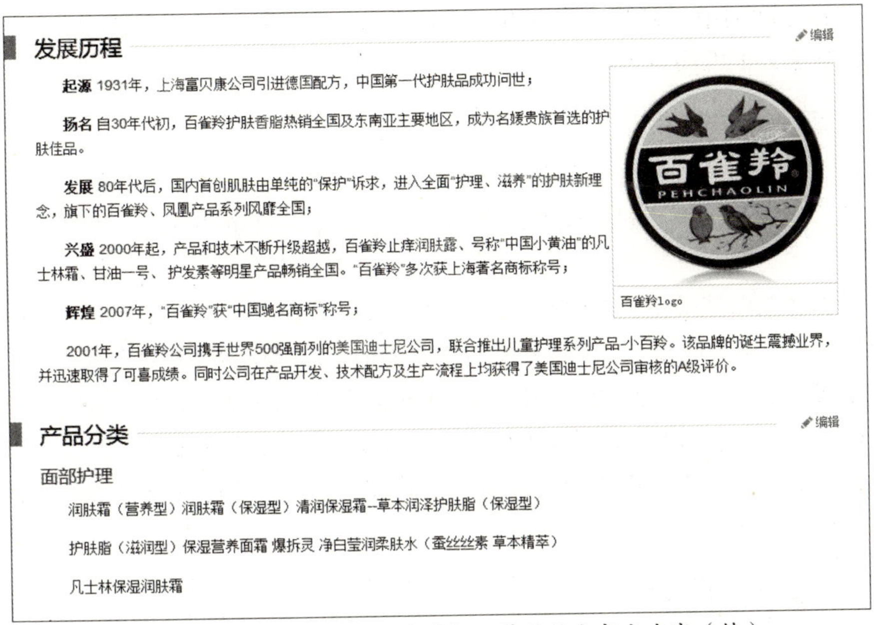

发展历程

起源 1931年，上海富贝康公司引进德国配方，中国第一代护肤品成功问世；

扬名 自30年代初，百雀羚护肤香脂热销全国及东南亚主要地区，成为名媛贵族首选的护肤佳品。

发展 80年代后，国内首创肌肤由单纯的"保护"诉求，进入全面"护理、滋养"的护肤新理念，旗下的百雀羚、凤凰产品系列风靡全国；

兴盛 2000年起，产品和技术不断升级超越，百雀羚止痒润肤露、号称"中国小黄油"的凡士林霜、甘油一号、护发素等明星产品畅销全国。"百雀羚"多次获上海著名商标称号；

辉煌 2007年，"百雀羚"获"中国驰名商标"称号；

2001年，百雀羚公司携手世界500强前列的美国迪士尼公司，联合推出儿童护理系列产品-小百羚。该品牌的诞生震撼业界，并迅速取得了可喜成绩。同时公司在产品开发、技术配方及生产流程上均获得了美国迪士尼公司审核的A级评价。

百雀羚logo

产品分类

面部护理

润肤霜（营养型）润肤霜（保湿型）清润保湿霜--草本润泽护肤脂（保湿型）

护肤脂（滋润型）保湿营养面霜 爆拆灵 净白莹润柔肤水（蚕丝丝素 草本精萃）

凡士林保湿润肤霜

图 12-1 百度百科上“百雀羚”品牌的软文部分内容（续）

本案例的百雀羚品牌在百度百科上的描述，从发展历程到产品分类、复兴之路、获得荣誉等做了系统的诠释和讲解，而且通过百度引擎搜索的用户很多，拥有很大的曝光率，所以很好地完成了对产品信息与品牌的宣传。

截至现在，通过百度百科进行信息搜索的浏览量最多的就是“百度百科”这个词汇，百雀羚的搜索浏览量也很多，由此可见，百度百科对产品品牌的宣传有多大的作用。

12.1.2 百度贴吧：让帖子快速火起来

百度贴吧是人们空闲时喜欢聚集的地方，人气与微博、微信相比都差不多，很多运营者将目光放在了百度贴吧上，在与网民互动、交友的过程中达到新媒体文案推广的效果，可谓在快乐中推广，并且还可以提升品牌口碑、美誉度、用户数量。

虽然百度贴吧里设有广告发布专用贴，可以直接发布广告内容，不过这种帖子的存活时间不长，一般只有两周的时间，对推广的效果并不大。所以，运营者还是需要将目光放到文案上，付出才能有好的回报。

下面就来学习让文案在百度贴吧上成为热帖的三种方法。

1. 标题吸引眼球

如今的互联网已经是一个海量知识宝库，里面的文字数不胜数，而大部分人逛贴吧是为了放松心情，绝不可能花费大量的时间，将帖子全都看个遍，那是不现实的。

人们在互联网中，喜欢狩猎新奇度比较高的文章，只有足够有魅力、吸引眼球的标题才能换来人们的高点击率。

2. 合理分布关键词

创作者在进行新媒体文案的创作时，总是被来之不易的创作灵感给蒙蔽了所有思维，导致一心围绕着灵感进行文案的撰写，而忘记了一件重要的事，即在文案中放置关键词。

若创作者忽略了关键词的密度分布，文案写得再好，也没有几个关键词能被搜索引擎快速收录，就算收录了，排列位置也不会靠前，这就使得文案具有局限性。

发帖者不能只守着论坛里面的网民，应该扩大网民的阅读人数，可以利用搜索引擎来实现，只要关键词被搜索引擎抓取，网民阅读人数就会越来越多。

一篇好的软文，不是用华丽的辞藻堆积而成的，而是关键词贯穿于整篇软文，却不让网民在阅读时很明显地发现。

3. 用“自回”制造人气

在百度贴吧里的帖子很容易“沉”下去，就是因为没有人顶，没有人看，或者出现高点击低回复的情况，这样的帖子是没有多大用处的。

所以运营者要学会跟“自回”，利用自己其他的账号和不同 IP 地址，对自己已经发出去的帖子进行回复、评论。其实道理很简单，因为不管是谁，都喜欢去热闹的地方，冷清和没人气的地方，几乎是不会引起人们的注意的。届时运营者就得自己制造人气，而在百度贴吧里的人气火爆程度，就是看这个帖子回复数量的多少。

例如，这里就有一篇发布在百度贴吧“单反吧”的文案，就是在开始的时候通过“自回”的方式点燃网友的热情的，如图 12-2 所示。

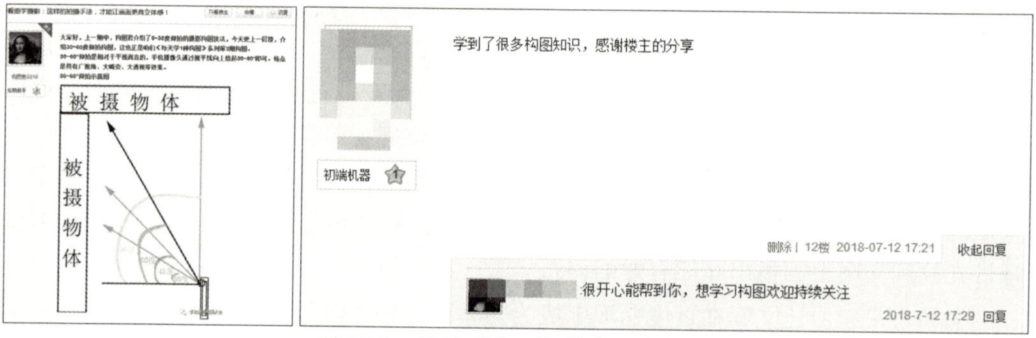
被摄物体
被摄物体
学到了很多构图知识，感谢楼主的分享
初端机器
删除 | 12楼 2018-07-12 17:21
收起回复
很开心能帮到你，想学习构图欢迎持续关注
2018-7-12 17:29 回复

图 12-2 通过“自回”引导网友评论

12.1.3 百度知道：答疑解惑推出产品

百度知道是一个基于搜索的互动式知识问答分享平台，用户可以有针对性地提出问题，通过积分奖励机制发动其他用户来帮忙解决问题。百度知道对企业来说有如下 3 点作用。

（1）百度知道的数据可以反映到搜索结果中，用户只要在百度里面搜索问题，就会得到百度知道中与之相应的问题词条。

（2）在百度知道中呈现出的是一种用户之间回答和互助的模式，这能很好地拉近人与人之间的距离以及信任度。

（3）能精准地找到目标客户，百度知道中的问答都是需要贴标签的（关键词），有了这些标签，用户可以快捷地找到答案，推广者可以精准地找到目标客户。

因此，百度知道是一个非常好做文案推广的平台，很多人遇到问题都会在百度知道里搜索或提问，从而得到帮助，这样很容易使企业找到目标客户，提高品牌知名度和信誉度。

那么企业该如何在百度知道中，愉快地进行文案营销呢？下面就来讲解文案推广在百度知道中运用的两种技巧——回答问题与自问自答。具体解释如下。

1. 回答相关问题

运营者在百度知道中，可以选择适合推广企业产品的问题来进行回答，而回答的答案不能太过于突出推广产品的意味，这样就能很容易进行文案的推广，并且还可以提升自己的账号等级，以及增加采纳率，成为别人眼中的优质账号，有利于之后的宣传推广。

2. 自己提问并回答

运营者还可以在百度知道中以“自己提出问题，自己做出答复”的形式进行文案推广。届时账号的数量就非常重要。下面就来了解文案推广在百度知道中自问自答的方式。

1）注意更换账号

运营者在百度知道做文案推广时，千万不要只用两个固定的账号循环问答，如果被封号，那么之前所做的一切就全都泡汤了。尽量多注册几个账号，循环使用，并且每个账号都要用不同的 IP 地址，这样才不会被看出是在做广告。

例如，用账号（账号 A）提出符合网民搜索习惯的问题，隔一天或两天换个账号和 IP 地址（账号 B），再隔一段时间又换个账号和 IP 地址（账号 C）来回答问题，就这样交替使用，6 天之后，就可以将某个账号回答的答案设成最佳答案。

2）标题加关键词

在百度知道中发布问题时，最好在问题的标题上放置一个符合网民搜索习惯的关键词，这样就能在搜索引擎中获取更多的流量。

3）注意提问类别

运营者在百度知道里发布问题时，要将问题归好类，例如关于书籍的提问，则需要放在“文化艺术”类别中，若是放在“手机数码”类别中就有点牛头不对马嘴了，并且要使用多个账号提问，不要只盯着一个账号问来问去，那样会引起管理员的注意，很容易被删问题或封号。

4）问题的转换

运营者在提出问题时，应结合网民的搜索习惯，问题需要换几种表达方式进行提问，如“××手机好不好？”“××手机性价比怎么样？”“××手机有什么特色”等，利用不同的语言组织形式，反复提问同个问题，久而久之，网民在搜索引擎搜索这方面的信息，就很有可能看到运营者的百度知道软文。

这种推广方式，要想有好的效果，就要根据运营者所在行业，结合产品与网民的搜索习惯，去选取有搜索量的目标关键词，确定好关键词以后，再去百度知道平台提问。

例如，某一化妆品的一名代理就经常在百度知道里面回答问题，为网友提供帮助的同时也为自己做了宣传，如图 12-3 所示。

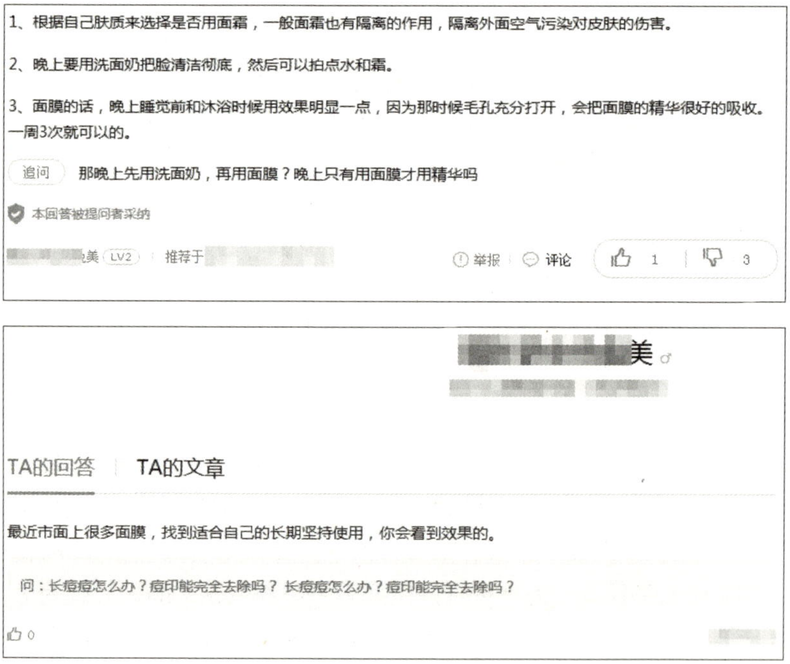
1、根据自己肤质来选择是否用面霜，一般面霜也有隔离的作用，隔离外面空气污染对皮肤的伤害。
2、晚上要用洗面奶把脸清洁彻底，然后可以拍点水和霜。
3、面膜的话，晚上睡觉前和沐浴时候用效果明显一点，因为那时候毛孔充分打开，会把面膜的精华很好的吸收。一周3次就可以的。
追问
那晚上先用洗面奶，再用面膜？晚上只有用面膜才用精华吗
本回答被提问者采纳
LV2
推荐于
举报
评论
1
3
美
TA的回答
TA的文章
最近市面上很多面膜，找到适合自己的长期坚持使用，你会看到效果的。
问：长痘痘怎么办？痘印能完全去除吗？长痘痘怎么办？痘印能完全去除吗？
0

图 12-3　通过百度知道宣传产品

案例中的这位运营者就是通过回答与产品相关问题的方式进行宣传的。在百度知道回答问题是一个很好的宣传品牌的方式，通过其比较专业、中肯的回答，可以获得用户的信任。

12.1.4 积极互动：吸引网友的关注

运营者想要利用百度这个平台推广文案，就需要掌握以下几点技巧。

1．妙用标签

比如百度贴吧有很多分类标签，运营者在发布文案之前，就应该想好自己的文章应该放到哪个模块，贴哪些标签，如“好奇日报”“大食代”“谈情说爱”“重口味”、“脑洞大开”和“二次元”等，这些标签都是比较热门的网络用语，很容易吸引网民的注意。

2．加强互动

在贴吧中，运营者不要做潜水人员，应该到各贴吧及帖子里冒泡，体现出活泼积极性。运营者应该踊跃把首页火爆的帖子顶上去，增加存在感和网民对其印象。此外，还可以针对自己产品用户群选择一些比较火的文章进行顶帖，最好能抢到帖子沙发或板凳。比如，为网友解答自己产品的领域和比较熟悉的问题，可以增加经验值或积分，如果可以套用得上，最好能把自己在贴吧上写的文章用上，以提升自己文章的关注度。

注意顶帖时不要回复“好帖”“路过”和“打酱油”等一系列苍白的评论。这种情况太过于恶劣，管理员发现以后，会直接删除帖子。如果顶帖较多，并且处于持续被管理员删除的状态，则很容易造成网站降权。

3．建设人脉

任何推广活动都是以人为中心展开的，做文案推广也是一样，必须要做好人脉的建设，互粉的人越多，文案推广的效果就越明显。

运营者在贴吧中想要吸引网友的注意力，就应该多发布一些思维严谨、逻辑严密、文笔闪烁着理性光芒的帖子。这些帖子应该具备以下 3 点才算成功：

（1）帖子的信息必须有价值、有意义，在这样一个多元化时代，信息内容要定位准确，满足用户的心理需要。（1）

（2）帖子语气不要太过于沉闷，应该在发帖的过程中多与网民互动。

（3）发帖子的信息不但要吸引粉丝眼球，还要贴合自己的宣传点，渐渐将用户吸引到所要传播的产品中。

4．遵循规则

运营者在做文案推广时，不能只顾着不择手段地去做推广，每个论坛都有其规则，运营者想要利用论坛做推广，就得安分守己遵循其规则：

（1）注意文明形象，不要对他人进行人身攻击，这是一种不道德的行为。

（2）用多个账号对一篇文章进行回答，避免用同一个 IP 回帖 / 发帖，否则可能会被封号。

（3）忌非法推广的宣传，如色情、暴力、博彩等。

例如，在百度贴吧“答疑君帖吧”的吧主就专门发了一个帖子来让网友提建议，以这样的方式与网友进行互动，如图 12-4 所示。

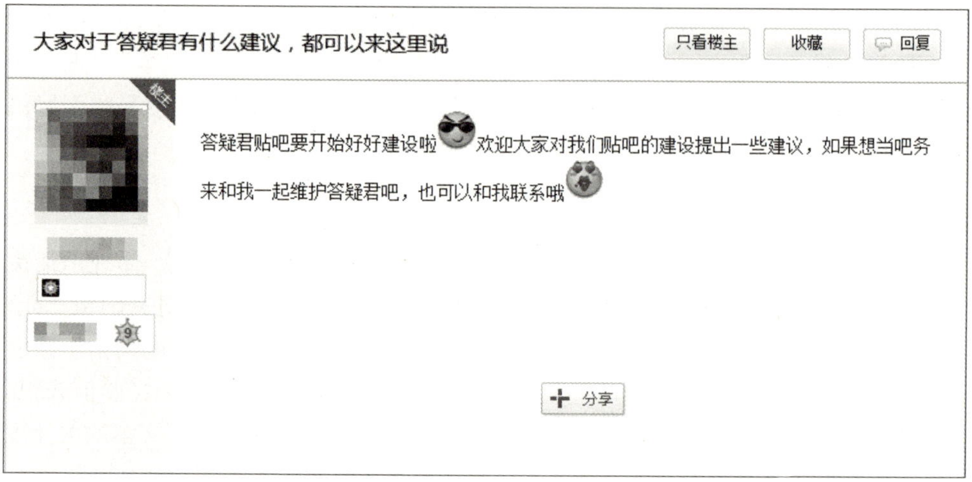
大家对于答疑君有什么建议，都可以来这里说
只看楼主
收藏
回复
楼主
答疑君贴吧要开始好好建设啦
欢迎大家对我们贴吧的建设提出一些建议，如果想当吧务
来和我一起维护答疑君吧，也可以和我联系哦
9
分享

图 12-4　积极互动的案例

案例中的吧主利用让网友提建议的方式进行互动，在回答中还可以穿插产品信息，进一步提高产品曝光率。

12.1.5 巧妙布局：2 大方式增加曝光率

在百度进行文案推广，是很忌讳直接打广告的，如果被发现，帖子或者回答被删掉是小事，就怕连账号都被封掉，那就不划算了。因此，在百度进行文案推广，需要运营者巧妙布局，让文案安全且有效地进入读者的视野。

1. 发布时间

一篇文案能否被关注与发布的时间有很大的关系。人们有自己的作息习惯，如果运营者选择在午夜发文，那么推广效果会大打折扣，因为该段时间网友的在线人数比白天少，大多数网民已进入睡眠，即使熬夜也不会去贴吧逛。因此，运营者要掌握文案发布的时间。

以一个星期为稳定期来说，周一至周四网民人数会比较稳定，周五至周日网民人数会逐渐增加，因为周末的到来会让网民兴奋并活跃起来。而周末网民休息时间较晚，23 点后是网民积极互动的时间。

在工作日，一般下班后的时段（18:00 ~ 23:00）推广价值较大，午饭后（13:00 ~ 14:00）和晚饭前后（17:00 ~ 20:00）的用户互动更加积极。

2．巧妙植入

如果运营者发布的文案是做品牌宣传的专用的广告帖，那么文案的撰写就一定要有技术含量，将广告巧妙地植入才是最高明的手法。可以通过讲故事的形式巧妙地插入品牌或产品信息，也可以通过回答别人问题引导到自己的产品上来，还可以通过举例论证的方式说出自己的产品。

例如，在贴吧“OPPO 吧”的名为“OPPO 客服”的楼主就巧妙地把六一儿童节与品牌联系了起来，如图 12-5 所示。

FINDX
oppo客服
小吧主
小时候的幸福很简单
是放学后操场的喧闹
是一起看动画的傻笑
是收集一打小浣熊卡片的骄傲
发送可爱
长大后的我们
去过了很多的城市
吃过了五湖四海的美食
但却有一种回忆藏在心底无法替代
那就是童年的味道
参与方式：
到新浪微博，参与#61童年挑战#话题，
晒出你的童年照，并@你的童年好友和@OPPO客服。
OPPO客服
我们一点一点长大，也一点点失去小时候的那一份童真~
这个六一，OPPO客服带你找回童年！带话题 #61童年挑战# 晒照并@OPPO客服 就有获得OPPO客服手绘头像or童年记忆大礼包的机会哦~。咳咳，好活动别藏着，艾特你的童年好友，一起来参加童年挑战吧！
收起
查看大图
向左旋转
向右旋转
六一
童年挑战
等你来
福利：
就有机会获得我们送出的独家手绘头像+零食大礼包。

图 12-5　文案推广妙招案例展示

12.1.6 推广利器：让文案广为人知

在百度贴吧进行文案推广，一定要好好地利用其推广的 3 大利器，它们分别是论坛加精、论坛置顶和回帖评论。

1．论坛加精

什么是论坛加精？论坛加精其实是论坛中的一个术语，就是将一些精华的帖子或者比较受欢迎的帖子设为“精华帖子”。

加精的帖子代表帖子内容属于精品内容，而且加精的帖子更容易被搜索引擎收录，比普通的论坛帖子更容易受到网民的关注。

在论坛中，给帖子加精的通常是管理员，管理员一般不会乱给帖子加精，他会站在一个相对大众的平台上，以大众的尺度去衡量一篇帖子是否能够加精，因此运营者在写软文帖子时，尽量从用户的角度入手，只要帖子足够精彩，那么加精就是必然的事。

这时不得不说说加精帖在论坛推广中扮演者的角色。有了加精的标志，能够给企业的推广带来哪些好处呢？笔者总结了如图 12-6 所示的几点好处。

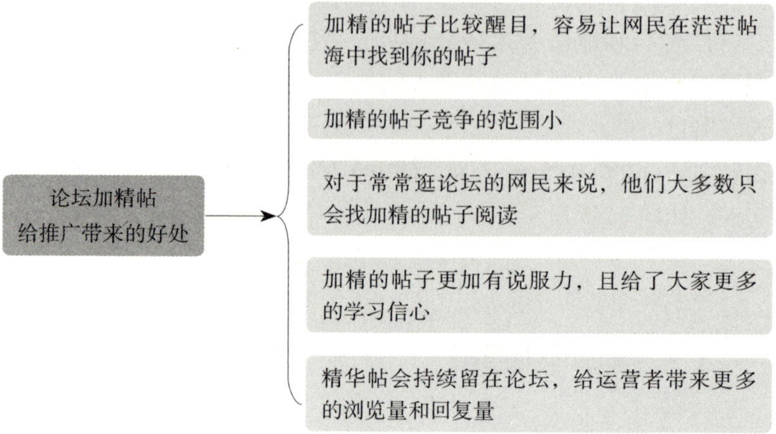
论坛加精帖
给推广带来的好处
加精的帖子比较醒目，容易让网民在茫茫帖海中找到你的帖子
加精的帖子竞争的范围小
对于常常逛论坛的网民来说，他们大多数只会找加精的帖子阅读
加精的帖子更加有说服力，且给了大家更多的学习信心
精华帖会持续留在论坛，给运营者带来更多的浏览量和回复量

图 12-6　论坛加精帖给推广带来的好处

运营者不一定要等管理员来给自己的帖子加精，可以要求管理员给文章加精，文章写得好，一般会被管理员看好加精的。

在论坛里实在写不出加精帖，也不必气馁，运营者可以多看看别人写的加精帖，并给予回复，这样既学到了东西，又给自己增加了经验值，可谓两全其美。

2．论坛置顶

论坛置顶就是将帖子放到论坛顶部的意思，如果没有其他置顶帖子来代替或者被取消置顶，那么该帖子就会一直处于论坛的顶部，其他任何帖子都无法超越它的位置。如图 12-7 所示为百度贴吧置顶的帖子。

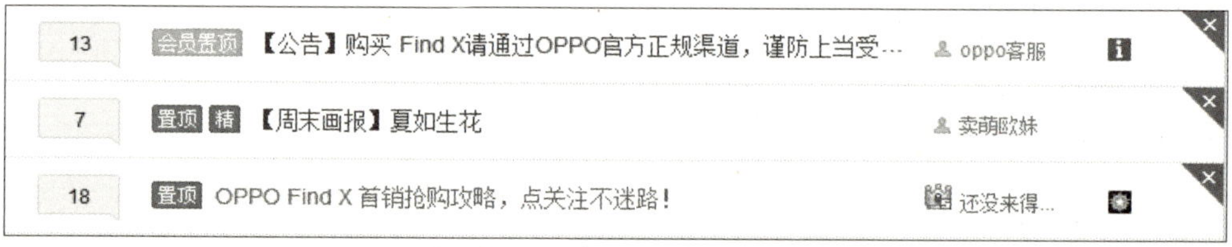
13
会员置顶
【公告】购买 Find X请通过OPPO官方正规渠道，谨防上当受…
oppo客服
7
置顶
精
【周末画报】夏如生花
卖萌欧妹
18
置顶
OPPO Find X 首销抢购攻略，点关注不迷路！
还没来得…

图 12-7　百度贴吧置顶的帖子

运营者也可以创建自己的百度贴吧，然后将推广的帖子“置顶”，这样，逛贴吧的用户就能在第一时间看到该帖子。

3．回帖评论

论坛回帖就是在论坛中对一些热门的帖子进行评论，运营者要注意的是，在论坛中评论帖子时，不要太敷衍，单单只写一些客套式词语，只会让人觉得其在混经验。

除了评论热门帖子之外，运营者也要学会自己顶帖，自己顶帖的方法主要包括如下两种：

（1）每隔 20 分钟或者每隔 4 ～ 6 个人就要进行评论，把帖子顶上去。

（2）引用楼上的评论进行回复，以提升人气。

回复他人的评论时用词不能太过于客套，如“谢谢”“感谢大家的支持”等，会给评论者一种不重视他的感觉。

不管是回复别人的帖子还是自己的帖子，最好多用一些比较有创意的、精辟的和生活化的句子来回复，这样可以加深对方的印象，从而进一步拉近彼此之间的距离，更好地互动。

切记积极回帖不代表疯狂回帖，不要一天 24 小时不管帖子内容是什么就乱回复别人的帖子，这会使人反感。文案推广不能太急功近利，要循序渐进，回帖的目的就是与其他网民进行互动，没有互动的帖子很容易让人看出这是个广告帖，因此运营者要把握好这个度。

某运营者通过回复热帖对自己贴吧软文进行宣传，提高产品的曝光率，如图 12-8 所示。

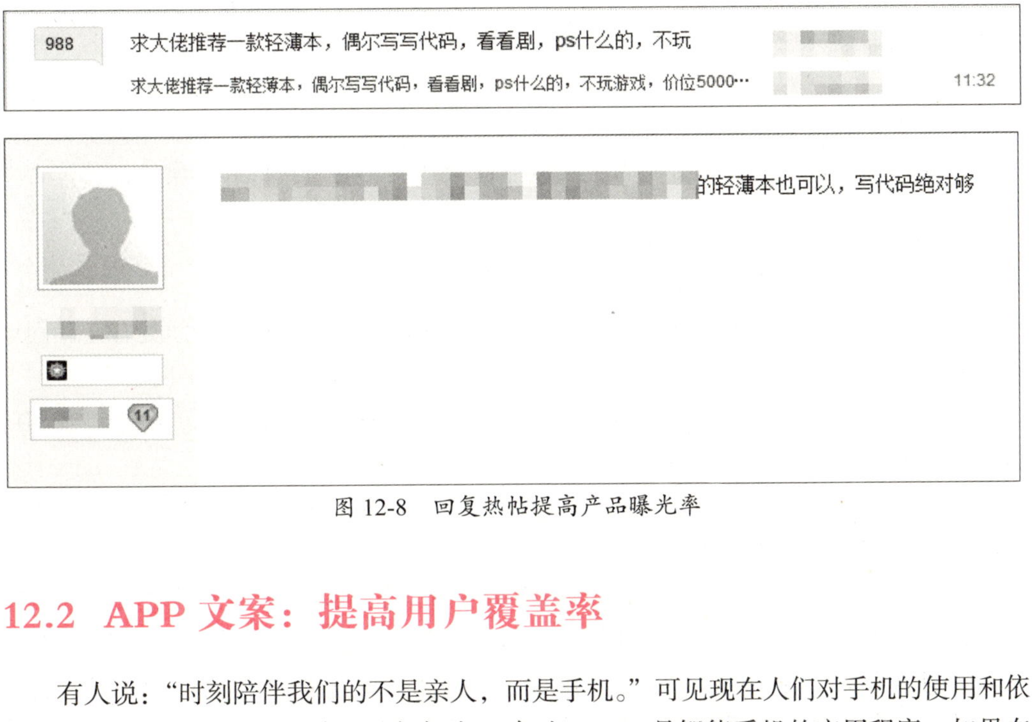
988
求大佬推荐一款轻薄本，偶尔写写代码，看看剧，ps什么的，不玩
求大佬推荐一款轻薄本，偶尔写写代码，看看剧，ps什么的，不玩游戏，价位5000…
11:32
的轻薄本也可以，写代码绝对够
11

图 12-8　回复热帖提高产品曝光率

12.2　APP 文案：提高用户覆盖率

有人说：“时刻陪伴我们的不是亲人，而是手机。”可见现在人们对手机的使用和依赖达到了什么境地。我国手机用户突破 14 亿人，APP 是智能手机的应用程序，如果在用户数很高的 APP 上进行文案写作和推广，那么用户覆盖率就会非常高。本节就学习怎样在 APP 上打造高阅读量的新媒体文案。

12.2.1 内容形式：有“料”才有点击

APP 文案之所以大受运营者喜爱，其中一个重要的原因就是，APP 的内容形式多种多样，它不会使运营者受到限制，不过运营者想要在 APP 文案的世界里大展拳脚，还得摸清 APP 的内容布局的方式。下面主要讲解打造有“料”内容的 APP 文案的 3 种方法。

1. 简洁明了，突出主题

如今生活节奏快，互联网络发达，信息爆炸，习惯快餐式阅读的读者大多看到大篇幅文字就会头疼，点开也很难阅读完整内容，更不用说阅读长篇大论的 APP 文案了。

因此，APP 文案要让读者很快就能了解整个内容，就一定要简洁明了，突出主题。并且要做到尽量用短句，少用或不用长句，做到琅琅上口，让人容易记住，这样才能引发读者的阅读兴趣。

2. 更加直接真实

APP 文案遵循的同样是新闻报道黄金时代的基本规律，但是为什么它的文本会给人完全不同的感受呢？文案撰写者总结 APP 文案为何成功时发现，其文案内容更加直接真实。

作为 APP 文案发布平台的新浪微博 APP 和腾讯新闻 APP 等，在表现空间上都一定程度地超出传统媒体。文案撰写者大可利用新媒体文字的直接性和真实性，让读者感同身受。

3. 构造产品卖点

如今，是一个新媒体盛行的时代，也是一个新媒体文案写作者必须具有互联网思维的时代，更是一个碎片化阅读，要爱就要大声说，要卖就要大声卖的年代。

写 APP 文案，如果没有在适时情景下表达卖点、怎么卖与哪里卖的问题以及如何解决，就很难达到文案推广的目的。

因为文案不是美文，不是小说，它的作用就是销售，所以，如何激发读者的购买冲动，才是 APP 文案写作唯一的目的。

下面就有一篇在一个名为“宝宝助手”APP 上写的文案，看看运营者是如何构造产品卖点来“卖”自己产品的，如图 12-9 所示。

案例中的《别等孩子长大了才后悔你现在做得太多》这本书很特别，文案首先讲自己正处在家庭教育矛盾频发的育儿阶段，这本书改变了自己和老公的育儿思维，总结这本书对孩子的教育很有帮助。

文案的关键点切入，便是“卖”。一定要在文章中激起读者的购买欲望，提出问题，再给出解决方案。

详情
2018-03-12
+关注
做父母，60分刚刚好！
我和老公有着完全不同的家庭教育经历：我是属于"放养型"，他是属于"精心饲养型"。
单就学习这件事情来说，我的母亲总是对我说："女孩子家，读那么多书有什么用！"她不赞成我用功读书，不赞成我追求高学历，所以我的学生生涯她也从来不过问我的成绩。但越是这样，越激起我想去证明自己的决心，所以我的成绩一直也不赖。
我老公和我相反，他母亲总是对他说"学习是你唯一的出路，我们愿意为此付出全部心血"。我婆婆辞去工作，高中陪读三年。这种高压的家庭教育下，他的生活除了学习就是学习，自然成绩也不差。阴差阳错，殊途同归。
我们考入了同一所大学读本科，又考入了同一所
22
详情
孩子一岁多了，正是家庭教育矛盾频发的育儿阶段，我收到了60分妈妈月华的新作《别等孩子长大了，才后悔你现在做的太多》，正是这本书，让我和老公的这场育儿理念争论大战终于和平解决。
别等孩子长大了
才后悔
你现在做得太多
60分妈妈月华 著
教你
详情
子的自主性受到伤害，他的挫败感就会更强，会更不自信。……还有的家长会放任不管，随便孩子自由探索，即使他们体验到巨大的绝望和恐惧时也不予理会，孩子会遭受重大的打击，并留下"我不行，没有人爱我"的挫败感。……这段话让我们意识到不管是他的苛求完美还是我的放任自流都是错误的处理方式。于是再遇到这种情况，我会及时的给予孩子安慰，他也不再因为孩子的哭闹而生气。
这本书让我们改变了育儿思维和育儿方法，我和老公在教育孩子方面的意见越容易达成一致，一家人相处更和谐快乐，带孩子的过程也越来越得心应手。
最主要的是儿子的改变和进步也很大，变得有主见、更独立、更乐观、更自信。
感谢60分妈妈月华，也希望有更多的家长看到《别等到孩子长大了，才后悔现在做的太多》这本书，让我们努力去做有原则、会示弱、能放手、不强求的"60分妈妈"！
感谢慷慨厚赏

图 12-9　制造"卖"点的文案

12.2.2 附带链接：通过外链引入产品

很多 APP 平台在发表的文案中是允许推广者带上网站链接的，这自然是推广者乐于见到的好事。在 APP 软文中加上链接，有利于文案作用的发挥，因为如果推广者在文案中带上自己产品网站的链接，就能够将 APP 上的搜索引擎引流到自己的网站，从而增加自己网站被搜索引擎收录的概率或者提高排名。

目前，还是有一些 APP 平台对于文案中的外链有非常强的监控，文案中是不允许带有广告性质的链接的。因此完全可以利用其他方法，在文章内部插入自己的链接，比如一些分享心得体会的文章，关于运营网站以及电商店铺的文章等，这时候运营者都可以状似不经意地带上自己的网址让人学习。这就是一次有效的链接植入，且能与读者分享心得以增加互动。

在 ZAKER APP 上，一个推荐买手店的用户就在文案中插入"网页链接"进行文案推广，如图 12-10 所示。

[redacted]
但实际上，从 1 楼到 7 楼，足足13,000㎡都是家装人士的天堂。有装修设计公司入住，各种家具展和活动不间断，近 40 个家居品牌在这里开了 showroom，可以足足逛上 2 天 2 夜！
这里就不做展开，大家可以去这个网站看看有哪些品牌：http://eng，还有 360 度全景图可以云逛店哈哈。
THE CONRAN SHOP

图 12-10　在文案中插入链接

12.2.3 嵌入营销：实用的无痕广告方式

电影中，主角拿起了一瓶矿泉水，透过镜头，观众可以明显地看到“怡宝”的商标……这是热映的《变形金刚 4》中的一个桥段。中国品牌“怡宝”投入数千万资金，以植入式广告的方式亮相好莱坞电影。

其实，APP 的广告植入和电影的广告植入是“异曲同工”的。下面介绍 APP 文案比较实用的植入广告的方式。

1. 举例代入

APP 平台上的文案常常会利用举例子的方式来进行文案中的广告植入，可以适当展开几十字，引用品牌实例作为讲解，具有一定的隐蔽性。这种举例嵌入文案的方式常用于教程类文案和故事型文案。

2. 引用旁人语录

引用旁人语录这种方式中，引用的语录不仅仅局限于名人或者权威人士讲过的话，还可以是某专家的研究报告或某网站的研究数据等。要注意篇幅尽量不要太长。

3. 撰写揭秘故事

围绕要植入的广告来编故事，并且以之为关键线索展开故事，是撰写揭秘故事类 APP 文案的关键。

由于这种形式的 APP 文案隐蔽性不高，很容易就会被读者察觉，因此对文笔和故事构思的要求很高。但如果运用得好，读者就会被新颖的故事和流畅的文笔吸引，从而一口气看完。这种形式常见于论坛 APP 上的文案推广。

例如，在知乎 APP 上有一个“怎么在一个月内让英语听力有明显的提高”的话题，就利用讲故事的方式，对作者的公众号进行了宣传，如图 12-11 所示。

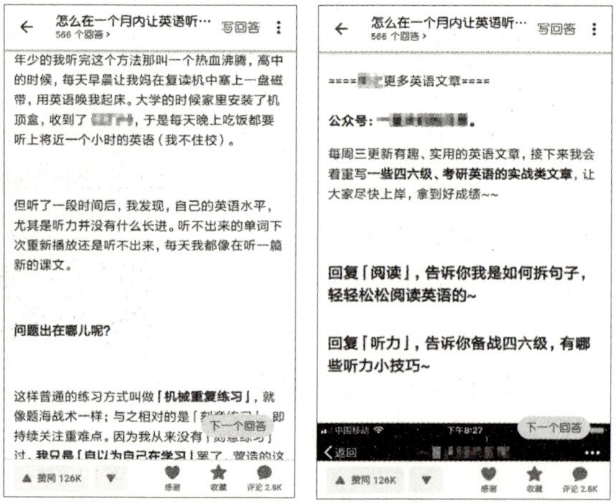

怎么在一个月内让英语听…
566 个回答 >
写回答
年少的我听完这个方法那叫一个热血沸腾，高中的时候，每天早晨让我妈在复读机中塞上一盘磁带，用英语唤我起床。大学的时候家里安装了机顶盒，收到了，于是每天晚上吃饭都要听上将近一个小时的英语（我不住校）。
但听了一段时间后，我发现，自己的英语水平，尤其是听力并没有什么长进。听不出来的单词下次重新播放还是听不出来，每天我都像在听一篇新的课文。
问题出在哪儿呢?
这样普通的练习方式叫做「机械重复练习」，就像题海战术一样；与之相对的是「 」，即持续关注重难点。因为我从来没有
下一个回答
赞同 126K
感谢
收藏
评论 2.8K
怎么在一个月内让英语听…
566 个回答 >
写回答
更多英语文章
公众号：
每周三更新有趣、实用的英语文章，接下来我会着重写一些四六级、考研英语的实战类文章，让大家尽快上岸，拿到好成绩~~
回复「阅读」，告诉你我是如何拆句子，轻轻松松阅读英语的~
回复「听力」，告诉你备战四六级，有哪些听力小技巧~
中国移动
下午8:27
下一个回答
返回
赞同 126K
感谢
收藏
评论 2.8K

图 12-11 利用举例的方式嵌入广告

嵌入无痕广告并不是将广告素材隐藏起来，因为如果隐藏，读者将很难发现其中隐藏的广告，也就没有效果了。在文案中嵌入无痕广告，就是让广告不显得突兀，合乎情理，不引起读者的反感。

12.2.4 品牌营销：成功案例中植入品牌

行业内口碑的重要性已经是众所皆知的事实，产品销售链的组成是人，在形成业内口碑的情况下，产品所获得的诸多支持、众口同声的称赞，能够产生极其强大的力量。所以在文案中，还要对企业产品的先进性进行说明。

有了口碑才有品牌。品牌是新媒体追求的地位，是新媒体能够获得商业融资进入高端市场的通行证和价值资本。有了品牌新媒体在业内才会有地位。

所以在 APP 上的文案推广也是要注重品牌的。如何在文案中植入品牌，让品牌被客户从接受到认同，让品牌的宣传更加深入人心呢？可以通过成功案例的效果对品牌进行宣传。

湖南卫视推出的《声临其境》获得了不错的反响，同时也带火了一批艺人，而凯叔就是其中的一名受益者。由于他的成名，他旗下的品牌 APP 也是大火特火，如图 12-12 所示。

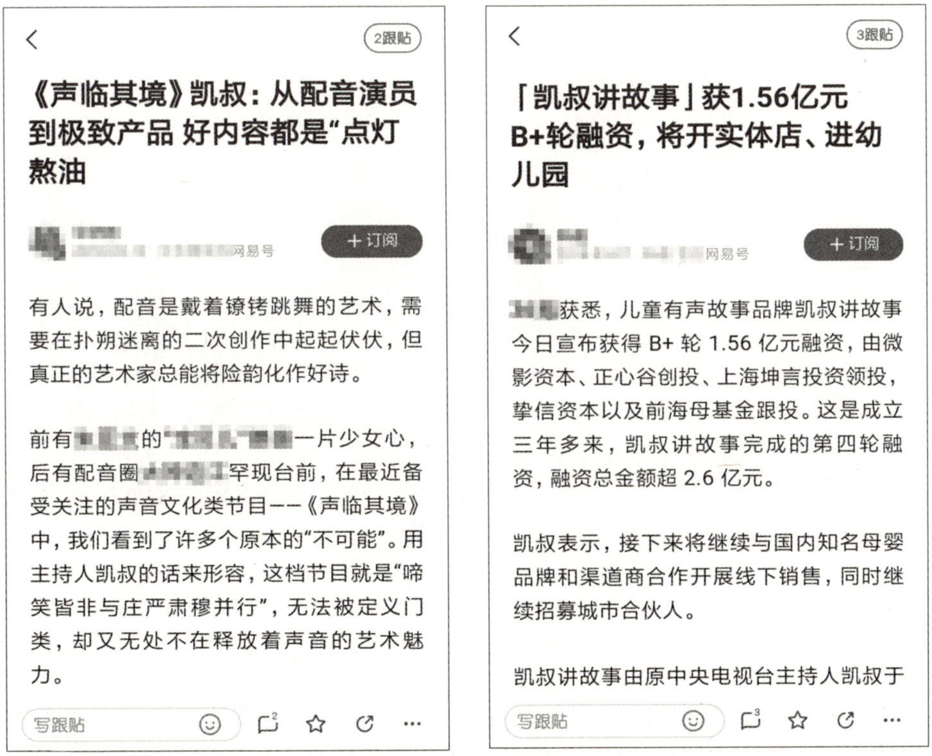

2跟贴
《声临其境》凯叔：从配音演员到极致产品 好内容都是“点灯熬油
网易号
+订阅
有人说，配音是戴着镣铐跳舞的艺术，需要在扑朔迷离的二次创作中起起伏伏，但真正的艺术家总能将险韵化作好诗。
一片少女心，后有配音圈
罕现台前，在最近备受关注的声音文化类节目——《声临其境》中，我们看到了许多个原本的“不可能”。用主持人凯叔的话来形容，这档节目就是“啼笑皆非与庄严肃穆并行”，无法被定义门类，却又无处不在释放着声音的艺术魅力。
写跟贴
3跟贴
「凯叔讲故事」获1.56亿元B+轮融资，将开实体店、进幼儿园
网易号
+订阅
获悉，儿童有声故事品牌凯叔讲故事今日宣布获得 B+ 轮 1.56 亿元融资，由微影资本、正心谷创投、上海坤言投资领投，挚信资本以及前海母基金跟投。这是成立三年多来，凯叔讲故事完成的第四轮融资，融资总金额超 2.6 亿元。
凯叔表示，接下来将继续与国内知名母婴品牌和渠道商合作开展线下销售，同时继续招募城市合伙人。
凯叔讲故事由原中央电视台主持人凯叔于
写跟贴

图 12-12　通过成功案例宣传品牌

《声临其境》这档成功的综艺节目确实让凯叔更加为人所知，随着凯叔的名气越来越大，他旗下的微信公众号和 APP 的价值也都水涨船高，获得了很多的投资与关注。

12.2.5 图片水印营销：宣传推广的必备手段

文案推广的最终目的是提升销售额，不少人认为文案推广就应该是长篇大论，抑或是精简的小片段，而那些一句话、几个字或与图片搭配在一起的广告语或者宣传语，这其实是一种错误的思想。

前文已经详细介绍过文案的撰写，可以通过图片与文字结合的方式。在 APP 文案中的图片吸引读者眼球的情况下，给图片打上标签的方式，就是 APP 文案写作者常用的一个方法。给图片打标签的意思就是让 APP 文案中的图片加上专属于运营者的水印，这是宣传产品的绝佳方式。

打开今日头条 APP 软件，就看到“手机摄影构图大全”头条号中更新了一张张精彩的图片，图片上面就打上了运营者的水印，如图 12-13 所示。

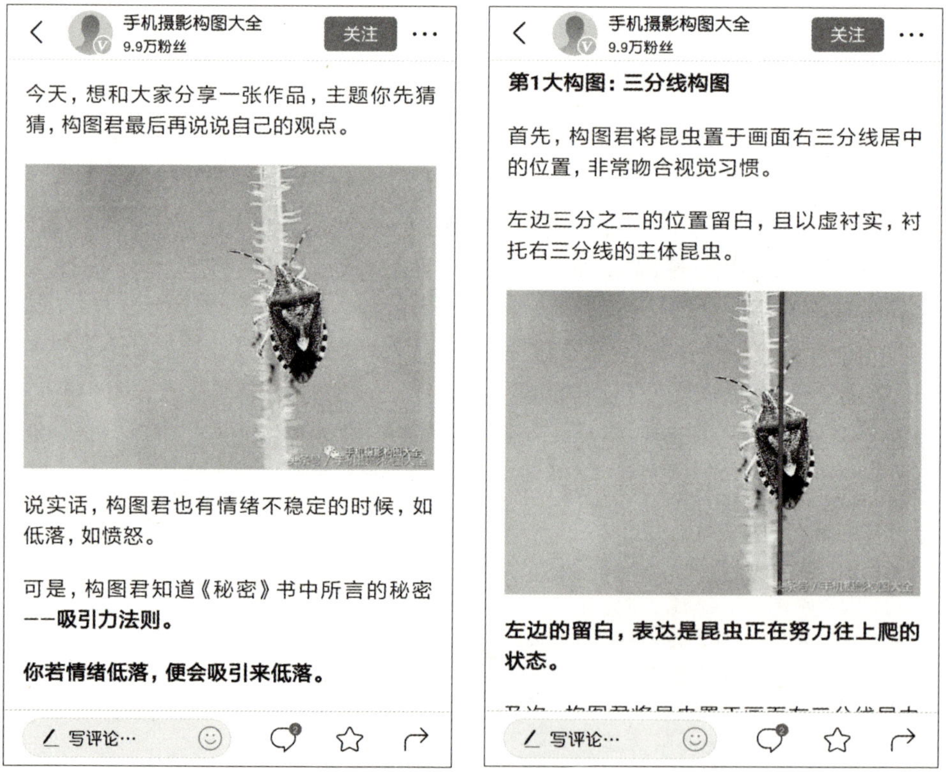

手机摄影构图大全
9.9万粉丝
关注
今天，想和大家分享一张作品，主题你先猜猜，构图君最后再说说自己的观点。
说实话，构图君也有情绪不稳定的时候，如低落，如愤怒。
可是，构图君知道《秘密》书中所言的秘密——吸引力法则。
你若情绪低落，便会吸引来低落。
写评论…
手机摄影构图大全
9.9万粉丝
关注
第1大构图：三分线构图
首先，构图君将昆虫置于画面右三分线居中的位置，非常吻合视觉习惯。
左边三分之二的位置留白，且以虚衬实，衬托右三分线的主体昆虫。
左边的留白，表达是昆虫正在努力往上爬的状态。
写评论…

图 12-13　水印宣传品牌

图 12-13 所示的案例通过在图片上打上水印的方式，可以让图片在流传出去的时候，具有二次宣传的作用。当用户看到感兴趣的图片时，也注意到这张图片的来源，

然后再溯本逐源，找到运营者。

12.2.6 一点资讯：结合热点推出产品

北京网聚科技有限公司推出的一点资讯 APP，拥有多个栏目以满足用户全方面的兴趣爱好。

一点资讯 APP 与其他新媒体 APP 相比，独特的地方在于，它是一款智能程度很高的资讯 APP，用户可以搜索任意感兴趣的内容并订阅，后台自动根据用户的点击搜索分析其爱好所在，并为其推送相关内容的资讯，方便用户的阅读，同时也为一点资讯 APP 抓住客户的心。

文案推广的目的就是让消费者买单，而对消费者而言，在国际消费者日这个与他们息息相关的日子里，推出的“315”晚会当然会备受关注。这里就有一篇发布在一点资讯 APP 上的文案，结合“315”晚会这个与消费者相关的热点，为商场的折扣活动做宣传，如图 12-14 所示。

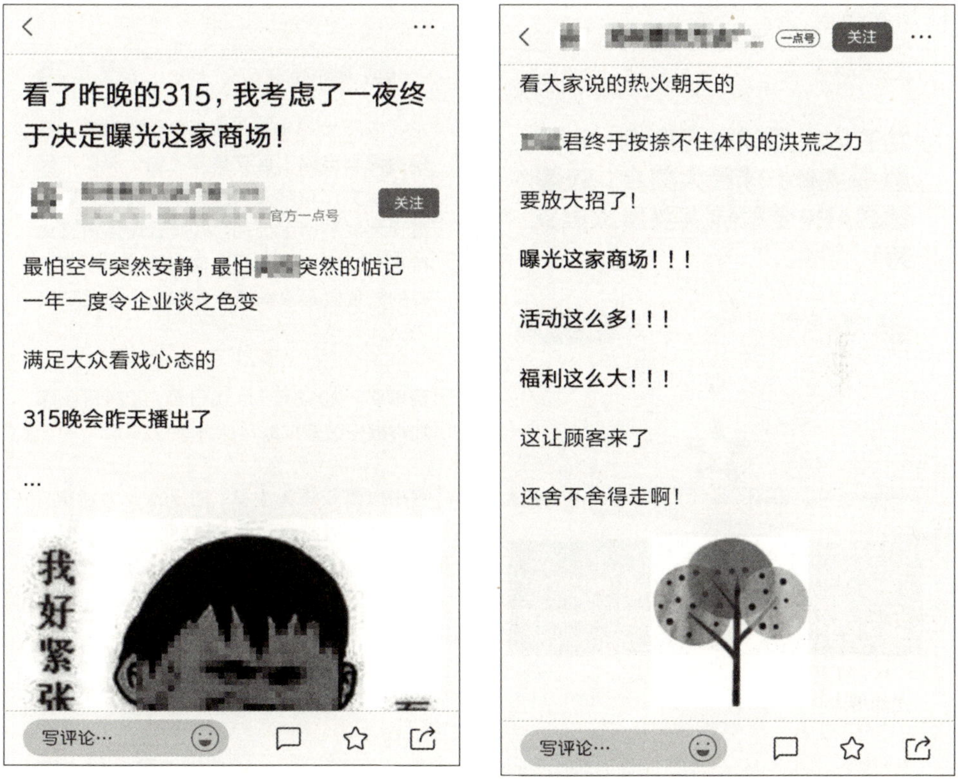
看了昨晚的315，我考虑了一夜终于决定曝光这家商场！
官方一点号
关注
最怕空气突然安静，最怕 突然的惦记
一年一度令企业谈之色变
满足大众看戏心态的
315晚会昨天播出了
…
我好紧张
写评论…
一点号
关注
看大家说的热火朝天的
君终于按捺不住体内的洪荒之力
要放大招了！
曝光这家商场！！！
活动这么多！！！
福利这么大！！！
这让顾客来了
还舍不舍得走啊！
写评论…

图 12-14 结合热点推出产品

案例借助“315”晚会这个热点推出了商场宣传的文案。对消费者而言，“315”晚会与企业产品质量是相关联的。只要是在“315”晚会中被点名的企业或者产品，就意味着它已经被打上次品、劣品的标签，而此时宣传商场活动，会给人一种这家商场的质量经得起考验的感觉。

12.2.7 网易新闻：巧妙嵌入无痕广告

网易打造的网易新闻 APP 这款应用，因其流畅的阅读体验，快速的新闻报导和犀利的时事点评，还有对要闻的评论跟帖和热门话题的投票，而别具特色。

网易新闻 APP 的个性化设置让用户体验更好，如它具备了关注新闻的天气情况的推送，还拥有离线阅读的功能。而对 APP 文案的发布者来说，网易新闻 APP 的另一个功能让他们更加青睐，就是网易新闻 APP 与优渡网合作，运营者可以通过优渡网在网易上发布新闻。

通过对热点事件的报道，可以吸引用户的注意力，然后在文案中嵌入自己的品牌、产品内容，可以打出产品知名度。下面这个 APP 的运营者，就是以 APP 平台的名字为网名，撰写热门事件的文案的，获得用户关注的同时也让其注意到了这个 APP，如图 12-15 所示。

0跟贴
龙的传人足球赛开赛倒计时！
小球星大集合！
APP全程提供赛事数据支持！
APP
+订阅
点击上方蓝色字体关注我们
青少年足球邀请赛
龙的传人
抢沙发
APP
0人参与跟贴
龙的传人2018
青少年足球邀请赛是由深圳市福田区文体局主办，深圳市天空体育文化有限公司承办、深圳市启盟体育文化发展有限公司、晶报五环体育文化传媒（深圳）有限公司、南粤体育俱乐部协办的一项
两岸四地青少年足球交流赛。
赛事将于2018年7月16日至7月24日在深圳市福田区芳草地足球场举行。
赛事以青少年为主体，把足球作为桥梁，加深两岸青年对彼此文化的了解与互相间的认识，促进两岸青少年身体强壮、体魄强健、全面发展、共同实现中华民族的足球梦和中国梦。
目前，各项准备工作已经接近尾声。
抢沙发

图 12-15 巧妙地嵌入产品信息

举报电话：（010）88254396；（010）88258888

传真：（010）88254397

E-mail：dbqq@phei.com.cn

通信地址：北京市万寿路 173 信箱

电子工业出版社总编办公室

邮编：100036